유작 I.2

한국어 칸트전집 23.2

The Korean Edition of
the Works of Immanuel Kant

유작 I.2

Opus postumum I.2

임마누엘 칸트 │ 백종현 옮김

아카넷

Opus postumum

Kant, Immanuel: Gesammelte Schriften. hrsg. von der Preussischen Akademie der Wissenschaften, Bd.23 von der Deutschen Akademie der Wissenschaften zu Berlin, ab Bd.24 von der Akademie der Wissenschaften zu Göttingen
© Walter de Gruyter GmBH Berlin/ Boston. All rights reserved.

This Korean edition is published by arrangement with Walter de Gruyter, Berlin through Bestun Korea Literary Agency Co., Seoul.

고틀립 되플러가 그린 칸트 초상화(1791)

칼리닌그라드의 임마누엘 칸트 대학 정원에 있는 칸트 동상

칸트의 묘소(쾨니히스베르크 교회 후면)

칸트의 석곽묘(쾨니히스베르크 교회 특별 묘소 내부)

쾨니히스베르크(칼리닌그라드) 성곽 모서리에 있는 칸트 기념 동판. "그에 대해서 자주 그리고 계속해서 숙고하면 할수록, 점점 더 큰 감탄과 외경으로 마음을 채우는 두 가지 것이 있다. 그것은 내 위의 별이 빛나는 하늘과 내 안의 도덕 법칙이다."라는 『실천이성비판』 맺음말의 첫 구절이 새겨져 있다.

《한국어 칸트전집》 간행에 부쳐

칸트(Immanuel Kant, 1724~1804)의 철학에 대한 한국인의 연구 효시를 이정직(李定稷, 1841~1910)의 「康氏哲學說大略」(1903~1910년경)으로 본다면, 한국에서의 칸트 연구는 칸트 사후 100년쯤부터 시작된 것인데, 그 시점은 대략 서양철학이 한국에 유입된 시점과 같다. 서양철학 사상 중에서도 칸트철학에 대한 한국인의 관심은 이렇게 시기적으로 가장 빨랐을 뿐만 아니라 가장 많은 연구 논저의 결실로도 나타났다. 그 일차적인 이유는 19세기 말에서 20세기 초의 동아시아 정치 상황에서 찾을 수 있겠지만, 사상 교류의 특성상 칸트철학의 한국인과의 친화성 또한 그 몫이 적지 않을 것이다.

칸트는 생전 57년(1746~1803)에 걸쳐 70편의 논저를 발표하였고, 그 외에 다대한 서간문, 조각글, 미출판 원고, 강의록을 남겨 그의 저작 모음은 독일 베를린 학술원판 전집 기준 현재까지 발간된 것만 해도 총 29권 37책이다. 《한국어 칸트전집》은 이 중에서 그가 생전에 발표한 전체 저술과 이 저술들을 발간하는 중에 지인들과 나눈 서간들, 그리고 미발간 원고 중 그의 말년 사상을 포괄적으로 담고 있는 유작(Opus postumum)을 포함한다. 칸트 논저들의 번역 대본은 칸트 생전 원본이고, 서간과 유작은 베를린 학술원판 전집 중 제10~12권과 제21~22권이다.(이 한국어

번역의 베를린 학술원판 대본에 관해서는 저작권자인 출판사 Walter de Gruyter
에서 한국어번역판권을 취득하였다.)

한 철학적 저작은 저자가 일정한 문화 환경 안에서 그에게 다가온 문제
를 보편적 시각으로 통찰한 결실을 담고 있되, 그가 사용하는 언어로 기술
한 것이다. 이러한 저작을 번역한다는 것은 그것을 다른 언어로 옮긴다는
것이고, 언어가 한 문화의 응축인 한에서 번역은 두 문화를 소통시키는 일
이다. 그래서 좋은 번역을 위해서는 번역자가 원저자의 사상 및 원저의 기
저를 이루고 있는 문화 배경에 대해 충분한 이해를 가질 것과 아울러 원저
의 언어와 번역 언어에 대한 상당한 구사력을 가질 것이 요구된다.

18세기 후반 독일에서 칸트는 독일어와 라틴어로 저술했거니와, 이러
한 저작을 한국어로 옮김에 있어 그 전혀 다른 언어 구조로 인해서 그리
고 칸트가 저술한 반세기 동안의 독일어의 어휘 변화와 칸트 자신의 사
상과 용어 사용법의 변화로 인해서 여러 번역자가 나서서 제아무리 애를
쓴다 해도 한국어로의 일대일 대응 번역은 어렵다. 심지어 핵심적인 용
어조차도 문맥에 따라서는 일관되게 옮기기가 쉽지 않다. 게다가 한 저자
의 저술을 여러 번역자가 나누어 옮기는 경우에는 번역자마다 가질 수밖
에 없는 관점과 이해 정도의 차이에 따라 동일한 원어가 다소간에 상이한
번역어를 얻게 되는 것은 불가피한 일이다. 이러한 제한과 유보 아래서
이 《한국어 칸트전집》을 간행한다.

당초에 대우재단과 한국학술협의회가 지원하고 출판사 아카넷이 발간
한 '대우고전총서'의 일환으로 2002년부터 칸트 주요 저작들의 한국어 역
주서가 원고 완성 순서대로 다른 사상가의 저술들과 섞여서 출간되었던
바, 이것이 열 권에 이른 2014년에 이것들을 포함해서 전 24권의 《한국어
칸트전집》을 새롭게 기획하여 속간하는 바이다. 이 전집 발간 초기에는
해당 각 권의 사사에서 표하고 있듯이 이 작업을 위해 대우재단/한국학술
협의회, 한국연구재단, 서울대학교 인문대학, 서울대학교 인문학연구원

이 상당한 역주 연구비를 지원하였고, 대우재단/한국학술협의회는 출판비의 일부까지 지원하였다. 그러나 중반 이후 출판사 아카넷은 모든 과정을 독자적으로 수행하면서, 제책에 장인 정신과 미감 그리고 최고 학술서 발간의 자부심을 더해주었다. 권권에 배어 있는 여러 분들의 정성을 상기하면서, 여러 공익기관과 학술인들이 합심 협력하여 펴내는 이《한국어 칸트전집》이 한국어를 사용하는 이들의 지성 형성에 지속적인 자양분이 될 것을 기대한다.

《한국어 칸트전집》 편찬자 백 종 현

책을 내면서

새삼스럽게 느끼거니와 철학책 읽기, 글쓰기, 번역하기는 여전히 어렵고 힘든 일이다. 그렇다 해도 이미 이 작업이 역자의 한 직분이 된 터라, 조금이라도 전진하는 것이 도리이므로 나름 일상의 한 가지 일로 하고 있기는 하지만, 칸트(Immanuel Kant, 1724~1804)의 '[유작](Opus postumum)' 독서와 번역은 그 어려움이 자못 심하다. 원서가 미완성 유고의 묶음인 데다가 변변한 참고 자료조차 얻지 못한 사정이다 보니 더욱 그러하다. 이러한 여건에서 내는 역주서는 여러모로 미흡할 수밖에 없을 것이다. 그래서 칸트 [유작]의 한국어 번역서 완간이 적지 않게 망설여졌는데, 이왕 나선 길이니 조금 더 가보는 것도 의의가 없지 않겠다는 의견들이 있어, 앞서 《한국어 칸트전집》 23.1로 펴낸 『유작 I.1』의 후속으로 『유작 I.2』를 《한국어 칸트전집》 23.2로 편제하여 일단 이런 모습으로 펴낸다.

칸트 『유작 I.2』의 번역 대본 역시 베를린 '학술원판 칸트전집'(*Kant's gesammelte Schriften*[AA], hrsg. von der Preußischen Akademie der Wissenschaten, Berlin u. a. 1900~), 제21권(Bd. XXI, Berlin und Leipzig 1936; 참조 온라인판 http://www.korpora.org/kant/aa21/)으로, 그중 『유작 I.1』에 담았던 글 묶음들의 후속인 제4묶음~제6묶음(XXI335~645) 글이 이

책의 내용을 이룬다. 이로써 베를린 '학술원판 칸트전집' 제21권의 한국어 역서는 완결되는 셈이다.(그리고 주제 면에서 볼 때, '자연과학의 형이상학적 기초원리들에서 물리학으로의 이행' 및 '열소'에 관한 주요한 논변과 '초월적 관념론'의 확장된 개념에 관련한 단상들은 거의 독해된 셈이다.)

이 『유작 I.2』도 전 권과 마찬가지로 원서의 본문은 전문을 그대로 역주하되, 원서에 포함되어 있는 각주를 그대로 옮기는 것은 그 주해의 성격상 역서에서는 무의미하고, 또 미주 해설을 그대로 옮겨놓는 것 역시 꼭 필요한 것으로 보이지 않아서, 이것들을 역자의 각주에 그 내용 일부를 포함시키는 방식으로 처리하였다. 또한 관련 대목의 각주에서 밝히듯이, 이 [유작] 원문의 일부와 유사한 조각글들이 베를린 '학술원판 전집' 제18권(Bd. XVIII, Hrsg. v. E. Adickes, Berlin und Lepzig 1928)에도 '형이상학 유고'로서 이미 수록되어 있으므로, 번역에서는 이를 비교 참조하여 반영하였다.

이미 전 권에서도 그 특이성을 이야기했듯이 [유작]은 노년의 칸트가 대략 1796~1803년에 기록한 것으로 추정되는 미완의 조각글들을 다수 포함하고 있기 때문에, 문맥의 파악뿐만 아니라 낱말의 뜻조차 새기기 어려운 대목과도 자주 마주친다. 이때 역자 스스로는 짚이는 대로 가필하여 읽었지만, 그것들을 이 역서에 다 담지는 않았다. 연구서라면 다르겠지만, 역서는 최대한 원서를 있는 그대로 재현하는 것이 정도라고 보기 때문이다. "독자가 할 일 또는 할 수 있는 일은 독자에게 맡겨라! 해석은 독자의 몫이다." — 가급적 이러한 원칙을 준수해가면서, 부득이한 경우에만 각주를 통해 역자의 의견을 붙였다.

역사는 사람들이 주체가 되어 일어난 사건들의 한갓된 나열이 아니라, 연속이다. 사건과 사건을 잇는 것은 맥락이고, 맥락을 지어주는 것은 앞선 사건이 뒤의 사건에 미치는 영향력이다. 사상사, 철학사도 역사인 한에서

6

마찬가지의 성격을 갖는다.

또한 어떤 사상, 누구의 철학이 위대하다 함은 그것이 당대 또는 후대의 문화, 문명 형성에 크게 영향을 미쳤다 함을 말하는 것이고, 그것의 위대성은 그 영향력이 얼마나 광범위하고 지속적인지에 따라 판정된다.

칸트철학의 위대성은 그의 주저 『순수이성비판』(1781·1787)에서, 조금 보충한다면 『실천이성비판』(1788), 『판단력비판』(1790), 『이성의 한계 안에서의 종교』(1793), 『영원한 평화』(1795)에서 이미 충분하게 입증된다. 다시 말해 그가 생전에 발간한 70편 중의 여타 논저나 수많은 조각글들, 서한들이 남겨져 있지 않다 해도 칸트의 저 주저들만으로도 기왕의 칸트철학의 위대성과 역사성에는 조금의 결손도 없을 것이다. 칸트철학은 『순수이성비판』으로 인해 사상계에 획기적인 영향을 미쳤고, 이어지는 네 권의 저서만으로도 문화 전반에 이미 강력한 영향을 미쳤다. 또한 그 영향력의 파장은 이미 문화사의 긍정적 연쇄로 지속성을 얻었다. 그런 까닭에 앞서거나 뒷선 여타의 저작들은 이들 중심 저술들을 해독하는 데 보조 자료로서 그 의의를 얻는다 해도, 그 가치가 충분하겠다. 미완성 유고로, 그것도 사후 반세기가 지나서야 모습이 드러나 후대인에게 판독 편찬된 『유작』도 칸트철학의 핵심을 이루고 있는 주요 저작의 독해에 기여하는 만큼의 의의를 갖는 것이 합당하겠다. 역자는 이러한 생각으로 칸트의 '『유작』(Opus postumum)'을 읽어가고 있다.

보통은 어떤 저작이 담아내고 있는 저자의 사유의 일관성이나 자기모순성을 그 저작 내의 서술들을 비교 대조해가면서 지적하기 마련인데, 이 『유작』에 대해서는 그렇게 하는 것이 적절하다고 보기 어렵다. 여러 꼭지의 글들이 제3자의 손에 의해 이 '유작(遺作)'이라는 하나의 제목을 가진 책에 묶여 있기는 하지만, 그 안에 나름 정렬된 여러 꼭지의 글들이 하나의 사유 과정을 담고 있는 것도 아니고, 더구나 원(原)필자가 하나의 '작품'으로 발표한 것도 아니기 때문이다. 그러니까 이 『유작』은 하나의 '저작(Werk)'이라

기보다는 칸트가 말년의 여러 갈래의 상념들을, 이를테면 걷고자 했던 여러 '길들(Wege)'을 수시로 임시적으로 적어놓은 조각글 모음이다. (그 길들은 대개 입출구도 보이지 않는 데다가, 자주 끊기기도 한다.) 그래서 역주자는 이 조각글들을 새기면서 "칸트가 이 문제에 관해 한때 이렇게 생각하기도 했구나" 하는 정도로 받아들이며, 누군가가 이 조각글들의 언사를 가지고서 칸트가 생전에, 특히 앞서 말한 비판철학 시기(대략 1780~1795)에 완성된 저술을 통해 표명했던 사상을 정정한다든지 하는 것은 결코 바람직한 일이 아니라고 본다. 인류 사상사에서 칸트의 탁월한 업적은 그의 비판철학 저술들에 있으며, 그것들이 칸트를 우리의 칸트로 만들어, 저 비판철학 시기 이전의 저술이나 이후의 저술마저 참고삼아 일독하도록 권유하고 있다고 보기 때문이다. 한 사상가의 '잡록(雜錄)'은 그의 사상을 헤아리는 데 좋은 참고 자료이지만, 참고 자료는 어디까지나 '참고'만 하는 것이 적절한 태도일 것이다. ― 그렇다 해도, 이 [유작]을 통해 생전에 발간한 저작들에서는 볼 수 없는 삶과 죽음에 대한 칸트의 단상들을 접하고, 생의 마지막까지 부단히 학문에 정진하는 노철학자를 만나는 일은 경이로운 체험이다.

역자의 천학비재가 근본 원인일 터이지만 번역에서 망설여지는 대목이 적지 않았는데, 제한된 범위 내에서이기는 하지만 영어 발췌번역본인 *Opus postumum*(ed. by Eckart Förster; transl. by Eckart Förster & Michael Rosen, Cambridge 1993)이 때마다 좋은 참고가 되었고, 그 외에도 숱하게 부딪친 난제를 해결해나가는 데서는 주위 여러 분의 자애로운 도움을 받았다. 해독하기 어려운 독일어 문장들은 손성우 교수님을 비롯한 여러 동료 학자들의 협조 덕분에, '제4묶음, 낱장39/40, 4면'(XXI460/461)의 라틴어 문서는 이종환 교수님의 표준 번역에 힘입어서 겨우 풀어쓸 수 있었다. 그럼에도 몇 곳(예컨대 XXI431 첫 문단, XXI469 둘째 문단, XXI517 둘째 문단, XXI518 첫 문단 등)에는 아직도 문맥이 닿지 않는 대목들이 남겨져 있다. 다행히 과학 문서에 이해가 깊은 정민선 선생님의 교정과정에서의 가필 정정이 이만큼이나

마 이 책을 읽을 만하게 만들어주었다. 정성을 함께 모아주신 분들에게 진심으로 감사의 마음을 표한다.

원고 작성과 책의 구성은 앞서 펴낸 『유작 I.1』과 연계하였다. 번역어 표기 방식을 일관성 있게 유지함은 당연한 일이겠으나, 몇몇 번역어는 개선을 명분으로 변경하였는데, 전 권을 차쇄의 기회가 있으면 수정한다는 전제 아래서 그렇게 하였다. 칸트가 라틴어로 쓴 어휘나 문장은 한자어로 표기한다는 원칙을 유지하다 보니, 한 면 전체가 한자어투성이인 경우가 생기기도 하였다. '[유작] 관련 주요 문헌'은 대부분이 중복될 터라 『유작 I.1』의 것을 그대로 이용해도 된다는 뜻에서 이 책에서는 생략하였다. 등장하는 인물이나 인용된 문헌에 대한 각주도 제1묶음~제3묶음 글에 이은 재등장일 경우에는 대부분 생략하였다. 반면에 제4묶음~제6묶음 글은 앞서의 제1묶음~제3묶음 글보다도 그 내용이 더욱 단조롭게 여겨져서 '해제'는 '해제 및 해설'로 좀 더 범위를 넓혀 본문 바깥의 관련 문제까지를 포함시켜 작성하였다. 해설에서 필요할 때는 이미 펴낸 『한국 칸트사전』(아카넷, 2019)의 기술을 부분적으로 옮겨오기도 했다. 찾아보기는 전 권과 마찬가지로 목차를 대신하는 의미에서 비교적 상세히 만들었다.

역자 나름으로는 읽을 만한 책을 내려고 노력했으나 여러모로 불비한 데다, 칸트 '유작'까지 찾아 읽는 한국어 독자가 희소함에도 《한국어 칸트전집》의 완간을 위해 희생을 감수해주신 아카넷 김정호 대표님의 혜량과 책의 완성도를 최대한 높이고자 무진 애써주신 김일수 편집팀장님의 정성 덕분에 이렇게나마 모양을 갖춘 책을 내놓게 되었다. 거듭 감사를 표한다.

많은 분들의 호의와 노고에도 불구하고 미흡한 점들이 적지 않을 것인즉, 그것은 전적으로 역주자의 역량이 부족한 탓이다. 부족함을 채울 수 있는 방도는 공부에 더욱 매진하는 길뿐일 것이니, 독자 제현께서 흠결에 대한 질책과 함께 보완 지침을 내려주시면, 개선 보완에 더욱 힘쓸 것을 다짐하는 바이다. 그리고 이런 방식으로나마 한국어로 하는 우리의 철학 독서가 한 걸음이라도 더 전진한다면, 더 큰 기쁨이 따로 없겠다.

2020년 10월

정경재(靜敬齋)에서

백 종 현

전체 목차

제1부

〖유작〗I.2 해제 및 해설

해제 및 해설

조각글 '묶음'들의 대강

[유작]의 편자들은 서문에서 유작의 초고들이 "1796년부터 1803년까지" (XXI, V) 작성된 것이라고 말하고 있지만, [제4묶음]은 1796년 이전에 작성된 것으로 추정되는 '낱장들(Lose Blätter)'을 포함하고 있다. 그중에는 1797년에 출간된 『윤리형이상학 — 법이론의 형이상학적 기초원리』의 초고에 해당하는 조각글도 들어 있고, 이미 다른 편자에 의해 '형이상학 유고' (AA, XVIII659~665)에 수록된 대목들도 재등장한다. 그러나 이 '낱장들' 또한 대부분이 칸트의 자연철학 관련 조각글들로서 그 내용상으로는 '제4묶음'의 대주제와 밀접한 관련이 있다. [제4묶음]은 이에 더하여 '8절지초안 (Oktaventwurf)'이라는 호칭 아래 1부터 21까지의 일련번호가 붙어 있는 조각글들을 포함하고 있는데, 이 초안은 [유작]의 중심 주제인 '자연과학의 형이상학적 기초원리들에서 물리학으로의 이행'의 최초의 구상(1796)일 것으로 추정되고 있다.

다른 묶음 글들과는 달리 그 안에 다시금 세 갈래의 묶음이 있기는 하지만 내용상 [제4묶음]의 초고들은 대체로 '자연과학의 형이상학적 기초원리들에서 물리학으로의 이행'에 관한 것이며, 앞서의 [제2묶음]과 [제3묶음]

을 이어서 물질의 성질과 운동력들의 여러 가지 양태들에 대한 고찰을 주요 내용으로 담고 있다.

하나의 체계에서 다른 체계로 이행을 할 때, 양자의 관계가 "친화성에 의해 이끌어지지 않는다면", 그것은 "이월(transitus)이 아니라 하나의 비약(saltus)"(OP, XXI407)이라고 칸트는 본다. 비약이란 "이론 일반에서 그 체계성, 그러니까 학문성을 와해"(OP, XXI407)시키는 것이다. 이에 칸트가 구상하는바, 이성학문인 자연 형이상학에서 경험과학인 물리학으로의 건너감을 비약이 아니라 이월이도록 해주는 매개 영역이 '이행'이다. 칸트가 볼 때 "경험의 외적 대상들에서의 물질의 속성들만을 진술하는"(OP, XXI407) 일반 물리학은 "선험적 원리들과 이것들의 경험적으로 주어지는 객관들에 대한 적용의 인식 사이에서 발견될 수 있는 친화성에 의거해서, 동시에 자연과학의 형이상학적 기초원리들에서 물리학으로의 이월의 필연성을 함유하고 있다."(OP, XXI407이하)

〔제5묶음〕의 초고는 자연 형이상학과 물리학을 잇는 교량으로서의 '이행'의 성격을 좀 더 선명하게 소묘하고 있다.

칸트에서 '이행' 또한 독자적인 영역을 갖는 "자연 안의 운동력들에 대한 하나의 특수한 학문〔과학〕"으로서, 이를 통해 "자연의 관계들과 결합들의 형식에 속하는 것인 그 운동력들이 선험적으로 이해될 수 있고, 하나의 체계"(OP, XXI504)를 이룬다. '자연과학의 형이상학적 기초원리들에서 물리학으로의 이행'이란 선험적 자연 형이상학과 경험적 물리학의 한갓된 접선이나 교대, 즉 접점에서 "하나가 끝나고 동시에 다른 하나가 시작하며, 후자가 전자로부터 내용과 원리들을 넘겨받는 것을 뜻하는 것이 아니라, 자기의 고유한 영역을 가지면서 두 학문을 연결하는 하나의 특수한 학문을 의미한다."(OP, XXI509)

그래서 '이행'의 작업은 공간상에서 운동할 수 있는 것인 물질의 운동력들을 선험적인 개념에 따라 분류 구분하는 일에서 시작되며, 여러 갈래로 진행되는 작업은 이내 "운동력들은 하나가 다른 하나의 운동의 기계인 한에서 서로 종속해 있기 때문에, 하나의 원초적으로-운동하는 물질이 있어야만"(OP, XXI536) 한다는 추론에 이르고, 이로부터 "모든 물체들에 침투하면서 시원적으로 그리고 고정불변적으로 운동하는 것"(OP, XXI536)인 열소/에테르라 일컬어지는 "근원소(Urstoff)"(OP, XXI561) 이념을 상정한다.

〔제6묶음〕의 초고들은 '이행'이 자연 형이상학의 기초원리들과 "물질의 운동력들의 체계로서의 물리학"(OP, XXI642)의 사이에 있는, 이를테면 "자연학적 힘이론"(OP, XXI642) 내지는 "일반 자연학(physiologia generalis)"(OP, XXI630)의 성격을 갖는다고 말하면서, 일반 물리학(physica generalis)에 왜 이러한 이행이 필요한지를 고구한다. 그것은 물리학이 한낱 경험의 집적이 아니라 하나의 지식 체계, 곧 학문(과학)이어야 하기 때문이다.

"자연과학 일반의 대상은 물질이다."(OP, XXI638) 그런데 물질이란 무엇인가? 그것이 '공간상에서 운동할 수 있는 것'이라고 규정된다면, 바로 그 지점에서 선험적 개념 틀에 의해 이해되는 것이고, 어떤 것이 운동할 수 있는 것은 그것이 '운동력을 갖기' 때문이라고 인식되는 그 지점에서 "경험적"이지 않을 수 없다.(OP, XXI638 참조) 왜냐하면, 운동력의 인식은 궁극적으로는 "감관에 대한 작용결과인 지각에 의존"하지 않을 수 없기 때문이다. — "공간상에서 운동할 수 있는 것과 그 운동의 법칙들은 전적으로 선험적으로 정초되어 있다."(OP, XXI638) 그러나 운동력의 작용들은 경험적으로 인식된다.

"물질의 운동력들의 하나의 체계"(OP, XXI639)인 물리학은 선험적 개념 틀에서 체계성을 보증받는 경험학문이다. 물리학은 말하자면 "하나의 체계 안에서 선험적으로 표상되는 운동력들"(OP, XXI639)을 경험적으로 인식한다. 그렇게 해서 물리학은 "물질의 운동력들의 하나의 경험체계"(OP, XXI621)로 이해된다. 물리학은 그 기초에 놓인 선험적 개념 틀로 인해 경험의 집합이 아니라 '체계'일 수 있는 것이다.

주제 해설

자연 형이상학에서 물리학으로의 이행

칸트 노년의 여러 상념의 편린들을 담고 있는 [유작]이지만, 대부분의 기록은 '자연과학의 형이상학적 기초원리들에서 물리학으로의 이행'에 관한 것이다. 앞의 〔제2묶음〕~〔제3묶음〕도 이미 이에 관한 여러 시론들을 보여 주고 있지만, 대략 1797년 7월부터 1799년 8월까지의 시기에 작성된 것으로 추정되는 〔제4묶음〕~〔제6묶음〕의 글들에서 우리는 '이행'에 관한 칸트 구상의 거의 전모를 읽을 수 있다.

'이행'의 주제

칸트에서 자연은 존재하는 것들의 총괄을 지칭하며, 이 존재하는 것들을 법칙적인 연관에 따라 체계적으로 인식하는 것이 자연학(Physiologie)이다. 그런데 존재하는 것은 모두 감성을 통하여 인식되거니와, 내감을 통해 수용되는 대상에 대한 지식 체계는 영혼론/심리학(Psychologie)이라 일컬어지고, 외감을 통해 수용되는 대상에 대한 지식 체계는 물체론 또는 물리학(Physik)이라 일컬어진다.

학적 체계를 갖춘 자연학 곧 자연과학 — 이것을 칸트는 '자연철학(Naturphilosophie)'이라고도 일컫는다 — 은 그 체계성을 자연을 인식하는 데 기초를 이루는 의식의 선험적 개념과 원리들에서 얻는다고 보기 때문에, 그를 지칭하여 '자연과학의 형이상학적 기초원리들'이라 하고, 이의 학문을 '자연 형이상학(Metaphysik der Natur)'이라고 부르기도 한다. '자연과학의 형이상학적 기초원리들에서 물리학으로의 이행'의 주제는 자연 형이상학의 대상 가운데서도 물리학과 상관이 있는 것으로 국한되어 있으므로, 이 '이행'에서 논의되는 자연 형이상학은 "물체적 자연의 형이상학(Metaphysik der körperlichen Natur)"(XXI465)으로 좁혀져 있다. 그러니까 [유작]의 중심 주제는 이러한 제한된 의미에서의 "자연 형이상학에서 물리학으로의 이행"이다.

칸트는 "하나의 경험적 자연과학, 다시 말해 경험-자연이론의 한 체계"(XXI486), 곧 "경험적 자연지식[학]의 한 체계"(XXI630)인 물리학을 "물질의 운동력들의 법칙들에 대한 이론"(XXI476)으로 이해하며, 그러하기 때문에 물리학의 탐구 대상을 "운동의 경험법칙들에 종속하는 운동력들을 가진 물질"(XXI527)로 본다.

'물질(Materie)'은 "두 가지 방식으로, 곧 공간의 연장의 방식과 시간상에서의 그것의 운동의 방식으로 정의할" 수 있으니, "공간을 충전하는[채우는] 것" 또는 "공간에서 운동할 수 있는 것[운동체]"(XXI340)이라 할 수 있다. 물질이 그 겉표면이 한계가 지어지면 특정한 형태(형상)를 취하는 일정한 양[크기]의 덩이[질량]를 이룰 것인데, 이러한 덩이[질량]로 운동하는 물질, 다시 말해 일정한 "공간을 차지하는 그것의 모든 부분들이 똑같은 속도로 그리고 동일한 순간에(동시에) 운동-능력을 갖는, 특정한 형태(형상)의 물질의 한 양"(XXI405)을 '물체(Körper)'라 일컫는다. 물리학이 이러한 물체들로서의 물질을 탐구 대상으로 갖는 한에서는 물체론인 것이다.

물질이 이렇게 물체들로 형성되는 것은 "물질의 부분들 상호 간에 척력[밀쳐냄]과 인력[끌어당김]"(XXI484)이 작용하기 때문이다. 그래서 척력과 인력은 물질의 "최초의 기능들"로, "물질에서 운동하는 것, 운동체(movens)는 반발의 운동이나 견인의 운동을 하는 것"(XXI341)으로 간주된다. ― 이제 그러니까 물질 또는 물체 개념의 기초에는 공간과 시간, 양[크기], 인력과 척력 같은 선험적 개념 내지 원리들이 놓여 있다. 그러므로 "물질의 운동력들의 하나의 경험체계"(XXI478·615·635·642)인 물리학이 "자연에 대한 관찰들의 한낱 집합(混合物)"(XXI477/478)이 아니라 '체계'이려면, 그 체계를 성립시키는 일정한 "선험적 원리들을 전제"(XXI477)하지 않을 수 없다. 그래서 칸트는 물리학의 실상을 "선험적으로 생각할 수 있는 운동력들 즉 인력과 척력 및 이것들의 변양들의 체계적 총괄"(XXI616)로 간주하고, 그런 한에서 물리학은 자연 인식의 선험적 형식들을 사유하는 자연 형이상학으로부터의 이행을 필요로 한다고 본다. 이러한 칸트의 사변을 관통하고 있는 것은 스콜라철학의 명제, "형식이 사물에게 본질/존재를 부여한다(Forma dat esse rei)"(XXI544 · 552 · 577 · 632 · 633 · 641)이다.

'이행'의 성격 및 위상

'자연과학의 형이상학적 기초원리들'은 물리학에서 경험적 실재성을 얻기 때문에 "그것으로의 추세"를 가지고 있지만, 양자 사이에는 "하나의 협곡(間隙)"이 있다. 순수 이성적 체계인 자연 형이상학과 운동력의 경험법칙의 체계인 물리학은 이질적인 영토를 가지고 있어, 서로 맞닿아 있지 않으니 말이다.

> 이 두 영역(자연 형이상학과 물리학)은 사람들이 한쪽에서 다른 쪽으로 단지 한 걸음만 내딛으면 계속해서 건너갈 정도로 직접적으로는 맞붙어 있지 않고, 오히려 양자 사이에는 하나의 협곡이 있어서, 맞은편에 있는 언덕으로 건너가기 위해서는 철학이 그 위에 하나의 다리를 놓지 않으면 안 된다. 왜냐하면, 형이상학적 기초원리들은 이질적 원리들을 가지고 있는 물리학적 기초원리들과 결합하기 위해서는 양쪽에 지분을 가지고 있는 매개개념들이 필요하기 때문이다.(XXI475)

그래서 양자 사이를 소통하는 데는 "하나의 다리" 즉 '이행'이 필요한데, 칸트는 이를 "예비학적 자연학"이라고 일컫기도 한다. 이것은 "형이상학과 물리학 사이 한가운데에" 서 있으면서 "물질의 운동력들의 체계적인 열거를 통해 한 영역과 다른 영역을" 소통시켜 실로 하나의 체계를 위해 "비약을 통해서가 아니라, 경험적이되 선험적인, 하나의 전체를 위한 결합"을 가능하게 하는 것이다. 이러한 개념 구도에 따르면 칸트의 자연철학은 세 부분, 즉 "a) 자연 형이상학(metaphysica naturae), b) 예비학적 자연학(physiologia propaedeutica), c) 물리학(physica)"(XXI620)으로 구성되거니와, '이행'이 바로 중간에 위치해 있는 것이다. 저 예비학은 운동력들을 체계적으로 열거하되, 아직은 "물리학의 체계 없이", 다만 "물리학으로의 추세를 함유한다."(XXI620) 이를 칸트는 때때로 "일반 자연학(physiologia generalis)"(XXI620·629) 또는 "이성적 자연학"(XXI627)이라고도 부르는데, 그것은 "질료의 면에서 경험적으로 주어져 있는 것에 대한, 형식의 면에서 선험적인 인식의 객관적 원리들"을 기술함으로써 "물질의 운동력들을, 비록 아직 하나의 자연체계 안에서는 아니지만, 하나의 학설체계 안에서 총괄한다."(XXI627)

칸트에서 자연철학의 제2부를 이룰 '이행'은 또한 "일반 힘이론(一般 力學: dynamica generalis)"이라고도 할 것인데, 그것이 "물질의 운동력들을 선험적인 개념들에 따라서 탐색하고, 그것들을 하나의 체계 안에서 서술"(XXI366)한다는 점에서 그러하다. 그러나 그것이 "물질에 고유한 물질의 운동력들에 대해, 그리고 선험적으로 제시될 수 있는 그것들의 보편적 속성들"을 다룬다는 점에서 사람들은 이를 "일반 자연이론(一般 物理學: physica generalis)"(XXI366)이라고도 부른다.

'이행'은 자연을 "경험에 따라 고찰하기 위해 물리학으로 나아가기 전에, 먼저 어떻게 자연법칙들을 탐색하고, 하나의 체계 안에서 선험적으로 사고해야 하는지를 탐구"(XXI486)하는 자리이자 방법이다.

물리학에 이르기 위해 나는 먼저 내가 어떻게 자연에서 연구해야 하는지를 알아야만 한다. 그것을 위해 이것은 필수적이다.(XXI488)

자연 형이상학에서 물리학으로의 이행은 물리학의 체계적 인식을 성취하는 방법이다.(XXI492)

자연 형이상학에서 물리학으로의 이행 이론은 곧 이성적인 것에서 경험적인 것으로 직접적으로 이행하는 방법이론에 속한다.(XXI492)

이 방법 이론에서, 한편으로 물리학이 하나의 학문이기 위한 체계성이 경험들의 수집만으로는 얻어질 수 없고, 다른 한편 이성적인 것 중에 경험적인 것은 함유되어 있지 않으므로, 형이상학과 물리학 사이를 연결하는 매개가 요구되는데, 이것은 "한편으로는 선험적으로 사고되면서 다른 한편으로는 경험적으로 주어져야만 하는 개념들에 의한 다리"(XXI366/367)여야 할 것이다. 그러나 이질적인 양자를 잇는 수단 방법으로서의 이 '다리'는 하나의 경계선이 아니라 독자적인 영역을 갖는 체계이다. 방법으로서의 '이행'은 "공동의 한계선에서 접촉하는 이 양자의 교대를 뜻하지 않는다. 즉 거기서 하나가 끝나고 동시에 다른 하나가 시작하며, 후자가 전자로부터 내용과 원리들을 넘겨받는 것을 뜻하는 것이 아니라, 자기의 고유한 영역을 가지면서 두 학문을 연결하는 하나의 특수한 학문을 의미한다."(XXI509) 그러니까 자연과학의 형이상학적 기초원리들 뒤에 그리고 물리학 앞에 전자에서 후자로의 '이행'이라는 "또 하나의 특수한 학문"이 "하나의 특수한 체계로서, 물리학의 기초에 선험적으로 놓이는 것이다."(XXI628)

형이상학적 기초원리들은 물질의 운동력들의 하나의 체계인 물리학으로의 추세를 갖고 있다. 그러한 체계는 순전한 경험들에서는 생겨날 수 없다. 무릇 그러한 것은 하나의 전체로서의 완벽성이 없는 단지 집합들만을 제공하니 말이다. 그러한 체계는 또한 선험적으로만은 성립할 수 없다. 무릇 거기에 있는 것은 아무런 운동력도 함유하고 있지 않은 형이상학적 기초원리들일 터이니 말이다. 그러므로 형이상학에서 물리학으로의 이행, 즉 공간상에서 운동할 수 있는 것에 대한 선험적 개념, 다시 말해 물질 일반에 대한 개념에서 운동력들의 체계로의 이행은 오직 이 양자에 공통적인 것을 통해서, 즉 곧바로 물질에 대해서가 아니라 서로 통일하거나 대립되어 작용하고, 그렇게 해서 형이상학과 물리학 사이 한가운데에 서 있는 보편적인 힘이론의 한 체계(一般 自然學)를 형성하는 운동력들을 통해 〔이루어질〕 수 있다. 이것〔일반 자연학〕은 그 자체로 경험에 대한 선험적 개념들의 적용, 다시 말해 자연연구의 한 체계로서, 하나의 체계 안에서 전자를 후자와 결합한다. 이행은 본래 자연연구의 한 교설이다."(XXI478)

"한 학문에서 다른 학문으로의 이행은 한쪽에 주어지고 다른 쪽에 적용되는 일정한 매개개념들"로 형성되어야 한다. 이 매개개념들은 한 영역뿐만 아니라 다른 한 영역에도 속할 것인즉, 그렇지 않으면 이 이행은 적법한 "보행(passus)"이 아니라 난데없는 "비약(saltus)"이 되어버려, "이런 비약에서 사람들은 자기가 어디로 가는지를 알지 못하며, 되돌아볼 때 자기가 어디서 왔는지도 이해하지 못한다."(XXI526)

한 영역에서 다른 영역으로의(즉 형이상학에서 물리학으로의) 이행이라는 이름, 이 이행은 이를테면 하나의 협곡 위를 비약(飛躍)하는 것도 아니고, 이어진 길에서 한 걸음(步行) 더 내딛는 것도 아니며, 하나의 다리를 매개로 한 이월/건너감이거니와, 이 다리는 한 영역에서 다른 영역으로 가기 위해 (교각을 세우고 이음판을 붙이는) 하나의 특별한 증축을 필요로 하며, 자기의 고유한 배치로 독자적인 하나의 전체를 이룩한다."(XXI641)

이제 "이행으로써 의미하는 바는 이행이라는 활동이 아니라, 이행의 영역, 즉 물질의 운동력들의 요소개념들의 전체이다."(XXI625) 그리고 이러한 이행은, "선험적으로 결합의 형식을 제공하며, 동시에 인식의 질료와 관련해 경험에서 자기의 실재성을 명시하는, 자연법칙들의 개념들과 원리들을

통해서 외에는 달리 진행될 수 없다."(XXI508)

'이행' 가능성의 원리

이제 '이행'의 사명은 "순수 자연이론에서 그리고 일반적으로 선험적 원리들에 의한 체계에서 아직 빈틈으로 남아 있는 것을 채우"(XXI626)는 일로서, 그것은 "선험적으로 생각될 수 있는 요소개념들의 결합에 있어서, 오직 물질의 근원적인 운동력들을 그 자체로 그리고 서로에 대한 관계에서 완벽하게 서술"하기 위한 "하나의 체계"(XXI625)의 설립이다.

우리는 운동력들을 선험적으로 개념들에 의해 구분할 수 있고, 물질의 속성들을 경험에 앞서 완벽하게 열거할 수 있다. 왜냐하면, 현상들의 종합적 통일은 경험에 앞서 지성에 놓여 있어야 하기 때문이다. 예컨대 내적 및 외적 척력. 만약 내가 이 개념들을 형이상학적 기능에서가 아니라 물리학적 역학적 기능들에서 현실적 물체들에 적용한다면, 그것이 이행이다.(XXI477)

그런데 칸트에서 이러한 '이행'의 가능성은 다름 아닌 그의 초월철학, 초월적 관념론에 의거해 있다.

운동력들을 확실하고 완벽하게 인식하기 위해서는 우리 자신이 작용하는 원인들로서의 운동력들이 함유하는 개념들의 창시자여야만 한다. 그리고 동시에 그것들의 완벽성을 의식해야만 하고, 그런 다음에 우리는 또한 이 원리들에 따라서 경험들의 완벽성을 지향하여 노력해야 한다.
만약 우리가 그를 통해 그러한 현상들을 포착하는, 밀쳐냄, 접근 등등의 작용(actus)을 실행하는 우리의 활동을 의식하지 못한다면, 경험을 통해서조차 물질의 운동력들을 물체들에서 인식하지 못할 터이다.
근원적으로-운동하는 힘[근원적 운동력]들이라는 개념은 경험에서 취한 것이 아니라, 우리가 움직일 때 의식하는 마음의 활동에 필시 선험적으로 놓여 있는 것이다. 무릇 그렇지 않으면 우리는 이것들 또한 경험을 통해 얻지 못할 터이기 때문이다. 무릇 합성된 것 그 자체가 지각될 수 있는 것이 아니라, 사람들이 한 활동으로서 선험적으로 의식하는, 공간·시간상에서의 합성하기〔합성작용〕만이 지각되는 것이다.(XXI490/491)

물리학은 "물질의 운동력들의 하나의 경험 체계"이니, 객관적으로는 "오직 '하나의' 경험"(XXI592·595)만이 있을 수 있거니와, 경험이란 지어낸 것이 아니라 지각들의 법칙에 따른 결합에 의한 것이다. 그러나 그 '법칙'이란 다름 아니라 지각들을 가능하게 하는 공간·시간·양·질·실체와 속성·인과 관계·상호작용 등등과 같은 의식의 선험적 인식 원리들이니, 물리학은 이러한 초월적 관념들에 의거해 그 체계성을 얻을 수 있다. '이행'은 이렇게 형이상학적 기초원리들을 가지고서 바로 물리학으로 가는 하나의 교량 체계를 설계하고 건설한다.

자연과학의 형이상학적 기초원리들의 이행은 그 자체로 하나의 특수한, 물질의 운동력들의 체계를 이루거니와, "이 체계는 위로는 자연 형이상학과 아래로는 물리학과, 전망 중에서 (이성적인 원리가 경험적인 원리와) 결합되어 하나의 협곡(間隙) 위에 하나의 다리를 놓는다."(XXI617) 이 다리가 없으면 두 영역은 소통 없이 무관하게 있을 것이다. 이 다리가 없으면 저 추세〔나아감〕는 아무런 성공도 거두지 못할 터이다. 이제 이러한 "자연 형이상학의 물리학으로의 이행을 가능하게 하기 위해서는, 물질의 운동력들이 선험적으로 하나의 체계 안에서 낱낱이 그리고 전수〔全數〕 제시되지 않으면 안된다. 모든 물체는 각각이 자체로 운동력들의 하나의 완벽한 체계이므로, 객관적으로 자연연구가에게 문제인 것도 주관적으로는 경험에 그 자체로 넘겨질 수 있다."(XXI618)

자연과학의 형이상학적 기초원리들에서 물리학으로의 이행은 '하나의' 경험에서의 물질의 운동력들의 잡다를 연결하는 주관적 원리에서 개시하며, 이 총체통일(集合的 全體)의 객관, 즉 운동력들의 전체의 이념이 그 객관 곧 물질에 대한 모든 가능한 경험개념들의 대상의 모든 부분 부분 일관된 규정(分配的 全體)의 바탕[토대]이다.(XXI582)

'이행'의 구성

사람들이 경험적으로 탐색하되 그 결과가 체계적인 것은 "그를 통해 완벽성이 하나의 체계 안에서 의도되는" 범주표에 따라 탐구가 진행될 때이다. 그래서 칸트는 분석 명제의 최고 원칙인 동일률에 따라 근원소를 추론하고, 종합 원칙인 범주 개념들에 따라 운동력들을 파악하여 체계화하려 시도한다. [유작]의 묶음 글들은 모두가 미완성이라서 칸트의 완전한 서술을 볼 수는 없지만, [제4묶음]~[제6묶음]의 소론을 헤아리고 [제2묶음]~[제3묶음]의 단편(斷片)들을 참고하면 다음과 같이 '이행'의 윤곽(草案)을 그려볼 수는 있겠다.

자연과학의 형이상학적 기초원리들에서
물리학으로의 이행
[편성의 윤곽]

서론
'자연과학의 형이상학적 기초원리들에서 물리학으로의 이행'의 의의
(XXI174이하)
　자연 형이상학과 물리학 사이에 위치하는 특수 영역(XXI360이하)
　물체적 자연의 형이상학에서 물리학으로의 이월(XXI465이하)
물질의 기본 속성들에 대하여(XXI375이하)
　1. 특정한 내적 형식 없는 물질들의 응집력과 탄성

2. 유동성〔액체성〕과 고체성

3. 열〔기〕과 냉〔기〕

4. 용해와 분해, 해체 – 가득 찬 공간과 빈 공간

또는

1. 팽창 가능성과 열〔기〕

2. 응집력과 고체성

3. 계량 가능성과 물질의 양

4. 침투 가능성과 저지 가능성

물질의 보편적 종합적 속성들에 대하여(XXI376)

1. 양, 실재적으로 고찰된 연장〔신장〕력, 팽창력 – 용량

2. 질, 경중에 대비되는 밀도적 크기의 실재성 – 질량

3. 관계, 일방의 관성에 대한 타방에 의한 한 물체의 운동에서 쌍방의 작용결과

4. 양태, 빈 공간에 대비되는 경험의 객관으로서의 가득 찬 공간

보론: 유기적 존재자들에서

   a. 생명력. 종자〔種子〕

   b. 양육과 발달, 또한 종자에서, 섭취에 의한

   c. 성장, 외적으로 그리고 내적으로 생식능력에 이르기까지

   d. 생식 — 대체〔代替〕적인 또는 강화〔强化〕적인.

물질의 운동력들에 대하여(XXI307이하)

'이행'의 요소론

– 개념 원리론

물질의 개념 정의(XXI337이하 · 597이하)

물질 일반의 선험적 구분(XXI394)

   A. 양의 상이성의 면에서: 동종적인 것의 하나, 여럿, 모두(XXI312이하)

   B. 상이한 질의 면에서: 실재성, 부정성, 제한성(XXI317이하)

C. 관계의 면에서: 내속성, 인과성, 상호성

D. 양태의 면에서: 가능성, 현존, 필연성(XXI518이하 참조)

물질과 그 운동력에 대하여(XXI352이하)

물질의 운동력의 개념 정의(XXI199이하)

기계적 운동력과 역학적 운동력(XXI201이하)

물질의 운동력들의 구분(XXI356·597이하; XXI170이하·201이하)

운동력의 작용결과의 면에서(XXI367이하)

1. 그 방향의 면에서, 인력과 척력(XXI356이하; XXI324이하)

2. 그 도[度]의 면에서, 운동의 운동량 또는 유한한 속도를 가진 운동

3. 관계의 면에서, 표면력 또는 침투력

4. 양태의 면에서, 근원적-운동력 또는 파생적-운동력[시간의 면에서], 지속적[항구적] 또는 변동적

운동력의 작용원인의 면에서(XXI367이하; XXI357이하 참조)

사력[死力] - 압력(XXI309이하)

활력[活力] - 충격력, 진동

또는

힘들의 질료 면에서(XXI181이하)

힘들의 형식 면에서(XXI182이하)

물질의 성질에 대하여

물질의 일반적 성질(XXI531)

양의 면에서: 계량 가능성 또는 계량 불가능성(XXI267이하·312이하)

질의 ─ : 저지[遮斷] 가능성 또는 저지[遮斷] 불가능성(XXI269이하·317이하)

관계의 ─ : 응집[合着] 가능성 또는 응집[合着] 불가능성

양태의 ─ : 소진[枯渴] 가능성 또는 소진[枯渴] 불가능성

물질의 특수한 성질들

물질들의 유동성과 응집(XXI379이하; XXI251이하 · 257이하 · 325이하)

물질의 강체성(古體性)과 강체화/응고(XXI385이하; XXI272이하 · 320
이하)

물질 일반의 상호관계에 대하여(XXI531이하; XXI287이하 · 301이하)

1. 방향의 면에서: 인력과 척력 (또한 진동)

2. 장소의 면에서의 변화: 내적 운동력(原動力)과 외적 운동력(移動力)

3. 부피의 면에서: 표면력 또는 침투력

4. 범위의 면에서: 광범위한 힘 또는 제한된 힘

물질의 운동력들의 결합 원리

자연적 기계로서의 물체들의 운동력들의 결합의 기계성(XXI186)

특수한 운동력을 갖는 물질의 특종 형식의 운동의 구분 원리(XXI187)

자연과학의 형이상학적 원리들에서 물리학으로의 이행에서 반성개념들
의 모호성에 대하여(XXI545이하)

'이행'의 방법론

– 원리 체계론

서론: 선험적 원리들에 기초한 자연과학 일반에 대하여(XXI554)

제1절 이행 방법의 형식적 구분(XXI554이하)

제2절 운동력들을 자신 안에 함유하는 자연물체들의 질료적 구분
(XXI557)

자연물체들은 유기적이거나 비유기(무기)적이다(XXI557이하; XXI194
이하 · 210이하)

소결론 – 세계체계(우주계)로의 자연체계의 이행의 원리들(XXI568이하)

공간 · 시간상의 자연의 전체에 대하여(XXI404이하)

일반 자연학적 운동이론(XXI533)

형성(XXI388)

세계체계[우주계]를 위한 가설적으로가 아니라 선험적으로 주어진 원소로서 모든 것에 침투[삼투]하여 전 세계공간[우주]을 채우는 하나의 물질에 대하여(XXI222이하)

열에 의한 물질들 상호 간의 관계(XXI521이하)

결론

최상 원인, 최고 예지자(지성)인 신의 이념을 정점으로 하는 세계[우주] 체계에 대하여(XXI344이하)

『유작』 안의 여러 묶음 글들에 두서없이 섞여 있고 중첩해 있는 '이행' 관련 단편들을 이러한 차례로 재편성해본다면, 칸트의 『자연 형이상학에서[의] 물리학으로의 이행』이라는 하나의 저작 초고를 얻을 수도 있겠다.

'이행'의 최상 원리로서의 열소/에테르

칸트의 이성 체계에서 자유 개념이 종석(宗石)이듯이 자연세계의 체계 (우주계)에서의 마룻돌은 열소/에테르 이념이다. 그런데 '자유'가 그러하듯이 '열소/에테르' 또한 문제성 있는 개념이다. 그러나 하나의 윤리세계를 위해서 '자유'가 그러하듯이, 이제 '하나의' 자연세계에 대한 통일된 경험을 위해 '열소/에테르'는 필요불가결하다. 칸트는 '열소/에테르' 없이는 '하나의' 경험, 즉 자연세계에 대한 체계적 인식이 성립할 수 없다고 보기 때문에, 결국 '열소/에테르'를 전제하지 않고서는 "경험적 자연지식의 하나의 체계" (XXI630·635)인 물리학도 학문적 지위를 얻을 수 없다고 보고 있는 것이다. 그래서 열소는 "자연과학의 형이상학적 기초원리들에서 물리학으로의 이행의 최상 원리"(XXI594)로 지칭된다. 그러니 "열소의 실존의 증명"(XXI594)이야말로 '이행'의 관건이라 하겠다.

칸트 자신 곳곳에서 열소가 과연 "하나의 특수한" 독자적인 원소인지, 아니면 "세계공간[우주] 안에 있는 모든 물질의 한낱 내적인 진동인지"(XXI410)를 묻기도 하고, 심지어는 열소란 "단지 광소(光素)에 부착해 있는 속성처럼 보이고, 그러므로 자체로는 아무런 특수한 원소[소재]가 아니라, 오히려 광소의 물체들에 대한 한 관계"로 보인다고 말하면서, "이 광소가 에테르로서 그 작용들에서 나뉘어, 곧 직선적인 유출(빛)로 그리고 물체들에 의해 흡수되면 열로"(XXI381) 나뉜다고까지 판정하기도 한다. 그러나 '이행'에 대한 탐구가 진척되어갈수록 칸트에서 열소/에테르는 "세계공간[우주]을 채우는 모든 물질의 바탕"(XXI380)으로서, "이 [요소]원소(Elementarstoff)는 하나의 가설적 기초원소(Grundstoff)가 아니라, 경험에 주어지는" 기초원소이며, "특정의 현상들을 설명하는 데 유익하게 상정한 것이 아니라, (비록 단지 간접적으로, 다시 말해 매개적으로이기는 하지만) 경험에서 입증되는 것"(XXI537)이라고 규정된다.

물질의 운동력들의 기본[요소]체계는 '열소/에테르'라고 불리는 "한 원소/소재의 실존에 의지해 있다." "물질의 모든 운동력들의 바탕[토대](원초적 운동력)을 이루"(XXI593)는 이 원소/소재에 대해 사람들은 다음과 같이 말한다.

모든 것에 퍼져 있고, 모든 것에 침투하며, 자기가 차지(占)하고 있는 또는 밀쳐내면서 채우고(充塡하고) 있는 공간 안에서 자기 자신을 자기의 모든 부분들에서 균일하게 촉진하며, 이러한 운동 중에서 끝없이 존속해가는 물질이 실존한다. ― (특정 현상들을 설명하기 위한) 가설적 원소/소재로서가 아니라, 자연 안에 기초해 있는 원소/소재로서.(XXI593/594)

"그러나 열소의 실존 주장은 자연과학의 형이상학적 기초원리들에 속하지 않고, 물리학에도 속하지 않으며, 순전히 자연과학의 형이상학적 기초원리들에서 물리학으로의 이행에 속한다."(XXI594) 그뿐만 아니라 '이행'은 이 열소의 이념에 정초해 있다. 이러한 의미 연관에서 칸트는 열소의 실존을 여러 가지 방식으로 증명하고자 시도한다.

자연과학의 형이상학적 기초원리들에서
물리학으로의 이행의 최상 원리로서의 열소의 실존 증명

열소는 "자연과학의 형이상학적 원리들에서 물리학으로의 이행에 필연적으로 속하는 하나의 원리이며, 그것의 실존은 증명될 수 있다."(XXI551) "자연과학의 형이상학적 기초원리들에서 물리학으로의 이행은 바로 열소의 이념을 통해 일어나며, 그렇기 때문에 열소는 한낱 가설적인 것이 아니라, 유일하게 모든 공간 중의 모든 물체들을 합경험적으로 이끌고, 연속적으로 퍼진, '하나의' 경험에서 연관 짓는 원소/소재일 수밖에 없다."(XXI571)

오직 '하나의' 공간이 있듯이, 주관의 감관들을 움직여서 경험적 직관 즉 지각들을 일으키는 물질의 운동력들인 외적 대상들에 대해서도 오직 '하나의' 경험이 있다. "이 모든 가능한 지각들의, 그러니까 하나의 경험을 위한 이것들의 통일의 형식 원리 아래에 있는, 이를 위해 감관들을 움직이는 물질의 힘들의 총체통일(集合的 全體)이 이제 객관적으로 기본[요소]체계이다. 그러나 이 기본[요소]체계는 그를 위한 질료(원소/소재)를 오직 그것이 움직이는 표상하는 힘들의 하나의 전체를 자신에 함유하고 있음으로써, 그리고 하나의 경험의 가능성을 위해 통일되어 생각되는 소재/원소를 이 체계의 바탕[토대]으로서" 함유하고 있음으로써 그러하다.(XXI594/595 참조)

이제 가능한 경험의 절대적 통일은 동시에 총체적인 원소/소재의 통일, 그러니까 또한 외감들을 움직이는 물질들의 힘들의 통일이다. 그러므로 이미 경험의 통일 개념에는 선험적으로(즉 지각들의 집합인 모든 경험적인 것에 앞서) 물질의 촉진/시발하는 힘들의 하나의 체계라는 개념이 경험 안에 필연적으로 속하는 것으로서 놓여 있다. 그러나 실존하는 것에 무조건적으로 필연적으로 (대상들의 순전한 개념에 의해) 속하는 것은 그 자체로 현실적으로[실제로] 있다. — 그러므로 총체적 물질의 운동력들의 '하나의' 기본[요소]체계가 모든 운동력들의 바탕[토대]으로서 실존한다.(XXI595/596)

"이 원소/소재의 실존은 여기서 경험에서 추론되어 있지 않고, 가능한 경험의 통일 개념을 위해 선험적으로 주어져 있다."(XXI596) — 이제 칸트에서 이러한 근원소의 실존 증명은 적어도 두 갈래로 진행된다. 하나는 '빈 공간 지각 불가능성 논증'이고, 다른 하나는 '물질의 운동의 시원 논증'이라고 이름 붙일 수 있겠다.

빈 공간 지각 불가능성 논증

"'하나의' 가능한 경험의 대상으로서의 외적 감관객관들의 하나의 전체가 모든 공간을 채우는 것이다. 무릇 빈 공간은 가능한 지각들의 대상이 아니"(XXI596)기 때문이다. 빈 시간과 마찬가지로 빈 공간은 "가능한 경험의 대상이 아니다." 객관의 비존재/부재는 지각될 수 없는 것이다.(XXI549 참조) "빈 공간은 (가득 찬 공간에 둘러싸인 것이든 그것을 둘러싸고 있는 것이든) 가능한 경험의 대상이 아니다."(XXI549/550) 그러므로 단절되지 않은 '하나의' 경험에는 빈틈없는 하나의 세계공간이 대응해야 한다.

공간상의 모든 물체에게 각자의 장소가 정해질 수 있기 위해서는 '하나의' 공간이 있어야 하고, '하나의' 공간이 있기 위해서는 "먼저 공간을 채우면서, 자기 스스로 촉진하는 힘들을 통해 (인력과 척력을 통해) 부단히 운동하는 물질이 있지 않으면 안 된다. 이것이 가능한 경험의 대상으로서의 각각의 물질의 바탕[토대]이다. 무릇 이 바탕[토대]이 비로소 경험을 가능하게 한다. 만약 이 물질이 앞서 감성적인 공간을 자발성에서[자발적으로] 채우지 않았다면, 이 공간은 물체들에 의해 채워질 수가 없다. 무릇 공간은 먼저 경험객관이어야만 한다. 그렇지 않으면 그에게 아무런 위치도 지정될 수가 없다. 모든 것에 침투하는 열소가 모든 외적 경험의 가능성의 제일의 조건이다."(XXI550/551)

빈 공간은 실존하지 않으며, '하나의' 외적 경험이 가능하기 위해서는 오직 가득 채워진 공간만이 있어야 하니, 따라서 공간을 가득 채우는, 열소/에테르라고 일컬어지는 하나의 요소원소가 있어야 한다.

물질 운동의 시원 논증

"공간상에 물질의 운동이 있다. 그러나 어떤 하나의 운동은 원초적이지 않을 수 없다. 다시 말해 여느 물질이든 움직이게 되는 것을 단적으로 개시해야만 한다." 그런데 운동이 비물질적인 시원, 가령 신으로부터 개시한다고 상정하는 것은 물리학에서 받아들여질 수 없다.(XXI560이하 참조) 그런 것은 이미 물리 체계를 벗어나 있는 것이니 말이다. "운동력들은 하나가 다른 하나의 운동의 기계인 한에서 서로 종속해 있기 때문에." 오히려 세계공간에 고루 퍼져 모든 물체에 침투하고, "하나의 원초적으로-운동하는 물질이 있"(XXI536)다고 보아야 한다.

그러므로 물질의 운동은 필연적으로 하나의 "시원적으로 운동하는 물질(materia primitive movens)"(XXI217)에서 출발하지 않을 수 없는 것이다. 그리고 "스스로 시작하기에 알맞은 하나의 운동은 또한 그 운동을 균일하게 그리고 영속적으로 계속하는 운동력을 갖지 않을 수 없다. 무릇 그렇지 않을 경우 그 운동을 중지하는 원인이 있어야 할 터인데, 이는 반작용하는 힘이 없다면 생각할 수 없는 것이니 말이다. 그러므로 물체세계의 이 근원소[원소재]가 균일하게 그리고 중단없이 운동하고 있는 것이어야 한다면, 모든 원초적인 능동적 운동은 인력과 척력의 촉진/시발로부터 유래하는 것이기 때문에, 이 내적으로 스스로 운동하는 근원소는 하나의 끊임없이 진동하는 운동 중에 내포되어 있는 것으로 생각될 수밖에 없다."(XXI561)

물질의 힘들의 유희는 하나의 주어진 현상이므로, 이제 그 전체에 대한 하나의 경험이 가능하기 위해서는 시원적인 하나의 물질, "다시 말해 모든 것에 침투해서 모든 것에 퍼져 있고 모든 것을 움직이는 세계원소[우주소재]"(XXI543)를 상정하지 않을 수 없다. 물론 이러한 상정이 직접적으로는 경험에 기초하고 있지 않다. "그러나 간접적으로는 이것은 경험 일반의 전체의 가능성의 형식적 원리로서 운동력의 체계를 위해 필연적으로 그러니까 선험적으로 주어진 원소[소재]이다. 이 원소[소재]는 물질의 기본[요소]체계에서 물질의 모든 운동력들의 바탕으로 쓰인다."(XXI543)

이러한 증명은 단지 "소극적인 근거"를 가지고 있는 것이고, 그래서 칸트는 열소가 가설적 원소는 아니지만, "이것의 현실성 증명은 하나의 가설적 증명"이라고 자평한다. "왜냐하면, 이것의 진리성은 이것이 이것의 대상에 대한 경험의 가능성과 합치한다는 원리에 의거하기 때문이다."(XXI545) 이 '증명'은 "경험에 의한 하나의 직접적 증명"은 아니고, 오히려 "모든 물질에 대해 총괄적으로 타당한 경험의 가능성의 원리에 의한 그리고 경험을 위한 하나의 간접적 증명"(XXI544; XXI579 · 586 참조)이라 하겠다.

물질의 운동력들의 기본[요소]체계의 최상의 원리로서의 열소

이제 간접적으로나마 증명된 바는 "모든 것에 퍼져 있고, 모든 것에 침투하며, 내적으로 완전 운동하면서(자기의 모든 부분들에서 자기 자신을 촉진하면서), 이러한 촉진 중에 영속한다는 본질속성들을 가진 하나의 물질이 실존한다."(XXI591)라는 사실이다. "이것의 내적 촉진[시발]이 모든 운동의 시작과 지속을 자신 안에 함유"하는, 열소/에테르라고 일컬어지는 이 물질은 "오직 하나의 체계 안에서 실존하는 것으로 생각될 수"(XXI553) 있다.

이 열소가 "체계의 경험 가능성의 조건들의 원리들을 제공한다. 자기로 부터 시작하는 것은 또한 이러한 방식으로 불변적으로 그리고 영원히 실존 한다. 자기로부터 시작하는 하나의 운동(시간상의 운동의 시작)은 필시 또한 끊임없이 한결같게 지속하며, 그것은 자신의 힘에서 생겨날 것이므로, 물질 은 인력과 척력 중에서 끊임없이 운동하고 있을 수밖에 없다. 원소들의 이 이론은 〔이처럼〕 순전히 선험적 개념들에 자리 잡고 있다."(XXI544) 열소는 경험에서 도출된 원소가 아니라 "선험적 개념들로부터 그러니까 필연적인 것으로 나온, 그러나 모든 것을 포괄하는 경험 일반의 가능성을 위해 정언 적〔단정적〕으로 주어지는 원소/소재이다."(XXI563) 이 열소가 "모든 외적 경 험의 가능성의 제일의 조건"(XXI551)인 것이다.

"이 요소원소가 하나의 주어진 전체로서 물질의 모든 힘들을 경험의 통 일성으로 통일하는 바탕〔토대〕이다. — 이제 가능한 경험의 절대적 통일에 속하는 것은 실제로〔현실적으로〕 있다. 그러므로 그러한 원소/소재는 한낱 분배적-보편적일 뿐만 아니라 또한 동시에 집합적-보편적 세계〔우주〕원소/ 소재로서 실제로〔현실적으로〕 있다."(XXI602) — 이러한 열소에 의해 "물질의 운동력들의 기본〔요소〕체계"가 성취된다면, 칸트의 '이행' 또한 성취되는 것 이겠다.

여론(餘論): 초월적 관념론 또는 초월철학의 행로

비판철학에서의 초월적 관념론

칸트의 초월철학은 존재자의 총체인 자연세계란 우리 인간에게 인식된 세계, 즉 현상 세계로서, 이 현상 세계는 인식자인 인간의 의식에 의해서 규 정되는 것인 만큼 인간의 의식에 의존적인 것이고, 그런 의미에서 일종의 관념의 체계라고 본다. 그런 의미에서 초월철학은 관념론의 기조 위에 서 있다 하겠다.

그러나 '관념론'이란 보통 "감관의 외적 대상들의 현존을 부정"하지는 않되, "외적 대상들의 현존[이] 직접적인 지각에 의해 인식된다는 것을 인정하지 않고", "외적 대상들의 실재성을 일체의 가능한 경험에 의해서는 결코 완전히 확실하게 인지할 수는 없다."(*KrV*, A369)라는 주의주장을 뜻한다. 이러한 관념론은 일반적으로 "감관들과 경험을 통한 모든 인식은 순정한 가상일 따름이며, 오직 순수 지성과 이성의 관념들 중에만 진리가 있다." (*Prol*, A205=IV374)라는 주장을 함의한다.

'초월적 관념론'

이와 연관하여 칸트 비판철학에서 "모든 현상들의 초월적 관념론 (transzendentaler Idealismus)"이란 "우리가 그 현상들을 모두, 사물들 그 자체가 아니라 순전한 표상들로 보며, 따라서 시간과 공간은 단지 우리 직관의 감성적 형식일 따름이고, 사물 그 자체로서의 객관들의 그 자체로 주어진 규정들이거나 조건들이 아니라고 하는 이론"(*KrV*, A369; *Prol*, A141=IV337 참조)이다. 반면에 이에 맞서는 '초월적 실재론'은 "시간과 공간을 (우리 감성에 독립적인) 자체로 주어진 어떤 것"이라 보고서, 외적 현상들을 "우리와 우리 감성에 독립적으로 실존하는, 그러므로 순수한 지성개념들에 따르더라도 우리 밖에 존재할 터인 사물들 자체라고 표상한다."(*KrV*, A369) 이러한 초월적 실재론은 결국 '경험적 관념론'에 이르러, 우리 감각기능과 무관하게 그 자체로 존재하는 사물을 전제하고서는 그러한 사물 자체는 도무지 우리의 감각기능에 의해 온전히 인식될 수 없는 것이라고 회의하고, 그러면서도 우리에게 온전히 인식되지는 않지만 무엇인가 그 자체로 존재하는 것이 있다고 단정 짓는다.

그래서 초월적 실재론 그러니까 경험적 관념론은, "외감의 대상들을 감관 자신과는 구별되는 어떤 것으로, 한갓 현상들을 우리의 밖에 있는 독자적인 존재자로" 본다. 그렇게 보게 되면 "이 사물들에 대한 우리의 표상을 제아무리 잘 의식한다 해도, 표상이 실존한다 해서 그에 상응하는 대상도 실존한다는 것이 조금도 확실하지 않"다.(*KrV*, A371 참조) "무릇, 사람들이 외적 현상들을 그 자체로 우리 밖에 있는 사물들인 그것들의 대상들에 의해 우리 안에서 결과로 나타난 현상들로 본다면, 그들이 이 사물의 현존을 결과에서 원인을 추리하는 방식 외에 어떻게 달리 인식할 수 있는지는 알아낼 수가 없다. 그런데 이런 추리에서 저 원인이 우리 안에 있는지 밖에 있는지는 여전히 의문으로 남아 있을 수밖에 없다. 이제 사람들이 설령 우리의 외적 직관들에 대해서, 초월적 의미에서 우리 밖에 있음 직한 어떤 것이 그 원인이라고 인정할 수 있다 하더라도, 그러나 이 어떤 것이 우리가 물질 내지 물체적 사물이라는 표상들로 이해하는 대상은 아니다. 왜냐하면, 이것들은 오로지 현상들, 다시 말해 순전한 표상방식들이기 때문이다. 그것들은 항상 단지 우리 안에서만 있는, 그리고 그것들의 현실성이, 우리 자신의 사고내용에 대한 의식과 마찬가지로 직접적인 의식에 의거하고 있는 것이다. 초월적 대상은, 내적 직관과 관련해서든 외적 직관과 관련해서든, 마찬가지로 알려지지 않는다."(*KrV*, A372)

이와는 달리 비판철학적인 초월적 관념론은 "생각하는 존재자로서의 나의 현존과 마찬가지로 물질의 현존을 우리의 순전한 자기의식의 증거에 근거해서 받아들이고, 그럼으로써 증명된 것으로 선언하는 데 아무런 의구심도 없다. 왜냐하면, 나는 나의 표상들을 의식하고 있으므로 이 표상들과 이 표상들을 가지고 있는 자인 나 자신은 실존한다. 그러나 무릇 외적 대상들(물체들)은 한낱 현상이고, 따라서 다름 아니라 일종의 나의 표상들이기도 하며, 그것들의 대상들은 오직 이 표상들에 의해서만 어떤 무엇이고, 이것들을 떠나서는 아무것도 아닌 것이다. 그러므로 나 자신이 실존하듯이, 똑같이 외적인 사물들도 실존한다. 이 둘 모두 나의 자기의식의 직접적인 증거에 근거해서 실존하는 것이지만, 다만 차이점은 사고하는 주체로서의 나자신의 표상은 순전히 내감과 반면에 연장적인 존재자라고 칭하는 표상들은 외감과도 관계 맺어져 있다는 점뿐이다. 나의 내감의 대상(곧, 나의 사고 내용)의 현실성에 관해서 추리를 할 필요가 없듯이, 나는 외적 대상들의 현실성과 관련해서도 추리할 필요가 없다. 왜냐하면, 그것들 둘 모두 표상들일 따름이며, 표상들에 대한 직접적인 지각(의식)은 동시에 그것들의 현실성에 대한 충분한 증명이 되기 때문이다."(*KrV*, A370이하) "그러므로 초월적 관념론자는 경험적 실재론자이며, 그는 현상으로서 물질[물체]에, 추론될 필요 없이 직접적으로 지각되는 현실성을 인정한다."(*KrV*, A372) — 그러니까 초월적 관념론은 감각적으로 경험한 것은 그것으로써 이미 실재를 입증하는 '현상'이고, 그 이상의 어떤 '사물 자체'라는 것은 한낱 관념일 따름이라는, 경험적 실재론(empirischer Realismus) 내지 경험 실재주의이다.

'비판적 관념론'

그래서 칸트는 자기의 '관념론'이 한낱 "형식적 관념론"으로, 실은 전통적인 "진짜"(*Prol*, A205=IV374) 관념론, "본래의"(*Prol*, A207=IV375) 관념론에 대해 한계를 규정해주는 "비판적 관념론(kritischer Idealismus)"(*Prol*, A71=IV294·A208=IV375)이라고 생각한다. 칸트의 비판적 관념론은, "공간을 순전한 경험적 표상"으로 보고서, "경험의 현상들의 기초에는 아무것도 선험적으로 놓이는 것이 없으니" "경험은 아무런 진리의 표준도 가질 수 없다"(*Prol*, A206이하=IV374이하 참조)라고 하는 버클리류의 "교조적 관념론"(*Prol*, A208=IV375) 내지는 "광신적 관념론"(*Prol*, A70=IV293)이나 누구든 "물체 세계의 실존을 부인"할 수 있다는 데카르트류의 "경험적 관념론"(*Prol*, A70=IV293) 내지는 "회의적 관념론"(*Prol*, A208=IV375)을 비판한다.

이에 칸트의 비판적 관념론인 초월적 관념론은 오히려 "순전한 순수 지성 내지 순수 이성에 의한 사물들에 대한 모든 인식은 순정한 가상일 따름이며, 오직 경험 중에만 진리[진상]가 있다"(*Prol*, A205=IV374)라는 논지를 편다. 이것은 "보통의[통상적인] 관념론을 전복시키는"(*Prol*, A207=IV375),

"저 본래의 관념론과는 정반대"(*Prol*, A206=IV374)가 되는 주장이다. 이것은 차라리 관념론 비판 또는 "반박"(*KrV*, B274)이라고 볼 수 있다.

그렇기에 칸트는 '관념론'이 자기의 철학 "체계의 영혼을 이루고 있는 것은 아닌"(*Prol*, A205=V374) 것이라 한다. 그럼에도 칸트가 자기의 인식론을 굳이 "나의 이른바 (본래는 비판적) 관념론"(*Prol*, A207=IV375) 혹은 "형식적, 좀 더 적절하게 표현해 비판적 관념론"(*Prol*, A208=IV375)이라고 일컫는 것은, '진상은 오직 경험 중에만 있다'라는 그의 경험 실재주의적 주장에서, 경험된 것 즉 '현상'은 공간·시간 형식상에서만 우리에게 있을 수 있는 것인 우리 의식에 의존적이라는 사태를 도외시할 수 없기 때문이다. 이 대목에서 주의를 기울여 살펴볼 것은 실재적인 인식인 경험의 최초 단계로서의 '직관'의 성격이다.

경험 실재주의에서의 직관과 그 방식

개별적이고 직접적인 표상으로서의 직관

경험 실재주의로서의 칸트 초월철학에서 '직관'은 '개념'과 대비된다. 그것은 감성과 지성의 대비에 상응한다. 지성이 개념의 능력이라면 감성은 직관의 능력이다. 개념이 공통 징표에 의한 표상(repraesentatio per notas commmunes), 곧 보편 표상이라면, 직관은 "개별 표상(repraesentatio singularis)"(*Log*, A139=IX91)이다. 보편 표상이 여러 대상들에 공통적인 그런 표상이라면, 이와 구별되는 개별 표상이란 적어도 여러 대상들에 공통적이지 않은 표상이어야 한다. 그러니까 직관이란 하나의 특정한 것 내지는 단 하나의 것에 대한 표상이겠다.

개념이 공통 징표를 매개로 대상과 간접적으로 관계 맺는다면, 직관은 대상과 무매개적으로 또는 "곧바로(직접적으로)"(*KrV*, A19=B33), 이른바 "직각적"(*KrV*, A68=B93 참조)으로 관계 맺는다. 직관이 '무매개적'이라 함은, 무엇인가(대상)가 우리를 촉발하면 직관은 '직접적'으로 발생함을 뜻하고,

그런 의미에서 직관은 우리를 촉발하는 어떤 것(대상)에 대한 "직접적인 표상"(*KrV*, B41)이다. 그러나 이런 경우의 직관은 감각을 촉발하는 무엇인가가 있는 직관, 그러니까 '경험적' 직관이다. 그런데 만약에 촉발하는 외적 대상 없이도 생기는 직관이 있다면, 그것은 감각에 독립적이라는 의미에서 '순수한' 직관이겠다. 그리고 그러한 순수한 직관은 "대상들 자체보다도 선행"(*KrV*, B41 참조)하는 선험적인 직관이겠다.

경험적 직관과 순수 직관

"경험적 직관"이 감각 질료를 포함하고 있는 것이라면, '아무런 감각도 섞여 있지 않은' 직관은 "순수한 직관"(*KrV*, A20=B34/35)이라 일컫는다. 그런데 직관은 감성의 작용방식이다. 그렇다면 감각과 무관한 직관은 감관〔감각기능〕에 의한 것일 수는 없으니, 순수한 직관은 감관 외의 또 다른 감성 능력 곧 상상력에 의한 것일 수밖에 없다.

그러나 상상력이 산출하는 모든 직관이 순수한 것은 아니다. 상상력이 산출하는 표상들 가운데서도 그것들의 재료가 어떤 방식으로든 감각적인 것으로 판명될 수 있는 것들이 있고, 그러므로 그런 것들은 순수한 것이 아니라 경험적인 것이다. 그래서 순수한 직관에는 오로지 "감관 내지는 감각의 실재 대상 없이도 〔…〕 마음에서 생기는"(*KrV*, A21=B35) 그런 직관만이 속한다. 그러므로 순수 직관의 원천은 마음에서, 인간의 주관에서, 곧 인간 자신의 감성 자체에서 찾아져야 한다.

그래서 칸트는, 우리 인간이 감각에 앞서 "마음에 선험적으로 준비되어"(*KrV*, A20=B34) 있는 순수 직관에 의거해서 우리를 촉발하는 대상을 감각적으로 직관한다고 생각한다. 그러니까 순수 직관은 "직관의 형식"(*KrV*, B67·참조 A20=B34 등)으로 기능하는 것이다. 그리고 직관이 감성의 본질적 기능인 한에서, 이 직관의 형식은 다름 아니라 바로 '감성의 형식'(*KrV*, A20=B34 참조)이기도 하다. 또한 그것이 '감성적 직관들의 형식'인 한에서, 그것은 단지 외감적 직관과 내감적 직관의 형식일 뿐만 아니라 상상력의 직관 형식이기도 하다. 그러나 이 형식이 "현상의 형식"(*KrV*, A20=B34), 바꿔 말해 경험적으로 직관된 것의 형식인 것은, 그것이 외감적 직관과 내감적 직관의 형식으로 기능하는 한에서이다. 감성에 선험적으로 준비되어 있는 표상인 이 직관의 형식과 경험적으로 직관된 것에서 모든 경험적인 것을 사상한 다음에도 여전히 남는 감성적 표상인 경험적으로 직관된 것의 형식은 내용상 동일한 것이다. 그것은 다름 아닌 공간·시간 표상이다.

직관의 형식들인 공간과 시간 표상들은, 순수한 직관들인 한에서 그 자신도 직관된 것, 감성에 의해 표상된 것이고, 그것도 "아무런 실재하는 대상 없이" 표상된 것이다. 공간·시간 표상에는 우리의 표상력에, 곧 상상력에 독립해 있는, 어떠한 실재하는 대상도 대응하지 않는다. 공간과 시간은, 순수한 직관인 한에서, 순전한 "상상적 존재자(ens imaginarium)"(*KrV*, A291=B347; *MSI*, $A_2$18=II401)이다. 그러니까 공간·시간은 우리 감성을 떠나는 그 즉시 아무것도 아니다.(*KrV*, A28=B44 참조) 그것들은 사물 자체도 아니고, 사물 자체의 성질들도 아니며 또한 현상들도 아니다. 그것들은 엄밀한 의미에서는 도대체가 아무런 것(대상)이 아니다.

근원적 직관과 파생적 직관

"그 직관 자체를 통해 직관 대상의 현존이 주어지는 그런 직관"을 "근원적 직관(intuitus originarius)"이라 한다면, "그 직관이 대상의 현존에 의존하는, 그러니까 주관의 표상력이 대상에 촉발됨으로써만 가능한 그런 직관"은 "파생적 직관(intuitus derivativus)"(*KrV*, B72)이라 하겠다.

공간·시간 표상은 어떠한 대상의 촉발 없이도 이미 우리 안에 있는 표상이라는 점에서는 근원적인 것이지만, 오로지 감각되는 대상에 대해서만 실재성을 갖는 것이므로, 감각 대상과 관련해서만 획득될 수 있다는 점에서는 이를테면 "근원적 취득(acquisitio originaria)"(*ÜE*, BA68=VIII221·BA71=VIII223 참조)에 의한 표상이고, 그런 의미에서 일종의 파생적 직관이다. 엄밀한 의미에서 근원적 직관은 일체 감각에 의존하는 바가 없는 존재자,

신에게나 가능한 것이다.

감성적 직관과 지성적 직관

우리 인간은 감성을 통해서만 대상 인식이 가능하기 때문에, 직관 또한 감성적 직관만이 가능하다. 공간·시간상에 있지 않은 무엇인가를 직관함, "비감성적 직관", 이를테면 "지성적 직관"은 인간에게는 공허한 것이다. (*KrV*, B148이하 참조) 이른바 '지성적 직관'은 직관을 통해 객관을 산출하는 "근원적인 존재자에게만 속하고,"(*KrV*, B72) 인식에서 주어지는 객관과 관계를 맺는, 그러니까 객관에 의존적인 존재자인 "우리로서는 우리의 감성적 직관 외에 다른 방식의 직관은 전혀 아는 바가 없"(*KrV*, A287=B343)다.

독일관념론[독일이상주의]과의 마주침

피히테의 '절대적 주관' 이론과 칸트의 대응

피히테의 자아론 전개

칸트의 비판철학에 대해 피히테(Johann Gottlieb Fichte, 1762~1814)는 "칸트의 정신을 넘어선 어느 곳에서도 더 이상의 연구 대상은 없다. 나는, 내가 분명하게 그리고 확정적으로 세우려는 원리들을, 칸트가 불분명한 채이기는 하지만, 자기의 모든 연구의 바탕에 가지고 있었음을 전적으로 확신한다."(Fichte가 Böttinger에게 보낸 1794. 4. 2 자 편지: *J. G. Fichte Briefwechsel*, hrsg. v. Hans Schulz, Leipzig 1930, I. S. 353, Nr. 161)라고 말하면서 자기의 지식론의 체계를 전개시켜 나간다.(『지식론의 개념(*Über den Begriff der Wissenschaftslehre*)』(1794), 『전 지식론의 기초(*Grundlage der gesammten Wissenschaftslehre*[*GW*])』(1794) 참조)

칸트는 자연 인식에서 인간 이성은 선험적 원리를 가지고 있고, 그것이 인식의 범주로 기능한다는 점에서 인간 이성은 자연세계의 틀일 뿐만 아니라,

자연 안에서 의지의 자유에 따른 도덕적 실천행위를 한다는 점에서는 자연 세계를 실질적으로 변화시키는 주체이고, 이 인간 주체의 자율적 행위가 자연 안에서 성취되기 위해서는 자연 운행의 법칙과 선의지의 목적지향적 행위 법칙이 부합해야만 하며, 그렇다면 인간의 도덕적 행위와 꼭 마찬가지로 자연도 합목적적으로 운행함이 당연하다고 생각했다. 그러나 칸트에서 인간 이성에 내재한다는 자연 인식의 범주는 어디까지나 개념 형식이고, 도덕적 행위의 자유 원인성도 초월적 이념으로서 어떤 존재적 지위를 갖는 것은 아니었다. 칸트가 말한 '자연의 합목적성'이라는 것도 자연에 합목적성이 사실적으로 내재하는 것이라기보다는 "오로지 반성적 판단력에 그 근원을 가지고 있는 하나의 특수한 선험적 개념"(*KU*, BXXVIII=V181)으로서 이를테면 합리적 세계를 해명하기 위한 "상대적 가정(suppositio relativa)"(*KrV*, A676=B704)으로 이해될 수 있는 것이었다.

그러니까 피히테가 볼 때 칸트가 "불분명한 채로" 즉 충분한 반성 없이 자기의 이론 체계의 원리로 사용하고 있는 것이란, 칸트가 인간 의식활동을 지(知)·정(情)·의(意)로 나눠보는 당대의 심리학에 따라 이론이성·실천이성[의지]·감정의 순수 기능을 분별 추구하여 인식 이성의 자기활동적 초월성, 행위 의지의 자율성, 반성적 판단력의 자기자율성을 병렬시킨 점이고, 피히테가 더욱 "분명하게 그리고 확정적으로" 세우려는 원리란 이 세 가지 기능의 공통 토대를 말하려는 것으로 보인다. 칸트에게서 참된 인식의 본부는 순수 이론이성, 선한 행위의 본부는 순수 실천이성, 세계의 합목적성의 본부는 순수한 반성적 판단력으로 나뉘어 있는 셈인데, 피히테는 이것들이 가지고 있는 공통 성격인 의식의 자기활동성으로부터 의식과 의식의 대상들의 토대를 찾으니 말이다.

피히테는 칸트가 나누어본 의식 활동들을 하나의 원리에 의해 설명하려는 것이다. 그는 인식이든 실천이든 희망이든 이런 것들은 모두 의식의 활동인데, 이런 "모든 의식의 근저에 놓여 있어, 그것을 가능하게 하는"(Fichte, *GW*, in: Sämtliche Werke[SW], hrsg. v. I. H. Fichte, Berlin/Bonn

1845/1935, Bd. I, 91) 것은 무엇이겠는지를 묻는다. 그리고 피히테는 그것이 가장 근원적인 것인 만큼 증명되거나 규정될 수 없는 의식의 "실행(Tathandlung)"이라고 생각한다.

의식의 사실(Tatsache)들은 모두 의식 안에서, 의식에 대해서 비로소 그 어떤 것이다. 그런 만큼 의식의 사실들은 그것이 무엇이 되었든 대상의식의 법칙 아래에 있다. 이런 사실 내용을 가능하게 하고, 의식의 법칙 작용인 것은 다름 아닌 의식의 사실행위 곧 실행이다.

의식은 궁극적으로 자기활동적인 것이고, 그런 뜻에서 자유이고 실천적이다. 대상이란 이 의식에 대해 있는 것으로 모두 의식에 의해서 정립되는 것이라 한다면, 스스로 자신을 정립하는 것, 곧 "순수 활동성"은 '나' 또는 '자아(das Ich)'라 해야 할 것이다. "나는 자기 자신을 정립하며, 자기 자신에 의한 이 단적인 정립에 의해 존재한다. 또 거꾸로, 나는 존재하며, 자기의 단적인 존재에 의해 자기 존재를 정립한다."(Fichte, GW, SW I, 96) 스스로 존재하는 것이 아닌 것은 '나'가 아니다. 그렇기 때문에 '나,' '자아'는 "절대적 주관"(Fichte, GW, SW I, 97)이다. 절대적 주관인 나는 행위하는 자이고 동시에 행위의 산물이며, 실제 활동하는 자이고, 동시에 이 실제 활동을 통해 생산된 것이다. 실제 활동(Tat)과 행위(Handlung)는 "한가지이고 동일한 것이며 따라서 '내가 존재한다'라는 실행(Tathandlung)의 표현이다."(Fichte, GW, SW I, 96) 그러나 '나는 존재한다'거나 '나는 생각한다'는 활동하는 나의 근원적 표현일 수 없고, '나는 행위한다'만이 그런 것일 수 있다. 그렇지만 여기서 주의할 점은, 나를 '행위하는 자', '활동하는 자'라고 할 때 그것을 데카르트의 '생각하는 자', '존재하는 자'에서처럼 어떤 실체를 뜻하는 것으로 이해해서는 안 된다는 점이다.

자연적 의식은 행위가 있다면 행위하는 자가 의당 전제된다고 생각한다. 그래서 사람들은 쉽게 실체로서 행위자를 생각한다. 그러나 칸트의 '초월적 의식'이라는 개념은 데카르트류의 이런 실체적 사고방식을 깨뜨렸다. 피히테는 여기서 한 걸음 더 나아가 기체(基體) 없는 순수 기능이 있다고 생각한다. 이 순수한 기능 활동이 모든 것의 토대이다. 모든 존재는 실행 속에서 실행의 산물로서 발생하는 것이다. '나', '자아'라 불리는 것도 실행 밖에 있는 어떤 것이 아니고, 실행 안에서 성립한다. 존재하는 자아가 실행하는 것이 아니고, 실행 중에 자아라는 것이 존립한다.

자아가 이론적으로 기능할 때 "자아는 자기 자신을 비아(非我)에 의해 규정된 것으로 정립한다."(Fichte, *GW*, SW I, 127) 인식행위에서 '나'를 '나'로서 기능하게 하는 것은 물론 '그 자체로 존재하는 것'인 비아이다. 그러나 바로 이 '그 자체로 존재하는 것'이라는 것은 자아에 의해서 그러한 것으로 정립된 것 곧 대상일 뿐이다. 자아가 실천적으로 기능할 때 "자아는 자기 자신을 비아를 규정하는 것으로서 정립한다."(Fichte, *GW*, SW I, 246) 실천행위는 무로부터의 창조도 아니고 무제한적인 생산도 아니다. 그러니까 자아가 자기 자신을 비아를 규정하는 것으로 정립한다 함은 자아가 어떤 것에 대해 작용함을 뜻한다. 실천이란 자아가 어떤 것에 대해 작용함을 뜻하는 것이다. 실천이란 자아에 맞서 있는 것을 변형시키고 극복하는 행위이다. 그러므로 실천적 자아의 활동성은 노력이다. 노력은 대립하는 자가 있을 때만 있을 수 있는 일이다. 그러니까 실천적 자아의 활동이 있기 위해서는 비아의 정립 곧 이론적 자아의 활동이 전제된다. 다름 아닌 자아가 실천적이기 때문에 역시 이론적이기도 해야 하는 것이다. 자아는 노력하는 자아로서 현실적인 것이기 때문에 사물의 세계를 실재적인 것으로 반드시 정립해야만 한다. "자아는 자아 안에서 자아에 대해서 비아를 맞세우고"(Fichte, *GW*, SW I, 110) 그것에게 새로운 목적과 새로운 형식을 부여한다. 이런 의미에서 자아는 자유롭다고 할 수 있고, 절대적 자아라고 부를 수 있다. 이 절대적 자아의 바탕 위에 비아에 맞서는 자아, 곧 상대적 자아와 그의 대상으로서의 비아, 곧 세계가 정초된다.

칸트의 대응

『순수이성비판』에서 철저한 인간 이성 자신의 능력 검토를 통하여 근본학으로서의 철학을 수립하고자 했던 칸트가 그의 "[순수이성]비판은 하나의 방법론이고, 하나의 학문 체계 자체는 아니다."(*KrV*, BXXII)라고 말했을 때, 그리고 형이상학만을 "참된 철학"으로 이해한 칸트가 '순수 이성 비판'을 "본래 형이상학의 앞마당"(*FM*, A10이하=XX260; V-Met/Volckmann, XXVIII360; V-Met/Mron, XXIX752 참조), 또는 "예비학"(*KrV*, B25 · A841=B869 등) 내지 "예비 연습"(*KrV*, A841=B869)이라고 언명했을 때, 피히테와 뒤따르는 독일관념론/독일이상주의자들은 칸트의 "이성 비판"의 정신은 계승하되 '참된 철학'인 형이상학의 내용까지를 제시하여 완전한 "학문의 체계" 자체를 수립하고자 기도하였다. 이러한 학문 운동을 목격한 칸트는 철학의 수행 방법으로서 '순수 이성 비판' 작업과 이 작업의 결실인 그의 저작 『순수이성비판』은 구별되어야 하며, 그의 저작 『순수이성비판』에는 "해결되지 않은 또는 적어도 해결을 위한 열쇠가 제시되지 않은 형이상학의 과제는 하나도 없다"(*KrV*, AXIII)라고 환기시키면서, 그의 『순수이성비판』은 이미 "순수 철학의 완성된 전체"(1799. 8. 7 자 「피히테의 지식론에 관한 해명서」, XII397)를 제시하고 있다고 천명하였다.

그와 동시에 칸트는 독일관념론/독일이상주의 유파가 일관성과 체계성을 내세워 '사물 자체' 개념을 제거함으로써 '현상' 개념을 왜곡하고, 하나의 '자아'를 내세워 다층적 세계의 토대 자체를 망가뜨리는 짓을 자신의 문헌에 대한 폭력으로 간주하고, 자신의 저술을 읽는 독자에게 "문자대로 이해할 것"(1799. 8. 7 자 「피히테의 지식론에 관한 해명서」, XII397)을 요구했다.

그럼에도 불구하고 칸트는 이미 이른바 '독일이상주의' 유파의 학문 방향을 그의 뜻에 맞게 조정할 수는 없었다. 피히테를 곧이어 셸링 또한 칸트의 철학을 학문 방법론으로 치부하고 그 자신이 "지식의 체계"를 제시하고자 하였고, 그 뒤에는 칸트 비판철학으로부터 더 멀어진 헤겔철학이 한 세월 많은 이들의 환호를 받았으니 말이다.

셸링에서 절대자로서의 자아와 '지성적 직관'

셸링(Friedrich Wilhelm Joseph Schelling, 1775~1854)은 벌써 20~25세에(『철학의 원리로서의 '나'(*Vom Ich als Princip der Philosophie oder über das Unbedingte im menschlichen Wissen*)』(1795), 『지식론의 관념론 논고(*Abhandlungen zur Erläuterung des Idealismus der Wissenschaftslehre 〔AEIW〕*)』(1796/97), 『초월적 관념론의 체계(*System des transzendentalen Idelismus〔StI〕*)』(1800) 참조) 노령의 칸트를 넘어서려는 시론을 편다.

셸링은 의식의 사실에 대한 반성을 통해 오로지 자기 자신에 의해서만 정립되는 것 곧 자아만이 무제약자임을 포착하고, 이로부터 '절대자' 개념으로 나아간다.

"자아란 본질상 자기의 단적인 존재(Seyn)에 의해서 절대적 동일성으로 정립되므로, 최고 원리는 '나는 나이다' 또는 '나는 있다'라고 표현될 수 있겠다."(Schelling, *Ich als Princip*, in: Sämtliche Werke〔SW〕, hrsg. v. K. F. A. Schelling, Stuttgart 1856~1861, Bd. I/1, 179) '나'라고 하는 자아는 "모든 사고와 표상에 선행하는 존재이다. 자아는 생각됨으로써 있으며, 있기 때문에 생각된다. 자아는 자신이 자신을 생각하는 한에서 있으며, 그리고 또한 그런 한에서 생각된다. 그러므로 자아는 그 자신이 자신을 생각하기 때문에 있으며, 있기 때문에 그 자신이 자신을 생각한다. 자아는 자기 생각을 통해서 자신을 ― 절대적 원인성으로부터 ― 산출한다."(*Ich als Princip*, SW I/1, 167) 자아란 자기의 전(全) 실재성과 실질성을 "오로지 자기 자신을 통해서 얻는 것이다." 그런 만큼 이 자아는 "절대자라고 일컬어질 수 있는 유일한 것"이고, 그 나머지 것들은 "이 절대자 개념의 단순한 전개에 불과하다."(*Ich als Princip*, SW I/1, 177)

셸링에서 1) 자아는 "무제약적"(*Ich als Princip*, SW I/1, 179)인 것이며, 그런 한에서 "오로지 자기 자신에 의해서만 있는 것이고, 무한한 것을 포섭하는 것"이다. 2) "자아는 단적으로 하나이다."(*Ich als Princip*, SW I/1, 182) 만약 자아가 다(多)라면, 그것은 부분들의 실현일 터이니 말이다. 자아는 불가분리적인 것이고, 그러므로 불변적이다.(*Ich als Princip*, SW I/1, 192 참조) 3) "자아는 모든 존재, 모든 실재성을 함유한다."(*Ich als Princip*, SW I/1, 186) 만약 자아 밖에 자아 안에 있는 실재성과 합치하는 실재성이 있다면, 그것 역시 무제약적일 터인데, 이것은 상호 모순이고 불합리한 것이니 말이다. 4) "만약 실체가 무제약적인 것이라면, 자아가 유일한 실체이다."(*Ich als Princip*, SW I/1, 192) "따라서 존재하는 모든 것은 자아 안에 있고, 자아 밖에는 아무것도 없다."(*Ich als Princip*, SW I/1, 192) "자아를 유일한 실체라 한다면, 존재하는 모든 것은 한낱 자아의 우유(偶有)성이다."(*Ich als Princip*, SW I/1, 193)

자아가 유일한 실체 곧 절대자로 이해되어야 한다 함은, 자아는 결코 대상[非我]으로서 우리에게 주어지는 것이 아니라 단적인 자아로 파악된다는 뜻이다. 의식 활동과 의식의 모든 사실은 대상으로 혹은 대상의 방식으로 감각적 직관에 주어질 수 있는 것이 아니다. 자기 자신의 정립 활동의 파악은 명백히 다만 직접적으로 자기의 자발적 수행에서만 가능하고, 따라서 감각적 직관에서의 비아처럼 규정될 수는 없고, 오직 '지성적 직관'에서만 규정될 수 있다.

"대상이 있는 곳에 감각적 직관이 있으며, 감각적 직관이 있는 곳에 대상이 있다. 그러니까 어떤 대상도 없는 곳에는, 곧 절대적 자아에서는 어떠한 감각적 직관도 없고, 그러므로 아무런 직관도 없거나 지성적 직관이 있다. 따라서 자아는 그 자체로서 지성적인 직관에서 단적인 자아로서 규정된다."(*Ich als Princip*, SW I/1, 181) 지성적 직관이란 대상 없는 직관이요, 자발성인 자기 자신에 대한 자발성의 직접적인 인식이다. 그것은 궁극적인 것에 있어서는 자기 존재의 원리와 자기인식의 원리가 같은 것임을 말한다. 절대자는 절대자에 의해서만 그리고 절대자에게만 주어지고 파악되는 것이다.

절대자로서 '나'의 자기 정립이 함의하는 가장 기본적인 것은 나의 근거는 자유라는 것이다. 피제약성은 결국 자기 활동성과 그에 의한 자기 정립을 배제하는 것인 만큼, 자유 없는 자기 정립이란 생각할 수 없고, 순수활동으로서 자기 정립은 오로지 절대적 자유로서만 생각할 수 있는 것이다. 그런 의미에서 "자아의 본질은 자유이다."(*Ich als Princip*, SW I/1, 17)

그런데 이 세계에서 '나'를 말하는 것은 인간이고, 인간만이 자아로서 자기활동을 한다. 그래서 우리는 "인간의 정신은 절대적으로 자유롭다."(Schelling, *AEIW*, SW I/1, 428)라고 말한다. 그런데 인간 정신의 자유로움은 그의 단적인 행위함, 곧 의지 의욕에서 드러난다. 의욕함에서 정신은 "자기 행위를 직접적으로 의식하며, 그러므로 이 의욕함이라는 의지 작용은 자기의식의 최고 조건이다."(*AEIW*, SW I/1, 428) 정신은 의욕함 중에서 곧 자유 안에서 자기 자신을 직접적으로 인식하고, "바꿔 말하면 정신은 자기 자신에 대한 지성적 직관을 갖는다."(*AEIW*, SW I/1, 428) 이 자기인식을 직관이라 함은 그것이 아무런 매개도 없는 직접적인 포착이기 때문이요, 지성적이라 함은 어떠한 감각적 소여도, 그리고 그에 근거한 어떠한 경험적 개념 없이도 '나'를 표상하기 때문이다.

셸링은 정신의 자유로운 활동은 어디에서보다도 예술 창작에서 두드러지게 나타난다고 본다. 이미 칸트가 예시한 바이기도 하지만, 셸링도 인간 정신의 주요 활동으로 이론적 활동과 실천적 활동 외에 예술 창작 활동을 꼽는데, 그중에서도 창작 활동에서 정신의 정신성이 가장 잘 드러난다는 것이다.

인식과 행위, 이론과 실천은 객관에 의한 주관의 규정과 주관을 통한 객관의 규정을 말한다. 셸링은 이 맞서 있는 의식의 두 활동에서 동일한 하나의 뿌리를 발견한다. 표상들은 대상의 모상(模像: Nachbild)이거나 원상(原像: Vorbild)이다. 인식은 대상을 모사하는 것이고 실천 행위는 대상을 형성시키는 것이다. 모사하는 지성은 필연적인 어쩔 수 없는 활동이다. 반면에 대상을 형성하는 지성은 자유로운 의지적인 목적 설정적인 활동이다. 그런데 이론적 지성이나 실천적 지성은 근원에 있어서는 하나여야만 한다. 왜냐하면, 양자는 동일한 의식의 활동양식이기 때문이다. 문제는, 지성이 어떻게 동시에 모상적이며 원상적일 수 있는가, 다시 말하면 어떻게 사물을 쫓으면서 동시에 사물을 형성시킬 수 있는가 하는 점이다. 바꿔 말하면 지성 활동은 어떻게 필연적이면서 동시에 자유로울 수 있는가가 문제이다. 이 문제는 양자의 활동의 바탕에 놓여 있는, 즉 의지의 대상을 그렇게 하듯이 인식의 대상을 창조하는 어떤 동일한 생산적 활동을 가정함으로써, 즉 자연 속의 의식 없는 합목적적 활동성과 일치하는 어떤 창조적 활동성을 가정함으로써만 해결할 수 있다. 그런데 자연 속의 의식 없는 창조적 정신에 부응하는 것은 의식에서는 인식도 의지도 아니고, 단 하나 예술적 창작이 있을 뿐이다. 자연의 생산적 힘이나 주관의 생산적 힘은 근본에서는 동일한 창조하는 정신이다. 자연은 대상의 실재 세계를 산출하는 반면에 자유로운 의식적인 예술적 창작은 대상의 이상 세계를 산출한다. 우주는 살아 있는 유기체일 뿐만 아니라 삼라만상이 통일적으로 상호작용하는 예술작품이요, 인간의 예술작품은 작은 우주이고 동일한 정신의 발현이다. 예술이야말로 감성적 현상 세계를 빌려 절대자, 정신을 개시(開示)하는 것이다.

예술 창작이 그 단적인 예이듯이 인간은 자유로운 활동을 통해서 세계 창조의 일정한 위치, 자연과 정신 사이의 중심적 본질존재의 위치에 들어선다. 자유는 자연과 정신을 결합시키면서 이 양자 속에 뿌리박고 있으므로 자유의 실현 매체인 인간은 이 두 세계의 통일 가능성을 포괄하는 유일한 자유로운 본질존재이다.

셸링에서 초월적 관념론으로서의 초월철학 개념

셸링은 "자연철학의 과제"가 "객관적인 것을 최초의 것으로 삼고, 그로부터 주관적인 것을 도출하는 일"(StI, SW I/3, 342)이라면, 그와 반대로 "초월철학"의 업무는 "최초의 절대적인 것으로서의 주관적인 것에서 출발하여, 그것에서 객관적인 것이 발생하도록 하는 일"(StI, SW I/3, 342)이라고 본다. 다른 것이 아닌 "지성(Intelligenz)에서 하나의 자연을 만드는 일"(StI, SW I/3,

342)이 초월철학의 과제라는 것이다.

초월철학에서는 "주관적인 것이 — 최초의 것이자 모든 실재성의 유일한 근거이고, 다른 모든 것의 유일한 설명원리"(*StI*, SW I/3, 343)이다. 초월철학자에게는 "주관적인 것만이 근원적 실재성을 가지"므로, 그는 "주관적인 것만을 앎[知]에서 직접적으로 객관으로 삼는다."(*StI*, SW I/3, 345) 그것은 곧 "자기직관(Selbstanschauen)"이며, "비-객관적인 것"을 의식으로 가져와 객관화하는 것, 즉 "주관적인 것의 스스로 객관-되기(sich-selbst-Objekt-Werden des Subjektiven"(*StI*, SW I/3, 345)이다.

초월철학에서는 주관적인 것만이 근원적 실재성을 가지므로, 앎[知]의 최고 원리 역시 주관 안에서 찾을 수밖에 없고, 그것은 틀림없이 우리에게는 '최초의 앎[知]'이 있다는 것이다. 그리고 그 "최초의 앎[知]은 의심할 여지없이 우리 자신에 대한 앎, 바꿔 말해 자기의식이다."(*StI*, SW I/3, 355) 이 "자기의식이 우리에게는 거기에 모든 것이 연결되어 있는 확고한 점이라는 사실은 증명할 필요가 없다."(*StI*, SW I/3, 355) "무릇 자기의식은 우리에게 존재의 한 방식이 아니라, 앎[知]의 한 방식이고, 그것도 우리에게 단적으로 있는, 최고 최극[最極]의 방식이니 말이다."(*StI*, SW I/3, 356)

"자기의식은 그에 의해 사고하는 자가 직접적으로 자기의 객관이 되는 작용(Akt)이다."(*StI*, SW I/3, 365) 그리고 이 작용은 "절대적으로-자유로운 활동/행위(Handlung)"(*StI*, SW I/3, 365)로서, 이 "자기의식에서 사고의 주관과 객관이 하나라는 사실은 누구에게나 자기의식의 작용 자체만으로써 명백하게 될 수 있다."(*StI*, SW I/3, 365)

자기의식은 작용인데, 이 작용의 결과가 개념이고, 최초의 개념이 '나'이다. "'나'라는 개념은 자기의식의 작용에 의해 성립되고, 그러므로 이 작용 바깥에서[외에] 나는 아무것도 아니다. 나의 전체 실재성은 오직 이 작용에 의거해 있고, 나는 자체로서는 이 작용 이외의 아무것도 아니다. 그러므로 '나'는 오직 작용 일반으로서 표상될 수 있으며, 그렇지 않으면 아무것도 아니다."(*StI*, SW I/3, 366)

이 '나'의 작용에서 주관(표상하는 자)으로서의 '나'와 객관(표상되는 자)으로서의 '나'가 동일한 자기의식은 이를테면 "근원적"인 의식으로서, "순수의식 내지는 진정한 의미에서의 자기의식"(StI, SW I/3, 367)이라 일컫겠다. 그 반면에 한낱 표상되는 나는 "경험적 의식"(StI, SW I/3, 366)이겠다.

이 순수한 자기의식은 '나'가 어떠한 매개도 없이, 직접적으로 '나'를 봄이므로, "직관(Anschauung)"이고, 그것은 직관하는 자와 직관되는 것이 구별되는 '감성적' 직관과는 달리, 직관하는 자가 곧 직관되는 자인 말하자면 "지성적 직관(intellektuelle Anschauung)"(StI, SW I/3, 369)이다.

이 "지성적 직관이 초월적 사고[의식]의 기관(Organ)이다."(StI, SW I/3, 369) "무릇 초월적 사고는, 자기 자신을 자유에 의해, 보통은 객관인 것이 아닌, 객관으로 삼는 것을 겨냥하니 말이다. 초월적 사고는 정신의 특정한 행위들을 동시에 산출하고 직관하여, 객관의 산출과 직관 자체가 절대적으로 하나이게끔 하는 능력을 전제한다. 그런데 바로 이러한 능력이 지성적 직관의 능력이다."(StI, SW I/3, 369)

그러므로 '지성적 직관'이야말로 초월적 사고, 초월철학의 출발점이자 지지대이다. "나 자신이 자신에 대해 앎으로써 있는 하나의 객관이다. 다시 말해, '나'는 하나의 부단한 지성적 직관작용이다. 이렇게 자기 자신을 생산하는 자가 초월철학의 유일한 객관이므로, 지성적 직관은 초월철학에 있어서, 기하학에 있어서 공간과 같은 것이다."(StI, SW I/3, 370) 공간 없는 기하학을 생각할 수 없듯이, 지성적 직관을 떠나면 초월철학은 명칭 자체가 성립할 수 없다. '나'는 바로 지성적 직관작용이며, 그런 한에서 "철학의 원리"(StI, SW I/3, 370), 곧 시발점이지만, 그렇기 때문에 증명할 수는 없고, 단지 "요구"되고 "요청"(StI, SW I/3, 370)되는 것이다.

이렇게 요청되는 '나'는 자기로부터의 작용으로서 단적으로 자유로운 것이므로, 바꿔 말하면 초월철학의 "시작과 끝"(StI, SW I/3, 376)은 자유이다. 이것은 이 '나'가 이론적 앎(Wissen)의 원리일 뿐만 아니라 실천적 함(Tun)의 원리이기도 하다는 것을 함의한다. 곧 초월철학의 원리는 이론철학의 원리이자 또한 실천철학의 원리인 것이다.

칸트의 응대

칸트는 레싱(G. E. Lessing, 1729~1781)과 멘델스존(M. Mendelssohn, 1729~1786)에 받아들여져 독일관념론/독일이상주의에 광범위한 영향을 미친 스피노자에 대해서 적어도 1790년까지는 분명하게 비판적이었다.(*KpV*, A182이하=V102이하; *KU*, B323=V391이하·B372이하=V421·B406=V439이하·B437=V452 등 참조) 또한 1799년 여름에는 "피히테의 지식론의 체계는 전혀 유지할 수 없는 체계"(1799. 8. 7 자 「피히테의 지식론에 관한 해명서」, XII396)라고 성명까지 했다. 그러나 우리는 이미 칸트의 1799년 8월~1800년 4월경의 기록으로 추정되는 『유작』의 〔제10묶음〕~〔제11묶음〕과 1800년 4월~1800년 12월경의 〔제7묶음〕, 그리고 1800년 12월~1803년 2월경의 기록으로 여겨지는 〔제1묶음〕의 다수 단편들에서 스피노자주의나 피히테의 지식론, 또는 셸링의 초월적 관념론의 체계에서 읽을 수 있는 것과 유사한 사상 내용과 마주친다. 이들에 리히텐베르크(G. Chr. Lichtenberg, 1742~1799)를 포함시켜 칸트는 심지어 "셸링, 스피노자, 리히텐베르크 등, 말하자면 3차원: 현재, 과거 그리고 미래에 의한 초월적 관념론의 체계"(XXI87)라고까지 적어놓고 있다.

초월적 관념론은 자기 자신의 표상들의 총괄에 객관을 놓는 스피노자주의이다.(XXII64)

스피노자의 초월적 관념론에 따르면 우리는 우리를 신 안에서 직관한다. 정언 명령은 내 바깥에 있는, 하나의 최고의 지시명령하는 실체를 전제하지 않고, 나의 이성 안에 들어 있다.(XXII56)

과거의 '초월적 관념론'인 스피노자와의 친화성을 이끌어 '나'의 이성명령인 정언명령 안에 임재하는 신을 설명하는 한편, 특히 청년 철학자 셸링에 대해 각별한 관심을 표명하고 있다.

초월철학은 자기 자신을 인식의 객관으로 체계적으로 구성하는 형식적 원리이다.

셸링의 『초월적 관념론의 체계』.

《문예지》, 에를랑겐, 82~83호를 보라.(XXI97)

1801년 4월 28일과 29일에 발간된 에를랑겐의 《문예지》, 82~83호에 1800년에 출판된 셸링의 『초월적 관념론의 체계』에 대한 서평이 게재되었으니, 이 연간에 칸트는 셸링의 '초월적 관념론' 내지 '초월철학'에 관해 알 만큼 알고 있었으며, 비판이 아니라 오히려 "현재" 또는 "미래의 초월철학"에 대한 기대를 가지고 있는 것으로 보인다. 그뿐만 아니라 칸트 자신의 초월철학을 독일관념론/독일이상주의의 추세에 맞게 전개시켜 나가는 다수의 조각글들을 남겨놓고 있다.

[유작]에서의 '초월철학'의 기도(企圖)와 행방

[유작]에서 기도한 것은 더 이상 『순수이성비판』의 "초월철학의 이념" (*KrV*, A1)에서 천명한 '초월철학'이 아니다. 그것은 『비판』에서 기획된, "대상들이 아니라, 대상들 일반에 대한 우리의 선험적(a priori) 개념들을 다루는 모든 인식"들의 "체계"(*KrV*, A11이하) 내지 "대상들이 아니라 대상들에 대한 우리의 인식방식을 이것이 선험적으로 가능하다고 하는 한에서 일반적으로 다루는 모든 인식"들의 "체계"(*KrV*, B25)인 것만도 아니고, 『형이상학 서설』에서 재규정한 "모든 경험에 선행하면서도(즉 선험적이면서도), 오직 경험인식을 가능하도록 하는 데에만 쓰이도록 정해져 있는"(*Prol*, 부록, 주: A204=IV373), 이른바 '초월적' 인식들의 체계인 것만도 아니다.

칸트는 "초월철학의 이념"을 처음 피력한 『순수이성비판』의 서론에서, "도덕성의 최상 원칙들과 기본개념들이 선험적인 인식이기는 하지만, 그럼에도 그것들은 초월철학에 포함되지 않는다."(KrV, A14이하=B28이하)라고까지 분명하게 말하면서, "따라서 초월철학은 순수한 순전히 사변적인 이성의 세계지혜[철학]"(KrV, A15=B29)라고 규정하였다. 그러나 이제 『유작』에서의 '초월철학'은 단지 경험을 가능하게 하는 사변적 이성의 원리들의 체계가 아니라, 인간 즉 '나'에서 출발하는 세계(자연세계, 윤리세계, 희망의 세계) 일반을 정초하는 이론 체계이고자 한다. 그래서 칸트는 일단 초월철학이 "자연과 자유"를 대상으로 하는 "이념들의 초월철학과 실천적 이성의 초월철학으로 [나뉜다.]"(XXI28)라고 말한다. 이러한 기도는 피히테의 지식론의 체계나 셸링의 초월철학의 체계와 궤를 함께하는 것이다.

자기의식 – 자기촉발 – 자기직관 – 자기정립의 지평

그런데 칸트는 저러한 기획과 포부에도 불구하고 다른 한편으로는 자기촉발에 의한 자기직관 이론을 피력한다.

셸링은 철학의 원리로서 '나'를 두고서, 순수한 자기의식은 '나'가 어떠한 매개도 없이, 직접적으로 '나'를 봄이므로, 그것은 "직관"이고, 여기서는 직관하는 자와 직관되는 것이 구별되는 '감성적' 직관과는 달리, 직관하는 자가 곧 직관되는 자이므로, 이 직관은 이를테면 "지성적 직관"(StI, SW I/3, 369)이라 일컬었다. 그러나 칸트는 애당초 인간에게는 감성적 직관만이 가능하다고 보았고, 감성적 직관은 반드시 무엇에 의한 촉발에 의해서만 일어난다고 생각했으므로, 칸트의 자기의식, 자기직관에는 '자기촉발'이라는 장치가 필요하고, 촉발과 수용의 틀 즉 감성의 순수 형식이 바탕에 놓인다.

인식의 최초의 작용은 '나는 있다'라는 언표(Verbum), 즉 자기의식이다. 여기서 주관인 '나'는 나 자신에게 객관이다. [⋯] 자기 자신의 의식(統覺:

apperceptio)은 그를 통해 주관이 도대체가 자신을 객관으로 만드는 작용이다. (XXII413)

태초에 말씀이 있었듯이 ― "In principio erat Verbum,"(「요한복음」 1, 1) ―, 칸트에서 표상력의 최초 의식은 "나는 나이다", "나는 있다"라는 언표이다. 그런데 칸트에서 이 '언표'는 "자기 자신에 대한 직관"(XXII11)에 기초하여, "주관이 스스로 자신을 주어진 것(所與可能한 것: dabile)으로 정립"함이다. 주관이 "스스로 자신을 대상(所與可能한 것)으로 정립"(XXII28)한다. 여기서 "주관은 스스로 자신을 촉발하는 것으로, 그러니까 형식의 면에서는 단지 현상으로 생각된다."(XXII27) 그러므로 "자기의식[자기 자신의 의식](統覺)은, 그것이 촉발되는 한에서, 현상에서의 대상에 대한 표상이지만 그것이 자기 자신을 그렇게 촉발하는 것, 즉 주관인 한에서, 그것은 또한 동시에 객관 자체=X로 간주될 수 있다."(XXII78) 그러한즉 '나'는 "내적 직관의 한 대상, 곧 하나의 감관객관이다. 다시 말해 직관의, 그러나 아직 경험적 직관(지각)이 아니라 순수한 직관의 대상이다."(XXII105) 그런데

'나는 있다/존재한다'라는 정식에서의 나 자신의 의식은 '나는 나 자신에게 하나의 대상이다. 그것도 내적 직관의(所與可能한) 그리고 내가 나에게 부가하는 것을 규정하는 사고의(思考可能한) 대상이다'라는 명제와 동일한 것이다. (XXII449)

나는 나 자신을 사고하는 주관으로 ┐
                                  │ 의식한다. (XXII22)
나는 나 자신을 직관의 객관으로 ┘

"인간은 자기 자신을 의식함(자기 자신에게 객관임)으로써 사고한다." (XXII48) 내가 '나 자신을 의식한다(統覺)'라는 것은 곧 '나는 사고한다' 함이고, 이는 내가 "나 자신에게 지성의 한 대상"이면서 "또한 나에게 감관들 및

58

경험적 직관(捕捉: apprehensio)의 한 대상"임을 말한다. "사고 가능(思考可能)한 것(cogitabile)인 나는 나 자신을 감지할 수 있는(所與可能한) 것으로 정립하며, 이것을 선험적으로 공간 · 시간상에서 그리한다."(XXII119)

그런데 여기서 "공간과 시간은 우리 자신의 상상력의 산물(그러나 원시적[原始的] 산물)들이며, 그러니까 주관이 자기 자신을 촉발함으로써 스스로 만들어낸 직관들이다. 그러하므로 현상이지 사상(事象) 자체가 아니다. 질료적인 것—사물 자체— =X는 자기 자신의 활동의 순전한 표상이다."(XXII37) 바꿔 말하면 "공간과 시간은 실존하는 사물들(捕捉의 客觀들)이 아니라, 주관의 규정들이거니와, 이를 통해 주관은 자기 자신을 촉발한다."(XXII47/48)

'나'의 자기촉발과 자기직관은 그러니까 순수한 직관의 형식에서 일어난다. "나 자신의 의식은 질료적인 것에서 — 다시 말해, 지각인 감관표상에서 — 개시하지 않고, 오히려 선험적 순수 직관의 잡다의 종합의 형식적인 것에서 개시한다. 즉 인식의 객관에서가 아니라, 대상들에 의해 촉발된 주관 안의 가능한 감관표상들의 정렬(整列)에서, 다시 말해 현상으로서의 대상의 인식에서 개시한다."(XXII448)

자신을 직관의 대상으로 삼는 통각의 표상은 하나의 이중 작용을 함유한다. 첫째로, 자신을 정립하는 (자발성의) 작용과, [둘째로] 대상들에 의해 촉발되어, 표상에서의 잡다를 선험적 통일성[하나]으로 총괄하는 (수용성의) 작용. 첫째 경우에 주관은 그 자신이 순전히, 선험적으로 형식[적인 것]으로 주어지는 현상에서의 하나의 대상이며, 둘째 경우에 그것은, 지각의 질료[적인 것]가 공간과 시간상에서 선험적으로 직관의 잡다의 종합적 통일에서 사고되는 한에서, 지각의 질료[적인 것]의 하나의 집합이다.(XXII31)

나 자신의 의식['나'라는 자기의식]은 아직 하나의 대상의 인식을 위한 자기 규정의 작용이 아니라, 단지 그를 통해 하나의 주관이 자기 자신 일반을 객관

으로 만드는 인식 일반의 양태이며, 직관 일반의 형식적인 것이다.(XXII87)

이러한 형식적 토대 위에서, "나는 나 자신의 한 대상이자 나의 표상들의 대상이다. 나의 바깥에 무엇인가가 있다는 것은 나 자신의 산물이다. 내가 나 자신을 만든다. [···] 우리가 모든 것을 스스로 만든다."(XXII82)라고 천명된다. ─ (칸트가 자주 인용하는 언사처럼) "형식이 사물에게 본질/존재를 부여한다(Forma dat esse rei)."

칸트는 이렇게 자기의식을 자기촉발에 의한 순수한 감성적 직관에서의 자기정립으로 해명한다. 그러나 그렇게 정립된 '나'의 초월적 지위는 비판철학에서의 '초월적 자아(주관)'의 것보다도 오히려 튼실하지 못할 뿐만 아니라, '초월적'의 의미마저 모호하게 만든다.

경험적 자아들의 보편적 가능 원리인 '초월적 자아(주관)'는 무엇에 의해서, 더구나 시간상에서, 정립될 수 있는 그러한 성격의 것이 아니다. 그것은 존재하는 것이 아니라, 시간·공간이라는 선험적 직관에서 그리고 '~임/있음'과 같은 순수 지성개념에서의 작용과 기능으로 자신을 드러내는 어떤 것=X를 지칭하는 '기술적(技術的)인 용어'이다. '초월적 대상=X'가 그러하듯이 말이다. 그것은 하나의 '~인 것/있는 것'이 아니라, 모든 '~인 것/있는 것'의 '~임/있음'의 가능성의 원리를 지칭한다.

초월철학이 "이성 자신이 기획하는 전체에 대한 파악의 이념"(XXI6)이고자 하고, 이성이 기획하는 전체 안에 자연(존재)세계뿐만 아니라 윤리세계, 그리고 "이성 법칙들 아래에서 자연과 자유에 대해 무제한한 권세를 갖는 존재자인 신"(XXII116/117) 또한 포함이 된다면, "모든 것을 스스로 만드는" '나'는 공간·시간의 틀 바깥에, 또는 적어도 한계선(Grenze)에 위치를 잡아야 할 것이다. 그 자신이 공간 또는 시간상에 세워져 있으면 공간적인 것 또는 시간적인 것, 그러니까 존재자, 사물의 토대 기능은 어떻게든 해낼 수 있다 하더라도, 존재자가 아닌 것, 공간·시간적 형식과 무관한 것, 가령 당위적인 것, 이념의 토대 기능 또한 할 수 있을까? ─칸트 자신이 말하고 있듯이, "시간상의 사물들은, 그러므로 내가 나의 현존을 시간상에서 규정되는 것으로 인식하는 한, 나 자신은 예지체가 아니라 현상체"(XXI419)일 따름이다. ─ 바로 이러한 사정 때문에 당초에 비판철학으로서의 초월철학에서의 '초월적 자아(주관)'의 정초 기능이 제한적이었던 것이고, 바로 그래서 이론이성 영역과 실천이성의 영역 사이에 '간극'이 있는 것처럼 보인 것이다. 만약 이러한 '간극'이 진실로 그런 것이라면, [유작]에서 피력된 '자기의식(통각)' 개념으로도 이 간극은 메워질 수 없으며, 오히려 자신이 정립되는 일종의 대상 성격을 갖는 '자기의식'은 '초월자'의 지위마저 잃을 위험에 처한다.

 '초월자'는 무엇인가를 정립하는 절대자를 지칭하는 것이지, 무엇에 의해 정립되는 것이 아니다. 그것은 순전히 논리적인 것으로, 어떤 의미에서든 '실재적(real)'인 것도 '현실적(wirklich)'인 것도 아니다. 그런데 어떤 의미에서든 시간상에서 의식되고 정립되는 것은 이미 더 이상 논리적인 것에 그치지 않는다. 자기의식(Selbstbewußtsein), 통각(apperceptio)은 시간상의 한 의식(Bewußtsein)이나 시간상에서 의식된 것(perceptio) 중 하나가 아니라, 굳이 말하자면 시간 자신이고, 개념의 틀 자신이다. 존재하는 모든 것은 시간상에 존재한다. 그러나 시간 자신은 시간상에 존재하는 것이 아니다. 시간은 도대체가 존재자가 아니다. 그래서 시간은 존재하는 모든 것의 초월적 조건일 수 있고, 조건인 것이다. 그와 똑같은 이치로 초월적 주관(자아, 나)은 표상할 수 있는 모든 것의 전제이자 조건, 모든 것을 정립하는 자이지만, 또 바로 그러하기 때문에 그 자신이 무엇에 의해서든 정립된 것일 수는 없다. 정립된 것은 더 이상 초월적이지 않다. 초월자는 전혀 현실적인 것이 아니기 때문에, 모든 현실적인 것을 그리고 또한 오로지 이념적인 것을 정초할 수 있는 것이다. (적극적인 초월적 관념론에서의 초월자의 이러한 의미를 이해하지 못하는 이는 마치 세계가 '허당'에 세워져 있다는 주장을 만난 듯 불안해하고,

초월자에게 무언가 실재적 토대를 마련해주려고 애쓴다.)

'자기원인'이 엄밀한 의미에서는 원인이 아니듯이 ― 만약 '자기원인'도 하나의 '원인'이라고 한다면, 그것은 "원인 없는 것이 하나 있다"라고 말하는 것으로, 이는 인과율 자체를 파괴한다 ― '자기정립'도 수사(修辭)일 뿐 엄밀한 의미에서는 하나의 '정립(定立)'이 아니다. '자기를 정립하는 자'는 다름 아닌 '시원(始原)' 내지 절대자를 일컫는 수사(修辭) 어구일 따름이다. '시원' 또는 '절대자'는 환원적 사고에서 불가피한 요청으로, 그것이 '무엇인가'라고 물으면 '인간의 앎의 방식으로는 알 수 없는 무엇'이라고 답할 수밖에 없고, 그래서 비판철학자 칸트도 당초에 그저 "=X"라고 표시한 것이다.

비판철학으로서의 초월철학이 자연 형이상학의 토대이론의 성격이 짙은 데다가, 칸트 자신이 이론이성과 실천이성 사이에 무슨 '간극'이 있는 것처럼 문제의식을 표명하자, 양자 사이에서 '통일' 이론의 필요를 느낀 이들이 새로운 의미의 '초월철학'을 추구하려 할 때, 〔유작〕 초고의 시기에 칸트 역시 그 추세에 흔들린 것으로 보이지만, 일체의 "초감성적 직관"(*KpV*, A244=V136 참조)을, 심지어 "순수 이성의 유일한 사실"인 "순수 실천이성의 원칙"에 대한 "지성적 직관"조차 부정하면서(*KpV*, A56=V31 참조), 자아(주관) 정립의 기반을, 순수하든 경험적이든, '감성적' 직관에 두게 되면, 그러한 자아(주관)에게는 '있는 것'이라는 객관의 대응자 역할이 주어지기 십상이다. 감성의 형식인 공간과 시간은 '있음'의 지평이니 말이다. 그래서 셸링을 비롯한 일단의 사람들은 아무것도 없는 데서의 직관, 곧 '지성적 직관'의 길로 나섰던 것이다. 그렇다고 그 길에서 별난 바를 얻은 것은 아니었지만.

〔주관, 자아(나)의 분리 분열, 주관 능력〔기능〕들 간의 이른바 '간극'의 문제는 칸트적 사고방식이 자초한 것이기는 하지만, 보기에 따라서는 가짜 문제이다. 칸트는 마음의 작용을 지(Wissen) · 정(Fühlen) · 의(Wollen)로 나눠보고, 이성 작용을 이론이성 · 실천이성으로 나눠보며, 다시 이론이성을 감성 · 지성 · (변증적) 이성 등으

로 나눠보면서, 그것들 간에 무슨 틈이 있는 것처럼, 그래서 그 틈을 메울 무슨 통일(통합) 원리가 필요한 것처럼 때때로 스스로 문제를 제기하는데, 저러한 갈래 기능들은 당초에 '하나의 마음', '하나의 이성'에서 나온 '갈래'이므로, 새삼스럽게 통일이 필요한 것이 아니다. 또한 이질적인 기능, 이질적인 원소라 해서 언제나 꼭 무슨 화합 매체가 필요한 것도 아니다. 양자가 직접 화합할 수도 있고, 하나가 다른 하나를 흡수하거나 통제할 수도 있는 일이다. 인간 칸트도 많은 가짜 문제에 시달린 것 같고, 노년으로 갈수록 더욱 그러한 것으로 보인다. (『유작』에서의 '이행'의 문제도 이같은 성격이 다분하다.) ─ 그렇다 해서 이러한 사태가 칸트 비판철학의 의미를 조금이라도 훼손시키지는 않는다. 미지의 세계에 대한 탐구과정은 외길로 죽 뻗어 있기보다는, 한참 가던 길을 되돌아오기도 하고, 이 길로 가다가 저 길로 접어들기도 하는 우여곡절을 겪기 마련이며, 그런 과정에서도 성과가 탁월하면 사소한 일탈들과 한때의 헛걸음은 그저 '얘깃거리'일 뿐, 전혀 '문젯거리'가 되지는 않는 법이니 말이다.]

※ 칸트 논저 약호(수록 베를린 학술원판 전집 권수)와 한국어 제목

AA	Akademie-Ausgabe
	'학술원판 전집' /《학술원판 전집》
Anth	Anthropologie in pragmatischer Hinsicht (VII)
	『실용적 관점에서의 인간학』 / 『인간학』
AP	Aufsätze, das Philanthropin betreffend (II)
BDG	Der einzig mögliche Beweisgrund zu einer Demon-
	stration des Daseins Gottes (II)
	『유일 가능한 신의 현존 증명근거』 / 『신의 현존 증명』
Br	Briefe (X~XIII)
	편지
DfS	Die falsche Spitzfindigkeit der vier syllogistischen
	Figuren erwiesen (II)
Di	Meditationum quarundam de igne succincta delineatio
	(I)
	『불에 대하여』
EAD	Das Ende aller Dinge (VIII)
EACG	Entwurf und Ankündigung eines Collegii der physi-
	schen Geographie (II)

EEKU	Erste Einleitung in die Kritik der Urteilskraft (XX)
	「판단력비판 제1서론」
FBZE	Fortgesetzte Betrachtung der seit einiger Zeitwahrge-
	nommenen Erderschütterungen (I)
FEV	Die Frage, ob die Erde veralte, physikalisch erwogen
	(I)
FM	Welches sind die wirklichen Fortschritte, die die
	Metaphysik seit Leibnitzens und Wolf's Zeiten in
	Deutschland gemacht hat? (XX)
	「형이상학의 진보」
FM/Beylagen	FM: Beylagen (XX)
FM/Lose Blätter	FM: Lose Blätter (XX)
FRT	Fragment einer späteren Rationaltheologie (XXVIII)
GAJFF	Gedanken bei dem frühzeitigen Ableben des Herrn
	Johann Friedrich von Funk (II)
GMS	Grundlegung zur Metaphysik der Sitten (IV)
	『윤리형이상학 정초』
GNVE	Geschichte und Naturbeschreibung der merkwür-
	digsten Vorfälle des Erdbebens, welches an dem
	Ende des 1755sten Jahres einen großen Theil der
	Erde erschüttert hat (I)
GSE	Beobachtungen über das Gefühl des Schönen und
	Erhabenen (II)
	『미와 숭고의 감정에 관한 고찰』
GSK	Gedanken von der wahren Schätzung der lebendi-
	gen Kräfte (I)
	『활력의 참측정』 / 『활력의 참측정에 대한 견해』
GUGR	Von dem ersten Grunde des Unterschiedes der
	Gegenden im Raume (II)

「공간에서의 방위 구별의 제1근거에 대하여」

HN	Handschriftlicher Nachlass (XIV~XXIII)
IaG	Idee zu einer allgemeinen Geschichte in weltbürger-licher Absicht (VIII)
	「보편사의 이념」
KpV	Kritik der praktischen Vernunft (V)
	『실천이성비판』
KrV	Kritik der reinen Vernunft (제1판[A]: IV, 제2판[B]: III)
	『순수이성비판』
KU	Kritik der Urteilskraft (V)
	『판단력비판』
Log	Logik (IX)
	『논리학』
MAM	Muthmaßlicher Anfang der Menschengeschichte (VIII)
MAN	Metaphysische Anfangsgründe der Naturwissenschaft (IV)
	『자연과학의 형이상학적 기초원리』/『자연과학의 기초원리』
MonPh	Metaphysicae cum geometria iunctae usus in philosophia naturali, cuius specimen I. continet monadologiam physicam (I)
	「물리적 단자론」
MpVT	Über das Mißlingen aller philosophischen Versuche in der Theodicee (VIII)
MS	Die Metaphysik der Sitten (VI)
	『윤리형이상학』
RL	Metaphysische Anfangsgründe der Rechtslehre (VI)

	『법이론의 형이상학적 기초원리』 / 『법이론』
TL	Metaphysische Anfangsgründe der Tugendlehre (VI)
	『덕이론의 형이상학적 기초원리』 / 『덕이론』
MSI	De mundi sensibilis atque intelligibilis forma et principiis (II)
	『감성세계와 예지세계의 형식과 원리들』 〔교수취임 논고〕
NEV	Nachricht von der Einrichtung seiner Vorlesungen in dem Winterhalbenjahre von 1765~1766 (II)
	「1765/1766 겨울학기 강의 개설 공고」
NG	Versuch, den Begriff der negativen Größen in die Weltweisheit einzuführen (II)
	『부정량 개념』 / 『부정량 개념의 세계지로의 도입 시도』
NLBR	Neuer Lehrbegriff der Bewegung und Ruhe und der damit verknüpften Folgerungen in den ersten Gründen der Naturwissenschaft (II)
NTH	Allgemeine Naturgeschichte und Theorie des Himmels (I)
	『천체 일반 자연사와 이론』 / 『일반 자연사』
OP	Opus Postumum (XXI~XXII)
	〔유작〕
Pä	Pädagogik (IX)
	『교육학』 / 『칸트의 교육학』
PG	Physische Geographie (IX)
	『자연지리학』 / 『지리학』
PhilEnz	Philosophische Enzyklopädie (XXIX)
PND	Principiorum primorum cognitionis metaphysicae nova dilucidatio (I)
	『형이상학적 인식의 제1원리들에 대한 신해명』 / 『신해명』

Prol	Prolegomena zu einer jeden künftigen Metaphysik (IV)
	『형이상학 서설』
Refl	Reflexion (XIV~XIX)
	조각글
RezHerder	Recensionen von J. G. Herders Ideen zur Philosophie der Geschichte der Menschheit (VIII)
RezHufeland	Recension von Gottlieb Hufeland's Versuch über den Grundsatz des Naturrechts (VIII)
RezMoscati	Recension von Moscatis Schrift: Von dem körperlichen wesentlichen Unterschiede zwischen der Structur der Thiere und Menschen (II)
RezSchulz	Recension von Schulz's Versuch einer Anleitung zur Sittenlehre für alle Menschen (VIII)
RezUlrich	Kraus' Recension von Ulrich's Eleutheriologie (VIII)
RGV	Die Religion innerhalb der Grenzen der bloßen Vernunft (VI)
	『이성의 한계 안에서의 종교』 / 『순전한 이성의 한계들 안에서의 종교』
SF	Der Streit der Fakultäten (VII)
	『학부들의 다툼』
TG	Träume eines Geistersehers, erläutert durch die Träume der Metaphysik (II)
	『시령자의 꿈』 / 『형이상학의 꿈에 의해 해명된 시령자의 꿈』
TP	Über den Gemeinspruch: Das mag in der Theorie richtig sein, taugt aber nicht für die Praxis (VIII)
	『이론과 실천』
TW	Neue Anmerkungen zur Erläuterung der Theorie der

	Winde (I)
UD	Untersuchung über die Deutlichkeit der Grundsätze der natürlichen Theologie und der Moral (II) 「자연신학과 도덕」 / 「자연신학과 도덕학의 원칙들의 분명성에 관한 연구」
UFE	Untersuchung der Frage, ob die Erde in ihrer Umdrehung um die Achse, wodurch sie die Abwechselung des Tages und der Nacht hervorbringt, einige Veränderung seit den ersten Zeiten ihres Ursprungs erlitten habe (I)
ÜE	Über eine Entdeckung, nach der alle neue Kritik der reinen Vernunft durch eine ältere entbehrlich gemacht werden soll (VIII) 「발견」
ÜGTP	Über den Gebrauch teleologischer Principien in der Philosophie (VIII)
VAEaD	Vorarbeit zu Das Ende aller Dinge (XXIII)
VAKpV	Vorarbeit zur Kritik der praktischen Vernunft (XXIII)
VAMS	Vorarbeit zur Metaphysik der Sitten (XXIII)
VAProl	Vorarbeit zu den Prolegomena zu einer jeden künftigen Metaphysik (XXIII)
VARGV	Vorarbeit zur Religion innerhalb der Grenzen der bloßen Vernunft (XXIII)
VARL	Vorarbeit zur Rechtslehre (XXIII)
VASF	Vorarbeit zum Streit der Fakultäten (XXIII)
VATL	Vorarbeit zur Tugendlehre (XXIII)
VATP	Vorarbeit zu Über den Gemeinspruch: Das mag in der Theorie richtig sein, taugt aber nicht für die Praxis (XXIII)

VAÜGTP	Vorarbeit zu Über den Gebrauch teleologischer Principien in der Philosophie (XXIII)
VAVT	Vorarbeit zu Von einem neuerdings erhobenen vornehmen Ton in der Philosophie (XXIII)
VAZeF	Vorarbeiten zu Zum ewigen Frieden (XXIII)
VBO	Versuch einiger Betrachtungen über den Optimismus (II)
VKK	Versuch über die Krankheiten des Kopfes (II)
VNAEF	Verkündigung des nahen Abschlusses eines Tractats zum ewigen Frieden in der Philosophie (VIII)
Vorl	Vorlesungen (XXIV~) 강의록
V-Anth/Busolt	Vorlesungen Wintersemester 1788/1789 Busolt (XXV)
V-Anth/Collins	Vorlesungen Wintersemester 1772/1773 Collins (XXV)
V-Anth/Fried	Vorlesungen Wintersemester 1775/1776 Friedländer (XXV)
V-Anth/Mensch	Vorlesungen Wintersemester 1781/1782 Menschen-kunde, Petersburg (XXV)
V-Anth/Mron	Vorlesungen Wintersemester 1784/1785 Mrongovius (XXV)
V-Anth/Parow	Vorlesungen Wintersemester 1772/1773 Parow (XXV)
V-Anth/Pillau	Vorlesungen Wintersemester 1777/1778 Pillau (XXV)
V-Eth/Baumgarten	Baumgarten Ethica Philosophica (XXVII)
V-Lo/Blomberg	Logik Blomberg (XXIV)
V-Lo/Busolt	Logik Busolt (XXIV)
V-Lo/Dohna	Logik Dohna-Wundlacken (XXIV)
V-Lo/Herder	Logik Herder (XXIV)
V-Lo/Philippi	Logik Philippi (XXIV)

V-Lo/Pölitz	Logik Pölitz (XXIV)
V-Lo/Wiener	Wiener Logik (XXIV)
V-Mo/Collins	Moralphilosophie Collins (XXVII)
V-Mo/Kaehler(Stark)	Immanuel Kant: Vorlesung zur Moralphilosophie (Hrsg. von Werner Stark. Berlin/New York 2004)
V-Mo/Mron	Moral Mrongovius (XXVII)
V-Mo/Mron II	Moral Mrongovius II (XXIX)
V-Met/Arnoldt	Metaphysik Arnoldt (K3) (XXIX)
V-Met/Dohna	Kant Metaphysik Dohna (XXVIII)
V-Met/Heinze	Kant Metaphysik L1 (Heinze) (XXVIII)
V-Met/Herder	Metaphysik Herder (XXVIII)
V-Met-K2/Heinze	Kant Metaphysik K2 (Heinze, Schlapp) (XXVIII)
V-Met-K3/Arnoldt	Kant Metaphysik K3 (Arnoldt, Schlapp) (XXVIII)
V-Met-K3E/Arnoldt	Ergänzungen Kant Metaphysik K3 (Arnoldt) (XXIX)
V-Met-L1/Pölitz	Kant Metaphysik L1 (Pölitz) (XXVIII)
V-Met-L2/Pölitz	Kant Metaphysik L2 (Pölitz, Original) (XXVIII)
V-Met/Mron	Metaphysik Mrongovius (XXIX)
V-Met-N/Herder	Nachträge Metaphysik Herder (XXVIII)
V-Met/Schön	Metaphysik von Schön, Ontologie (XXVIII)
V-Met/Volckmann	Metaphysik Volckmann (XXVIII)
V-MS/Vigil	Die Metaphysik der Sitten Vigilantius (XXVII)
V-NR/Feyerabend	Naturrecht Feyerabend (XXVII)
V-PG	Vorlesungen über Physische Geographie (XXVI)
V-Phil-Enzy	Kleinere Vorlesungen. Philosophische Enzyklopädie (XXIX)
V-Phil-Th/Pölitz	Philosophische Religionslehre nach Pölitz (XXVIII)
V-PP/Herder	Praktische Philosophie Herder (XXVII)
V-PP/Powalski	Praktische Philosophie Powalski (XXVII)
V-Th/Baumbach	Danziger Rationaltheologie nach Baumbach (XXVIII)

V-Th/Pölitz	Religionslehre Pölitz (XXVIII)
V-Th/Volckmann	Natürliche Theologie Volckmann nach Baumbach (XXVIII)
VRML	Über ein vermeintes Recht, aus Menschenliebe zu lügen(VIII)
VT	Von einem neuerdings erhobenen vornehmen Ton in der Philosophie (VIII)
VUB	Von der Unrechtmäßigkeit des Büchernachdrucks (VIII)
VUE	Von den Ursachen der Erderschütterungen bei Gelegenheit des Unglücks, welches die westliche Länder von Europa gegen das Ende des vorigen Jahres betroffen hat (I)
VvRM	Von den verschiedenen Racen der Menschen (II)
WA	Beantwortung der Frage: Was ist Aufklärung? (VIII) 「계몽이란 무엇인가」
WDO	Was heißt sich im Denken orientiren? (VIII) 「사고에서의 정위란 무엇을 말하는가?」
ZeF	Zum ewigen Frieden (VIII) 『영원한 평화』

제 2 부

〚유작〛I.2 역주

※ 역주의 원칙

1. 본문 번역의 대본은 베를린 '학술원판 전집' 제21권(*Kant's gesammelte Schriften*[AA], hrsg. von der Preußischen Akademie der Wissenschaten, Bd. XXI, Berlin und Leipzig 1936)이며, 온라인판(http: //www.korpora.org/kant/ aa21/)을 대조 참고한다.

2. 원문과 번역문의 대조를 위해 번역문의 해당 대목에 원서를 'XXI'로 표시한 후 이어서 면수를 붙인다. 다만, 독일어(또는 라틴어)와 한국어의 어순이 다른 경우가 많으므로 원문과 번역문의 면수에 약간의 차이가 있음은 양해하기로 한다.

3. 사물어로서 이미 통용되고 있는 '에테르', '아이스 빔', '렌즈', '실린더', '프리즘' 등 상당수의 예외가 없지는 않으나, 칸트 원문은, 특히 개념어들은, 모두 한국어로 옮긴다. 그러나 원서 편자의 각주나 부연설명은 한국어 역서에 의미가 있는 범위 내에서 취사선택하여 역자의 각주에서 활용한다.

4. 이 역서의 각주는 원서 편자의 각주와 미주(AA, XXII, Berlin und Leipzig 1938, S. 791~814)의 주요 내용을 포함하고 있지만, 전반적으로는 역자의 임의대로 붙인 것이다.

5. 칸트 원문 중 근대어(독일어, 프랑스어, 영어 등)는 모두 한글 어휘로, 고전어 (라틴어, 그리스어)는 한자어로 옮기는 것을 원칙으로 한다.

6. 칸트의 다른 저작 또는 다른 구절을 한국어로 옮길 때를 고려하여, 다소 어색

하더라도, 칸트의 동일한 용어에는 되도록 동일한 한국어 낱말을 대응시킨다. 용어가 아닌 보통 낱말들에도 가능하면 하나의 번역어를 대응시키지만, 이런 낱말들의 경우에는 문맥에 따라 유사한 여러 번역어들을 적절히 바꿔 쓰고, 또한 풀어쓰기도 한다. (※ 다음의 〔유사어 및 상관어 대응 번역어 표〕참조)

7. 유사한 또는 동일한 뜻을 가진 낱말이라 하더라도 칸트 자신이 번갈아 가면서 쓰는 말은 가능한 한 한국어로도 번갈아 쓴다.(※ 다음의 〔유사어 및 상관어 대응 번역어 표〕참조)

8. 번역 본문에서는 (아직 대응하는 한국어 낱말을 찾을 수 없는 경우를 제외하고는) 한글과 한자만을 쓰며, 굳이 서양말 원어를 밝힐 필요가 있을 때는 각주에 적는다. 그러나 각주 설명문에는 원어를 자유롭게 섞어 쓴다.

9. 직역이 어려워 불가피하게 원문에 없는 말을 끼워 넣어야 할 대목에서는 끼워 넣는 말은 〔 〕안에 쓴다. 또한 하나의 번역어로는 의미 전달이 어렵거나 오해의 가능성이 있을 경우에도 그 대안이 되는 말을 〔 〕안에 쓴다. 그러나 이중 삼중의 번역어 통용이 불가피 또는 무난하다고 생각되는 곳에서는 해당 역어를 기호 '/'를 사이에 두고 함께 쓴다.

10. 한국어 표현으로는 다소 생소하더라도 원문의 표현 방식을 유지하는 것이 필요하다고 여겨지는 경우에는 독일어 어법에 맞춰 번역하되, 한국어문만으로는 오해될 우려가 클 것으로 보이면 〔 〕안에 자연스러운 한국어 표현을 병기한다.

11. 칸트 원문에 등장하는 인용하는 인물이나 사건이나 지명이 비교적 널리 알려져 있지 않은 경우에는 그에 대해 각주를 붙여 해설한다.

12. 칸트의 다른 저술이나 철학 고전들과 연관시켜 이해해야 할 대목은 각주를 붙여 해설한다. 단, 칸트 원저술들을 인용함에 있어서 『순수이성비판』은 초판=A와 재판=B에서, 주요 저술은 칸트 원본 중 대표 판본에서, 그리고 여타의 것은 학술원판에서 하되, 제목은 한국어 또는 약어로 쓰고 원저술명은 함께 모아서 밝힌다.(※ 앞의 〔칸트 논저 약호(수록 베를린 학술원판 전집 권수)와 한국어 제목〕참조)

13. 칸트 원문은 가능한 한 대역(對譯)하여 한국어로 옮긴다. 한국어 어휘의 의미만으로는 충분하지 않아 보일 경우에는 각주에 원어를 제시한다. 불완전한

원문으로 인하여 대명사를 단순히 '그것', '이것' 등으로 옮길 경우 그 지칭 판별이 어려울 것으로 보이면, 부득이 지시한 명사를 반복해서 쓴다.(이런 경우 역자의 해석이 포함되는 것은 피할 수 없겠다.)

14. 구두점이나 번호 순서 표기 등도 가능한 한 원서대로 쓰되, 칸트 원문 상당 부분이 완성된 것이 아니라서 통상적인 대로가 아니거나 서로 대응 관계가 맞지 않는 경우가 많기 때문에, 한국어 문장 또는 어휘 연결에 혼동이 너무 크다고 여겨지는 경우에는 부득이 교정 첨삭한다.(이는 원문 훼손 가능성과 역자의 임의적 해석 가능성을 포함하는 일이라서 통상적인 문장의 번역에서는 마땅히 피해야 할 일이다.)

15. 원문의 단어 형태도 최대한 번역문에서 그대로 유지한다. 예컨대 원문의 'Freiheitsbegriff'는 '자유개념'으로, 'Begriff der Freiheit'는 '자유의 개념' 또는 '자유 개념'으로 옮겨 적는다.

16. 원서의 격자 어휘는 진하게 쓰고, 진하게 인쇄되어 있는 어휘는 '휴먼고딕'체로 쓰며, 인물(학파)의 이름은 '새굴림'체로 쓴다.

17. 원서 문장의 불완전성으로 인해 의미 전달에 어려움이 있더라도 되도록 원문 형태대로 옮기되, 부득이한 경우에는 결여 어휘를 'xxx'라고 표시하거나 〔 〕 안에 역자가 보충 어휘를 넣는다. 그 대신에 원서에 사용된 본래의 〔 〕 은 진하게 써서(곧 〔 〕) 구별한다.(이 또한 원문 훼손 가능성과 역자의 임의적 해석 가능성을 포함하는 일이라서 통상적인 문장의 번역에서는 마땅히 피해야 할 일이다.)

18. 본문 하단 '※' 표시 주는 칸트 원문에 있는 주석이고, 아라비아 숫자로 표시되어 있는 각주만이 역자가 붙인 것이다.

※ 유사어 및 상관어 대응 번역어 표

ableiten

ableiten: 도출하다/끌어내다, Ableitung: 도출, Deduktion: 연역,
abziehen: 추출하다

Absicht

Absicht: 의도/관점, Rücksicht: 고려/견지, Hinsicht: 관점/돌아봄/참작,
Vorsatz: 고의/결의, Entschluß: 결심/결정

absolut

absolut: 절대적(으로), schlechthin/schlechterdings: 단적으로/절대로,
simpliciter: 端的으로

Abstoßung

abstoßung: 밀쳐냄/척력, Zurückstoßung: 되밀쳐냄/척력,
Repulsion: 반발/척력, repulsio: 反撥/斥力

abstrahieren

abstrahieren: 추상하다/사상[捨象]하다, absehen: 도외시하다

Achtung

Achtung(observatio[reverentia]): 존경(尊敬), Hochachtung: 존경/경의,
Ehrfurcht: 외경, Hochschätzung: 존중, Schätzung: 평가/존중,
Ehre: 명예/영광/경의/숭배,

Verehrung(reverentia): 숭배(崇拜)/경배/흠숭/존숭/공경/경의를 표함,

Ehrerbietung: 숭경, Anbetung: 경배

actio

actio: 作用/活動, actus: 行爲/行動/現實態/實態,

actio in distans: 遠隔作用

Affinität

Affinität: 근친성/유사성/친화성, affinitas: 親和性/類似性,

Verwandtschaft: 친족성/친화성

affizieren

affizieren: 촉발하다/영향을 끼치다, Affektion: 촉발/자극/애착/흥분상태,

Affekt: 흥분/촉발/정서/격정, affektionell: 정서적/격정적/촉발된,

anreizen: 자극하다, Reiz: 자극/매력, stimulus: 刺戟,

rühren: 건드리다/손대다, berühren: 건드리다/접촉하다,

Berührung: 건드림/접촉, Rühren: 감동, Rührung: 감동,

Begeisterung: 감격

ähnlich

ähnlich: 비슷한/유사한, analogisch: 유비적/유추적

all

all: 모두/모든, insgesamt: 모두 다, gesamt: 통틀어, All: 전부/모두/우주,

Allheit: 모두/전체, das Ganze: 전체

also

also: 그러므로, folglich: 따라서, mithin: 그러니까, demnach: 그 때문에,

daher: 그래서, daraus: 그로부터

anfangen

anfangen: 시작하다, Anfang: 시작/시초, Beginn: 시작/착수,

Anbeginn: 처음/발단, anheben: 개시하다/출발하다,

agitieren: 시발하다/촉진하다/선동하다

angemessen

angemessen: 알맞은/적절한/부합하는, füglich: 걸맞은/어울리는

angenehm

angenehm: 쾌적한/편안한, unangenehm: 불유쾌한/불편한,

Annehmlichkeit: 쾌적함/편안함

anhängend

anhängend: 부수적, adhärierend: 부착적/부속적〔속성적〕

Ankündigung

Ankündigung: 통고/선포, Kundmachung: 공포/알림

Anmut

Anmut: 우미〔優美〕, Eleganz: 우아

Anschauung

Anschauung: 직관, intuitus: 直觀, intuitio: 直觀/直覺,

Sinnenanschauung: 감관직관/감성적 직관,

intellektuelle Anschauung: 지성적 직관,

intelligibele Anschauung: 예지적 직관

Anziehung

Anziehung: 끌어당김/인력, Attraktion: 잡아끎/견인/매력/인력,

attractio: 引力/牽引, attractiv: 견인적

Apprehension

Apprehension(apprehensio): 포착(捕捉)/점취(占取),

Auffassung(apprehensio): 포착(捕捉: 직관/상상력의 작용으로서)/

파악(把握: 지성의 작용으로서), Erfassen: 파악,

Begreifen: (개념적) 파악/개념화/이해

a priori

a priori: 선험적/先驗的, a posteriori: 후험적/後驗的,

proteron: 先次的, hysteron: 後次的,

angeboren(innatus): 선천적(本有的)/생득적/생래적/천성적/타고난,

anerschaffen: 타고난/천부의

arrogantia

arrogantia: 自滿/自慢, Eigendünkel: 자만〔自慢〕

Ästhetik

Ästhetik: 감성학/미(감)학, ästhetisch: 감성(학)적/미감적/미학적

aufheben

aufheben: 지양하다/폐기하다/폐지하다,

ausrotten: 근절하다/섬멸하다, vertilgen: 말살하다/절멸하다,

vernichten: 무효로 하다/폐기하다/파기하다/섬멸하다/없애다

Aufrichtigkeit

Aufrichtigkeit: 정직성〔함〕, Ehrlichkeit: 솔직성〔함〕, Redlichkeit: 진정성,

Wahrhaftigkeit: 진실성〔함〕, Rechtschaffenheit: 성실성〔함〕

Bedeutung

Bedeutung: 의미, Sinn: 의의

Bedingung

Bedingung: 조건, bedingt: 조건 지어진/조건적,

das Bedingte: 조건 지어진 것/조건적인 것,

das Unbedingte: 무조건자〔/무조건적인 것〕

Begierde

Begierde: 욕구/욕망, Begehren: 욕구, Begier: 욕망,

Bedürfnis: 필요/필요욕구/요구, Verlangen: 요구/갈망/열망/바람/요망,

Konkupiszenz(concupiscentia): 욕정(欲情), Gelüst(en): 갈망/정욕

begreifen

begreifen: (개념적으로) 파악하다/개념화하다/포괄하다/(포괄적으로)

이해하다/해득하다, Begriff: 개념/이해,

〔Un〕begreiflichkeit: 이해〔불〕가능성/해득〔불〕가능성, verstehen: 이해하다,

fassen: 파악하다/이해하다, Verstandesvermögen: 지성능력,

Fassungskraft: 이해력

Begriff

Begriff: 개념/파악/이해, conceptus: 槪念, conceptio: 槪念作用/受胎

Beispiel

Beispiel: 예/실례/사례/본보기, zum Beispiel: 예를 들어, z. B.: 예컨대,

beispielsweise: 예를 들어, e. g.: 例컨대

Beistimmung

Beistimmung: 찬동/동의, ※Einstimmung: 일치/찬동, Stimme: 동의,

Beifall: 찬동, Beitritt: 찬성/가입

beobachten

beobachten: 준수하다/지키다, Beobachtung: 관찰/준수/고찰,

befolgen: 따르다/준수하다, Befolgung: 추종/준수

Bereich

Bereich: 영역, Gebiet: 구역, Sphäre: 권역, Kreis: 권역, Feld: 분야,

Fach: 분과, Umfang: 범위, Region: 지역/지방/영역, Territorium: 영역/영토,

territorium: 領土, ditio: 領域, ※Boden: 지반/토대/기반/토지/지역/영토

Besitz

Besitz: 점유, Besitznehmung(appprehensio): 점유취득(占取),

※Eigentum: 소유(물/권), ※Haben: 소유〔가지다〕/자산,

Zueignung(appropriatio): 전유〔영득〕(專有),

Bemächtigung(occupatio): 선점(先占)/점령(占領)

besonder

besonder: 특수한, partikular: 특별한/개별적/국부적,

spezifisch: 종적/종별적/특종의

Bestimmung

Bestimmung: 규정/사명/본분/본령,

bestimmen: 규정하다/결정하다/확정하다, bestimmt: 규정된〔/적〕/일정한/

확정된〔/적〕/명확한/한정된, unbestimmt: 무규정적/막연한/무한정한

beugen

beugen: 구부리다/휘다/굴복하다,

beugbar/beugsam: 잘 굽는/유연한/순종적인,

flexibilis: 柔軟한/柔順한/融通性 있는

Bewegung

Bewegung: 운동/동요, Motion: 동작/운동, motus: 運動,

das Bewegliche: 운동할 수 있는 것/운동하는 것/운동체,

das Bwegbare: 운동할 수 있는 것,

bewegende Kraft: 운동력/운동하는 힘/움직이는 힘,

mobile: 可動體, movens: 運動體, motor: 運動者

Bewegungsgrund

Bewegungsgrund/Beweggrund: 동인, Bewegursache: (운)동인

Beweis

Beweis: 증명, Demonstration: 입증/실연/시위

Bewußtsein

Bewußtsein: 의식, Selbstbewußtsein: 자기의식,

cogitatio: 意識, perceptio: 知覺/意識,

Apperzeption(apperceptio): 통각(統覺)/수반의식(隨伴意識)

Bibel

Bibel: 성경, (Heilige) Schrift: 성서, ※Schrift: 저술, heiliges Buch: 성경책

Bild

Bild: 상/도상〔圖像〕/형태/그림/사진, Schema: 도식〔圖式〕,

Figur: 형상〔形象〕/도형, Gestalt: 형태, Urbild: 원형/원상,

Vorbild: 전형/모범/원형

Boden

Boden: 지반/토대/기반/토지/지역/영토, Basis: 토대/기반/기층,

Erde: 흙/땅/토양/지구/지상, Land: 땅/육지/토지/지방/지역/나라,

Horizont: 지평

böse

böse: 악한, das Böse: 악, malum: 惡/害惡/禍,

Übel: 화/악/해악/재해/나쁜 것, boshaft: 사악한, bösartig: 악의적/음흉한,

schlecht: 나쁜, arg: 못된/악질적인, tückisch: 간악한/간계의

Buch

Buch: 책/서/저서, Schrift: 저술, Werk: 저작/작품/소행,

Abhandlung: 논고/논문

Bund

Bund: 연맹, Bündnis: 동맹, foedus: 同盟, Föderation: 동맹/연방,

Koaltion: 연립, Verein: 연합/협회, Assoziation: 연합

Bürger

Bürger: 시민, Mitbürger: 동료시민/공동시민,

Staatsbürger(cives): 국가시민(市民)/국민, Volk: 국민/민족/족속,

Stammvolk(gens): 민족(民族)

darstellen

darstellen: 현시하다/그려내다/서술하다,

Darstellung(exhibitio): 현시(展示)/그려냄/서술, darlegen: 명시하다,

dartun: 밝히다

dehnbar

dehnbar: 늘여 펼 수 있는/가연적(可延的), ductilis: 伸張的/可延的

Denken

Denken: 사고(작용), denken: (범주적으로) 사고하다/(일반적으로) 생각하다,

Denkart: 사고방식/신념/견해, Gedanke: 사유-(물)/사상(思想)/사고내용/의식,

※cogitatio: 意識, Denkung: 사고/사유, Denkungsart: 사유방식(성향),

Sinnesart: 기질(성향)

Dichtigkeit

Dichtigkeit/Dichte: 밀도/조밀(성), dichtig: 조밀한/밀도 높은,

Intensität: 밀도, intensiv: 밀도 있는/내포적

Ding

Ding: 사물/일/것, Sache: 물건/사상(事象)/사안/실질내용/일

Ding an sich

Ding an sich: 사물 자체, Ding an sich selbst: 사물 그 자체

Disziplin

Disziplin: 훈육, Zucht: 훈도

Dogma

Dogma: 교의/교조, dogmatisch: 교의적/교조(주의)적,

Lehre: 교리/학설/이론/가르침, Doktrin: 교설, ※eigenmächtig: 독단적

Dummheit

Dummheit(stupiditas): 우둔(愚鈍)[함]/천치(天痴),

Dummkopf/Idiot: 바보/천치, stumpf: 둔(감)한, Albernheit: 우직[함],

Tor: 멍청이, Narr: 얼간이

durchdringen

durchdringen: 침투[浸透]하다/삼투[滲透]하다/스며들다,

eindringen: 파고들다/스며들다, durchbrechen: 관통하다/통관하다,

permeabel: 투과[透過]/침투[浸透] 가능한

Dynamik

Dynamik: 역학/동역학, dynamisch: 역학적/역동적, ※Mechanik: 기계학

Ehe

Ehe: 혼인, Heirat: 결혼

eigen

eigen: 자신의/고유한, eigentlich: 본래의/원래의, Eigenschaft: 속성/특성,

Eigentum: 소유, eigentümlich: 특유의[/한]/고유의/소유의,

Eigentümlichkeit: 특유성/고유성, eigenmächtig: 독단적,

Beschafenheit: 성질, ※Attribut: (본질)속성/상징속성

Einbildung

Einbildung: 상상, Einbildungskraft: 상상력, Bildungskraft: 형성력/형상력,

imaginatio: 想像, Phantasie: 공상

Einleitung

Einleitung: 서론, Vorrede: 머리말, Prolegomenon/-mena: 서설,

Prolog: 서언

einseitig

einseitig: 일방적/일면적/한쪽의, doppelseitig: 쌍방적/양면적/양쪽의,

beiderseitig: 양쪽의/양편의/쌍방적, allseitig: 전방적/전면적,

wechselseitig: 교호적[상호적], beide: 양자의/둘의/양편의,

beide Teile: 양편/양쪽, gegeneinander: 상호적으로

Einwurf

Einwurf: 반론, Widerlegung: 반박

Einzelne(das)

einzeln: 개별적/단일적, das Einzelne: 개별자, Individuum: 개체/개인

entsprechen

entsprechen: 상응하다, korrespondieren: 대응하다

entstehen

entstehen: 발생하다, entspringen: 생기다, geschehen: 일어나다,

hervorgehen: 생겨나(오)다, stattfinden/statthaben: 있다/발생하다/행해지다

Erfahrung

Erfahrung: 경험,

empirisch: 경험적/감각경험적(Erfahrung의 술어로 쓰이는 경우)

Erörterung

Erörterung(expositio): 해설(解說), Exposition: 해설, Aufklärung: 해명,

Erläuterung: 해명/설명, Erklärung: 설명/언명/공언/성명(서)/표시,

Explikation: 해석/석명(釋明), Deklaration: 선언/천명/(의사)표시,

Aufschluß: 해결/해명, Auslegung: 해석/주해, Ausdeutung: 설명/해석,

Deutung: 해석/설명

Erscheinung

Erscheinung: 현상, Phaenomenon(phaenomenon): 현상체(現象體)

Erschütterung

Erschütterung(concussio): 진동(振動), oscillatio: 振動, vibratio: 搖動/振動,

undulatio: 波動, Klopfung(pulsus): 박동(搏動), Bebung: 떨림/요동(搖動),

Schwenkung: 흔들림/요동(搖動), Schwingung: 흔들림/진동,

Bibration: 진동, Zitterung: 떨림/진동/전율, Schwankung: 동요(動搖)

erzeugen

zeugen: 낳다/출산하다, Zeugung: 낳기/생식/출산,

erzeugen: 산출하다/낳다/출산하다, Erzeugung: 산출/출산/출생/생산,

hervorbringen: 만들어내다/산출하다/낳다/실현하다

Fall

Fall: 낙하/추락/경우, Abfall: 퇴락, Verfall: 타락

Feierlichkeit

Feierlichkeit: 장엄/엄숙/예식/의례〔儀禮〕, Gebräuche: 의식〔儀式〕/풍속/관례,

Förmlichkeit: 격식/의례〔儀禮〕

fest

fest(=vest): 고체의/굳은/단단한,

starr: 강체〔剛體〕의/고체의/굳은/단단한/강경〔剛硬〕한, Erstarrung: 응고,

Starrwerden: 강체〔고체〕화, Starrigkeit: 강체〔고체〕성

finden

finden: 발견하다, treffen: 만나다, antreffen: 마주치다,

betreffen: 관련되〔하〕다/마주치다, Zusammentreffen: 함께 만남

flüßig/flüssig

flüßig/flüssig: 유동적/액체적/액질의/액상〔液狀〕의/흐르는,

Flüßigkeit: 유동성/유동체, fluidum: 液體/流動體, liquidum: 流體

Folge

Folge: 잇따름/계기〔繼起〕/후속〔後續〕/결과/결론,

folgen: 후속하다/뒤따르다/뒤잇다/잇따르다/결론으로 나오다,

sukzessiv: 순차적/점차적/연이은, Sukzession: 연이음,

Kontinuum: 연속체, Kontinuität: 연속성, kontinuierlich: 연속적,

Fortsetzung: 계속

Form

Form: 형식, Formel: 정식〔定式〕, (Zahlformel: 수식〔數式〕),

Figur: 형상〔形象〕/도형, Gestalt: 형태

Frage

Frage: 물음, Problem: 문제, Problematik: 문제성

Freude

Freude: 환희/유쾌/기쁨, freudig: 유쾌한, Frohsein: 기쁨, froh: 기쁜,

fröhlich: 유쾌한/쾌활한, erfreulich: 즐거운

Furcht

Furcht: 두려움/공포, Schrecken: 겁먹음/경악/전율, Grausen: 전율,
Greuel: 공포/소름끼침, Schauer: 경외감

Gang

Gang: 보행, Schritt: 행보/(발)걸음

gefallen

gefallen: 적의[適意]하다/마음에 들다, Gefälligkeit: 호의,
Mißfallen: 부적의[不適意]/불만,
mißfallen: 적의하지 않다/부적의[不適意]하다/마음에 들지 않다,
Wohlgefallen(complacentia): 흡족(洽足)/적의함(=Wohlgefälligkeit),
※Komplazenz: 흐뭇함

Gehorchen

Gehorchen: 순종, Gehorsam: 복종, Unterwerfung: 복속/굴종/정복,
Ergebung: 순응

gehören

gehören: 속하다/의속[依屬]하다/요구된다, angehören: 소속되다,
zukommen: 귀속되다

gemäß

gemäß: 맞춰서/(알)맞게/적합하게/의(거)해서/준거해서, nach: 따라서,
vermittelst: 매개로/의해, vermöge: 덕분에/의해서

gemein

gemein: 보통의/평범한/공통의/공동의/상호적/일상의, gemeiniglich: 보통,
gewöhnlich: 보통의/흔한/통상적으로, alltäglich: 일상적(으로)

Gemeinschaft

Gemeinschaft: 상호성/상호작용/공통성/공동체/공동생활/공유,
gemeines Wesen: 공동체, Gesellschaft: 사회,
Gemeinde: 기초단체/교구/회중[會衆]/교단

Gemüt

Gemüt(animus): 마음(心)/심성(心性),

Gemütsart(indoles): 성품(性品)/성정(性情),

Gemütsanlage: 마음의 소질/기질, (Temperament: 기질/성미),

Gemütsfassung: 마음자세, Gemütsstimmung: 심정, Gesinnung: 마음씨,

Herzensgesinnung: 진정한 마음씨, Herz: 심/진심/심정/심성/마음/가슴/심장,

Seele(anima): 영혼(靈魂)/마음/심성, Geist: 정신/정령/성령/영[靈],

mens: 精神, spiritus: 精靈/精神, ※Sinnesänderung: 심성의 변화/회심[回心],

Herzensänderung: 개심[改心]

Genuß

Genuß: 향수[享受]/향유/향락, genießen: 즐기다/향유하다

Gerechtigkeit

Gerechtigkeit: 정의/정의로움,

Rechtfertigung: 의[로움]/의롭게 됨[의로워짐]/정당화,

gerecht(iustium): 정의(正義)로운, ungerecht(iniustium): 부정의(不正義)한

Geschäft

Geschäft: 과업/일/실제 업무, Beschäftigung: 일/용무,

Angelegenheit: 업무/소관사/관심사/사안, Aufgabe: 과제

Gesetz

Gesetz: 법칙/법/법률/율법, Regel: 규칙, regulativ: 규제적,

Maxime: 준칙, Konstitution: 헌법/기본체제/기본구성,

Grundgesetz: 기본법/근본법칙, Verfassung: (기본)체제/헌법,

Grundsatz: 원칙, Satz: 명제, Satzung: 종규[宗規]/율법,

Statut: 법규, statutarisch: 법규적/규약적/제정법[制定法]적,

Verordnung: 법령, ※Recht: 법/권리/정당/옳음

gesetzgebend

gesetzgebend: 법칙수립적/입법적, legislativ: 입법적

Gewicht

Gewicht: 무게, Schwere: 중량/중력, Gravitation: 중력, Schwerkraft: 중력

Gewohnheit

Gewohnheit: 습관/관습/풍습, Angewohnheit(assuetudo): 습관(習慣),

Fertigkeit: 습성/숙련, habitus: 習性, habituell: 습성적

Gleichgültigkeit

Gleichgültigkeit: 무관심/아무래도 좋음, Indifferenz: 무차별, ohne Interesse: (이해)관심 없이, Interesse: 이해관심/관심/이해관계, adiaphora: 無關無見

Glückseligkeit

Glückseligkeit: 행복, Glück: 행(복)/행운, Seligkeit: 정복[淨福]

Gottseligkeit

Gottseligkeit: 경건, Frömmigkeit: 독실(함)/경건함

Grenze

Grenze: 한계, Schranke: 경계/제한, Einschränkung: 제한(하기)/국한

Grund

Grund: 기초/근거, Grundlage: 토대, Grundlegung: 정초[定礎], Basis: 바탕/기반/토대, Anfangsgründe: 기초원리, zum Grunde legen: 기초/근거에 놓다[두다], unterlegen: 근저에 놓다[두다], Fundament: 토대/기저, Element: 요소/원소/기본, ※Boden: 지반/토대/기반/지역/영토

gründen

gründen: 건설하다/(sich)기초하다, errichten: 건립하다/설치하다, stiften: 설립하다/창설하다/세우다

gut

gut: 선한/좋은, das Gute: 선/좋음, bonum: 善/福, gutartig: 선량한, gütig: 온화한/관대한/선량한

Habe

Habe: 소유물/재산, Habe und Gut: 소유재산, Haben: 소유[가지다]/(총)자산/대변, Inhabung(detentio): 소지(所持), ※Vermögen: 재산/재산력, vermögend: 재산력 있는/재산이 많은

Handlung

Handlung: 행위[사람의 경우]/작동[사물의 경우]/작용/행위작용/행사,

Tat: 행실/실행/행동/업적/실적/사실, Tatsache: 사실, factum: 行實/事實,
facere: 行爲하다, agere: 作用하다, operari: 處理하다/作業하다,
Tun: 행함/행동/일/짓, Tun und Lassen: 행동거지, Tätigkeit: 활동,
Akt/Aktus: 작용/행동/행위/활동/행위작용,
Wirkung: 결과/작용결과/작용/효과, Verhalten: 처신/태도,
Benehmen: 행동거지, Lebenswandel: 품행, Betragen: 거동/행동,
Konduite: 범절, ※Werk: 소행/작품/저작

Hilfe

Hilfe: 도움, Beihilfe: 보조/도움, Beistand: 원조/보좌,
Mitwirkung: 협력/협조, Vorschub: 후원

Immer

immer: 언제나, jederzeit: 항상, immerdar: 줄곧

Imperativ

Imperativ(imperativus): 명령(命令), Gebot: 지시명령/계명,
gebieten: 지시명령하다, dictamen: 指示命令/命法, praeceptum: 命令,
Geheiß: 분부/지시, befehlen: 명령하다, befehligen: 지휘하다,
Observanz: 계율/준봉[遵奉], ※Vorschrift: 지시규정/지정/규정[規程]/훈계

intellektuell

intellektuell: 지성적, intelligibel: 예지적, intelligent: 지적인,
intelligentia: 知性/知力/叡智者/知的 存在者, Intelligenz: 지적 존재자/예지자,
Noumenon[noumenon]: 예지체[叡智體],
Verstandeswesen: 지성존재자/오성존재자,
Verstandeswelt(mundus intelligibilis): 예지[/오성]세계(叡智[/悟性]世界),
Gedankenwesen: 사유물, Gedankending: 사유물/사념물

Irrtum

Irrtum: 착오, Täuschung: 착각/기만

Kanon

Kanon: 규준[規準], Richtschnur: 먹줄/기준/표준, Richtmaß: 표준(척도),
Maß: 도량/척도, Maßstab: 자[準矩]/척도, Norm(norma): 규범(規範)

klar

klar: 명료한/명백한, deutlich: 분명한,

dunkel: 애매한/불명료한/흐릿한, verworren: 모호한/혼란한,

zweideutig: 다의적/이의(二義)적/애매한/애매모호한,

doppelsinnig: 이의(二義)적/애매한/애매모호한,

aequivocus: 曖昧한/多義的/二義的, evident: 명백한/자명한,

offenbar: 분명히/명백히, augenscheinlich: 자명한/명백히,

einleuchtend: 명료한, klärlich: 뚜렷이, apodiktisch: 명증적,

bestimmt: 규정된/명확한

Körper

Körper: 물체/신체, Leib: 몸/육체, Fleisch: 육(肉)/살

Kraft

Kraft: 힘/력/능력/실현력, Vermögen: 능력/가능력/재산,

Fähigkeit: (능)력/할 수 있음/유능(함)/성능/역량, Macht: 지배력/권력/권능/

위력/세력/권세/힘, Gewalt: 권력/강제력/통제력/지배력/지배권/통치력/폭력,

Gewalttätigkeit: 폭력/폭행, Stärke: 강함/힘셈/장점, Befugnis: 권한/권능,

Potenz: 역량/지배력/세력/잠세력/잠재태, potentia: 支配力/力量/潛勢力,

potestas: 權力/能力, lebendige Kraft: 활력(活力)/살아 있는 힘,

todte Kraft: 사력(死力)/죽은 힘

Krieg

Krieg: 전쟁, Kampf: 투쟁/전투/싸움, Streit: 항쟁/싸움/다툼/논쟁,

Streitigkeit: 싸움거리/쟁론/분쟁, Zwist: 분쟁, Fehde: 반목,

Befehdung: 반목/공격, Anfechtung: 시련/유혹/불복/공격,

Mißhelligkeit: 불화/알력

Kultur

Kultur: 배양/개발/문화/교화/개화,

kultivieren: 배양하다/개발하다/교화하다/개화하다, gesittet: 개명된

Kunst

Kunst: 기예/예술/기술, künstlich: 기예적/예술적/기교적,

kunstreich: 정교한, Technik: 기술, technisch: 기술적인,

Technizism: 기교성/기교주의

Legalität

Legalität(legalitas): 합법성(合法性)/적법성(適法性), Gesetzmäßigkeit: 합법칙성,

gesetzmäßig: 합법칙적/합법적, Rechtmäßigkeit: 적법성/합당성/권리 있음,

rechtmäßig: 적법한/합당한/권리 있는, Legitimität(legitimitas): 정당성(正當性)

Lohn

Lohn(merces): 보수(報酬)/임금(賃金)/노임(勞賃),

Belohnung(praemium): 상(賞給),

Vergeltung(remuneratio/repensio): 보답(報償/報酬), brabeuta: 施賞(者)

mannigfaltig

mannigfaltig: 잡다한/다양한, Mannigfaltigkeit: 잡다성/다양성,

Varietät: 다양성/다종성, Einfalt: 간단/간결/소박함, einfach: 단순한,

einerlei: 한가지로/일양적

Maß

Maß: 도량[度量]/척도, messen: 측량하다, ermessen: 측량하다,

schätzen: 측정하다/평가하다

Materie

Materie: 질료/물질, Stoff: 재료/소재/원소, Urstoff: 근원소/원소재,

Elementarstoff: 요소원소/[기본]원소, Grundstoff: 기초원소/근본소재

Mechanismus

Mechanismus: 기계성/기제[機制]/기계조직,

Mechanik: 역학/기계학/기계조직, mechanisch: 역학적/기계적/기계학적,

Maschinenwesen: 기계체제

Mensch

Mensch: 인간/사람, man: 사람(들), Mann: 인사/남자/남편/어른

Menschenscheu

Menschenscheu: 인간기피, Misanthropie: 인간혐오,

Anthropophobie: 대인공포증, Philanthrop: 박애(주의)자

Merkmal

Merkmal(nota): 징표(徵標), Merkzeichen: 표징, Zeichen: 표시/기호,
Kennzeichen: 표지[標識], Symbol: 상징, Attribut: (본질)속성/상징속성

Moral

Moral: 도덕/도덕학, moralisch: 도덕적, Moralität: 도덕(성),
Sitte: 습속/관습, Sitten: 윤리/예의/예절/습속, sittlich: 윤리적,
Sittlichkeit: 윤리(성), Ethik: 윤리학, ethisch: 윤리(학)적

Muster

Muster: 범형/범례/전형, musterhaft: 범형적/범례적/전형적,
Typus: 범형, Typik: 범형론, exemplarisch: 본보기의/견본적,
Probe: 견본/맛보기, schulgerecht: 모범적,
※Beispiel: 예/실례/사례/본보기

nämlich

nämlich: 곧, das ist: 다시 말하면, d. i.: 다시 말해,
secundum quid: 卽/어떤 面에서

Natur

Natur: 자연/본성/자연본성, Welt: 세계/세상/우주,
physisch: 자연적/물리적/자연학적/물리학적

Naturwissenschaft

Naturwissenschaft: 자연과학,
Physik(physica): 물리학(物理學)/자연학(自然學)(아주 드물게),
Physiologie(physiologia): 자연학(自然學)/생리학(生理學),
Naturkunde: 자연지식[학], Naturlehre: 자연이론,
Naturkenntnis: 자연지식, Naturerkenntnis: 자연인식

nehmen

nehmen: 취하다, annehmen: 상정하다/채택하다/받아들이다/납득하다,
aufnehmen: 채용하다

Neigung

Neigung: 경향(성), Zuneigung: 애착, Hang(propensio): 성벽(性癖),

Prädisposition(praedispositio): 성향(性向),

※Sinnesart: 기질[성향], ※Denkungsart: 사유방식[성향]

nennen

nennen: 부르다, heißen: 일컫다, benennen: 명명하다,

bezeichnen: 이름 붙이다/표시하다

notwendig

notwendig: 필연적, notwendigerweise: 반드시, nötig: 필수적/필요한,

unausbleiblich: 불가불, unentbehrlich: 불가결한,

unerläßlich: 필요불가결한, unvermeidlich: 불가피하게,

unumgänglich: 불가피하게

nun

nun: 이제/그런데/무릇, jetzt: 지금/이제

nur

nur: 오직/다만/오로지/단지, bloß: 순전히/한낱/한갓, allein: 오로지,

lediglich: 단지/단적으로

Objekt

Objekt: 객관[아주 드물게 객체], Gegenstand: 대상

Ordnung

Ordnung: 순서/질서,

Anordnung: 정돈/정치[定置]/배치/서열/질서(규정)/조치/법령(체제),

※Verordnung: 법령/규정

Pathos

Pathos: 정념, pathologisch: 정념적, Apathie(apatheia): 무정념(無情念),

Leidenschaft: 열정/정열/욕정, ※Affekt: 격정

Pflicht

Pflicht(officium): 의무(義務), Verpflichtung: 의무[를] 짐/의무지움/책임,

Verbindlichkeit(obligatio): 책무(責務)/구속성/구속력,

Obligation: 책무/임무, Obliegenheit: 임무 Verantwortung: 책임,

※Schuld: 채무/탓/책임, ※Schuldigkeit: 책임/채무

ponderabel

ponderabel: 계량 가능한, ponderabilitas: 計量可能性,

wägbar: 계량할 수 있는/달 수 있는, Wägbarkeit: 계량할 수 있음,

unwägbar: 계량할 수 없는, imponderabel: 계량 불가능한,

※ermessen: 측량하다

Position

Position: 설정, Setzen: 정립

Prädikat

Prädikat: 술어, Prädikament: 주[土]술어, Prädikabilie: 준술어

primitiv

primitiv: 시원적/원시적/야만적, uranfänglich: 원초적/태초의

Problem

Problem: 문제, Problematik: 문제성,

problematisch: 미정[未定]적/문제(성) 있는/문제[問題]적,

Frage: 물음/문제, Quästion: 질문, wahrscheinlich: 개연적,

Wahrscheinlichkeit: 개연성/확률, probabel: 개연적[蓋然的],

Probabilität: 개연성/확률, Probabilismus: 개연론/개연주의

Qualität

Qualität(qualitas): 질(質), Beschaffenheit: 성질, Eigenschaft: 속성/특성,

Eigentümlichkeit: 특유성/특질

Quantität

Quantität(quantitas): 양(量), Größe: 크기,

Quantum(quantum): 양적(量的)인 것/일정량(一定量)/정량(定量)/양(量),

Menge: 분량/많음/집합, Masse: 총량/다량/질량/덩이,

※Portion: 분량[分量]/몫

Ratschlag

Ratschlag: 충고, Ratgebung: 충언

Rauminhalt

Rauminhalt/Raumesinhalt: 부피/용적, Raumesgröße: 공간크기,

Körperinhalt/körperlicher Inhalt: 체적[體積], Volumen: 용량/용적,

volumen: 容量/容積

Realität

Realität: 실재(성)/실질(성)/실질실재(성), Wirklichkeit: 현실(성),

realisiern: 실재화하다, verwirklichen: 현실화하다/실현하다

Recht

Recht: 법/권리/정당함/옳음, recht(rectum): 올바른(正)/법적/정당한/옳은,

unrecht(minus rectum): 그른(不正)/불법적/부당한, rechtlich: 법적인,

※rechtmäßig: 적법한/합당한/권리 있는

rein

rein: 순수한, ※bloß: 순전한, einfach: 단순한, lauter: 순정[純正]한/숫제,

echt: 진정한/진짜의

Rezeptivität

Rezeptivität: 수용성, Empfänglichkeit: 감수성/수취(가능)성/수취력/

수용(가능)성/얻을 수 있음/받을 수 있음, Affektibilität: 감응성

schaffen

schaffen: 창조하다, erschaffen: 조물하다/창작하다, schöpfen: 창조하다,

Schaffer: 창조자, Schöpfer: 창조주, Erschaffer: 조물주, Urheber: 창시자,

Demiurgus: 세계형성자[世界形成者]/세계제조자

Schema

Schema: 도식[圖式], Schematismus: 도식성[圖式性],

Bild: 도상[圖像]/상[像]/형상[形像]/그림,

Figur: 도형[圖形]/모양/모습/형상[形象], Gestalt: 형태

Schöne(das)

Schöne(das): 미적인 것/아름다운 것, Schönheit: 미/아름다움,

※ästhetisch: 감성(학)적/미감적/미학적

Schuld

Schuld: 빚/채무/죄과/탓, Schuldigkeit(debitum): 책임(責任)/채무(債務),

Unschuld: 무죄/순결무구, Verschuldung(demeritum): 부채(負債)/죄책(罪責)

Schüler

Schüler: 학생, Jünger: 제자, Lehrjünger: 문하생, Lehrling: 생도,

Zögling: 사생/생도

Sein

Sein: 존재/임[함]/있음, Dasein: 현존(재), Existenz: 실존(재)/생존,

Wesen: 존재자/본질

Selbstliebe

Selbstliebe: 자기사랑, philautia: 自愛, Eigenliebe: 사애[私愛]

selbstsüchtig

selbstsüchtig: 이기적, eigennützig: 사리[私利]적,

uneigennützig: 공평무사한

sich

sich an sich: 자체(적으)로, an sich selbst: 그 자체(적으)로,

für sich: 그것 자체(적으)로/독자적으로

sinnlich

sinnlich: 감성적/감각적, Sinnlichkeit: 감성,

Sinn: 감(각기)관/감각기능/감각, Sinneswesen: 감성존재자,

Sinnenwelt(mundus sensibilis): 감성[각]세계(感性[覺]世界),

Sinnenvorstellung: 감관표상/감각표상,

Sinnenobjekt: 감관객관/감각객관/감각객체,

Sinnengegenstand: 감관대상/감각대상,

Sinnerscheinung: 감각현상, sensibel: 감수적/감성적/감각적,

sensitiv: 감수적/감각적, Empfindung: 감각/느낌, Gefühl: 감정/느낌

Sitz

Sitz(sedes): 점거(占據)/점거지(占據地)/거점(據點)/자리/본거지/거처,

Niederlassung: 거주, Ansiedlung(incolatus): 정주(定住),

Lagerstätte: 거소/침소

sogenannt

sogenannt: 이른바, so zu sagen: 소위/이른바, vermeintlich: 소위,

angeblich: 세칭〔世稱〕/자칭, vorgeblich: 소위/사칭적

sparsim

sparsim: 대충/代充/군데군데/分散的으로

sperrbar

sperrbar: 저지할 수 있는/차단할 수 있는,

Sperrbarkeit: 저지할 수 있음/차단할 수 있음,

coёrcibilis: 沮止可能한, coёrcibilitas: 沮止可能性

Spiel

Spiel: 유희/작동

Spontaneität

Spontaneität: 자발성, Selbsttätigkeit: 자기활동성

spröde

spröde: 부서지기 쉬운, zerreiblich: 갈아 부술 수 있는,

zerreibbar: 부술 수 있는, friabilis: 破碎的/磨碎的, fragilis: 脆性的,

zerspringen: 파열하다

Standpunkt

Standpunkt: 견지/입장/입지점, Stelle: 위치/지위/자리, Status: 위상

Stoß

Stoß: 충격, percussio: 衝擊/打擊, ictus: 打擊/衝擊, Gegenstoß: 반격〔反擊〕

Strafe

Strafe: 형벌/처벌/징벌/벌, Strafwürdigkeit: 형벌성〔형벌을 받을 만함〕,

Strafbarkeit: 가벌성〔형벌을 받을 수 있음〕, reatus: 罪過/違反,

culpa: 過失/欠缺, dolus: 犯罪, poena: 罰/刑罰/處罰/補贖,

punitio: 處罰/懲罰, delictum: 過失/犯罪

Streben

Streben: 힘씀/추구, Bestreben: 애씀/노력/힘씀, conatus: 힘씀/努力,

nisus: 애씀/勞苦

streng

streng: 엄격한, strikt: 엄밀한

Struktur

Struktur: 구조, Gefüge: 내부 구조/구조물/조직,

Textur(textura): 짜임새/직조(織組)/직물(織物)

Substanz

Substanz(substantia): 실체(實體), Subsistenz: 자존[自存]성/자존체,

subsistierend: 자존적[실체적], bleiben: (불변)존속하다/머무르다,

bleibend: (불변)존속적[/하는], bestehen: 상존하다/존립하다,

beständig: 항존적, Dauer: 지속, beharrlich: 고정(불변)적,

Beharrlichkeit: 고정(불변)성

Sünde

Sünde: 죄/죄악, ※peccatum: 罪/罪惡, Sündenschuld: 죄책,

Sühne: 속죄/보속/보상/처벌, Entsündigung: 정죄[淨罪],

Genugtuung: 속죄/보상/명예회복, Erlösung: 구원/구제,

Versöhnung: 화해, Expiation: 속죄/보상/죄갚음,

Büßung: 참회/속죄/죗값을 치름, bereuen: 회개하다, Pönitenz: 고행

Synthesis

Synthesis: 종합, Vereinigung: 합일/통합/통일,

Einheit: 통일(성)/단일(성)/하나

Teil

Teil: 부분/부[部], Abteilung: 부문, Portion: 분량[分量]/몫

transzendental

transzendental: 초월적[아주 드물게 초험적/초월론적],

transzendent: 초험적/초재적, immanent: 내재적,

überschwenglich: 초절적/과도한, überfliegend: 비월적[飛越的],

Transzendenz: 초월

trennen

trennen: 분리하다, abtrennen: 분리시키다,

absondern: 떼어내다/격리하다/분류하다,

isolieren: 격리하다/고립시키다

100

Trieb

Trieb: 추동[推動]/충동, Antrieb: 충동, Triebfeder: (내적) 동기, Motiv: 동기

Trug

Trug: 속임(수)/기만, Betrug: 사기, ※Täuschung: 착각/속임/기만/사기,

Blendwerk: 기만/환영[幻影]/현혹, Vorspiegelung: 현혹/꾸며 댐,

Hirngespinst: 환영[幻影], Erschleichung: 사취/슬쩍 손에 넣음/슬며시 끼어듦,

Subreption: 절취, Defraudation(defraudatio): 편취(騙取)

Tugend

Tugend: 덕/미덕, Laster: 패악/악덕, virtus: 德, vitium: 悖惡/缺陷,

peccatum: 罪/罪惡, Verdienst(meritum): 공적(功德),

※malum: 惡/害惡/禍

Übereinstimmung

Übereinstimmung: 합치, Einstimmung: 일치/찬동,

Stimmung: 조율/정조[情調]/기분/분위기,

Zusammenstimmung: 부합/합치/화합/단결,

Verstimmung: 부조화/엇나감, Übereinkommen: 일치,

Angemessenheit: (알)맞음/적합/부합, Harmonie: 조화,

Einhelligkeit: 일치/이구동성, Verträglichkeit: 화합/조화,

Entsprechung: 상응/대응, Konformität: 합치/동일형식성,

Kongruenz: 합동/합치, korrespondieren: 대응하다,

adaequat: 일치하는/부합하는/대응하는/부응하는/충전한,

cohaerentia: 一致/團結/粘着

Übergang

Übergang(transitus): 이행(移行), Überschritt: 이월[移越]/넘어감,

Überschreiten: 넘어감/위반, Übertritt: 이월[移越]/개종/위반,

※Transzendenz: 초월

überhaupt

überhaupt: 일반적으로/도대체, überall: 어디서나/도무지,

denn: 대관절/무릇

Überzeugung

Überzeugung: 확신, Überredung: 신조/설득/권유,

Bekenntnis: 신조/고백

Unterschied

Unterschied: 차이/차별/구별, Unterscheidung: 구별,

Verschiedenheit: 상이(성)/서로 다름,

unterscheiden: 구별하다/판별하다

Ursprung

Ursprung: 근원/기원, Quelle: 원천, Ursache: 원인/이유,

Kausaltät: 원인(성)/인과성, Grund: 기초/근거/이유

Urteil

Urteil: 판단/판결, Beurteilung: 판정/평가/비평/가치판단/판단,

richten: 바로잡다/재판하다/심판하다

Veränderung

Veränderung: 변화, Abänderung: 변이[變移]/변경, Änderung: 변경,

Umänderung: 변혁, Wechsel: 바뀜/변전[變轉], Wandeln: 변모/전변[轉變],

Umwandlung: 전환/변이, Verwandlung: 변환

Verbindung

Verbindung(conjunctio): 결합(結合)/관련/구속/결사[結社],

Verknüpfung(nexus): 연결(連結)/결부, Anknüpfung: 결부/연결/유대,

Knüpfung: 결부/매듭짓기, Bindung: 접합

Verbrechen

Verbrechen: 범죄, Übertretung: 위반/범법, Vergehen: 범행/위반/소멸,

Verletzung: 침해/훼손/위반

verderben

verderben: 부패하다/타락하다/썩다, Verderbnis: 부패,

Verderbheit(corruptio): 부패성(腐敗性)

Verein

Verein: 연합, Verbund: 연맹, Koalition: 연립

Vereinigung

　Vereinigung: 통합[제]/통일[제]/합일/조화/규합,

　Vereinbarung: 합의/협정/합일/화합

Vergnügen

　Vergnügen: 즐거움/쾌락/기뻐함, Unterhaltung: 즐거움/오락,

　Wo[h]llust: 희열/환락/쾌락/음탕, Komplazenz: 흐뭇함,

　Ergötzlichkeit: 오락/열락/흥겨움/기쁨을 누림,

　ergötzen: 기쁨을 누리다/흥겨워하다/즐거워하다,

　ergötzend: 흥겨운/즐겁게 하는

Verhältnis

　Verhältnis: 관계/비례, Beziehung: 관계(맺음), Relation: 관계

Vernunft

　Vernunft: 이성, ratio: 理性, rationalis: 理性的, rationis: 理性의

Verschiebung

　Verschiebung: 변위[變位], verschieben: 옮기다/변위하다,

　Verrückung: 전위[轉位], verrücken: 위치를 바꾸다,

　Ortsentmischung(dislocatio): 전위(轉位)

Verstand

　Verstand: 지성[아주 드물게 오성], verständig: 지성적/오성적,

　Unverstand: 비지성/무지/어리석음,

　※ intellektuell: 지성적, intelligibel: 예지[叡智]적

vollkommen

　vollkommen: 완전한, vollständig: 완벽한, völlig: 온전히,

　vollendet: 완결된/완성된, ganz/gänzlich: 전적으로

Vorschrift

　Vorschrift: 지시규정/지정/규정[規程]/규율/훈계,

　vorschreiben: 지시규정하다/지정하다

wahr

　wahr: 참인[된]/진리의, Wahrheit: 진리/참임, wahrhaftig: 진실한,

Wahrhaftigkeit: 진실성

weil

weil: 왜냐하면(~ 때문이다), denn: 무릇(~ 말이다)/왜냐하면(~ 때문이다),

da: ~이므로/~이기 때문에

Wette

Wette: 내기/시합, Wetteifer: 겨루기/경쟁(심), Wettstreit: 경합,

Nebenbuhlerei: 경쟁심

Widerspruch

Widerspruch: 모순, Widerstreit: 상충, Widerspiel: 대항(자),

Widerstand: 저항

Wille

Wille: 의지, Wollen: 의욕(함), Willkür(arbitrium): 의사(意思)/자의(恣意),

willkürlich: 자의적인/의사에 따른/의사대로, Willensmeinung: 의향,

beliebig: 임의적, Unwille: 억지/본의 아님, unwillig: 억지로/마지못해,

Widerwille: 꺼림, freiwillig: 자유의지로/자원해서/자의(自意)적인/자발적

Wirkung

Wirkung: 작용결과/결과, Folge: 결과, Erfolg: 성과, Ausgang: 결말

Wissen

Wissen: 앎/지(知)/지식, Wissenschaft: 학문/학(學)/지식,

Erkenntnis: 인식, Kenntnis: 지식/인지/앎

Wohl

Wohl: 복/복리/안녕/편안/평안/건전,

Wohlsein: 복됨/평안함/안녕함/건강/잘함,

Wohlleben: 유족(裕足)한 삶, Wohlbefinden: 안녕/평안,

Wohlbehagen: 유쾌(함), Wohlergehen: 번영/편안/평안,

Wohlfahrt: 복지, Wohlstand: 유복, Wohlwollen: 호의/친절,

Wohltun: 친절(함)/선행, Wohltat: 선행/자선,

Wohltätigkeit: 자선/선행/자비/자애/선량함/인자,

benignitas: 仁慈/慈愛, Wohlverhalten: 훌륭한(방정한) 처신

Wunder

Wunder: 놀라움/기적, Bewunderung: 경탄, Verwunderung: 감탄,

Erstauen: 경이, Ehrfurcht: 외경, Schauer: 경외

Würde

Würde: 존엄(성)/품위, Würdigkeit: 품격[자격]/품위, würdig: 품격 있는,

Majestät: 위엄, Ansehen: 위신/위엄, Qualifikation: 자격,

qualifiziert: 자격 있는/본격적인

Zufriedenheit

Zufriedenheit: 만족, unzufrieden: 불만족한[스러운], Befriedigung: 충족

※Erfüllung: 충만/충족/이행[履行]

Zusammenfassung

Zusammenfassung(comprehensio): 총괄(總括)/요약/개괄,

Zusammennehmung: 통괄/총괄, Zusammensuchung: 취합

Zusammenhang

Zusammenhang: 연관(성)/맥락/응집/응집력,

Zusammenhalt: 결부/결속/응집, Zusammenfügung: 접합/조성,

cohaesio: 凝集, ※Bindung: 접합

Zusammenkommen

Zusammenkommen: 모임, Zusammenstellung: 모음/편성

Zusammensetzung

Zusammensetzung(compositio): 합성(合成)/구성(構成),

Zusammengesetztes(compositum): 합성된 것/합성체(合成體)

Zusammenziehung

Zusammenziehung: 수축/압축, Kontraktion: 수축/축약, Konstriktion: 수축

Zwang

Zwang: 강제, Nötigung: 강요

Zweck

Zweck: 목적, Endzweck: 궁극목적, letzter Zweck: 최종 목적, Ziel: 목표,

Ende: 종점/끝/종말

〖유작〗
〔제4묶음〕~〔제6묶음〕

역주

제4묶음

제4묶음, 전지1(겉표지), 1면

모든 물질은 계량 가능하다. — 계량 불가능한 물질이란 하나의 모순이다. 무릇 계량할 수 있음이 물질이라는 개념을, 곧 운동할 수 있음(가동성)의 개념을 만드는 것이니 말이다. 그러나 과연 **저지 불가능한** 물질도 있는지, 그것은 오직 경험을 통해 알려질 수 있다. 이러한 물질은 곧 완전 침투〔삼투〕적임이 틀림없다. 어떤 물질에 대한, 예컨대 자성〔磁性〕물질에 대한 **자성 물질**처럼 또는 만물에 대한 **열**처럼. 과연 이러한 물질이 그것의 내면적 인력과 접촉에 의한 상호작용을 통해 흡수적인지가 두 번째 물음이거니와, 유동성은 그것의 모든 부분들이 접촉에서 변위될 수 있는 물질의 성질이다. 근원적으로 유동적인 것은 열에 의해 그러한 것인지, 또는 열 자신이 그러한 것인지? 그것은 응집성 없이 탄성적인지, 아니면 그 자체로 내적으로 동시에 응집성이 있는지. 후자가 방울지는//유동적인 것이겠다. 이것의 운동이 속도의 운동량, 다시 말해 무게와 똑같은 압력을 행사하고, 그것은 속도의 제곱으로써 측정되는가?

공간상에서 운동하는 것은, 그것 자신이 독자적으로 운동하는 한에서, 물질이다.

그런데 선행하는 운동 없이도 어떤 다른 것의 운동을 낳는 운동하는 것이 독자적으로 운동하는 것이다. 그것은 근원적인 운동으로 자동적이다.

방해가 제거된다면 인력과 척력이 〔그러한 것이다.〕

선험적 종합 명제들이 어떻게 가능한가의 과제 해결〔책〕은, 직관이, 형식의 면에서 한낱 주관적인 것이, 다시 말해 주관이 촉발되는 방식이, 다시 XXI338 말해 객관을 현상에서 표상하는 것 외에 다른 것은 없다. 무릇 그런 경우에 그리고 또 그런 경우에만 선험적으로, 그 아래에서 우리가 현상을 필연적으로 직관해야 하는 형식이 규정될 수 있으니 말이다. — 이것은 定言 命令에서도 똑같다.

셀레[1]에 따르면 필연성을 함유하는 단 하나의 종합 명제도 없을 터.[2]

드뤽.[3] 전체 宇宙가 하나의 호두 껍데기의 공간 안에 함유되어 있을 수 있다네.

物質 內部 — 物質 外部 — 物質 周圍 — 운동학적으로 〔동〕역학적으로 **기계학적으로** 고찰되는. (그 인과성에 따라) 〔동〕**역학적으로**, 주어와 술어(논리적), 실체와 우유성, 存在 及 非存在, 無(空) **형이상학적으로** 事物(可動體[4])로 생각되는.

고체의 부서지기 쉬운 물체들은, 만약 그것들이 부서져서 그 조각들이 바로 서로 밀리게 되면, 결코 더 이상은 서로 밀착될 수 없다는 사실. 예컨대 판유리. — 무엇이 그것들을 떨어져 있도록 하는가, 그리고 분말로서의 강체〔고체〕 물질의 용적은 얼마나 큰가? 그것은 그런 한에서 최초에는 유동하는 것으로 표상될 것이나, 그다음에는 분쇄되는 것으로 표상될 수밖에 없다. 매우 젖은 물질의 습기와 광물질의 순전한 유동성. — 물질 내면의

---

1) Christian Gottlieb Selle(1748~1800). 칸트 당대 Berlin에서 활약한 의사이자 철학자. 베를린 학술원 회원으로서 칸트에 반대하는 글을 자주 써냈다.
2) Refl 6352a(XVIII678~679)에 동일한 조각글이 있다. 다만 이에는 바로 앞 문단의 글이 뒤따르는 ( ) 안에 들어 있다.
3) de Luc에 관해서는 앞에서 여러 차례(XXI70 · 85 · 195 · 197 · 299) 언급한 바 있다.
4) 원어: mobile.

응집력과 동시에 유동체의 겉표면의 강체[고체]성이 방울지는 유동체를 만들거니와, 이것은 자기 스스로 자기의 형상을 결정하며, 기계적//탄성적이지 않고, 화학적//탄성적이다. 방울들이 어떤 고체 위에 떨어질 때는 뛴다. ― 응집에서의 견인의 운동량은 유한한 속도이며, 중력에서의 유인의 운동량은 무한소의 속도이다. ― 모든 다른 것들을 침투하는 근원적//팽창적인 물질은 열물질이다. ― 열물질은 저지 불가능하고, 이 물질에 대해 모든 물질은 투과 가능하되, 단지 일정한 시간 내에서만 그러하다. (자성 물질의 경우에 그리고 … 한순간에. 전기 현상에서는 불이 빛과 열로 갈라진다.

제4묶음, 전지1(겉표지), 2면

과연 세계공간[우주] 안에 빛과는 다른 매체를 통해 소통[교호]하는 암흑의 물체들도 있지 않은지

稠密性/密度, 稀薄性.

조밀성/밀도는 다소의 물질로 공간을 **충전**[充塡]**함/채움**의 한 개념으로, 이미 그 개념 안에서 비어 있는 사이공간[틈새]들/빈틈들이라는 표상을 함유하고 있으니, 빈틈들이란 그것들의 용적과 이런 뒤섞여 있는 빈 곳들에서 그것들 사이에서의 충전의 더함과 덜함의 설명근거이다. ― 그러나 사람들은 이 같은 **기계적** 설명근거 대신에 **역학적**인 설명근거를 세울 수 있다. 곧 주어진 물체 내에 그러한 틈새들이란 전혀 없고, 오히려 물체의 물질은 하나의 連續體이며, 팽창성은 그 실재적인 반대인 수축성과 더불어 동일한 용적에서도 물체의 변위적인 계량 가능성의 근거를 이룬다고 말이다. ― 절대적 밀도(이에 의해 생각되는 바는, 일정한 정도의 반발력들이 아니라 공간상의 어떤 물질의 순전한 현존이 물체들의 공간을 차지한다는 것이다), 다시 말해 원자(原始 原子[粒子])들의 총합이 이러한 공간 충전을 이룬다(겔러의 사전, '**척력**'[5]

---

5) Gehler, *Physikalisches Wörterbuch*의 항목 "Abstoßung. Zurückstoßung" 참조.

항목을 보라!)는 것은 물체의 변위적인 계량 가능성을 설명하는 데는 공허한 말이다. **희박성**(低密度) 및 **조밀성/밀도**는 물체 내부의 모든 지점에서 물질의 밀쳐냄이나 끌어당김의 팽창력의 작용결과일 수 있으며, 두 경우에 동일한 용적에서도 공간은 충만할 수 있고, 그래서 오직 **무거움**, 다시 말해 주어진 용량의 물체의 낙하 운동량만이 물질의 양을 보여주며, 질량을 가진 〔덩이로서의〕 물체—모든 부분들이 통일되어 동시에 움직이는—는 다소간에 외적 충격에 저항한다. 反撥 物質은 或은 稀薄하고 或은 稠密할 수 있다, 섬세하거나 거칠 수 있다.

팽창력, 예컨대 공기의 팽창력은 하나의 표면력(즉 이것이기도 한 물질의 응집력에 정반대되는 것)으로, 그것은 (한낱 측정될 크기와의 거리의 세제곱이 아니라 제곱의 비례로), 그러나 운동의 운동량으로서의 한 유한한 속도와 곱해지는, 무한소의 정량의 물질의 표면력이다. — 여기서 주목할 것은 밀도, 그러니까 함께 물체의 질량〔덩이〕을 형성하는, 동일한 용적에서의 물질의 양이 아니다. 질량〔덩이〕으로의 물체 부분들의 운동은 그것들의 물질의 양을 인식하게 한다. 왜냐하면, 그 운동은 전적으로 외부를 향해 적용되는 것이고, 내부로 돌려진 추진력들을 함유하는, 겉표면에서의 한낱 부분들의 운동은 물체의 물질의 양에 대해서는 전혀 아무런 개념도 제공하지 않기 때문이다.

침투력들은 각기 원거리에서의 끌어당김을 통한 보편적 세계〔우주〕견인력 〔만유인력〕이다. 그리고 — 열이다. 즉 모든 접촉하는 물체들에 침투하여 보편적으로 퍼질 때까지 용해되는 한 물질의 작용이다.

뉴턴의 인력은 하나의 **비물질적**인 것이고, 열은 하나의 물질적인 것이다. 즉 전자는 한순간의 것이고, 후자는 (특히 빛을 매개로 한 것은) 일정 시간 내에서이기는 하지만 아무리 먼거리까지도 작용하는 힘이다. — 이것의 토대는 각각의 천체에 응축되어 있는 에테르이며, 이것의 진동은 저 보편적인 인력〔만유인력〕에 의해 언제나 지속된다. 그러나 시초에는 유동적이었던 물질의 응축은 태양의 유동체에 대한 무진장한 압박에 의한 **빛**과 **열**의 압착에서 많은 다른 탄성적인 것, 예컨대 전기를 축출했다.

사람들은 물질[질료]을 두 가지 방식으로(**형식**과는 반대로), 곧 공간의 연장의 방식과 시간상에서의 그것의 운동의 방식으로 정의할 수 있다. ― 물질은 공간을 **충전하는**[채우는] 것이다, 또는 공간에서 **운동할 수 있는 것**[운동체]이다. 첫째 정의는 일정한 공간의 한계에서의 **척력**을 표시한다. 이 설명은 물질의 **양**을 규정하지 **않는다.** 무릇 더 큰 공간을 채우든 더 작은 공간을 채우든 간에 그 양은 같으며, 그 공간의 물질의 척력은 언제나 동일하니 말이다. (일정한 확산에 저항하기 위해서는 실린더가 무한한 높이의 공기를 함유하든 단지 1인치 높이만의 공기를 함유하든 아무래도 좋다

한 특정한 공간 안에서의 같은 부분들의 인력은 저 척력과 그것의 용적을 제한하는데, 이 인력 또한 아무런 물질의 양을 제공하지 않는다. 왜냐하면 여기에는 그에서 잡다가 편성되는 형식 외에는 아무것도 없기 때문이다.

이 모든 것 안에는 물질의 양이 없으며, 오히려 이것이 운동할 수 있는 전체이다. 이것의 모든 부분들이 통일되어서, 다시 말해 흐름[유동]에서의 운동과는 다르게 덩이[질량]로서 다른 것의 운동에 저항하는 한에서 말이다. 하나의 한계 지어진 덩이[질량]가 하나의 물체이다

물질(可動體)은 이중의 상태에서 하나의 다른 것으로 운동하는 것으로 고찰될 수 있다. 1) 그것이 정지 상태에서 한낱 그 겉표면에서 운동하는(運動體[6]인) 한에서, 2.) 그것이 질량[덩이]으로 그 전체 내용 면에서 하나의 정해진 방향으로 운동하는 한에서, ―하나의 순전한 선상에서는 어떠한 물질도 운동할 수 없다. 무릇 이런 선상에서 운동하는 것이란 전혀 크기를 갖지 않는 하나의 순전한 점일 것이니 말이다 ― 물질에서 **운동하는 것**, 運動體는 반발의 운동이나 견인의 운동을 하는 것이다. 공간의 순전한 충전을 통해, 내적으로, 순전히 밀치면서//운동하는 것은 공간의 최소 부분들 안에 있다. 무릇 그것은 그 정도의 면에서 최대의 부분에서와 똑같은 크기로 (똑같이

---

6) 원어: movens.

강력하게 밀치면서) 충전하고, 그러므로 그것은 외적 물질의 운동에 관해 오직 압축 또는 연장의 크기와 용적들에 반비례하는 운동력들의 크기 외에 어떠한 정해진 크기도 갖지 않으니 말이다. 왜냐하면, 운동이란 순전히 물질의 내면과 관련한 것(膨脹力)이기 때문이다. 그러나 일정량의 한 물질의 운동의 크기는, 그 운동이 하나의 외적으로 움직여진 것(移動力)인 한에서, 물질의 양이다. 이 양이 한낱 밀도의 다소간의 총량에 따라서 측정될 수는 없다. 무릇 그런 경우 사람들은 그것을 모두 한 가지 방식으로 받아들일 터인데, 이것은 물질 일반의 양에 대한 아무런 보편적 개념도 제공하지 못하고, 단지 질량[덩이]으로의 移動力의 면에서만 제공할 터이기 때문이다. — 질량[덩이]이 일정한 형태를 갖는 한에서, 다시 말해 그 겉표면에서 한계 지어져 있는 한에서, 그것은 물체라고 일컬어진다.

XXI342

물질은, 그것의 운동이 오직 잇따르는 무한히 작은 부분들(그것들의 연속적인 충격)에 의한 그것의 한 표면의 연이은 접촉을 통해서 일어나는 한에서, 유동[액체]적이라고 일컬어지고, 그러나 **그것의 한 부분이 움직여지면, 여타 모든 부분들이 동시에 움직여질 수밖에 없는 한에서는, 고체라고 일컬어진다.** — 물질의 양은 운동인[運動因]으로서, 하나의 표면//력에 의해서가 아니라, 물질을 전체적으로 **침투하는** (비물체적인) 힘에 의해서, — 이것의 모든 내적 부분들이 똑같은 속도로 동시에 움직여지고 있으므로, — 측정될 수 있다. 다시 말해 무게와 계량의 운동인[運動因], 중력에 의해서. 운동 중의 유동체의 힘은, 그것이 표면력으로 표상되는 한에서, 그 유동체의 부분들이 잇따라 한 물체의 표면에 가하는 충격[력]이다. 그러나 이 충격[력]을 물질의 양의 면에서가 아니라 운동의 양의 면에서, 또한 그 높이가 그 속도에 이르기 위해 거기에서부터 낙하해야만 하는 그 높이의 한 물줄기(평행사변형의 프리즘[7])의 순전한 무게로 볼 수 있다. [그것은] 그러니까 그것의 물질의 양이 그에 따라 측정될 한 물체의 연속적인 압박[압력]으로 [볼 수

---

7) 원어: parallelepipedon.

116

있다.] — 순전한 표면력으로서의 정지에서의 인력이 응집력이다. 응집력은 무게에 의해 폐기될 수 있다. 직접적으로 접촉되는 물질이 실린더의 높이에 비해 무한히 작은, 그러니까 견인력의 운동량이 무한히 크다고 생각될 수밖에 없는 경우에서의 실린더처럼 말이다. 고체들은 깨지기 전에는 늘어날 수 있다. 예컨대 휘어진 검들처럼 말이다. 그러나 만약에 그 늘림이 줄어든 뒤에 그것들이 되돌아 튀어 오른다면, 그것들은 탄성이 있으면서 부서지기 쉬운 것이다

　수학적//固體는 3차원 공간의 정량적인 것이며, 심지어 한 평면에 대한 液體의 충격에서도 그러하다

　역학적 固體는 이 3차원에 따라 움직여진 것이며, 물체적 요소이다

제4묶음, 전지1(겉표지), 3면

　물질은 내적으로 모든 부분들이 내적으로 서로를 밀쳐내는 膨脹力과 이에 대립하는 내적 〔견〕인력을 속성으로 갖는다. 그러나 **물체**는 다른 물질을 외부에서 움직이는 移動力[8]을 속성으로 갖는다. 이러한 이동력에는 똑같은 장소에 고정해 있는 또는 도대체가 운동 중이든 정지 중이든 똑같은 외적 상태를 유지하는 힘이 대립해 있다. 이러한 지구력은 한낱 부정적/소극적인 것이 아니다. — 무생기성〔無生氣性〕(慣性)이 〔아니라〕移動力에 대한 저항〔력〕과 그것의 운동능력은 하나의 도〔度〕를 갖는다. — 물질 전체는, 물질의 모든 부분들이 동시에 운동하는 한에서 **질량〔덩이〕**이다. 다른 물체에 대해 오직 그 부분들이 **서로 잇따라** 똑같은 방향으로 움직임으로써만 작용하는 물질을 유동〔액체〕적이라고 일컫고, 그 힘을 運動量[9]이라 일컫는다.

　運動의 量[10]=M × C. 質量은 同一한 速度로 同時에 運動하는 것들의 運動

---

8) 원어: vis locomotiva.

9) 원어: moment.

10) 원어: quantitas motus.

할 수 있는 特性들의 定量이다. 質量의 衝動이 衝撃(接觸의 始作)이다. 壓迫은 連續的 밀침이다. 만약 압박〔압력〕이 전체 질량으로써 연속적이면, 그것이 **중량**〔무게〕이다. 그러나 압박〔압력〕이 단지 **겉표면**으로써만 연속적이면, 그것은 단지 질량의 요소를 갖는 팽창적 압박〔압력〕으로서, 충격〔력〕에 비해 무한히 작다. 死力이다. 그 반면에 충격에 의한 운동력은 活力이다.

만약 이제 내가 운동할 수 있는 질량의 속도를 **감소시키고** 그 물질의 양을 충격의 순간에 똑같게 둔다면, 이 힘은 한 운동량으로 끝난다. 내가 똑같은 속도에서 질량을 감소시키면, 그 운동의 힘은 한 요소로서는 그치며, 운동의 양은 저 경우와 똑같을 수밖에 없다. 그러므로 질량의 각각의 부분이 운동력의 하나의 크기를 가져야 하거니와, 이것은 밀도적 힘, 다시 말해 하나의 **도**〔度〕를 갖는다. 그러나 힘은 이 도를 단지 그것의 移動能力[11]을 통해서만 갖는다.

이 구분들은 反對對當들을 표시한다.

가연성〔可延性〕

응집과 탄성.　　　　　　　　— 강체〔고체〕와 유동체〔액체〕. —

표면력들로서 두 가지　　　　　　　형상 변환의 내면의

　　　　　　　　　　　　　　저항하는 또는 자기 자신을 통해

　　　　　　　　　　　　　　그것을 규정하는 인력

열과 빛. — 물질을 통한

침투 가능성과 침투 불가능성

한 유동체의 압력의 운동량은 무한히 작은 속도일 수밖에 없다. 그렇지 않으면 속도가 최소의 시간에서 **무한**할 터이다. 그리고 이 압력은 용기〔容器〕 입구에서 옆으로 물기둥을 압박하지 않을 수 없다. — 그러나 응집력은 유한한 속도의 운동량을 가질 수밖에 없다. 왜냐하면, 응집력은 하나의 표면 인력에 의거하는 것으로, 무한히 작은 두께에서 최소로 얇은 도금에서보다

---

11) 원어: facultas locomotiva.

눈에 띄게 더 크지 않기 때문이다. 가로질러 가지 않은 판유리의 금은 언제나 보일 수 있다. 부서지기 쉬운 물질이 용해되었다.

결론

전체 자연이 인간 이성에게 소리쳐 알리는바, 하나의 신이 있다. 다시 말해 세계를 창조했고 그 세계를 합목적적으로 규칙들에 따라 질서 짓는 하나의 최고의 권세가 있다. 그것을 우리는 (우리가 작용결과를 목적들에 관계시키면서 우리 안에서 지각하는), **지성**을 갖는 하나의 **원인**에 유추하는 것 외에 달리 표상할 수 없다. 왜냐하면, 우리는 우리의 지성이라는 능력을 통해서만 목적들에 따르는 사물들의 연관[응집]을 생각할 수 있고, 이에 의해서 우리에게 최고의 지적 존재자[예지자]로서의 최상 원인이라는 이념이 거부할 수 없이 닥쳐오기 때문이다.

그런데 이러한 이념은 아마도 하나의 의인론[擬人論]일지도 모른다. 왜냐하면, 이 이념은 단지 세계를 우리 지성과 비슷한 어떤 원인의 산물로 생각하는 우리의 능력과 관계될 뿐이고, 우리가 지각하는 바대로의 자연의 행정 [行程]은 우리 이성이 생각할 수 있는 바대로의 목적들에 따르는 인류의 이 끎이라는 가설과 관련하여 매우 모호하기 때문이다. (무릇 이는 자기 안에서 개별자[개체]들의 교호적인 파괴와 단지 종의 보존의 원천들만이 발견될 것이니 말이다.) 그럼에도 불구하고 이것은 우리가 우리의 이성을 통해, 우리 지성에 유비하여 우리 이성이 우리가 자연에서 추정할 수 있는 것보다 더 상위의 목적들에 적응시킨 하나의 최상의 원인을 생각하는 데는, 그리고 실천적으로 삶에서 이 이념들에 맞게 처신하는 데는 충분하다. 죽음 후의 한 삶이 있다. 모든 살아 있는 것은 죽고, 오직 종[種]만이 (우리가 판단할 수 있는 한) 영원히 지속한다. 이것을 우리는 인간에 대해서도 받아들이지 않을 수 없다. — 그러나 이 종에 있어서 특유한 것은, 이 종은 그 정신의 소질들에서 그 생식의 계열 중에 언제나 완전화하고 진보하며, 그 현존과 관련해 (창조자의) 목적에 이르도록 정해져 있는 것처럼 보인다는 점이다. 그 목적은 만약 저 목적에 도달해 있으면 저 종의 몰락과 결합되어 있을 수는 없다. 무릇 그럴 경우에 목적은 **아무것도 아닐** 터이고, 그러므로 저 진보는 궁극목적이 없는 것일 터이니 말이다. ― 이제 이 계열에서 모든 마디들은 그리로의 자연스러운 추세를 가지고 있고, 각 마디의 현존은 진보의 사다리에서 한 계단으로서, 그 자신이 목적이고 (최종 마디를 제외하고는) 또한 수단이었으므로, 이 계열의 실존은 단지 이성존재자들의 현존과 연결의 현상으로 볼 수 있고, 그래서 叡智體의 實存은 물론 단지 소극적인 것(곧 이 세계에 고정불변적〔실체적〕**이지는** 않은 것)이지만 그럼에도 xxx

만약 사람들이, 그의 사명〔규정〕의 온전한 합목적성이 하나의 통일성으로서의 이 유〔類〕안에 이미 함유되어 있고, 시간상에서의 진보는 現象體의 完全性일 뿐이겠으며, 叡智體의 完全性은 비록 제한적이기는 하지만 이 완전성을 이미 선험적〔선차적〕으로 자기 안에 함유하고 있겠고, 인간의 장래의 영원한 삶은 이미 하나의 배아 같은 자연소질 안에 숨겨 놓여 있을 것이라고 가정하지 않는다면, 인류의 개선을 향한 항구적인 진보는 그 원인보다 더 큰 결과이겠다.

유〔類〕에서의 인간의 사명〔규정〕이 자기의 이성 안에 기초해 있는 것으로서 궁극목적을 원리로 갖는다면, 인류 및 인류의 목적의 표상을 감성적 직관의 현상들로 만드는 시간조건들은 없어진다. 무릇 그때 인간은 이미 지금 그가 되어야 할 것을 내다보고 있는 그러한 존재자이기 때문이다.

죽음 후의 인간의 한 삶이 있다. 무릇 자연은 유기조직된 것으로서 인간 종의 고정불변성의 한 법칙을 가지고 있어서, 이 종은 생식을 통해 개체들이 바뀜에도 불구하고 여전히 지속되어, 그 개체들은 서로에게 자기들의 역사를 전달〔공유〕하면서 부분적으로는 (종의 면에서) 완전성으로 좀 더 전진해가고, 그리하면서도 또한 각자 자기의 죽음 후에도 종의 의식은 여전히 남으니 말이다. ― 이제 이러한 일은, 자연이 직접적으로 작용 원인인 한에서, 식물계 및 동물계에서의 다른 유기 존재자들과 같은 번식으로 이해

120

될 수도 있지만, 인간이 자유의사와 그러한 진보를 위한 자기 자신의 능력에 대한 의식으로 인해 그 진보의 작용 원인인 한에서는, 그를 위한 또 다른 하나의 비감성적인 원리가 인간 안에서 받아들여지지 않을 수 없다. 이 원리에는 태어남과 죽음의 법칙이 딱 맞는 것이 아니니, 곧 순전한 자연은 그에 충분하지가 않다. 그러므로 죽음 후의 인간의 한 삶이 의식적으로 받아들여져야 한다는 것이, 이 完全化의 현상을 설명하고, 그러므로 그것을 실천적 관점에서 (그에 따라 삶에서의 그의 품행을 단정히 하는 데) 충분하게 받아들이고, 그렇지만 저 현상을 이론적 관점에서 설명하지 않기 위한, 하나의 훌륭한 거의 불가피한 가설이기는 하다. 그러나 이는 조건적인 실천적 고려에서는 전혀 그렇지 않다. 즉 만약 누군가가 어떤 천사에 대하여, 과연 천사는, 그가 또 다른 삶에서 항구적으로 능히 또는 적어도 점차로 개선해 갈 것임이 보증되지 않은 채로, 그러한 것을 불가역적으로 자청할 것인지를 묻는다면 말이다.

신성(神性)을 직관한다 함이 문자대로 이해될 수는 없다. 그의 권세와 지혜가 점점 확장되어가는 무대가 그것으로의 다가감이지만, 그것은 동시에 그 본성에 대한 커가는 이해할 수 없음이다.

더 이상 무엇인가를 요구하고 확인하는 것은 지나친 일이다.

인력은 자기 자신을 규정하는, 곧 **응집력**에서 스스로 규정하는 한계를 가지며, 하나의 표면력이다. — 그러나 접촉 없는 인력은 한계를 갖지 않으며, 침투력이다. — **접촉**과 **열**에서의 척력도 사정이 똑같다. XXI347

물질은 공간상에서 (그리고 시간상에서) 운동할 수 있는 것이다. 이것이 자기 자신을 (내적 인력에 의해) 한계 짓는 한에서, 그것은 하나의 물체이다. 다시 말해 그것이 운동할 수 있고, 다른 물질을 운동하게 하는 한에서, 그것은 **실체**로서의 하나의 전체이다. 운동력의 도(度)는 인력에서든 척력에서든 밀도이다. — 한 물체에서의 물질의 양이 **질량**, 다시 말해 다수의 결합되어 있는 운동할 수 있는 것의 통일체이다. 이것이 실체로서 다른 물질을 운동하게 하거나 다른 물질의 운동에 저항하는 한에서 말이다.

물질의 양을 **연장적/외연적**으로 고찰하면, 그것은 그것이 그 연장가능성에 의해 (내적으로) 차지하는 공간의 충전[채움]이다. 이것을 **밀도적/내포적**으로 고찰하면, 그리고 그것이 한낱 **자기의** 장소 **변화**에 외적으로 저항하는 한에서, 그것을 **질량**[덩이]이라고 일컫는다. 전자 곧 용적으로부터, 만약 그것이 자기의 압축에 대한 저항을 위해 요구되는 모든 물질로 채워져 있다면, 물질의 양, 다시 말해 질량이 전혀 인식될 수 없고, 단지 인력에 의해 자기 자신을 한계 짓는 물체의 저항으로부터만 인식될 수 있다. 무릇 이 것은 그 물체를 자기에서 운동시키는 또는 만약 이것이 운동 중이면 그 운

※¹²⁾ 트라몬타네¹³⁾는 이탈리아에서 괴로운 북풍이며, 시로코¹⁴⁾는 훨씬 더 심한 남동풍이다. ― 한 젊은 미숙한 남성이 자기의 기대와 다르게 빛나는 한 사교모임에 들어설 때, 그는 무엇에 대해 말을 시작해야 할까 하는 생각으로 쉽게 당혹에 빠진다. ― 그가 100마일이나 떨어져 있는 곳에서 일어난 일에 대한 어떤 신문의 뉴스를 가지고서 이야기를 시작하는 것은 어울리는 일일 수가 없다. 무릇 사람들은 무엇이 그로 하여금 바로 그렇게 하도록 부추겼는지를 알 수 없기 때문이다. ― 좋지 않은 날씨는 담화를 위한 아주 자연스러운 실마리인데, 그것이 그가 방금 거리에서 온 것이기 때문이다.
그리고 만약 그가 당황해서 … 할 수 없다면, 이탈리아인은 "그는 북풍[지침]을 잃어버렸다"라고 말한다.¹⁵⁾

---

12) 이 칸트 원주는 여기의 어느 대목과도 관계지어져 있지 않다. 『인간학』에서도 사실상 이 원주와 내용이 동일한 문단을 볼 수 있는데(*Anth*, A66=VII166 참조), 연관 관계를 고려할 때, 아마도 같은 시기에 원고가 정리된 『인간학』(1798)의 한 대목이 이 [유작] 원고 묶음에 섞인 것 같다. 이 '제4묶음, 전지1(겉표지)'의 조각글은 대체로 1798년 4월~10월경에 작성된 것으로 추정된다.(XXII 말미의 조각글 작성 연대표 참조)

13) 원어: Tramontane.

14) 원어: Sciroco.

15) 『인간학』에는 "Tramontane"가 "Tramontano"로 표기되어 있고, 이것이 '북극성'[지침]을 뜻하기 때문에, 이탈리아인들 사이에 저런 관용어문이 통용된다는 사연이 함께 기술되어 있다.(*Anth*, A66=VII166 참조)

동에 저항하는 하나의 힘에 대한 것이니 말이다. 이 힘이 속도 또는 그것의 운동량과 결합되면 그것의 계량 가능성(計量可能性)이라 일컬어진다. 하나의 계량할 수 없는(計量不可能한) 물질은 양을 가지기는 하지만 질량을 갖지는 않는다. — **무거움**(重量性)은 물질의 운동의 도[度]이며, 한 운동량에서는 **무게**(重量)이다. 사람들이 모든 물체에 침투한다고 생각하는, 하나의 계량할 수 없는 물질(즉 열)은 근원적으로 탄성적이고, 전혀 저지할 수 없으며 (沮止不可能하며), 모든 물체를 늘린다. 그러나 그것은 독자적으로만은 실존할 수 없고(열소), 확산의 세제곱 비율로 작용한다. 빛은 제곱 비율로 [작용한다]: 이 둘이 함께 불을 만든다.

정지해 있는 물질의 척력의 도는 물질의 양을 증명하지 못한다.(이것은 무한히 작다.) 무릇 물질의 반발력은 한 물질에 대해 단지 겉표면에서만 작용한다. 그래서 모든 입자는 각기 다른 모든 입자들을 억제하며, 그로써 평형상태에 있다. 그러나 하나의 다른 물체를 그것의 장소에서 몰아내는 한 물체의 운동력(즉 移動力)의 도는 물질의 양과 질량으로서 운동한 것의 크기를 증명한다. 그래서 유동체의 운동력은 질량[덩이]으로서의 운동이 아니다. — 한 물체에서의 물질의 양은 동일한 속도의 운동(또는 저항)력들의 비교를 통해서만, 다시 말해 계량을 통해 인식될 수 있다.

높은 위치에서의 현기증과 **뱃멀미**에 대하여

향수[鄕愁], 향수병.

'샘나는'이라는 표현에 대하여

누군가에게 갑작스레 일어난 어떤 행운이 샘나지 않는다 함은 다음과 같은 것을 말하려 하는 것이다. 즉 비록 인간이 무례로 거리낌 없이 말하지는 않음에도 불구하고, 우연이 다른 어떤 이를 특별하게 총애한 행운을 고통으로 지각하고, 역시나 이 기쁨의 성배 중에 다시금 그토록 많은 쓰디쓴 맛 XXI349
이 섞여 있는 경우들이 있으며, 사람들은 그래서 이러한 특전으로 인해 위로를 받는다. 예컨대 국민 위에 군림하는 지배력의 획득, 잃어버릴까 점점 더 불안해하는 인색한〔吝嗇漢〕의 부〔富〕조차도 그러하다. 여기서 샘나는 것은 **정념적**으로 이해되는데, 그런 한에서 참이다. — 그러나 어떤 행운이 **샘난다** 함은 어떤 도덕적 판단을 함유할 터인데, 그 판단에 따르면 그러한 것은, 누군가의 안녕과 또한 공적 덕성을 시샘하면서 그렇기 때문에 그를 싫어하는, 좋은 성향과 합치한다.

과연 개명된 국민〔민족〕 일반 및 또한 유〔類〕의 품성의 확대가 있는지
과연 운명이 수반할 수밖에 없는 모든 변화들에도 불구하고 사람들은 영원히 살 것을 소망할 수 있을까?
해면〔海綿〕동물에 이르기까지 전체 자연에서의 남성성과 여성성에 대하여. 밀턴[16]
한 부분은 다른 부분이 없다면 그의 종〔種〕에서 존속하지 못할 터이다

자연력의 3차원, 즉 1. 화학적 힘, 2. 유기적 힘, 3. 생명의 힘〔생명력〕에 대하여. — 마찬가지로 인간에서의 1. 지성, 2. 판단력, 3. 이성.

제4묶음, 전지1(겉표지), 4면

[보데[17]의 『천문학 연보』의 일부. — 만약 위성 또한 단단해져서 작은 공이 될 때까지 축소된 것으로 가정된다면, 위성 역시 지구의 똑같은 면을 향

---

16) Milton(1608~1674)의 *Paradise Lost*(1667), Bk. VIII, 150: "Male and Femal Light"을 염두에 둔 것으로 보인다. 밀턴은 『실낙원』에서 "빛이 생겨라!"(『창세기』1, 3)를 실마리로 햇빛과 달빛, 해와 달, Apolo와 Diana를 대비시켜 남성성과 여성성을 이야기하고 있는데, 이에 관련해 칸트는 실러와 편지글을 나눈 바 있다. "밀턴의 천사가 아담에게 창조에 대해 이야기한바: '멀리 떨어져 있는 태양의 남성적 빛이 여성적 빛과 섞인다, **미지의 궁극목적들을 위해**'."(1795. 3. 30 자 F. Schiller에게 보낸 편지, XII11)
17) Johann Elert Bode(1747~1826). 당대의 대표적인 천문학자로 다수의 혜성을 발견했으며, 1776년에 『베를린 천문학 연보(*Berliner Astronomisches Jahrbuch*)』를 창간하여 종신토록 주관하였다.

해 도는 것을 계속할 터이다. 만약 위성이 오직 (중간의) 동일한 거리상에 머문다면 말이다. 무릇 여기서 모든 것은 순전히 시간 T에 달려 있지, 회전 속도 $\frac{S}{T}$ 에 달려 있지 않기 때문이다. 그러나 위성이 그 용적의 면에서 축 늘어지거나 그 물질의 양의 감소 없이 작아진다면, 그 자전은 더 이상 공전과 동일한 시간에 일어나지 않을 터이다. 개연성이 있는 것은, 후자가 XXI350 실제로 일어났으며, 그로 인해 위성(달)에 지금의 축 회전이 남은 것이고, 그러나 이때 달은, 또한 동시에 지구에서도 그런 일이 일어났듯이, 지구에 더 근접할 수밖에 없었다는 점이다. 무릇 지구의 분화〔噴火〕들은 축 회전 속도를 감소시켰을 것이기는 하지만, 상층부의 깊은 침하는 상실된 것을 보충했을 터이다.]

설령 내가 지난 1,000년 동안 단지 1년에 12번의 달의 자전을, 그러므로 1만 2,000번의 자전을 취한다 해도 — 그래도 어긋남은 없다. 그러나 이제, 주기적으로 회전하는 똑같은 자전을 전제로 위성들의 간격이 현재의 것과 다른 관계가 있을 수 없음이 (그리고 다른 계〔系〕들에도 이러함이) 선험적으로 증명이 된다 해도, 그러한 자전을 갖는 이러한 위성들이 생겨난 근거를 탐구해야만 하고, 그러므로 물리학적으로 보자면 설명을 위해 얻은 것은 아무것도 없다.

사람들은 관성을 마치 그것이 장소적 변화에 저항하는 것처럼 표상한다.

1. 물질의 양
2. 운동의 양

또는 물질의 운동에서 속도의 도〔度〕

물질이 자기의 운동력들 외에도 내적 속성들을 위해 갖는 것에 대해 사람들은 일단 말하지 않을 수 없다. 무릇 물질은 순전히 운동력의 개념에서만 성립하니 말이다.

사람들이 운동 가능성의 속성 및 할당된 운동의 속성을 떠나면, 남는 것은 아무것도 없다.

물질 일반은 하나의 크기를 가지며 아무런 단순한 것도 함유하지 않는다, 물질은 운동할 수 있다, 물질은 실체로서 소멸하지 않고, 다른 물질을 운동하게 하며, 다른 물질과 결합한다는 것[, 이 명제들]은 정언적이다.

끌어당김[견인], 밀쳐냄[배척] 및 갈라짐[분해]. 첫째의 것은 내밀한 용해이고, 둘째의 것은 침전이다.

공간과 시간의 관념성의 증명은 단지 선험적 종합 명제들의 가능성을 통해서뿐만 아니라, 공간과 시간 자신의 가능성을 통해서도 [된다]. 곧 이것들은 한낱 우리 감성의 주관적인 것이고, 이것들의 형식은 사물 그 자체로서의 대상들의 객관적인 것을 표현하지 않는다는 것을 통해, 즉 다음 사항을 통해 1) 공간과 시간은 만약 모든 대상들이 치워져도 남아 있다, 2) 이 둘은 언제나 보다 더 큰 전체의 부분들로서만 표상된다, 3) 무한히 작은 것

물을 끼얹으면 부풀어 오르는 나뭇조각들의 위력에 대하여

왜 모세관 안의 물, 알코올 등등이 더 높게 올라가 있는지는 왜 물이 젖게 하는지와 동일한 이유를 갖는다.

모세관에서 물과 접촉할 때의 유리의 인력은 더 밀도 있는(금속의) 유동체의 척력의 역[逆]이므로, 여기서 물은 우묵해지고, 물이 그 안으로 보내진 표면 위로 전체가 들어 올려진다. 그것은 그것이 떨어져 있는 유리환[環]에 의해 당겨져서가 아니라, 열을 매개로 한 진동으로 인해 유리의 접촉 부분들에 의해 더 유동적이게 되고, 관의 축에서의 압력으로 인해 들어 올려지기 때문이다.

물체들의 충격에서의 작용이 이른바 반작용을 불러일으키는 것도 아니고, 주입으로 인해 운동이 전체적으로 또는 부분적으로 다른 물체로 이행하는 것도 아니다.(偶有性은 實體들에서 實體들로 移住한다.) 오히려 충격의 운동은 다른 것이 아닌 길항으로 인해 가능하다. ─ 과연 아무런 형식도 갖지 않은 실체들이 있는지를 알 수 있을지는 의심스럽고, 그 대신에 오히려 어떤 질료[물질]로도 채워져 있지 않은 실체가 없다는 것은 확실하다. ─ 유리에 간 금은 제아무리 정확하게 맞춰도 빈 공간에서의 반발을 보이는 척력들을 증

명한다는 사실. 그러나 물속의 밀도 있는 유동체와 관련해서는 그렇지 않다.

제4묶음, 전지2, 1면

자연과학의
수학적 원리들에 대하여

　물질의 운동력들은 그리고 이 물질과 함께 또한 물체는 그 **형식적인** 것, 즉 공간상의 자기 장소의 변화인 그것들의 운동의 법칙들의 면에서 (운동학적으로) 검토될 수도 있고, 또한 이 변화들의 작용 원인들인 그것들의 에너지의 면에서, 다시 말해 그것들의 **내용** 면에서 검토될 수도 있다. 이 내용은, 만약 그것이 오직 경험에 의해서 인식될 수 있는 것이면, 물리학적//역학적 기초원리들을 함유한다. 그때 이 기초원리들은 전적으로 선험적 원리들에 의거하는 수학적 원리들(예컨대, 뉴턴의 自然哲學의 數學的 原理들)과는 구별되어야 한다. 그것들은 순전히 운동력들의 형식적인 것만을 함유하니 말이다.

A
물질의
양에 대하여

　물질은 세계공간〔우주〕에서 상대적으로 서로에 대해 계량 가능하거나 계량 불가능하다.

　물질은 오직 운동력의 크기(즉 무게)를 통해서만 정확하게 측량될 수 있다. 즉 지구를 끌어당기는 천체의 중심에서 같은 거리에서의 모든 종류의 물질에는 어디서나 똑같은 시작속도(운동의 운동량)로 물질의 양의 산물을 통해서 말이다. 이 운동력이 또 다른 물질의 **충격**에 의해 산출된 것이 아닌, 하나의 내적인 힘이라는 것, 이에 대해서는 그로 인해 일으켜진 가속의 균일성이 증명할 뿐만 아니라, 또한 어떤 하나의 근원적인 인력이 없다면 충격을 가하는 아무런 물질도 없을 터이기 때문에 이러한 인력이 있어야만 하고, 그러므로 사람들이 중력의 원인으로 그러한 것을 가정해야 할 이유를 갖는다는 사실이 증명하는 바이다. 이 인력을 사람들은 무릇 그 보편성으로 인해 또한 세계[우주]인력이라고 부를 수 있다.

XXI353   그러므로 어떤 물질의 **계량할 수 없음**(計量不可能性)은 아무런 크기도 갖지 않을 터인 어떤 운동력의 속성일 터인데, 이런 것은 불가능하다. ― 특정 종류의 물질이 **상대적으로**, 다시 말해 만약 그 물질이 가령 그와 똑같은 중량을 갖는 어떤 매체 속에, 예컨대 안개가 공기 중에 있다면, 무게 없이 있을 수도 있기는 하지만, 그러나 어떠한 물질도 **절대적으로** 계량할 수 없는 것으로, 모든 물질의 전체(물질적 세계[우주]전체)를 형성할 그것 바깥에서 생각될 수는 없다. 왜냐하면, 이것들 바깥에는 그것에 대해 저 물질이 무게를 가지고, 또 그것에 의해 끌어당겨질 수 있는 어떤 물체도 현존하지 않기 때문이다.

그러므로 사람들은 물질의 양을 그것의 **질량**[덩이]으로의 (다시 말해, 동시에 모든 부분들의) 운동의 운동량을 통해 측정한다. ― 그럼에도 물질의 **흐름**[액상/유동]에서의 운동력을 통한 물질의 양의 측정도 있고, 있을 수 있다. 만약 예컨대 일정한 속도의 강물에 수직으로 세워진 널빤지가 일정한 무게를 유지한다면, 그 무게는, 그 물줄기의 기반이 저 널빤지와 같은 높이이되, 저 일정한 속도에 이르기 위해서는 한 물체가 거기에서 낙하해야만 하는 그와 똑같은 높이일 터인, 하나의 물덩이가 갖는 것과 똑같을 터이다. 무릇 그때 무한히 작은 물의 질량으로써, 그러나 유한한 속도로 움직여진 물의 연속적인 충격은 중력으로 인한 물줄기의 운동의 운동량과, 다시 말해 무게와 같을 터이고, 그러므로 물질의 양은 본래 또한 오직 무게로의 환원을 통해서만 측정될 수 있을 터이기 때문이다.

그것의 용적과 비교한 일정 양의 물질의 무게의 크기가 **무거움**(重量性)이다.

流動 物質의 多量과 加速力의 運動量에 反應한 滑降 速度. 후자는 진자〔振子〕를 통해 검사되며, 중심점에서의 동일한 간격에서는 어떤 무게이든 똑같다. 그래서 더 높은 곳에서 응축될 수 있는 물질은 더 작은 외적 압력에 의해서뿐만 아니라 자기 자신의 더 작은 무게에 의해서도 더 얇아진다. XXI354

자연과학의 수학적, 형이상학적, 물리학적 원리들.

그러나 그때 운동의 운동량은 하나의 유한한 속도에서의 무한히 작은 양의 물질과 곱해진 하나의 운동력이며, 이 운동력은 언제나 오직 하나의 무게이다.

제4묶음, 전지2, 2면

본래 비중〔종별적 **중량**〕이라는 표현이 완전히 올바른 것은 아니다. 무릇 중량은 물질의 양이 크든 작든 차이 없이 본래 단지 가속의 운동량이니 말이다. 다른 물체보다 더 멀리 지구에서 밀쳐내진 물체는 지구에 더 가까이 있는 어떤 물체보다 종별적으로〔비교해서 특별히〕 더 가볍다. 한 물체를 종별적으로//밀도가 높다〔조밀하다〕고 부르는 것 또한 완전히 올바르지 않겠다. 무릇 그것은 그 실존이 입증될 수 없는 빈 공간을 암시하는 것으로 보이기 때문이다. 중량성〔무거움〕이란 그것의 질과 양의 면에서 고찰된 계량 가능성이다.

그러므로 물질은 상대적으로 계량될 수 있거나 계량될 수 없다.(후자는 물질이 똑같은 무거움을 갖는 어떤 물질 속에 있을 때) 이런 경우에는 물질의 양은 어떤 경험에 의해서도 인식될 수 없다. ― 절대적으로 계량할 수 없는 물질은 하나도 없다. 다시 말해 물질의 양은 오직 보편적 세계〔우주〕인력〔만유인력〕에 의해 그것으로 채워져 있지 않은 공간에서 측정될 수 있다.[※]

기계적 기초원리들에 선행하고, 그것들의 기초가 되는, 자연과학의 **역학적** 기초원리들에 대하여

운동력들에 의한 운동의 **수학적** 원리들과 **자연학적** 원리들에 대하여

하나의 계량 불가능하고 저지 불가능한 유동체가 물질의 모든 운동력들의 조건인 것으로 보이며, 전체 공간에, 적어도 지구의 공간에 퍼져 있다.

1. 물질의 양. 물질의 계량할 수 있음과 계량할 수 없음에 대하여(이와 함께 계량할 수 없는 것으로 보이는 열소에 대하여)

한 물체의 **질량**[덩이]으로서의 운동에서 충격[력]은 모든 압박[압력], 예컨대 태양에 대한 한 행성의 무게에 비해 무한하다. — 그에 반해 물질의 **흐름**[액상/유동]에서의 운동력은, 비록 그것을 충격[력]이 물질의 무한히 작은 부분과 함께 매 순간 함유한다 해도, 무한히 작다. 무게는 밑바닥에 대한 압박[압력]이며, 그럼에도 응집[력]은, 비록 그것이 사력[死力]일지라도, 어떤 무게에 의해 분리될 수 있다. — 견인적// 그리고 반발적 유동체; 이 둘은 열소를 그 기초에 갖고 있는 것으로 보인다. 그러나 이것 자신도 유동체이다. 이 유동성은 어디에서 물질의 속성이 되는가.

注意! 본래의 철학 전체를 위한 **순수 논리학**은 아직 없다.

제4묶음, 전지2, 3면

물질의 운동력들의
구분

이 명칭에서 뜻하는 힘들은, 하나의 실제적 운동을 전제할 뿐, 이것의 결

※ 중력의 인력에 있어서는, 내가 이 물체가 지구에 의해 끌어당겨지기 때문에 지구로 낙하한다고 말하나, 이 물체가 전체 지구를 끌어당기기 때문에 지구로 낙하한다고 말하나 한가지이다. 전체 지구에 비해서는 하나의 단지 무한히//작은 질량을 형성할 뿐인 낙하하는 물체의 가속 운동량은 지구 중심점에서 동일한 거리에서는 항상 똑같다. — 또한 이 물체들은 그 인력에 따라 xxx 할 수 있다.

과들로서의 힘들이 아니다. 예컨대 원운동하는 물체의 중심점에서 달아나는 힘 내지 힘씀(遠心力) 같은 것이 아니다. 무릇 이것은 물질에 그 자체로서 귀속하는 힘이 아니고, 그 물질의 외부에서 분할된 운동에 찍혀 가해진 [印加的][18] 운동력의 결과로서의 한 상태이지, 특수한 종류의 물질이 아니기 때문이다. 그러나 여기서 우리의 논의 거리가 되는 것은, 어떤 현전하는 운동에서 결과하는 운동력들이 아니고, (무릇 이러한 것은, 뉴턴의 유명한 저작과 같이, 자연과학의 **수학적** 기초원리들에 속하는 것이니 말이다), 외적인 운동 원인이 없으면 물질에서 일어나지 않을 운동력들이다.

물질의 운동력들은

다음과 같다:

1. 그 **방향**의 면에서, **인력**과 **척력**. 이 둘은 (가령 공기와 같이) 표면력이거나, (중력//인력의 그리고 열과 같은) 다른 물체들에 내밀히 침투하는 힘[다른 물체에 대한 내밀한 침투력]이다.

2. 그 **도**[度]의 면에서, 운동의 **운동량** 또는 **유한한 속도**를 가진 운동

3. **관계**의 면에서 내적인 또는 외적인 **표면력** 또는 다른 물체들에 내밀히 **침투하는** 힘[다른 물체에 대한 내밀한 침투력].

4. (**양태**의 면에서) **근원적//운동력** 또는 **파생적//운동력**(根源的 運動力 或 派生的 運動力). 어떤 운동에 의해 산출되는 힘, 求心力 또는 운동이나 운동하려는 努力 자신이 산출하는 힘.

이 운동력들은 모두 선험적으로 생각되고, 모든 물질에 고유한 운동력의 구분의 완벽함에서 경험의 대상들에게 적용할 수 있어야 한다는 성질을

---

18) 원어: eingedruckt. '[찍혀] 가해진 힘'/'印加力(vis impressa)'이란 "정지해 있거나 균일하게 직선 운동하는 어떤 물체의 상태를 변화시키기 위해 그 물체에 가해지는 작용"을 뜻한다. 타격력, 구심력 같은 것이 이러한 힘이다. 이 힘은 작용하는 동안에만 존재하며, 작용이 끝나면 이 힘은 더 이상 물체에 남아 있지 않다. 물체가 새로 얻은 상태를 유지하는 것은 관성 덕분이다.(Newton, *Philosophiae naturalis principia mathematica*, Def. IV 참조)

가지고 있다.

3) 관계는 자존성[실체성]이거나 내속성[속성]이다

4) 양태, 항구적으로// 작용하는 또는 과도적으로

3) 물질의 합목적적으로 형성하는 운동력에 대하여, 부분적으로 유기적인, 부분적으로 생기[生氣]적인. [이것은] 물리학에 속하지 이행에 속하지 않는다.

3.) 굳게[고체로] 응집하는 물질들의 분리는 다름 아닌 용해를 통해 다시 결합될 수 있다.

저 힘들에 의한 작용들의 차이는
다음과 같다:

즉 그것들의 원인은 하나의 **사력**이거나 **활력**이다. 전자는 **압박**(壓迫)의 힘이고, 후자는, 만약 이것이 곧 다른 물체를 운동하게 한다면, 충격(衝擊)의 힘이다. 그러나 활력이 그로 인해 하나의 물체로서의 물질이 그 위치에서 움직이지 않은 채, 한낱 그 부분들 상호 간의 충격과 반격의 힘이라면, 이 활력은 **진동**(振動[19])이다. 모종의 같은 시간 간격으로 잇따르는 충격들이 박동(搏動)들이며, 이는 박동에 의한 시간구분의 균일성으로 인해 추의 박자와 비교되고(그것들이 실제로 그렇지 않다 해도), 그래서 **요동**(搖動, 振動[20], 波動)들이라고 불린다.

파동[진동]**적인** 운동에 **전진적인** 운동이 대립해 있다. 한 물체의 (질량[덩이]으로서의) 전진에 의한 이것의 운동력이 장소를 옮기는 힘(移動力)이다.

---

19) 원어: concussio.
20) 원어: oscillatio.

에서의 어떤 물질의 운동을 그 물질의 침투〔浸透〕라고 하고, 이렇게 침투되는 하나의 물체를 투과할 수 있는〔透過〔浸透〕可能한〕 것이라 일컫는다. — 그 물질을 둘러싸고 있는 어떤 물체에 의해서도 흩어지는 것이 방해받을 수 없는 물질을 **차단할 수 없는/저지할 수 없는**〔沮止不可能한〕 것이라 일컫는다. 단지 특정한 그 물질을 저지하는 다른 물질들과만 관련해서(어떤 面에서)나 단적(端的)으로 모든 물질에 대하여나, 그것은 다른 모든 물질에 침투하고, 그 물질이 차지하고 있는 공간을 둘러싸고 있는 어떤 다른 물질에 의해서도 그것의 한계를 넘어 더 넓게 퍼지는 것이 방해될 수 없는 그러한 물질이겠다.

다른 물질에 대해 그것의 모든 부분으로 투과〔침투〕할 수 있는 어떤 물질은 동시에 저지 불가능한 것이다. 사람들은 그러한 것으로 열물질을 생각한다.

내적인 진동 운동 상태에 있는 물질들은 그것들의 부분들이 정지해 있는 것보다 더 큰 공간을 차지하며, 영속적으로 이러한 상태에 있는 이런 종류의 유동체는 종별적으로//더 가벼운 것이다.

주해

여기서 이러한 개념들은 이성이나 경험을 통해 **주어진** 개념(所與的 槪念)들이 아니라, 단지 **만들어진** 개념(人爲的 槪念)들로 받아들여져야 한다. 즉 과연 그 개념들에 경험의 대상들이 대응할 수 있느냐 없느냐 하는 그것들의 객관적 실재성에 관해서는 문제성이 있는 것으로, 즉 한낱 **생각된** 개념들이지만, **자연연구**의 기초에 선험적으로 놓여 있는, 그래서 물리학 일반과 관련해 그것에 경험적으로 도달하기 위해서는 이 연구의 필수적인 예비학적 원리들이어야만 할 것으로 받아들여져야 한다.

낙하하는 물체들이 지구를 당긴다는 표현은, 그 때문에 이 물체들이 이런 식으로 움직일 수 없는 산들 또한 당긴다는 장점을 갖는다.

이 사안에서 용적은 중요하지 않다.

물질의 양의 개념은 그 모두가 지구를 끌어당김으로써 중력에 의해 똑같은 가속을 갖는 다른 물질들과의 비교를 통한 이 물질의 계량 가능성에 의거한다.

자연과학의 수학적 기초원리들은 물질에 고유한 운동력들을 다루지 않고, 오히려 찍혀 가해진 운동들과 그것들의 합성에 대해서만 다룬다. 원심력은 어디에 속하는지

일반 자연이론의 물리학으로의 이행은, 경험에서 밝혀지는 합성된 것에 이르기 위해 경험적 표상들의 합성의 개념들에 따르는 자연연구의 형식적인 것을 함유한다. 전자의 형이상학적 원리들에 지각의 질료(물질)가 경험의 한 체계 건설을 위해 제공되고, 그리하여 형성되어야 할 물리학의 윤곽이 그려진다.

관계(3)에는 물질의(열 또는 자기[磁氣]의, 상대적인) 저지 가능성과 불가능성이 속하며, 동일한 역학적인 것에는 그것의 자존성[실체]이 아니라, 내속성[속성]이 속한다.

注意! 저러한 네 원리들과 함께 자연연구는 전체적으로 제시되어야 하며, 그에 따라 명칭들이 정돈되어야 한다.

제1부 (분석에 의한) 물질의 기본[요소]체계에 대하여. 제2부 세계체계[우주계]에 대하여

투과[침투] 가능한, 저지 가능한

세계체계[우주계] 내의 모든 물질은 그 꼴이 구[球]들로 되어 있으며, 이 구들은 자유 운동하면서 서로의 주위를 또는 오히려 공동의 중력의 중심 주위를 운동한다. 만약 운동의 시작이 있었다면, 운동의 한계도 있어야만 한다.

시발[촉진]하는, 한낱 다른 물체들에 대한 반발로 인한 것이 아닌 [것들에]
대하여

제4묶음, 전지2, 4면

서론

자연과학의 형이상학적 기초원리들의 체계는 선험적 원리들에 따라 한
계 지어진 자기의 특수한 영역을 갖는다. 다른 한 영역은 물리학을 위해 경
계 지어져 있다. 그것은, 그것이 경험적인 한에서, 자연과학(自然科學)에 속하
는 전체를 물리학이라 불리는 하나의 체계 안에 함유하도록 규정되어 있다.

그러나 두 영역 사이에는 두 구역이 하나(自然哲學)로 함께 통일될 수 있
는 것을 방해하는 하나의 협곡이 있다. 그럼에도 이 둘은 마땅히 통일되어
야 할 것이겠다. 왜냐하면, 자연 형이상학의 의도는 그를 통해 물리학의 구
역 안으로 넘어 들어가서 그것을 점유할 수 있는 것 외의 다른 것일 수가
없기 때문이다. — — 그러나 이에는 난점들이 결합되어 있다. 무릇 물리
학은 마땅히 체계인 하나의 학문이어야 한다. 그런데 자연지식[학]에 속하
는 수집된 경험적인 조각들로는 단편[斷片]적으로 하나의 집합이 산출될 수
는 있어도, 결코 하나의 체계가 산출될 수는 없다. (그는 全體的 統一性을 附與
할 줄 모르기 때문에, 傑作을 맺지 못할 것이다. 호라티우스[21]) 이를 위해서는 반
드시, 그 안에서 (학문의 질료[재료]로) 우리 수중에 들어옴 직한 온갖 물리적
지각들을 위한 자리가 이미 **먼저** (선험적 원리에 따라서) 제시될 수 있는, 형
식의 윤곽이 필요하다. — 그러므로 사람들은 비약을 통해 직접적으로 전
자의 영역에서 후자의 영역으로 건너가는 것을 희망할 수는 없고, 오히려

---

21) Horatius, *De arte poetica*, liber, 34~35: "Infelix operis summa quia totum ponere
    / Nescit."

그 사이에 말하자면 하나의 중립적 영역(다리)이 세워지고, 넘어갈 준비가 되어야 할 것이니, 그것은 전적으로 전자에도 속하지 않고 전적으로 후자에도 속하지 않으며, 오직 전자에서 후자로 이행하는 데만 쓰이는, 자연이론의 하나의 특수한 조각[요소]으로 보아야 하는 것이다.

이제 이 이행은 자연연구(自然 探究)의 주관적인 선험적으로 기초에 놓여 있는 원리 안에서 이루어진다. 무릇 사람들은 물리학으로의 발걸음을 내딛기 전에, 먼저, 어떻게 무엇에 따라서 자연 안에서 탐구를 할 것인지, 그리고 무슨 매개[수단]개념들을 가지고서 자연 형이상학에서 물리학으로 가는 길을 닦을 수 있는지를 알지 않으면 안 된다. ― (낱말의 본래 의미에서 자연철학인) 자연 **형이상학**, 모든 특수한 자연존재자를 경험에 의해 인식하는 자연과학으로서의 **자연학**, 그리고 모든 물체적 사물들의 경험법칙들을 하나의 체계에서 파악하고자 의도하는 **물리학**은 자연인식의 3단계이며, 이 가운데 중간 단계가 내가 자연 형이상학에서의 이행이라고 부르는 그 부문을 함유하는데, 이런 명칭은 물론 좀 불편하다. 이 명칭이 두 분야를 연결하는 인식 대상이 아니라 오히려 하나의 체계의 완성을 위한 그것들의 연결과 필연성을 표시하고, 특정한 인식들을 다루는 원리의 주관적인 것을 객관으로 만드는 것처럼 보이니 말이다. ― 그러나 이 명칭은 불가피하다. 왜냐하면, 이행에서 관건은, 사람들이 경험적으로 탐색하되 학적으로 범주들의 표에 따라, 그를 통해 완벽성이 하나의 체계 안에서 의도되는, 그러한 하나의 체계 안에 함유되어 있는 것으로 제시해야 하는 원리들이기 때문이다.

제4묶음, 전지3, 1면

§

서로 압박하는 두 표면들의 운동성은, 이 운동성이 (마개를 돌리거나 떼밀려 미끄러지는) 운동의 방해가 아닌 한에서, 매끈함(柔滑)이며, 만약 이 표면들이 서로에 대해 경사지게 세워져 있어서 압박에서 쉽게 이탈한다면, 이는 미끄러움(平滑)이라 일컫고, 고체 물체들의 잇따라 움직여진 표면들이 떼밀리는 데서는 미끄러지는 것( )[22]이 있고, 그러나 그런 운동의 방해는 마찰(摩擦)이라고 일컬어진다.

사람들은 고체 물체들의 표면을 (최소한의 거칠도 없는) 완전히 매끈하게 XXI362 연마하는 것이 가능하다고 상정할 수 있다. 대상들의 확대를 아주 고도로 추구할 터인 광학 렌즈와 그와 같은 거울들은, 만약 그 연마가 단지 무한히 빈번하게 교차하는 파쇄라면, 골이나 거미줄 같은 울퉁불퉁함을 드러내지 못할 리 없을 터이다. 그럼에도 수평선과 일정한 각도로 세워진 매우 완전하게 평평한 평면은 마찬가지로 평평하고 매끈한 육면체를 (그 방향들이 하나의 각도를 이루는 힘들의 합성된 운동의 이론이 요구하듯이) 미끄러짐 없이 자기 위에 정지해 있는 채로 가질 수 있고, 따라서 자기의 경사면과 평행을 이루는 운동의 한 방해를 증명한다. ― 인력이 이것의 원인일 수 없다. 왜냐하면, 인력이 여기서 변위[밀림]를 방해하는 것이 아니니 말이다. 그러면 이렇게 계속 미끄러져가는 것을 중지시키고 마찰(摩擦)을 야기하는 반작용은 어떤 종류의 것인가?

교대로 일어나는 압박과 이것의 완화 중에서 진동하게 되는 물질들이 점차로 감소해가는 희박화 외에 이를 위한 적절한 다른 원인을 가정할 수는 없을 것이다. 저런 압박과 완화의 교대로 인해 물질은 멀리로 밀쳐지고, 그에 의해 마찰된 표면 또한 떨어져 있는 물체들과 간격을 일으키는 이러한 환경을 유지하며, 여기에 저 육면체는 자기의 무게로 인해 내려앉으니, 이제 이 물질의 제거에 의해서만 가능한 미끄러짐이 방해받는 것이다. 그래서 또한 모든 마찰은 설령 마모[磨耗]라 할지라도 그렇게 경미한 것이다.

注意! 모세관, 나무들에서의 유동체[흐르는 것]와 젖은 나무 조각들에 의

---

22) 원서에 빈 괄호만 있다. 문맥으로 보아 대응하는 라틴어 낱말이 (가령 'lubricum' 정도가) 써 넣어져야 할 자리인 것으로 보인다.

한 돌의 파괴에 대하여

자연과학의 형이상학적 기초원리들에서 물리학으로의 이행이 전체적으로 물질 일반에 대한 선험적 개념들에서 성립해서는 안 된다. 무릇 그럴 경우에는 한낱 형이상학이겠다.(거기서는 예컨대 순전히 인력과 척력 일반만을 논할 것이다.)〔그 이행이〕또한 전체적으로 경험적 표상들에서 성립해서도 안된다. 무릇 그런 것은 물리학(예컨대 화학의 관찰)에 속하겠다. 오히려〔그것은〕경험을 가능하게 하는 선험적 원리들로, 그러니까 자연연구로, 다시 말해 경험적으로 주어지는 운동력들을 선험적 원리들 일반에 따라서 분류하는 판단력의 도식성의 주관적 원리로, 그리하여 후자의 한 집합에서 편찬으로서의 한 체계로, 즉 이 편찬의 한 체계인 물리학으로 이월하는 것이다.

그러므로 여기서 관건은 운동력들을 운동법칙들 일반에 따라서 완벽하게 종별화하는 일인데, 이것은 범주들의 순서에 따라 하는 것 외에 달리 적절하게 일어날 수 없다.

*　　　　*

물질의 양은 (물질이 운동력을 갖는 한에서) 무게를 통해 인식되며, 이런 관점에서 물질은 **계량 가능한** 것으로 간주되지 않을 수 없다. — 계량 불가능한 물질을 생각할 수는 있지만, 그러나 그것은 우리에게 자기의 현존에 대한 아무런 증명근거도 제시하지 못할 터이다. 중량은 한낱 한 물체의 물질의 양에 대해 증언해주는 것이 아니고, — 오히려 낙하하는 물체들의 가속의 운동량이 물질의 양을 증대시킨다. 무릇 전자에 대해서는 추의 흔들림이 정보를 주지만, 후자에 대해서는, 만약 물질들이 동질적이면, 용적이, 다시 말해 용기 안의 유동체의 도량〔용량〕이, 또는 만약 물질들이 비동질적이면, 모종의 다른 운동력들을 전제하는 저울〔天秤〕들이 정보를 주기 때문이다. 여기서 1. 저울대는 매달려 있는 무게에 의해 굽어지지도 부러지지

도 않거나, 그에 매여 있는 실이 그 무게로 인해 끊어지지 않는다. 2) 무게
가 그 위를 압박하는 저울접시는 계량할 수 있어야 하는 물질에 대해 투과
〔침투〕 가능하지 않다. 쌍방적이고 대립적인 경우에 모든 물질들은 계량 불
가능하다. 계량 가능하다는 것은 저울들이 하나의 연관적인 물체를 이루고,
그 접시들이 투과 가능하지 않다는 것을 전제한다.

달이 공기의 무게를 변화시키지 않고서 공기의 탄성을 강화하거나 약화 XXI364
하는 영향〔력〕에 대하여

제4묶음, 전지3, 2면

그러므로 물질이 계량 가능하기 위해서는 저지〔차단〕 가능하기도 해야
한다.

그 밖에도 우리 지구 위에서 계량할 수 있는 것은 지구의 모든 물질이 가
지고 있는 하나의 속성을 전제하는데, 그것은 지구에 의해 지구의 중심점에
서 똑같은 거리에서 당겨지며, 그것도 접촉에서의 겉표면의 인력에 의한 것
이 아니라, 사람들이 세계〔우주〕인력〔만유인력〕이라고 부를 수 있는, 모든 것
에 침투하는 인력에 의해 그렇게 된다는 속성이다.

2.
물질이 운동력들을 갖는 한에서
물질의 질〔質〕

물질은 유동〔액체〕적이거나 고체적 내지는 강체적이다. 그런데 이러한 차
이는 단지 물질의 상태의 상이성이지, 물질의 운동력의 내적 성질의 상이
성은 아닌 것으로 보인다. — 이에서 물질은 팽창적// 또는 견인적〔수축적〕//
유동적이다. 전자를 위해 사람들은 그것이 침투하는 모든 물체들이, 또한
그 모든 부분들에서 반발하도록〔배척적이도록〕 만드는 하나의 물질을 요구

한다. 이 물질이 열소이다. 그런데 이 열소 자체를 하나의 근원적으로 팽창하는 유동체로 받아들이지 않으면 안 되는 것처럼 보인다. 그래서 열물질 또한, 그 자신은 탄성적이지 않지만, 그에 의해 침투되는 모든 물질은 탄성적이게 만드는 그러한 물질로 [받아들이지 않으면 안 되는 것처럼 보인다.] 이 물질 자신은 저지 불가능한 것으로 여겨지며, 그 때문에 또한 앞서의 조항에 따라 계량 불가능한 것으로 여겨진다.

유동체[액체]는 한 물질의 부분들의 인력이 없어서 생긴 것이 아니라, 그 부분들의 변위 가능성이 없어서 생긴 것이며, 이것은 그 부분들이 접촉에서 서로 제아무리 강하게 끌어당겨도 완전히 그러한 것일 수 있다. 무릇 이 유동성[액상]에 대립해 있는 것은 (접촉의 바뀜의) 변위가 아니라 분리(끊어짐)이니 말이다. ― 그래서 방울지는 유동체는

계량할 수 있고, 자기 자신을 내적 인력에 의해 한계 지으면서 동시에 반발[배척]하는 유동체이다.

방울들은 그 겉표면에서 보아, 만약 그것들이 그것들을 밀쳐내는 대목[臺木] 위에 정지해 있다면, 자기 자신의 무게로써 평평하게 짓누르고 있는 강체 물체들로 여겨질 수 있다. ― 이제 사람들이 그러한 물체가 서로의 사이에 반발하는 유동체를 함유하는, 아주 많은 무한히 얇은 동심[同心]의 껍질들로 합성되어 있다고 가정하면, 이것이 전체 물방울의 하나의 강체성을 생기게 한 것이겠다. 다시 말해, 물방울은 하나의 고체 물체가 될 터이고, 그것도 저것과는 똑같은 비중이 아니고, 그래서 일정한 정도에서 유연성을 잃어버리게 되는, 동심의 껍질들 사이에 있는 소재에 의해서 그렇게 된다.

그러나 방울지는 유동적 물질들은 열을 매개로 매우 많은 상이한 혼합된 소재들을 함유하고 있을 수도 있으므로, 열에 의한 이것들의 진동은 내면에서의 요동들을 낳거니와, 이 요동들은 그것들의 비중의 요소들 및 탄성의 상이성으로 인해 등시적[等時的]이지 않을 수도 있고, 등시적임을 그칠 수도 있는데, 이로부터 응고가 뒤따르고, 그러나 이것은 언제나 내부와 외부에 일정한 (특수한 직조의) 구조와 결합되어 있겠다. 여기서 사람들은

단지 열소의 어떤 부분이 흩어지게 되거나 활동하지 않게(풀리게) 되면, 그 때에 xxx 더 큰 응집이 아니라, 오히려 섬유의 얇은 판과 조각들로 부분들의 또 다른 성층(成層)이 외적으로 눈에 드러날 터이다. ─ 그러한 등시적이지 않은 내적 요동들은 서로를 억류하고, 그래서 그것들이 물질의 운동력들의 활동에서 충분한 열이 없어서 생길 것과 비슷한 상태를 낳는다.

제4묶음, 전지3, 3면

서론

자연철학(自然哲學) 일반의 1부로서 자연과학의 형이상학적 기초원리들은 (공간상에서 운동할 수 있는 것 일반인) **물질** 일반의 운동법칙들을 대상으로 가졌다.

이것에 자연과학의 제2부인 것이 뒤따르거니와, 이것은 물질의 운동력들을 선험적인 개념들에 따라서 탐색하고, 그것들을 하나의 체계 안에서 서술해야 하는데, 사람들은 이것을 일반 힘이론(一般 力學)이라고 호칭할 수 있다.

이제 물질에 두 가지 방식으로 운동력이 부여될 수 있다. 즉 물질은 그 자신이 운동 중인 한에서만 운동력 ─ 예컨대 원운동하는 한 물체의 중심력들 ─ 을 갖거나, 물질 자신은 정지하고 있는데도, 다시 말해 자기 자신 안에 운동력을 갖거나 한다. 이러한 운동력들 중 전자는 역시 선험적으로, 그러나 수학적 원리들에 따라서 (뉴턴의 불멸의 저작에서와 같이) 고구(考究)되며, 본래의 **자연철학**에 속하지 않는다. 그에 반해 물질 고유의 운동력들에 대해, 그리고 선험적으로 제시될 수 있는 그것들의 보편적 속성들에 대해 다루는 것을 사람들은 보통 **일반 자연이론**(一般 物理學)이라고 부른다. 그러나 나는 이를 기꺼이 豫備學的 自然學23)이라 부를 것이다. 왜냐하면, 이것은

---

23) 원어: physiologia propaedeutica.

순전히 하나의 체계를 위한 자연력들에 대한 경험적 개념들을 정리하는 형식적 원리들만을 함유하기 때문이다.

이 두 부분, 곧 형이상학과 예습의 자연학에 이어 이제 자연철학의 제3부로서 자연의 한 체계인 경험적 자연이론, 다시 말해 물리학이 뒤따른다.

자연과학의 형이상학적 기초원리들에 곧 이미 하나의 체계로서의 물리학으로의 추세가 있다. 그러나 전자로부터 후자로의 이행은 하나의 협곡에 의해 차단되어 있어서, 그를 넘을 하나의 다리가 놓여야만 하니, 그것은 곧 한편으로는 선험적으로 사고되면서 다른 한편으로는 경험적으로 주어져야만 하는 개념들에 의한 다리여야만 한다. 왜냐하면, 자연이론은 여기서 도대체가 그리고 일반적으로 물질의 운동력들을 다루는 것이기 때문이다. 이 소재와 관련해서 자연의 형이상학으로부터 직접적으로 물리학으로 이월할 수는 없다. 무릇 후자는 기회 닿는 대로 발견될 수 있는 경험개념들을 필요로 하므로, 이로부터는 저 힘들의 개념들의 짜맞추기, 하나의 무형식의 집합이 생길 터이나, 힘들의 하나의 체계, 물리학이라고 일컬어져 마땅할, 원리들에 따른 하나의 전체는 결코 생기지 않을 터이다. 이와 함께 **자연연구**의 원리들이 기초에 놓여 있을 수 있겠으나, 그 요소들을 현시할 도식조차 없고, 그와 함께 그리로 안내하는 길도 끊겨 있을 터이다.

이제 이에 대한 하나의 전망을 열기 위해서, 다음의 것이 필요하다. 즉 1.) 물질의 운동력들이 운동에서 선험적으로 표상될 수 있는 것에 따라서, 범주들에 따라서 열거되고, 2.) 그로부터 저 운동력들의 개념이 근원적으로 형성되는 원초적 지각들이 경험법칙들로 형상화되는 일.

제4묶음, 전지3, 4면

물질의 운동력들의
구분

A
그 작용결과의 현상들의 면에서

1. 그 **방향**의 면에서: 인력 또는 척력
2. 도[度]의 면에서: 운동의 운동량, 또는 유한한 속도를 가진
3. 물질 상호 간의 능동적 관계의 면에서: 표면력 또는 침투력
4. 시간의 면에서: 항구적으로 지속적 또는 변동적

XXI368

B
그 작용하는 원인들의 면에서

힘은 사력이거나 활력이다. — 사력은 밀쳐냄[척력]에 대립 작용하는 **압박**(壓迫)의 힘이거나 부분들의 끌어당김[인력]에 대립 작용하는 당김(牽引)의 힘이다. — 활력은 충격(衝擊)의 힘으로서, 만약 운동이 충격과 반격의 연속적인 바뀜 중에서 존립하면, 그 운동은 물질의 **진동**(振動)이라 일컬어지며, 그때 똑같은 시간마다의 진동은 **박동**(搏動)이라 불린다. 진동들은 추의 흔들림처럼 실제의 흔들림(搖動) 없이도 공간을 똑같은 시간 간격으로 나누기도 하고, 파동(波動)으로서는 자기 위치의 전체에서 전진(前進)하지 않는다. — 한 **물체**의 질량[덩이]으로의 운동, 다시 말해 자기의 모든 결합되어 있는 부분들과 함께하는 운동은 **물질**의 흐름[액상/유동]에서의 운동과는 구별되어야 하는데, 흐름에서는 운동력이 오직 운동의 하나의 운동량과 똑같다는 점에서 그렇다. 유동하는 물질이 어떤 한 표면에 충격할 때 그 움직이는 속도가 빠르면 빠를수록, 물질은 똑같은 시간에 그만큼 더 많은 입자들로써 이 표면에 부딪치며, 또한 동시에 그만큼 더 많은 각각의 입자의 속도를 저

표면에 행사한다. 그러므로 흐름〔액상/유동〕에서의 운동력은 속도의 제곱에 따라 측정되어야 한다.※

주해

이른바 기계적인 다섯의 힘들을 셋으로 환원할 수 있다. 즉 1. 부러지거나 휘는 것에 저항하는 지레, 2. 끊어지는 것에 저항하는 (밧줄과 도르래를 가진) 활차〔滑車〕, 3. (톱, 칼, 가위 등에서와 같이) 경사면에서의 변위에 의한 침투에, 접촉면을 계속해서 xxx하는, 자신의 응집력으로 저항하는 쐐기

注意! 물질의 흐름〔액상/유동〕에서의 충격은 질량〔덩이〕으로의 충격에 비해 무한히 작다.

하나의 유동체(물체)는 또 다른 개념이다.

하나의 **물리적** 물체

注意! 지레의 부러질 수 있음과 굽을 수 있음에 대하여 그리고 이것이 두께를 가진 한에서 이것의 필수적인 응집력에 대하여

순전한 선험적 원리들에서 출발하지도 않고, (예컨대 화학처럼) 순전히 경험적인 물리적 지각들에서 무엇인가를 얻지도 않는, 형이상학에서 물리학으로의 이행은 이제 다른 것이 아니라 객관들과 관련한 점들에서 질료

※ 한 물체의 다른 물체에 대한 질량〔덩이〕으로의 충격은 예컨대 중량에 의한, 압박에서의 운동의 운동량을, 다시 말해 모든 무게를 능가한다. 사람들이 전체 지구에 대해 하나의 산탄을 중력과 반대되는 방향으로 쏜다면, 사람들은 이 물체가 그 낙하에 의해 일정한 속도에 이르기 위해 상승해야만 하는 그 높이를 계산할 수 있다.

만약 사람들이 아르키메데스의 모래 계산에서처럼 충격한 것의 운동력을 그 작용결과에서 분명하게 하고자 한다면, 그리고 두 물체가 절대적으로 단단해서 압축될 수 없다는 것을 전제한다면 말이다. 무릇 그렇지 않으면 압축의 운동량은 중력의 운동량보다 더 작을 터이고, 이것의 가속력은 충격받은 물체를 올리지 못한 채 소진되어버릴 터이니 말이다.

144

〔물질〕적인 것들을 완벽하게 하나의 도식 아래로 수렴하는 자연연구의 원리이다.

제4묶음

8절지초안

제4묶음, 8절지초안

자연과학의 형이상학적 기초원리들에서   [1][1]

물리학으로의 이행

———————

그에 의해 물질 일반이 가능한 운동력들에서

물질에 하나의 일정한 연결을 주면서, 다른 자연력들을 통해서는

다음과 같은 가변적인 연결을 주는 운동력들로

서로 응집해 있는 부분들의

1. 밀도, 2. 응집력, 3. 운동성 내지 비교적인 비운동성

밀도의 변화는, 그에 의해서만 모든 물질이 차이 없이 침투될 수 있는, 열〔기〕과 냉〔기〕에 의한 것이다. 이 변화가 용해이다. 이와 반대로 작용하는 것이 접촉에서의 끌어당김, 다시 말해 응집인데, 응집은 정지(접촉에서 힘들

---

1) 이하 [ ] 안의 1부터 21까지의 숫자는 '8절지초안'에 붙여진 일련번호이다. '제4묶음' 안에 섞여 있는 이 '8절지초안'은 1796년에 작성된 것으로 추정된다. 그러니까 '이행' 초고 중에서도 '초안'으로 볼 수 있겠다.

의 반작용이 똑같음)와 결합해 있는 것, 다시 말해 **직접적** 응집이거나 접근과 결합되어 있는 그러한 것, 다시 말해 자기[磁氣]와 전기에서와 같은, **간접적** 응집이다. 후자는 오직 분리될 수 없는 다른 물질들과 결합되어 있는, 물질들의 용해를 통해서만 가능하다. 모든 부분들의 변위에 대해서가 아니라 오직 분리에 대해서만 반하여 작용하는 응집이 유동[流動]이며, 분리가 아니라 변위에 반대하여 작용하는 응집이 파쇄성이다. 이 두 가지에 반대로 작용하는 것이 고체성(固體性)이다. 흐름[流].

그러므로 응집은 설명근거(중력에 의한 에테르의 압력)를 필요로 하는 첫째의 것이며, 그로부터 생겨나는 밀도의 근원적 차이는 이것의 결과이다. 둘째의 것이 유동성이다. 다시 말해 한 물질의, 조밀한 매체 안에서 이것의 부분들의 응집력과는 상관없는, 자유로운 운동성이다. 무릇 이것이 없다면 물체들은 침투될 수 없을 것이니 말이다.

[2]   이 유동성[액체성]은 근원적인 것임이 틀림없다. 무릇 이러한 유동성 없이는 (열에 의한) 용해와 연장[팽창]의 파생적인 힘들이 전혀 설명될 수 없으니 말이다. 또한 유동성은 한 연속적인 물질의, 한 방향에서 압박된 것 같은 정도로 모든 방면에서 받는, 똑같은 압박의 기계적 필연성에 의거한다.

그러므로 고체성은 하나의 파생적 속성임이 틀림없다. 그것은 자기가 변위하도록 하는 저 압박에 맞서서 힘쓰는, 그러므로 주위 공간의 어떤 역압[逆壓]을 필요로 하지 않는, 하나의 내적 저항에 있는 것이다.

이 저항은 응집을 만드는 동일한 힘에 의해 초래되는 것이 틀림없다. 그러나 이 힘은 한 방울의 물에서처럼 자기의 압력을 통해 각각의 부분마다 자기의 지속적인 위치를 유지하게 하거니와, 이것은 운동성을 모든 방면에서 가능하게 하는 순전한 압박[압력]에서 도출될 수 있는 것이 아니다. 이 운동성은 오직 자기의 되모는[배척하는] 힘들에 의해 다른 물질들이 잡다하게 구별되게 하는 에테르의 근원적이고 영속적인 진동에 의해서만 가능하다. 이 진동이 열 없이 모든 분산되어 있는 물질들을 서로 다른 비중에 따

150

라서, 다시 말해 물질의 한 가지의 질에서는 척력에 반비례해서, 응집하는 것이 틀림없다. 그것도 그 부분들이 자기의 진동들로 인해 결합되어 에테르의 진동들에 대해 온전한 저항을 하는, 그 부분들의 형상에 의거하고 있는, 그 부분들의 일정한 직조를 가지고서. 무릇 모든 형상들에서 더 밀도 높은 물질들이 그 진동들에서 가장 가벼운 물질에 저항할 수 있지는 않으니 말이다. 더 얇은 막(膜)들이나 더 긴 실들도, 더 가벼운 것과 더 무거운 것의 합성도 동시에 (전체의 형상과는 상관없이) 그것들의 일정한 직조를 상호 간에 정한다. 말하자면 서로 간에 높이와 강도를 맞춰 조율한 음향처럼 말이다. 이러한 상황에서 물질들은 부분들의 모든 변위에 대해 서로 저항한다. 그러나 이러한 상황에서 그것들은 더 가벼운 물질로 채워진 사이공간(틈새)에 의해 서로 격리되어 있음이 틀림없다. 이 고체 물질들은, 그것들이 먼저 늘어나고(신장되고), 이로 인해 그 무게와 함께 반대진동이 에테르의 진동보다 작아짐으로써, 파괴될 수 있는데, 이런 일은 서로 다른 물질들이 혼합되는 경우에 가능하다. [3] XXI375

부분들의 배척력이 많이 감소하되, 근거리에서 부분들이 서로에 대해 가하는 압박이 동일한 경우, 그때에는 그 부분들을 서로 떼어놓기 위해 필요한 힘이 증가한다. 만약 부분들이 에테르의 동일한 충격에서도 그것들의 길이와 두께에 따라서 가능할 것보다 더 작게 진동하지 않고서는 서로 변위할 수 없다면 말이다. 그것은 단지 늘어남(伸張)의 최대치이다.

무거움(重量性)이 모든 물질에 속할 수밖에 없다는 사실, 다시 말해 모든 물질은 일정한 용적 안에서 하나의 질량이라는 사실은 선험적으로 통찰될 수 있다. 무릇 그렇지 않으면 이것은 충격하는 다른 어떤 것의 운동에 대해서도 저항하지 않을 것이고, 다른 어떤 운동과 소통하지도 않을 것이니 말이다. ─ 그러나 똑같이 크며 일관되게 동질적으로 채워진 공간의 물체들에서 계량 가능성은 그럼에도 상이할 수 있다는 사실, 그것도 그것들의 형상과 직조 외에도 물질들의 종별적 상이성의 결과로서 그렇다는 것 xxx

거리를 둔 척력과 접촉에서의 인력, 그렇게 해서 하나가 다른 하나의 가능성의 조건이라는 것은, 모든 물체를 둘러싸고 있는 것이 틀림없는 어떤 중간물질의 매개 밖에서는 모순적이다.

    A. 무거움〔重量性〕

1. 특정한 내적 형식 없는
   물질들의 응집력과 탄성

2. 유동성〔액체성〕과 고체성　　　　1. 팽창 가능성과 열〔기〕

3. 열〔기〕과 냉〔기〕　　　　　　　2. 응집력과 고체성

XXI376 4. 용해와 분해 解體(석출)　　　　3. 계량 가능성과 물질의 양
   가득 찬 공간과 빈 공간

　　　　　　　　　　　　　　　4. 침투 가능성과 저지 가능성

물질의 보편적 종합적 속성들

1. 실재적으로 고찰된 연장〔신장〕력 膨脹力 — 용량

2. 무거움〔重量性〕, 절대적인 가벼움〔輕量性〕에 **대비되는** 밀도적 크기의
   실재성 — 質量

3. 일방의 慣性에 대한 타방에 의한 한 물체의 운동에서 쌍방의 작용
   결과

4. 빈 공간에 대비되는 경험의 객관으로서의 가득 찬 공간.
   유기적 존재자들에서

   a. 생명력. 종자〔種子〕

   b. 양육과 발달, 또한 종자에서, 攝取에 依해

   c. 성장, 외적으로 그리고 내적으로 생식능력에 이르기까지

   d. 생식 — 대체〔代替〕적인 또는 강화〔强化〕적인[2]

방울지는 유동체의 그리고 기체//(또는 증기//)류 유동체의 응집에 대하여 금속들, 그것들의 석출(석회), 그리고 열기에 의한 그것들의 유동화〔액체

---

2) 원어: communicativ.

화), 월등한 무게, 흡사 한 부류에서 다른 부류로의 비약, 그것들의 광채에 대하여. 그 위에 떨어지는 빛에 의해 자극받은 자기발광체, 하나의 종[鐘] 또는 장막현[腸膜弦]의 음향 같은 것.

금속들은 가용[可溶]적 물질들로, 이것들은 자기 위에 떨어지는 빛을 자 [4] 기 자신의 진동을 통해 변양한다.(振動 反射) 이것들의 불가침투성의 원인과 무거움[重量性].

거리[간격]가 척력의 조건일 수 없듯이, 밀쳐냄으로서의 접촉 또한 인력 의 조건일 수가 없다. ― 응집은 접촉하는 표면 내부의 부분들의 인력의 작 XXI377 용결과가 아니라, 단지 최소 두께의 외적 표면의 인력의 작용결과일 뿐이 다. 용해 없이는 응집이 없다. ― 연마된 표면의 응집 외에는.

접촉은 두 표면의 연장의 한계의 상호작용이다. 만약 그것이 두 물질의 연장의 한계이면, 그것은 물체적이다. ― 서로 접근하여 두 물체가 접촉하 는 시작이 충격이다. ― 그러므로 충격은 일정량의 물질로 된 한 물체의, 일정한 속도를 가진 운동을 함유한다. 그러니까 충격은 물체의 운동이 단 지 하나의 운동량일 뿐인 바로 그것의 무게보다 무한히 더 크다. ― 응집은 한 물질이, 접촉에서 무게가 같은 어떤 다른 물질을 끌어당김이다. ― 불가 침투성의 근거인 배척도 그와 마찬가지이다. 이제 척력은 오직 겉표면에만 있고, 그러므로 무한히//적은 양의 물질의 어떤 무게와 같기 때문에, 그것 의 속도는, 단지 그것의 하나의 운동량을 가질 뿐인 하나의 무게와 똑같기 위해 하나의 유한한 속도와 똑같아야만 한다. 이제 다른 것을 끌어당김에 의한 응집이 한편으로 단지 속도의 한 운동량만을 갖는다면 xxx

응집[凝集][**력**]은, 그것이 순전히 접촉에서 가능한 것인 한에서, 하나의 교호적인 끌어당김[인력]이다. (뉴턴의 한 광선의 인력은 그것이 떨어지는 한 물 체의 표면에서나 그것이 출발하는 표면에서 작은 거리에서도 이것과 쉽게 통일될 수 있다.)

그 응집이 부분들의 **변위 가능성**에 맞서 있지 않은 물질을 **유동** 물질

(流動 物質)이라 일컬으며, 그러나 이에 저항하는 그런 물질은 **강체** 물질(固體物質)이라 일컫거니와, 이 둘은, 이것들이 **접촉**에서 서로를 끌어당기는 한에서, 그러하다.

그것의 모든 부분들이 접촉에서 서로 순전히 배척만 하는 물질들은 탄성적이지만 그렇다고 해서 아직 탄성적 **유동체들**이라고 부를 수는 없다. 왜냐하면, 유동체는 언제나 접촉에서 모든 부분들의 인력을 요구하는바, 다만 이 부분들이 서로에 대해 어떤 **마찰**에도 굴복하지 않고, 그러므로 완전히 **변위 가능한** 것이기 때문이다.

XXI378

注意! 자연철학의 형이상학적 기초원리들에서 운동의 교호성을 받아들이는 것은 가능할 뿐만 아니라 필연적이다. 왜냐하면, 1. 그렇지 않을 경우 작용과 반작용의 같음의 법칙이 설명될 수 없을 것이고, 2. 直接的으로 물체들의 충격에서 두 단단한 물체들의 충돌의 법칙이 아무런 확실한 규정을 갖지 못할 것이기 때문이다.

마찰과 미끄러짐에 대하여

[5]   내적으로 순전히 팽창하는 (기체[氣體]적) 물질은 **근원적**(根源的으로 膨脹的)이거나 단지 파생적(派生的으로 膨脹的)이다. 사람들은 전자를 에테르라고 부를 수 있겠으나, 경험의 대상으로서가 아니라, 그것의 부분들이 더 크게 용해될 수 없는, 한낱 하나의 팽창하는 물질의 이념[관념]으로서 그렇다. 왜냐하면, 그 부분들 안에서는 응집의 견인력이 발견될 수 없기 때문이다. — 열에 의한 팽창 가능성은 이미 파생적이다. 왜냐하면, 후자[3] 자신이 어떤 특수한 물질(열소)에 의존해 있기 때문이다. — 세계공간[우주]을 채우는 그러한 물질을 받아들임은 불가피하게 필연적인 하나의 가설이다. 왜냐하면, 이것[4] 없이는 하나의 물리적 **물체**의 형성에 필수적인 것으로서의 응집이

---

3) 앞 문장의 '열'을 지시한다고 보아야 할 것으로, 열소와 구별되고 있으니, '열기(熱氣)' 정도를 뜻한다 하겠다.
4) 곧, 열소(에테르).

154

생각될 수 없기 때문이다.

그러나 모든 물질은 보편적 중력[만유인력]에 의해 근원적으로 세계[우주]
인력의 하나의 전체로 결합되어 있고, 그래서 에테르 자신은 모든 다른 물
질 없이도, 그것이 언제나 넉넉한 한에서, 하나의 압축 상태로 있을 터이지
만 이 압축은 진동하고 있어야 한다. 왜냐하면, 모든 사물들의 시작에서 이
인력의 최초의 작용이 그것들의 모든 부분들을 어느 한 중심점으로 압축하
는 것과 그에 뒤따르는 팽창이고, 그래서 그 탄성으로 인해 연속적으로 언
제나 계속되는 진동 상태에 놓이지 않을 수 없기 때문이다. 그렇게 해서 에
테르 안에 퍼져 있는 2차 물질이 물체들을 위한 어떤 특정한 점들에서 서로
함께 통합되도록 강요받고, 그리하여 천체가 형성되도록 강요받기 때문이
다. ― 에테르의 물질의 자기 자신에게 행사된 이 보편적 인력[만유인력]은
하나의 한계 지어진 공간(하나의 구[球])으로, 따라서 단 하나의 보편적 천체 XXI379
[우주]로 생각되지 않을 수 없는데, 천체는 저 인력에 의해 일정한 정도에서
자신을 압축한다. 그러나 천체는 이 근원적 압축과 팽창을 통해 영원히 진
동되는 것이라 보지 않을 수 없다. 그리고 모든 응집은 압박의 사력에 의해
서가 아니라, 오직 충격의 활력에 의해서만 산출된 것이고, 그렇게 계속해
서 산출될 수 있다.

A
유동 물질들의
응집의 원인에 대하여

응집은 외적 물질의 **압박[압력]**에 의해 일어날 수 없다. 무릇 응집하는
유동 물질들의 한 분량[5]의 현상은, 물질들은 자기와 응집하지 않는 다른
물질들로부터 모든 방면에서 똑같이 압박이 되면, 하나의 구형[球形]으로

---

5) 원어: Portion.

형성된다는 것이다. 각각의 물잔에서 물의 유동성이 그것을 이미 보여주듯이 말이다.

[6] 모든 물질은 운동할 수 있는 **팽창된** 것(膨脹體)이다. 이 운동할 수 있는 것이 전체로서 운동할 수 있는 한에서, 이것의 크기를 **물질의 양**이라 일컫는다. 그러나 이 전체는 그것의 운동이 부분적으로 잇따라서가 아니라 통일되어서 한 번에 작용하는 한에서, 질량[덩이]이라 일컬어진다. 연속적으로 운동하되, 그 최소의 부분들의 면에서조차 질량[덩이]으로 운동하지는 않는 물질은 유동적이라 일컬어진다. ― 그러나 어떤 유동 물질은 질량[덩이]으로 작용할 수도 있는데, 만약 그것의 모든 부분들이 다른 원인에 의해 **동시에**(함께 통일되어, 한 번에 일정한 방향으로) 운동하도록 강요될 때에 그러하다. 예컨대, 잔의 물을 덜어낸 후 물의 무게를 측정하기 위해, 저울 위에 올려진 잔 안에 있는 물처럼 말이다. 그러나 압박에 의한 운동력(예컨대, 무게)은 하나의 사력이다. ― 바로 그와 같은 것이 또한 **접촉**(그 물질이 유동적이든 고체적이든, 다른 물질에 대한 불가침투성의 저항)에서의 교호적인 인력이다. 충격에 의한 질량[덩이]으로의 운동력은 하나의 활력이며, 유동체에 대한 운동력은 언제나 단지 압력일 뿐이다. ― 사람들은 한낱 내적 반발력들에 의한, 하나의 물질의 내부에 있는 어떤 것(그러므로 어떤 외적인 것에 의해 한계 지어질 수밖에 없는 것)을 유동적이라고 부를 수도 없고 고체적이라고 부를 수도 없다. 무릇 이 두 가지이기 위해서는 그를 통해 물질이 자기 자신에 의해 한계 지어지는 응집력이 요구되니 말이다. (하나의 방울지는 유동체) 오히려 그것은, 공간에서 무한히 팽창하며, 그러면서도 바로 이 무한성에 의해서만 끌어당겨지고, 그럼으로써 자기 자신을 한계 짓는 하나의 양적인 것으로서의 하나의 물질, 다시 말해 세계공간[우주]을 채우는 모든 물질의 바탕인 에테르를 형성하는 것뿐이다. 이것의 최초의 충격에 의해 영원한 진동에 들어서는 내적 운동은 (압박에 의한 사력이 아니라) 하나의 활력이다.

XXI380

156

근원적으로 물질들의 응집은 이 물질들의 부분들 사이에서의 에테르의 방출에서 초래될 수 있다. 그때 이 부분들이 일정한 점들과 간격들에서 서로 접촉에 이르기까지 접근하게 될 것이기 때문이다.

유동〔액체〕물질은 자기 겉표면의 부분들의 가장 큰 접촉에 따라서 저절로 자기의 형태를 취하는 물질이다. 고체(固體) 물질은 자기의 변화된 형태를 스스로 변화시키지 않는 물질이다. 기체 물질은 외적 원인 없이 그 자체로 유동적인, 자기 부분들의 접촉에서의 열에 의해 정립된 물질이다.

열소는 다른 모든 물질에 침투함으로써 그것을 동시에 늘리는 물질이다. 빛은 직선으로 계속해 앞으로 나가면서 물질에, 그 안에서 퍼지지 않고서, 침투하는 물질이다. 스스로 끌어당기면서 운동하는 물질이 일반적 의미에서 자기〔磁氣〕물질이다.

열물질은 하나의 유동적인, 계량 가능한, 저지 가능한 물질인가? 열물질이 그 부분들대로 응집하는가, 그리고 열물질이 하나의 특수한 질량〔덩이〕을 형성할 수 있는가?

여기서 물질의 모든 속성들은 反對對當으로 고찰된다. 물질의 양. — 힘 일반. [7]

1. 팽창(膨脹)과 압축(壓縮)
2. 표면력과 침투력. (공간을 차지하면서, 채우지는 않는 힘) — 운동의 **운동 량**(사력)과 활력. 전자는 오직 **접촉**에서만 생기며, 접촉의 시작에서의 후자가 충격이다. XXI381
3. 응집과 배척(凝集, 反撥) (겔러의 '척력'[6]을 보라!) 유동〔액체〕성과 고체(固體)성
4. 침투 가능성과 침투 불가능성(자성〔磁性〕)

열은 독자적으로 존립하는 팽창체〔膨脹體〕가 아니다. 무릇 그것은 다른

---

6) Gehler, *Physikalisches Wörterbuch*의 항목 "Abstoßung, Zurückstoßung; Repulsion".

물질들, 예컨대 기체[氣體]들이 팽창할 수 있도록 하는 매체이기 때문이다. ― 그러므로 하나의 열소는, 어떤 원인에 의해 한 점에 모이고자 하더라도, 빈 공간 안에 퍼져 있는, 그러니까 독자적으로 존립해 있지는 않은 것(유동 물질도 고체 물질도 아닌 것)이겠다. 그러므로 이른바 열소는 단지 광소[光素][7]에 부착해 있는 속성처럼 보이고, 그러므로 자체로는 아무런 특수한 원소[소재]가 아니라, 오히려 광소의 물체들에 대한 한 관계[로 보인다.] 이 광소가 에테르로서 그 작용들에서 나뉘어, 곧 직선적인 유출(빛)로 그리고 물체들에 의해 흡수되면 열로 나뉘니 말이다. ― 천체들은 에테르를 갖고 있는 바, 이 에테르 안에 천체들의 물질이 퍼져 있다가, 그것들이 형성될 때에 행성들 안에도 동시에 취해졌으니, 에테르는 이제 직선으로 작용하지 않고, (공간기술[記述]이 아니라) 공간충전의 주위에서 작용함으로써 자신을 열로서 증명한다. ― 천체들의 자기들의 무게에 의한 물질의 압축의 크기가 에테르를 짜내고, 열로서의 에테르는 지구에서 점점 이탈하지만, 그 겉표면에서 다시 (낮에) 흡수된다. ― 한마디로 말해, 빛은 또한 동시에 열이다. 전자는 에테르의 직선적 방출에 있고, 후자는 바로 그 에테르의 기체 형태의 흡수에 있다. 전자가 거대한 물체들의 무게에 의해 촉진되는 곳에, 어두운 반점[斑點]들이 그러나 흡수하는 지점으로 나타난다.

[8]

에테르의 물질의 또 다른 작용은 아마도 자성[磁性]인데, 그것은 지구의 인력이 아니라 아주 위 상층의 어떤 물질의 인력의 작용인 것으로 보이는 바, 이 상층은 자기 안에서 스스로 응집하고, 지구 주위를 운동하면서, 지구의 철 함유량에서 짜내진, 밖으로 나가는 물질을 함유하고 있다.

이 모든 물질들은 유동적이라고도 고체적이라고도 부를 수 없다. 이것들은 한편으로는 다른 물체들에 대해 침투하는(浸透 可能한) 것이고, 한편으로는 어떤 것에 대해서 저지 불가능한 것이면서, 또 다른 것(예컨대 철)에 대해

---

7) 원어: Lichtstoff.

서는 침투 불가능한 것이다. 이것들은 (북극광들의, 어쩌면 또한 황도광[黃道光]의) 고층에서 거기에까지 이르러 머물러 있는 에테르의 인력들을 통해 자신이 활동하고 있음을 증명할 수 있다.

고체성[固體性], 강체성은 그 부분들의 변위에 저항하는 하나의 물질의 성질이다. 응고[凝固], 굳어짐은 유동체의 강체 물체로의 변화(일정한 형태들로의 결정[結晶])이다. 한 유동체의 응고는 한 물질에서 열이 감소한 데서 기인한다. — 사람들은 이 현상을 그러니까 물질이 틀림없이 이종[異種]의 부분들로 이루어진 것이라고 할 밖에 달리 생각할 수 없다. 그 이종의 부분들 가운데 필시 몇몇은 더 많게, 또 다른 것은 더 적게 열소를 함유하는바, 그것은 하나의 물체를 형성하기 위한 것, 이를테면 광선상[光線狀]과 섬유질이 연이어 놓이고, 그 사이에 열물질을 분배하기 위한 것이다. 그렇게 함으로써 비록 부분들 각각에서 일부는 더 많이 일부는 더 적게 열소를 함유하고 있어도, 그 전체는 차가워진다. — 스스로 하나의 방울을 형성하는 유동 물체는 그런 한에서 겉표면으로는 하나의 固體 物體이다. 무릇 방울들은 석송//씨들이 뿌려진 물체 위에 떨어지면, 뛰어오르니 말이다. 그러므로 방울은 그 겉표면으로 보아서는 하나의 固體와 **유사한 것**이다. 그리고 겉표면에서부터 증기류의 액체는 습기 있는 증기에서도 광물의 증기에서도 **결정**[結晶]될 수 있다. — 세계[우주]인력은 **공평**하고(중력), 모든 거리에 미치며, **포괄적/총괄적**이다. (접촉에서의 또는 **응고**하기 위해 접촉하려 힘쓰는 데서의) 화학적 인력은 특수하고, 편파성을 갖는다. 국부[局部] 인력.

가열은 유동체의 容積을 확대한다. 그러나 열의 감소에서의 **응고**도 마찬가지이다. [9]

열은 강체[고체]를 유동화할 뿐만 아니라, 유동체[액체] 자신을 공중에 XXI383
증발시킨다. 그래서 열물질 자체를 유동체라고 부를 수는 없다. 그러면 그것은 대체 무엇인가? — 어떤 물질의 속성으로가 아니라, 바꿔 말해 그것의 상태로 생각되는 유동성[8]은 원소[소재]로서의 한 유동체[9]와는 구별되어야 한다. — 도대체가 그러한 원소[소재]가 있다는 것은 한낱 가설이며, 이에 따라 사람들은 그것에 의해 침투된 물질의 연장[팽창]과 수축의 많은 현상들을 설명할 수 있다. 예컨대 결합된 그리고 잠재된, 반면에 해제된 그리고 부유[浮游]하는 열에 대해 그 열의 양에 따라 기계적으로//또는 화학적으로 설명할 수 있다. 첫째는 마찰과 타격을 통해서 고체 내지 강체 물질들과 이것들을 매개로 열소를 진동의 상태로 그리하여 방출의 상태로 만드는 방식으로, 둘째는 유동 물질들의 다른 물질들과의 친화성을 통해 이것들을 분해하고, 그렇게 해서 저 원소[소재]를 내몰거나 흡수하는 방식으로 말이다.

이제 만약 하나의 특수한 열소가 있다면, 그래도 사람들이 그것을 유동적인 것이라고 부를 수는 없다. 왜냐하면, 유동체들은 열을 전제하기 때문이다. (그러나 동시에 또한 부분들의 변위 가능성에서 응집을 전제하기 때문이다.) 또한 유동체를 근원적으로 탄성적인 것이라 생각할 수 없다. 무릇 이러한 속성은, 만약 그것이 곧 (비눗방울 속의 공기처럼) 그 효력이 표면력인 저지 가능한 물질이어야 한다면, 열을 전제하니 말이다. — 그러므로 이 유동체는 오직 **에테르적**인, 모든 물질들에 근원적으로 침투하고, 전체 세계공간[우주]을 채우며, 저 원소[소재]가 물체들에 매여 있는 곳에서는 그 원소[소재]를 유발시키는 물질일 수 있다. 어디에나 현재하고 우리 감관에 알려지는 물질이 빛 외에는 없으므로, 광[光]물질이 저 에테르적 물질일 것이지만, 열소는 단지 그것들이 **접착**의 인력에 의해 물체들 안에 축적된 하나의 量的인 것[10]일 따름이다. 그런데 이 접착 자신은 하나의 근원적 힘이 아니라, 한낱 물질의 요소들 사이에 있는 에테르의 팽창력의 약화일 것이다. 이것들은 그것들이 충격받은 똑같은 정도로 반격을 행사할 수가 없고, 그러므로 압

---

8) 원어: Flüssigkeit.
9) 원어: Flüssigkeit. ※원어는 위와 동일하지만 의미의 차이를 두기 위해 서로 다른 번역어를 사용함.
10) 원어: ein quantum.

축되니 말이다. — 이 에테르를 우리는 **정화**〔淨火〕**의** 팽창물(화기〔火氣〕)이라고 부르고자 한다. 이것은 두 가지 방식으로(곧 빛으로 또한 열로) 전진적으로 그리고 진동하면서 작용하고, 세계구조〔우주〕를 형성하고 있는 모든 물질을 함유하고 그에 침투한다.

열물질은 유동적인 어떤 것이 아니고, 유동적이게 **만드는** 어떤 것이다. [10] XXI384
이것의 극단적인 작용이 통합하는 모든 부분들을 서로 분산(分散)시키는 일(深部的 膨脹)이다. 이런 일은 그 부분들이 열의 물질을 흡수하거나 그에 의해 침투됨으로써 일어나며, 그렇게 이것은 영구적으로 팽창해(차갑게) 그대로 있다.

순전한 팽창적//유동체는 열을 함유하지 않지만, 그럼에도 그것 없이는 팽창이 일어나지 않는 어떤 결합된 열물질을 함유하겠고, 자기를 한계 짓는 어떤 물질에 대한 순전한 표면력은 갖는다. 예컨대 저 팽창체가 분산되는 것을 막는 비눗방울.

하나의 유동 물질은 그 부분들이 응집해서 하나의 물체를 형성하는 하나의 물질이다. 그 물체는 모든 부분들 사이에 최대의 내적 접촉을 가지면서 빈 공간과는 최소의 접촉을 갖는다. 다시 말해 하나의 **방울**을 갖는다. 이러한 유의 유동체가 방울지는 유동체이다. 방울들은, 사람들이 단지 그 응집의 인력에만 주의한다면, 하고자 하는 만큼 크게(어쩌면 대포알같이) 될 수 있다. 왜냐하면, 사람들은 저항하는 공기로 인해 떨어지는 것은 도외시하기 때문이다. 운동력은 겉표면에 있고, 이것의 응집력에 의해 또한 내적 유동체가 하나의 구〔球〕를 형성할 때까지 운동하게 된다. 표면력으로서의 인력은 또한 하나의 기계적 탄성을 가능하게 하고, 그리하여 방울들이 어떤 물체의 끌어당기지 않는 표면에 떨어지면 튀어 오른다. 그래서:

말굽 연골이나 상아로 만들어진 공들에서 흡사 그 겉표면이 늘어나는 것같이, 하나의 강체 비슷하게 작용하는 표면력으로서의 응집에 대하여

물질의 강체성(古體性)에 대하여. — 이것은 그 변위에 저항하는 하나의 [11]

일관된 (내적·외적) 응집의 개념을 함유한다. 그래서 (구부리기에서의) 약간의 변위가 그 물체의 파괴(부러짐)로 이어지며, 이러한 강체성은 부서지기 쉬움/취성〔脆性〕이라는 이름을 얻는다.

강체적이고 동시에 부서지기 쉬운 물체들(철과 유리)은, 만약 이것들을 미리 달궈놓지 않은 채, 구부리면 산산조각이 난다. (이런 것의 어떤 종류는 부딪쳐 깨뜨리고 파쇄함으로써) 가루로 바뀌며, 그 가장 작은 입자들도 전체와 동종적이다.

그러나 이것들이 이런 분리로 인한 그 조각들을 제아무리 완전하게 짜맞추어도 강체 물체로서는 더 이상 하나의 連續體를 이루지 않는다는 것, 그것들은 제아무리 압축을 해도, 그러니까 그것들은 한 번 응집을 벗어나면 새로운 용해 없이는 응집하지 않는다는 것, 그러므로 그러한 부서짐이 무한히 많다고 생각해보면, 그것들의 전체가 훨씬 더 큰 공간을 차지할 것이라는 것은 하나의 원거리 척력을 증명한다.

[12]   한 물질의 부분들의 인력의 강도가 그 물질의 강체성의 원인일 수 없다. 무릇 이 인력은, 유동성에 고유한, 변위를 (예컨대, 수은방울에서와 같이) 방해하는 것이니 말이다. ─ 그렇다 해도 한 강체 물질의 부분들의 변위에 저항하는 어떤 내적 원인이 있음은 틀림없다. 이것의 유래는 이렇다: 유동체를 먼저 동질적인 것(類似 物質)으로 보자면, 열이 자기 자신 안으로 흩어질 때 하나의 **직조**가, 예컨대 다른 자리에 (그럼에도 열은 언제나 동일한 것으로 불변적일 수 있거니와) 또는 어떤 유사하지 않은 물질 안에 이종적인 것들이 특정한 자리에 별도로 모이는 것보다, 열의 더 많은 물질들이 수집된 직조가 특정한 자리에 모인다. 이로 인해 변위 가능성의 분할에서 이질성이 저항받는 것이다. ─ 그것들 모두는 똑같이 섞여 유동 상태에서 결합될 수 있고, 그러나 또는 오직 간접적으로 동종의 입자들이 서로, 그러나 그 역시 그 사이에 있는 이종적인 것들과 함께 다른 것들과 결합되어 선〔線〕을 따라 또는 층〔잎〕에 따라 결합될 수 있다. 그때 비록 나는 열소와 금속 소재의 이질성만

162

을 그렇게나 분리된 층위에 서로 나란히 놓여 있는 것으로 보지만 말이다.

물이나 다른 어떤 용매로 용해된 물질의, 순전한 **침전**(沈澱)에 의한 강체 〔고체〕화는 **결정**(結晶)에 의한 것과는 다른 형성을 보인다. 고체 물체는 그 자신의 부분들의 인력에 의해, 그 부분들을 용해하는 물질(열 또는 그 밖의 유동체)이 이탈하면서, 모종의 일정한 형태들을 형성하기 때문이다. — 금속들은, 그것들이 그 안에서 유동적이던 열의 순전한 이탈로 인해 일정한 형태들로 형성된 물체들이다. — 그러나 이 현상의 관찰은, 그 부분들이, 그로부터 한 부분이 담뿍 흘러나온 한 과심(果心)의 핵과 똑같이, 내면에서 자기 자신을 형성할 자유를 갖는 것을 요구한다. — 선 또는 층〔잎〕에 의한 이러한 결정(結晶)이 어쩌면 특수한 무게뿐만 아니라 금속의 연마에서의 고유한 광채의 원인이다. 왜냐하면, 그 선들과 층〔잎〕들은 언제나 응고된 채로 있고, 심지어 망치질을 해도 이 형태들을 작은 입자들 안에서 유지하고 있으니 말이다. 그에 반해 물 떨어짐은 단지 응결되었으되 결코 유동적이지 않던, 고체 물질을 조각나게 한다. — 이에 반해 금속들을 때려서 다듬고 닦는 것은 그 자체로 가열하는 것이고, 겉표면을 유동적이게 만들며, 그와 같은 방식으로 그것들을 사출형으로 결정(結晶)되게 만든다. 비록 거기에서 나오는 선광(線光)이 섬광과는 다른 것이지만 말이다.

[12] [11]

XXI386

겉표면을 마찰해서 금속과 유리를 가열하면 진짜 용해가 일어나고, 이것은 그 겉표면의 금속이 빛살같이 형성되는 것을 가능하게 한다. 또한 사람들이 실제 용해를 부정할 이유가 없다. 왜냐하면, 마찰 도구가 눌어붙지 않게 또는 연마된 표면이 달아오를 때까지 가열되지 않게 감지할 수 있기 때문이다. 무릇 겉표면의 두께가 무한히 작을 경우 이 정도가 순간적으로 없

[12] [12]

---

11) "12"가 중복되어 있다.
12) "12"가 재중복되어 있다.

어지기도 한다. 화기(火氣)는 가열할 때 동시에 사그라드는 것이니 말이다. 가령 가연성 기체에서의 불꽃들이 빛은 나지만 이것들이 불을 붙이지는 않는다.(금속의 정의)

[13] 학문 일반으로서의 인식에서의 **진보**(進步)는 그것의 요소들을 찾아내고, 그다음에 그것들이 마땅히 함께 정리되어야 할 바대로의 (즉 체계적인) 방식을 연결하는 데서 시작한다. 그때 이 일을 요소론과 방법론으로 구분함이 최상위의 구분을 이루니, 하나의 학문 전체를 정초하기 위해, 그중 전자는 개념들을, 후자는 이 개념들의 배열을 제시한다.

XXI387 인식의 한 방식에서 다른 한 방식으로의 이행(移行)은 보행(步行)이어야 하고, 비약(飛躍)이어서는 안 된다. 다시 말해, 방법론은 자연과학의 형이상학적 기초원리들에서 물리학으로, 즉 선험적으로 주어지는 자연의 개념들에서 경험인식을 제공하는 경험적 개념들로 **이월하기**를 지시명령한다. 이때 이를 위한 규칙이 있을 것이다. (어떤 철학자의 농담 같은 격언대로) 코끼리들이 네 발 중 한 발을, 다른 세 발이 확고하다는 것을 느낄 때까지, 앞으로 내딛지 않듯이 말이다. 그런데 모든 물리적 힘들은 작용하는 원인으로서의 운동 개념에 함유되어 있고, 그 작용결과는 그러니까 감각될 수 있으며, 경험의 요소로서 경험적 개념들에 기초해 있다. 그 원인은 선험적으로 주어질 수 있는 것이 아니되, 작용하기 위해 그것들이 놓여야만 할 여러 가지 관계들의 형식은 능히 그러할 수 있다.

인력과 척력, 표면력으로서의 두 가지 (凝集 及 膨脹)

인력과 척력, 물체적 침투력으로서의 두 가지 (重力 及 熱量)

유동적 및 강체(고체)적 물질

유동체 중에서 동종적인 부분들로 용해(溶解)

이종적인 것들로 분해(分解)

자유로운 전진적인 그리고 진동적인 (빛의) 운동

동종적이지만 용해되지 않은 **중간(매개)물질**, 예컨대 물 또는 이어져 있

164

는 고체 물체들의 평평한 표면들의 (連續體 또는 切片들의) 접착과 구별되는 응집에 대하여.

모든 물질은 경험을 통해서만 그러한 것으로 (그것도 공간상의 하나의 양 [量]적인 것으로) 인식될 수 있다. 만약 물질이 그것에 침투하여 영향력을 행사하는 어떤 물체의 외적 힘에 의해 움직인다면, 다시 말해 중량에 의해, 그러니까 원거리의 교호적인 보편적 **인력**[만유인력], 즉 **중력**에 의해서 그러하다면 말이다. — 그러나 어떤 물질이 (사람들이 자성[磁性] 물질이나, 아마도 에테르 일반을 그렇게 생각하듯이) 팽창적이면서 동시에 저지 불가능하다면, 그 물질은 조건부로는 **계량 불가능**한 것이기도 하겠다. 다시 말해 사람들은 그 물질과 그것의 무게를 어떤 경험을 통해서도 알 수가 없을 것이다. — **무거움**은 그 도[度]에 따라 인식되는 물질의 양이며, 중력의 영향을 받는 물체들의 거리의 제곱의 반비례의 차이에 따라 차이가 난다. 즉 지구에서 멀어질수록 점점 더 작아진다. 그러므로, 열물질은 팽창적 물질이면서 동시에 저지 불가능한 것이기 때문에, 자성 물질과 마찬가지로 계량 불가능한 것으로 보아야만 한다. 물론 후자는 절대적으로 그러한 것이 아니라, 철을 제외한 모든 물질에 대해 상대적으로 그러한 것이지만 말이다.

[14]

XXI388

물리학 자신은
순전히 기계적인 자연에서
(목적들의 개념에 기초한) 유기적 자연으로의 이행을
함유하지 않는다: 이 이행은 그리고 인과법칙들에 따라
이 목적들은 설명될 수 없겠다. 그것은
인간 이성의 통찰을 넘어서는 것이다.

[15]

왜냐하면, 물리학은 여기서 스스로 곧 목적에 의해 가능한 것으로서만 생각될 수 있는 자연으로 비약을 하는 것이기 때문이다.

한쪽 언덕[岸]에서 다른 쪽 언덕으로 건너기 위한 다리가
우리에게 놓여 있지 않으니 말이다.

1

개개 세계원소[소재]의
기계적 결합에 대하여

2

세계건축물[우주]의
기계적 형성에 대하여

이월의 $\left\{\begin{array}{l} 양 \\ 질 \\ 관계 \\ 양태 \end{array}\right.$

XXI389 고체 물체의 응집력이 마지막에 있으므로, 끌어당겨진 판[板]의 두께는 무한히 얇지 않을 수 없다. 무릇 그렇지 않으면 그러한 물체나 실[絲]은 전혀 끊어질 수 없을 것이니 말이다. 따라서 인력은 결코 접촉된 표면을 넘어 갈 수 없다.

물의 한 양[量]이 공중에서 자유로이 부유하고, 공기로부터 대기의 보통 무게로써 압박을 받는다고 생각해보자면, 이 압력이 그 형상을 변화시킬 수 없다. 이 물의 양[量]은 그 자신의 인력에 의해서도 마찬가지로 그렇게 될 수 없다. 무릇 인력은 언제나 표면과 수직 방향으로만 상관하는데, 이 표면은 그에 동일한 방향에서 저항하니 말이다. 그러므로 그런 일은 사력 에 의해서가 아니라, 오로지 활력(충격)에 의해서만 일어날 수 있다.

주해

기압계의 수치를 변화시키는, 중력에 의한 것보다 훨씬 더 큰 달의 힘

에 대해 설명하기 위해서는 그 대신에 아마도 그것에게 한결 더 높게 영향을 미치는 전기 물질에 대한, 아마도 심지어는 그것의 교대하는 층들에 대한 영향력을 인정해야 할지도 모른다. 이것들은 한낱 하층 대기의 팽창성을 약화하거나 강화하는 데 기여하고, 북극광들과 연관하여 전환점들을 제공하는 특정 지역보다 더 높은 곳에서 오랫동안 작용할 수 있는 것이다.

물은 유리 용기에 잠겨 항상 젖은 채로 이끌려 나옴으로써, 자기 자신보다도 유리 용기와 더 강력하게 응집되므로, 여기서 인력은 역으로 활동한다. 곧 모세관 안의 물은 자기 자신보다 유리 용기와 더 많이 응집한다. 왜냐하면, 그것은 빈 공간보다 유리 용기와 더 많이 접촉하기 때문이다. 그때문에 그것은 우묵한 것이다. [15]

均一하게 가속되는 하나의 운동은 무[無](정지)에서 시작하지 않고, 오히려 하나의 운동량에서 시작하며, (상당한 높이의 낙하에서는) 더 큰 가능한 운동량들을 통해 어떤 일정한 속도에까지 나가는 것이 아니라, 오히려 동일한 운동량을 통해 속도가 증가한다. XXI390

할 수 있을 만큼 크게 방울을 형성하기 위해 응집하는 유동체의 형태는 오직 하나의 외적 운동력에 의해, 그것도 사력이 아니라 활력에 의해, 즉 하나의 압박[압력]에 의해서가 아니라, 빠르게 잇따르는 진동(振動)들이라 일컬어지는 것들에 대한 충격[력]들에 의해 가능하다. 이로 인해 유동체의 형태는 가능한 한 용적이 가장 작은 겉표면, 다시 말해 구상[球狀] 형태를 취할 것이 강제된다. 만약 다른 압박, 곧 자기 자신의 무게에 의해 이 유동체가 그것을 둘러싸고 있는 고체 용기의 틀 안으로 압박하는 압력이 없다면 말이다. 그러나 만약 이 용기 자신이 그것의 부분들이 상호 간에 갖는 것보다 용기 안의 유동체에 대해 더 많은 인력을 갖는다면, 그 유동체는 그 둘러싸인 중에서 압박[압력]에 의해 더 높이 몰리게 될 것이다.

무릇 진동들은 용기의 가장자리에서 겉표면이 우묵한 형태를 취하도록 강요할 것이다. — 무릇 **수면 위에서 끌어당기는 하나의 환**[環]이 가장자리의 물을 올린다거나 서로 예각으로 기울어져 있는 두 유리판 사이의 물을 그 근접성으로 인해 끌어당긴다는 것, 그러므로 원거리로의 인력은 하나의 매우 대담한 가설이다. — 하나의 유리관 속에서 자기 스스로 하나의 방울을 형성하려고 힘쓰는 수은도 이와 마찬가지이다. 그것은 주변보다 더 낮게 있으며, **원거리의 척력**을 필요로 하지 않는다.

[16]   표면력으로서의 인력은 **응집력**이다. (접촉에서의 인력.) 또한 떨어져 있는 부분들에 대한 인력, 침투력. 이것은, 만약 이것이 모든 물질에, 물질 일반에 대한 것이면, **중력인력**이다. 그러나 이것이 다른 모든 물질에 자유롭게 침투하면서 단지 몇몇 물질에 대한 것(예컨대, 자성(磁性))이면, 그 인력은 XXI391   **편파적**이고, **선택인력**이라 불러야 할 것이면서도 침투적이다. 저 인력의 공평성은 하나의 — 물질 일반에 의거해 있다.

하나의 강체 물질(固體 實體)의 부분들의 응집은 유동체로부터의 형성(예컨대, 물의 결빙)을 전제하고, 혹은 **배치들**(형상과 직조)을, 그것도 선(1차원)적으로 또는 면(2차원)적으로 또는 입체(3차원)적으로, 하나가 다른 것에서(예컨대, 아이스 빔, 빙판, 얼음 토막에서) 산출될 수 있는 것을 형성하며, — 혹은 열이나 다른 유동체의 흩어짐으로 인해 하나의 강체 물체가 생성되는 순전한 침전(沈澱)(예컨대, 냉각에 의한 금속의 자유로운 형성들 또는 소금결정(結晶))이다. — 이것들은 모두 고체성에 속한다.

[**표면력**으로서의 척력에 대하여.] 열은 하나의 **침투력**에 의한 척력이다.

순전히 접촉에서 생기는 표면력으로서의 인력은 많은 물질들에 대해 편파성(당파성)을 갖는다.

[17]   강체 물질들은 **유연화할** 수도 **부서질**(파쇄적일) 수도 있다. 전자의 경우에 그것들은 강체 물질로서의 그것들에 속하는 혼합이 동일함을 중단하지 않은 채로 반죽이 되고, 뜨겁게 하거나 차게 해서 단련될 수가 있다.

침투력으로서의 척력이 열이다. 표면력으로서의 척력은 자기를 둘러싸고 있는 용기를 흡수하지 않는 유동체 안으로 팽창하는 것의 작용이다.

　모든 물질들은 진동 중에 있다. 왜냐하면, 물질들은 모두 오직 진동들 중에서만 효력이 있는 열물질을 다소간 함유하고 있고, 이질적인 다른 부분들로 점차 혼합되기 때문이다. 그러나 물질들은 그로 인해 강체[고체] 상태로 들어가고, 그 상태에서 유동성에서 나와 고체성에 놓이니, 그것들은 자신을 실올들로, 평판들로, 토막들로 형성되는 하나의 직조에 짜맞춘다. 그런 중에 이것들 사이에 그 역시 자기 고유의 직조(조성)를 갖는 다른 물질들이 놓인다. 그러나 이 실올들은 오직 그 떨림들이 그 안에서 이종적으로 일어남으로써 생기는 것이다. 그래서 만약 떨림이 다른 것 안에서처럼 더 빠른 데 있으면, 더 섬세한 중간소재들이 더 거친 중간소재들로 하여금 그들의 상태에서 벗어나지 못하게 한다. — 눈의 형상화 — 결정화[結晶化]들 및 야외에서의 금속들의 형태화들. 모든 것은 열 운반체의 흩어짐에 의해 xxx

　기본형성들은 **실올**(絲), **박편**(薄片) — 이것은 판(板)과는 다른 것으로, 더 稠密한 板이다 —, 그리고 **토막**(塊)이다. 그것들은 공간 일반의 선험적인 세 기하학적 차원들, 즉 기하학 일반의 선분[線分], 면적[面積] 그리고 체적[體積]에 의한 것이다. — 단단한 실올을 섬유[纖維]라고 일컫는다. — 부화된 달걀의 점차적인 증발을 통해 유동적인 흰자가 유동성에서 벗어난 섬유로 형성되고, 살과 뼈로 형성되는 일이 어떻게 일어나는가?

　열은 매우 진동적인 운동이다. 이에 속하는 모든 것에 침투하는, 모든 계량할 수 있는 물질과는 구별된다는 열소를 상정함은 순전한 가설이다. 무릇 열의 **개념**에는 응집해 있는 모든 부분들의 변위를 가능하게 하는, 이러한 내밀하게 전면적인 진동이라는 것 외에는 아무것도 들어 있지 않으니 말이다.

물질의 불투명성 및 투명성

點들, 分子들, 小體[粒子]들.

고체화는 항상 하나의 결정화(結晶化)이다. 다시 말해 그것은 물질이 응고되고, 변위 가능성이 중단되거나 감소되고, 이것이 더 이상 유동 상태에서와 같은 만큼의 열을 함유할 수 없음으로써, 유동체 안에 하나의 구조〔직조〕를 산출함이다.

만약 하나의 물질이 절대적으로 동종적이라면, 다시 말해 결코 혼합물로 볼 수 없다면, 그것의 모든 부분들은 똑같이 접촉되고 그와 연결된 응집에 이를 터이며, 그래서 (제아무리 적게라도 열의 매개에 의해) 항상 유동하게 될 터이다. 왜냐하면, 변위 가능성은 완전하고, 각각의 물체는 세계공간〔우주〕에서 자유롭게 떠돌 것이므로, 하나의 거대한 방울일 것이기 때문이다. 그러므로 〔고체화는〕 오직 하나의 혼합된 고체(강체)에서만 발견될 수 있다.

그러나 (위에서 증명한 바대로) 하나의 방울을 형성해야 할 유동체의 응집 자체는 사력인 한갓된 압박을 통해 생길 수가 없고, 활력인 충격(振動)들을 통해 생길 수 있는 것이다. 그 탄성과 중량에 의해 내적으로 이종적인 하나의 물질의 이 충격들이 이 혼합물을 분리할 것이나, 하나의 원소〔소재〕를 분해함이 없이, 그것을 단지 일정한 간격을 두고 있는 점들인 두 동종의 요소들 사이에 분배한다. 예컨대 그래서 더 무거운 종류의 (그러면서 탄성적인)

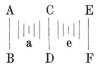

물질은 AB, CD, EF 안에서 발견된다. 더 가벼운 물질은 이것들 사이에 분배되고, 그래서 그 위치들의 변화(변위)에 저항하는 하나의 구조(織造)가 생겨난다. 왜냐하면, AB, CD 등의 선상에 또는 면상에 있는 더 무거운 원소〔소재〕들은 매우 강력한 요동(振動)들을 갖고, 더 가벼운 원소들을 사이공간〔틈새〕 a, e 안으로 몰아넣을 것인데, 이때 열소가 물질의 내면에서 똑같지 않게 분배될 것이기 때문이다. 비록 일관되게 똑같은 열임에도 똑같지 않

170

게 분배된 열소에 의한 이 섬유//형성, 박편//형성, 토막 형성은 (한낱 혼합물이 아니라) 하나의 직조이고, 이 직조는 어떤 주어진 물질에 의해, 그것이 고체화한 이상, 그것이 그 강체〔고체〕성 자체를 상실하지 않고서는 분리될 수 없다. 그러나 열이 그것에 균일하게 침투하자마자 그것은 이 강체〔고체〕성을 상실한다.

외적으로 섬세한 물질의 충격들은 그것의 요소들을 이질적인 진동들로 종별화한다.

그러나 만약 이제 한 금속을 뜨겁게 해서 또는 (그것이 부서지지 않고, 신축성이 있으면) 차게 해서 망치질을 한다면, 그 물질은 한순간 자기의 혼합을 변화시키고, 적어도 겉표면에서는 유동적인 것으로 보일 수 있다. 그러나 낱말의 정확한 의미에서 한순간이란 전혀 지각될 수 없다. 무릇 만약 지각이 세워진다고 한다면, 그때 유동화〔액체화〕는 이미 지나가버리니 말이다. XXI394

이러한 사정은 마찰과 연마에서도 마찬가지이다. 이 두 가지는 하나의 용해이다. (이것이 없이는 판유리도 집광유리도 객체들의 순수한 표상들을 보게 할 수 없고, 한낱 광학 도구상의 형상들만을 보게 할 것이다.)

물질 일반의 선험적 구분 [18]

A
양의
상이성에 따라서

범주들[13]

1.

동종적인 것의 하나, 여럿, 모두

---

13) 『순수이성비판』의 범주들의 표(*KrV*, A80=B106) 비교 참조.

중력을 통해 보편적 세계[우주]인력[만유인력]으로 인식함. ― 그 시작에서(순간의) 한 운동으로서의 중력의 운동량에 대하여. 容積[14]이 아니고, 용량[15]. 균일한 가속 중의 운동에 대하여. 밀도, 무거움[重量性]과 계량 불가능성에 대하여.

B

질

물질의 상이한

질에

대하여

2

실재성, 부정성, 제한성

모든 물질은 운동의 질의 면에서 한가지 비중을 갖는다.

공간상에서 동종적인 것의 수량 또는 그 운동의 속도의 도[度]의 면에서의 종별적 차이. 이것은 어디에서 존립하는가? 단순하게 또는 혼합되어. 어떠한 물질도 수학적으로 단순할 수는 없다. 그러나 능히 역학적으로//단순할 수 있다, 다시 말해 혼합되지 않을 수 있다. 즉 부분들이 (동시에 밀쳐냄인) 접촉에서 또는 약간의 거리에서 서로 당기므로(**접근**을 위한 **응집력** 또한 외력[外力]). ― **물질들 자체**의 또는 이것들의 **상태**의 종별적 차이. 내면적으로 유동[액체]적 또는 고체적, 외면적으로 정지 또는 운동. 후자의 열은 노출된 또는 잠재적인, 잠열[潛熱](냉기는 열소의 결여가 아니라, 이에 의한 물질의 팽창력에 대한 반작용). ― 사람들은 한낱 그 **구조**(직조)의 차이가 아니라, 물질들의 종별적 차이를 받아들이지 않을 수 없다. 그러므로 그것은 매우 혼합적일 수 있다.

---

14) 원어: volumen.
15) 원어: Inhalt.

C

관계

3

내속성, 인과성, 상호성

물질의 상태는 유동성 상태 또는 강체〔고체〕성 상태(둘 다 응집의 상태)이거나 분산 경향의 상태이다. 이 상태는 앞의 둘 중 어느 것도 아니고, 오히려 이 둘의 실재적 반대이다. 팽창되는 물질은 저지〔차단〕할 수 있거나 (열과 같이) 저지〔차단〕할 수 없다. 한낱 상대적으로 또는 절대적으로.

과연 한낱 작은 물체 부분들의 형태의 차이가 아니라, **물질**의 내적 차이도 있는가.

응고(凝結)는 한 유동〔액체〕 물질이 일정한 형상을, 다시 말해 겉표면을 갖는 하나의 물질인 강체적 물체로의 변화이다. 형상은 서로 다른 세 가지, 즉 선분, 면적 그리고 체적의 기하학적 차원들에 따라 가능하다. 용적이 수축되든 확장되든 간에 일단 열소가 분산하면, 선//면 및 토막//조직에 따라서. 이 형성을 유동체〔액체〕의 결정(結晶)이라고 일컫는다. 예컨대, 아이스빔, 빙판, 얼음 토막에서. — 경험이 강체〔고체〕화에 필연적으로 속하는 이 직조를 가르쳐준다. 물방울의 (입체적) 응고가 우박이다. 모든 것에서 변위 가능성은 전적으로 폐기되거나 단지 다른 직조로 변환되거나 한다. 그 가운데 전자는 하나의 유리 방울에서와 같이 파쇄성을 낳고, 이러한 방울들은 거품 모양이 된다. 일정량의 **열소**가 이와 함께 흩어지거나 잠재(潛在)된다. 그리고 열〔기〕을 그친다. — 당김과 망치질에 의한 어떤 강체 물질의 신장〔伸張〕성(늘여 펼 수 있음〔可延性〕)과 또한 유리나 금속들을 마찰하여 그것들의 단단한 겉표면을 연마(練磨)함은 언제나 덩어리 안에서 또는 거친 겉표면 위에서 일어난 순간적인 하나의 용해이거니와, 이에 응고가 조직〔직조〕과 함께 가연〔可延〕적인 물체들에서는 내적으로, 부서지기 쉬운 물체들에서는 외적으로 뒤따르며, 그러한 연마가 서로 잘 맞는 단단한 표면들을 접착

XXI396

하게 응집한다. 다시 말해, 그것들은 서로, 그러나 다른 표면에서는 아니고, 오직 이 표면에서만 분리될 수 있다. — 모든 표면에서 부속해 있는 무게로 인해 분리될 수 있는 것들은 몸체상으로 응집되어 있는 것, 다시 말해 유착되어 있는 것이다.

응집력은 하나의 유동 물질의 사력이지만 고체성과는 다른 종류의 것이니, 곧 변위 가능성을 갖는다. — 활력의 작용결과인가 xxx

충격력은 무게 또는 일정량의 물질의 운동의 운동량인 중량에 의한 압력보다 무한히//더 큰 운동력을 갖는다. 무릇 사람들은 한 물체가 하나의 모래알에 충격을 받으면 올라갈 높이, 그러니까 그 물체가 그 속도에 이르기 위해 거기에서 낙하해야만 할 높이를 계산해낼 수 있다. 그러나 그 무게 그리고 그 낙하의 운동량은 그러므로 실제 운동과 관련해서는 무한히 작다.

아마에서와 같은 실올과 섬유에서, 부화한 달걀의 액질 안의 근육//실〔絲〕과 인대실 또는 골〔骨〕섬유에서의 유동성에서 단단한 응집으로 이행하는 물질들의 강체〔고체〕화는 열기에 의해서만으로는 용해될 수 없는, 물에서 생겨나온 구조물을 만든다. — 그러나 마지막의〔열기에 의해서만으로는 용해될 수 없는〕 속성을 갖는 금속들도 섬유, 박편, 판막, 토막, 덩어리로 결정〔結晶〕하며, 이 강체〔고체〕화는 일정 정도 열이 흩어질 때 이러한 **구조물**의 이러한 산출에 의해 초래되지 않을 수 없고, 그에 의해 물질들이 분류되며 종별적으로 상이한 진동들로 옮겨지는, 모든 물체에 침투하는 원소〔소재〕의 충격들을 통해, 그러므로 하나의 직조의 산출을 통해 변위 가능성에 반대 작용함이 틀림없다.

하나의 모세관 안의 유동체를 **낮춤**이, 그 안에서 이것이 그것을 둘러싸고 있는 같은 종류의 유동체 안에서보다 더 낮게 있으므로, 안쪽 표면의 반발 때문에 아래쪽으로 취해질 수 없듯이, 이것을 수선〔水線〕 위로 올림 또한 이 관들의 (안쪽 표면의) 끌어당김 때문에 위쪽으로 유지될 수 없고, 그러므로 전자의 볼록함과 반대로 후자의 오목함은 그 용기의 끌어당김이나 반발에 그 원인을 돌릴 수 없다. 무릇 **전자의 경우**에 관 안의 물은 그로 인해 관이 이미 젖어 있는 그 물의 중간에 걸려 있을 것이다. 비록 물이 자기의 무게로 인해 이를 끌어내리고, 그러한 일은 일어나지 않거니와, 관을 마르게 만들 수밖에 없다 해도 말이다. 후자의 경우에 관의 안쪽 표면을 피해 달아나는 수은은 그것이 표면의 거침이나 그 자신의 인력에 의해 방해받는 것보다 그만큼 더 많이 올라가겠다.

수은 유동체는 빈 공간과 최소한의 접촉을 하는데, 친화성이 거의 없는 XXI398
유리와도 그러하다. 물 유동체는 좀 더 친화적인 젖은 유리와 최대의 접촉을 하며, 빈 공간과는, 위에 떨어져 있는 유리환[環]으로 인해 당겨지고, 거기에 (遮陽幕을 친 것 같은 안으로 굽은 피막[皮膜] 형식으로) 매달리지 않고서, 최소의 접촉을 한다. 왜냐하면, 물이 아직 친화성을 갖고 있는 유리에 비하면 하나의 빈 공간으로 보일 수 있기 때문이다. — 그러나 만약, 열소가 물에서 유리 자신의 인력으로 인해 덜 잠재적으로 그러므로 더 노출되고, 물을 더 가볍게 (비록 그로 인해 더 차갑게 되지는 않지만) 만듦으로써, 열소가 모세관 안에서 더 높은 기둥을 초래한다면 xxx

수은이 연통관 안에서 자기 자신의 더 강한 인력에 의해 움츠러들고, 유리에서 떨어지듯이, 물보다 더 강한 유리의 인력은 거꾸로 관 안의 열소의 조밀화의 근거이자, 그로 인해 가운데가 텅 비고 기둥이 더 가벼워지는, 물이 주변으로 흐름의 근거이다.

하나의 금속을 망치질하는 것은 쇠를 부싯돌로 불꽃 튀게 때리는 것과 [19]
마찬가지로 (잠재된 열소의 노출로 인한) 순간적인 용해이고, 그러므로 물질의 결정[結晶]의, 다시 말해 하나의 내적 직조를 수용하는 용해이다. 이 직조가 물질들을 여러 가지 종별로 나누고, 선적으로 면적으로 더 두꺼운 것을 더 얇은 것과 구별하여 하나의 이질적인 유동체를 만든다. 그 유동체 안에서는 그 주변의 것들보다 운동성이 적고, 거기서 그려진 형상(낱장 17, 2면[16])대로 하나의 굳은 조직물을 만드는 부분들이 모임으로써 변위 가능성이 방해받거나 폐기된다.

응집(凝集), 다시 말해 접촉에서의 끌어당김은 아무런 운동도 낳지 않는다. 왜냐하면, 부분들은 서로 접근하려 애쓰는 꼭 그만큼 저항하고 있기 때문이다. 그러나 진동(振動)은 잇따르는 변위를 최소의 겉표면에까지 일으키려 애쓰는 하나의 활력으로서, 만약 열이 아직 그대로 남아 있음에도 열소가 흩어진다면, (사방으로 縱的인) 或은 실올[絲] 또는 纖維 또는 絨毛로서 강체[고체성]를 생기게 하는 하나의 직조를 만들어낸다.

한낱 **변위**에, 내적인 변위에 저항하는 강성[剛性]/고체성은 **분리**에 저항하거나, 찢을 때의 가연성[可延性] 또는 달굴 때의 신장성[伸張性]의 경우 저 두 가지에 저항하는 그런 것과는 구별[된다.]

그 위에서 미끄러져 내려갈 때의 매우 연마되었지만 굳은 물질들의 불가피한 마찰에 대하여, 그리고 마찬가지로 잘 닦였지만 경사진 면에서의 미끄러져 내림에 대하여. 서로 접촉하는 표면들이 이종적인 물질들이면, 그것들은 매우 쉽게 미끄러져 내린다. 무릇 그것들은 용해되지 않으니 말이다. 이런 일은 마찰을 통해 유발된다.

얇은 횡목의 위로 굽은 유리관 안의 수은 유동체는 **불룩**하고 아래쪽으로 움츠러져 있다. 왜냐하면, 그것은 유리보다 더 큰 밀도를 가지고 있기 때문이다. — 그러한 유리관 안에서 물은 **우묵**하고, 그러나 기둥 자체는 주변 유동체의 수선[水線] 위로 불룩하게 위쪽으로 당겨져 있다. 그것은 유동체 위의 유리환[環]에 의해서가 아니다. (사람들이 무모하지 않고서는 무릇 이러한 원거리 인력을 주장할 수 없을 것이니 말이다.) 오히려 물의 인력이 유리의 인력에 의해 약화되기 때문에, 곧 수은에서도 능히 일어날 수 있는, 방울을 형성하려는 성향[성벽]이 유리와 함께, 그러나 더 강한 인력의 표면과 함께

---

16) 지시하는 문서를 확인할 수 없다.

얼어지기 때문이다. 즉 왜냐하면, 물은 유리를 적시고, 이에서 빠져나와 물로부터가 아니라 유리로부터 분리되지 않을 수 없겠기 때문이다.

(고체) 용기 안의 유동체의 인력은 **수축적**이고, 같은 용기 안의 유동체에 대한 유리 용기의 인력은 같은 것에 대해 **이완적**이다. **유동체**의 부분들은 서로 덜 끌어당긴다. 왜냐하면, 그것들은 그들 서로보다 유리에 의해 더 많이 끌어당겨지기 때문이다. ― 이 유동성은 둘 다, 모든 유동성의 원인인 열물질에 의한 진동의 작용결과이다. 만약 유동 물질이 용기와의 접촉에 의해 중심 쪽에서 (예컨대 물과 같이) 줄어들면, 이 물질의 겉표면은 **우묵**하고, 만약 (예컨대 수은에서와 같이) 그것이 중심 쪽으로 늘어나면, 그 겉표면은 **불룩**하다. 이를 위해서는 어떤 遠隔作用이 상정될 필요가 없다. 모세관 안의 물기둥의 무게는, 그 기둥이 이 인력에 의해 더 가벼워지기 때문에, 그 모세관을 둘러싸고서 그것과 연통하는 같은 종류의 외부 유동체에 의해 떠받쳐지고, 가령 팽창한 돛 같은 遮陽幕의 형상대로의 움직일 수 없는 유리환에 매달려 있지 않다. 무릇 그때 이 유동체는 내면이 젖어 있는 관 안에서 점점 외부의 물과 같은 수준으로까지 내려갈 것이니 말이다. 그럼에도 겉표면의 물은 내부적으로 언제나 겉표면의 인력을 통해 평탄해지려고 힘쓰고 있다.

그러므로 물의 모세관으로의 침투는 결코 이것을 팽창시키려는 어떤 힘이나 힘씀과 결합되어 있지 않고, 모든 것이 오직 유동체의 평형에 의지하고 있는 한에서, 오히려 더 좁게 수축하려는 힘 또는 힘씀과 결합되어 있다. 그래서 습생 식물은, 그에서 수분이 증발하면, 모두 굳고 마른다. 그에 반해 모든 초목은 수분을 흡수함으로써 맹렬하게 팽창한다. 그것들은 모세관과 같은 형태로 이 안으로 끌어들여지는데, 물론 물에 대해 불가침투적인 유리 안으로 끌어들여지는 것은 아니지만 말이다. 그러나 맹렬하게 물을 흡수한 마른 완두콩이나 맷돌을 파열하기 위해 물에 적신 마른 나무토막들은 팽창한다. 또한 습지에서 한낱 수분만을 흡수한 뿌리들이, 벽들의

틈새로 뻗어나가면, 그것들을 파열시킬 수도 있다. ― 이것들은 스스로 수
분 매체에서 자기의 직조를 얻은 물질들로서, 그것들은 자신 안에 함유하
고 있는 소금기에 의해, 그 물이 침투하자마자, 용해되고, 적어도 그 인력
에 의해 약화되고, 그리하여 팽창하는 것이다. 여기서 상정될 수 있거니와,
이러한 식물 물질들은 비록 그 자신이 분해되지는 않지만, 아마도 물을 두
가지 기체(가연〔可燃〕 산소와 순수 산소)로 분해하여 놀라운 힘들을 행사할 수
있다.

석고와 규토(珪土)의 회반죽〔모르타르〕에 대하여.

강체〔고체〕 물체란 그것의 한 부분이 특정한 방향에서의 충격에 의해, 그
것의 모든 부분들이 같은 방향에서 동시에 움직일 수밖에 없는 물체를 말
한다.

한 강체〔고체〕 물체의 충격은 질량〔덩이〕에서 일어난다. 한 유동 물질의
고체 물체에 대한 충격은 무게와 똑같다. 다시 말해 그것이 운동에서의 속
도의 순전한 운동량을 갖는 한에서, 다시 말해 하나의 순전한 압박〔압력〕인
한에서 질량과 똑같다.

일정 정도의 응집력이 있는 물질의 절대적 강성〔剛性〕이 **취성**〔脆性〕이고,
이에는 **연성**〔軟性〕이, 다시 말해 탄성 없는 **유연성**과 탄성을 가진 유연성이
대립한다.

유동 물질 각각은 (열에 의해) 일정 정도 탄성적이고, 탄성적이지만 강체
적인 물질에 대한 이것의 충격은 동시에 부단한 압박으로, 진동들을 일으
킨다.

자신을 끌어당기는 유동체의 겉표면의 또 다른 정수역학〔靜水力學〕적 형상
을 수선〔水線〕의 표면으로 받아들임은 (압박의) 사력이 아니라, 오직 (충격의)
활력을 원인으로 가질 수 있다. 이제 용기 안에서 이것의 겉표면은 벽면에
대해 위쪽으로 우묵하게 또는 그 안에서 아래쪽으로 볼록하게 당겨져 있을

수 있다. ― 무릇 유동체에 대한 압박은 일체의 용기 바깥에 나와 있는 일 정량의 물의 형상을 전혀 변경하지 않고, 하나의 용기 안에서 일정량의 물 은 (정수역학의 원리들에 따라) 평면 이외의 겉표면 형태를 취할 수 없다. 그 러나 한 유동체의 부분들의 응집 내지 교호적인 **견인**이 (예컨대 방울과 같은) 일정하고 특수한 형상을 취한다는 것은 전술한 바대로 어떠한 압박[압력] 에 의해서도 설명될 수 없다. 어떤 섬세한 물질의 (예컨대 에테르의) 반복적 인 충격들이 있어야 하거니와, 이 물질은 유동체의 자기 안에서 상호 간에 또는 용기와의 접촉들을, 빈 것과의 접촉을 피하기 위해 오직 유동체의 중 량과 공존할 수 있을 만큼, 야기할 수 있다. 가장자리에 있는 물을 위해 높 이 올라가고, 유리와의 접촉점들을 그만큼 더 많이 야기하거나 아래쪽으로 당기고, 유리를 피해 더 많이 방울에 접근하기 위해서 말이다. ― ― 견인 적//유동체는 언제나 하나의 방울을 형성하려 함으로써, 그것이 열소에 의 해 언제나 진동에 들어 있으며, 진동은 유리와의 접촉에서 그만큼 더 강하 게 작용하여 그것을 우묵하게 만든다는 것을 증명한다.

머리말

자연과학(自然哲學)의 개념은 공간·시간상의 외적 대상들의 운동의 법칙 들이 선험적으로 그러니까 필연적인 것으로 인식될 수 있는 한에서, 이 운 동 법칙들에 대한 체계적인 표상이다. 무릇 이에 대한 경험적 인식, 즉 우 연적인 것, 오직 경험에 의해 취득될 수 있는 이러한 외적 현상들에 대한 인 식에 관한 것, 그것은 철학이 아니라, 단지 지각들의 집합일 따름이니 말이 다. 그러나 하나의 체계로서의 이 집합의 완벽성은 철학을 위한 하나의 대 상이다.

이제 자연과학의 내용상의 상위 구분은 자연과학의 **형이상학적 기초 원리들**과 **물리학** 외의 다른 것일 수가 없는데, 형이상학적 기초원리들은 전적으로 외적 대상들의 운동과 정지의 관계에 대한 개념들에 기초해 있고,

물리학은 이것들에 대한 경험인식의 내용을 체계적으로 정리하는 것이다. 그러므로 이미 말한 바대로 그 요소들에서 **완벽성**을 확실하게 기대하지는 않는다 하더라도, 그를 목표로 하는 직분을 갖는다.

그럼에도 하나의 인식방식의 다른 하나의 인식방식에 대한 하나의 관계가, 전적으로 선험적 원리들 위에도 경험적 원리들 위에도 세워져 있지 않고, 순전히 전자에서 후자로의 이행 위에 세워져 있는 하나의 관계가 있을 수 있다. 곧 경험 위에 기초해 있는 자연이론의 요소들을 탐색하고, 체계적인 부류 구분들에 필요한 완벽성을 가지고서 그것들을 배열하여, 비교적 완벽한 하나의 전체를 이룩할 **물리학**에 이르는 일이 우리에게 가능하다. 그 완벽한 전체는 한갓된 자연의 형이상학도 아니고 물리학도 아닌, 순전히 전자에서 후자로의 이행과 두 언덕[岸]을 연결하는 행보를 함유하는 것이다.

광물적 또는 유기적 자연의 물리학. 우리는 전자만을 선험적 원리들에 따라 논한다.

고체 물체들은 유동하고 있을 때 **실올**로, **판**으로 그리고 **덩어리**로 형성된다.

1.
물질의 양

물질은 질량[덩이]으로 움직여지는 한에서만 충격[충격력]이나 압박[압력] 내지 당김[견인력]에 의해 인식된다. (질량[덩이]으로가 아닌, 유동체가 하나의 강체 대상을 연이어 밀침으로 인한 압박은 하나의 타격으로 간주될 수 있다.) 충격은 활력이고, 압박 및 당김은 사력이다. 전자는 후자에 비해 무한히//크다.

모든 물질은 그 자체로 보편적인 세계[우주]//인력[만유인력] 때문에 자체적으로 계량 가능한 것으로 생각되지 않을 수 없다. 비록 이 세계[우주]//

180

인력[만유인력]은 물리적으로 계량 가능하지 않지만 말이다.

2
질

물질이 그 내적 부분들에 있어서 서로에 대해 견인적이거나 반발적이고,
둘 다인 한에서, 물질은 다음 두 가지이다: 1) 근원적으로는 곧 반발성이 없
으면 아무런 공간도 충전되지 않을 터이고, 견인성이 없으면 물질의 아무
런 양도 인식될 수 없을 터이다. 2) 파생적으로는 열에 의해서.

유동성과 강성[剛性]. 물질의 응집에서의 이 둘. 특히 열에 의한 이것의
용해에 의한. 그러나 열 소재[원소]는 유동적이지도 고체적이지도 않으면서, XXI404
오히려 이것에도 저것에도 그리되도록 영향을 미친다.

과연 광선이 보편적[만유] 인력에 의해 귀환할 수 있는가.

물질의 빛과 에테르로의 용해에 대하여, 또한 이것의 인력에 의한 최초
의 형성. 재생.

3
관계

응집, 다시 말해 접촉에서의 인력과 원거리 인력(세계[우주]인력). 물이나
열이 빠르게 흩어짐으로써 유동체가 강체[고체]화할 때의 결정화(結晶化).

하나의 물리[학]적 점. 무물[無物][17]

---

17) Laplace의 관점에 대한 비판. 아래 XXI406 참조.

4
양태

하나의 운동량에서의 운동. a) 순전히 가능한 그러나 방해된 운동(사력)으로서, b) 동일한 운동량에서의 하나의 가속화된 또는 정체된 운동의 실제 운동으로서, c) 일정한 높이에서의 낙하에 의한 필연적인, 운동량의 정도의 진보에 의한 것이 아니라, 오직 바로 이 운동량을 매개로 한 운동의 진보에 의한, 운동 중에 있는 것으로서, 즉 필연적으로 이것에 묶여 계속하고 상승 중에서 끝나는 운동 중에 있는 것으로서. 흡사 중력의 불변성같이. 그러므로 물질의 같은 양에서 운동의 같은 정도에 머무는 필연성같이. 영혼의 실존도 그러한 상황일 수 있는바, 물질의 점차적인 소멸이 아니다.

하나의 기예로서의 자연에 대하여, 1. 일정한 목적 없는 [자연], 2. 다른 자연존재자들을 위한 것으로서의 [자연], 3. 자기 자신을 위한[對自的인]/독자적인 사물의 목적으로서의 [자연]. 유기적[유기화된] 존재자들.

부록.
공간 · 시간상의
자연의 전체에 대하여

XXI405 인간의 이성은 자연연구에서 형이상학으로부터 물리학으로 이월하는 것으로 만족하지 않는다. 그 안에는 비록 성과가 없을지라도 명예롭지 못한 것은 아닌 본능이 또한 있으니, 그것은 물리학마저 비월[飛越]해서, 하나의 초물리학에서 열광하고, 하나의 자연 전체를 더욱더 큰 외연에서 곧 도덕적 목적들을 지향해 있는 기획들에 따른 이념들의 세계 안에서 스스로 창조하여, 신과 영혼의 불사성(生産하는 自然으로서의 전자와 生産된 自然[18]으로서

---

18) Spinoza의 'natura naturans'와 'natura naturata'(*Ethica*, I. prop. XXIX, schol.)를

182

의 후자)이 오로지 자연 일반에 대한 우리의 지식욕의 권역을 완벽하게 아우를 수 있겠다.

범주들의 순서에 따라서. A. 물질의 양.   [21]

A.

무게가 나감[계량할 수 있음](計量可能性)은 **무거움**(重量性)과는, 후자가 동일한 용적(容積)의 대부분의 다른 것에 비해 더 큰 무게를 의미한다는 점에서, 구별된다.

물체는 특정한 형태(형상)의 물질의 한 양이다. 이것이 질량[덩이]으로 운동하고, 다시 말해 하나의 수학적//물체적 공간을 차지하는 그것의 모든 부분들이 똑같은 속도로 그리고 동일한 순간에(동시에) 운동//능력을 갖는 한에서 말이다.

물질의 양은 오직 그 물체에 침투하는 힘인 다른 물체의 인력에 의한 그 물질의 모든 부분들의 加速力으로만[/加速力을 통해서만] 인식될 수 있다. 중력은 특수 견인력이 아니라 일반 견인력으로, 낙하의 시작속도로서 하나의 운동량을 기초로 가지며, 이 운동량은 똑같은 거리에서 전체 낙하에서 끌어당기는 **물체**의 물질의 동일한 양에서 언제나 동일하고, (정도의 면에서) 상이한 운동량들을 통해 지나가지 않는다. 그때 속도들은 시간들, 지나쳐간 공간들에 비례하여 증가한다. 그러나 속도들을(또는 시간들)의 제곱으로.

중력의 운동량의 크기는 끌어당기는 물체 — 거기에 그것의 모든 물질이 통합되어 있는 점으로 간주되는바 — 와의 거리의 제곱에 비례한다. 만약 그 낙하의 높이가 중심물체와의 거리에 비해 무한히//작은 것으로 간주될   XXI406

염두에 둔 표현인데, 칸트의 이 인용을 Spinoza의 진의에 맞게 해석할 것인지 아닌지에 따라 말년 칸트의 Spinoza와 스피노자주의에 관한 생각에 대한, 더 나아가 독일이 상주의와의 사상적 친화성에 대한 논의 방향이 정해지겠다. 그리고 이에 따라 칸트의 넓어진 '초월적 관념론'의 개념 내용이 규정되겠다.

수 있다면 말이다.

이 균일하게 가속되는 운동에서 물체의 낙하하는 운동량(=0)의 무한히 작은 속도에서부터 모든 정도의 속도를 통해 진행하고, 낙하의 시작 순간과 최종 속도에 이르는 사이에서 생각될 수 있는 더 큰 모든 운동량들을 통해 진행하지 않는다. 무릇 그렇지 않으면 均一하게 加速된 運動은 없을 터이니 말이다.

여기서 제기되는 물음은, 과연 무한히//짧은 거리의 인력의 운동량이, 다시 말해 그러니까 한갓된 표면력인 접촉에서의 운동량이 하나의 유한한 속도를 함유하지 않는가이다. 유한한 속도의 한 운동량은 제아무리 짧은 시간에서도 저 끌어당김과 똑같은 분리의 경우에 하나의 무한한 속도를 줄 것이다. 그리고 만약 그것의 부분들이 오직 접촉에서만 서로 끌어당기는 막대나 실[絲]이 부속해 있는 그 무게에 의해 끊어진다면, 이 물질의 압축은 그 자신의 내적 인력에 의해 한계 없는 속도의 폭발로 변환한다. — 이제 이러한 일은 불가능하므로, 그것의 가속의 운동량이 중력의 운동량에 비해 무한한, 물질들의 응집은 물질들의 인력의 내적 힘에 의거할 수가 없다. 특히 (도금) 판의 두께는 미미한 인력도 야기하지 않는다.

물질의 양은 부분들의 수량에 의해 측정될 수 없고, 그 부분들이 이종적일 때는 容積에 의해서도 측정될 수 없다. 다른 것과의 한갓된 비교에서도 측정될 수 없고, 오로지 중력에 의해서만 측정될 수 있다. 라플라스의 물질적 점[19]은 무물[無物]이다.

(基礎) 물리학은 보편적 법칙들에 따르는 물질들 상호 간의 영향에 대한 학문이다. 이 법칙들이 순전한 물질을 그 자체로 보는, 그러니까 어떠한 목적 표상도 전제하지 않는 그러한 유의 것이면, 그것은 비유기적[무기적] 산

---

19) Pierre-Simon (Marquis de) Laplace(1749~1827)의 *Exposition du système du monde* (Paris 1796) 전2권이 1797년에 독일어로 번역되어 나왔으며(역자: J. K. F. Hauff), Laplace는 이 책에서 "물질적 점의 운동에 대하여" 논하고 있다.

물들을 함유하는 자연에 대한 요소론〔기본이론〕이다. 그러나 그것이 하나의 XXI407
법칙의 이해를 위해 그리고 한 자연산물의 가능성의 이해를 위해 목적들의
이념을 필요로 한다면, 여기서 자연은 유기적인 것으로 간주된다. — 우리
는 이월〔移越〕에서 전자만을 주목한다.

一般 物理學은 特殊 物理學과 나란히 있는 것이 아니라, 물질의 합성의 여
러 가지 종류〔방식〕들을 자연의 요소들로가 아니라 제조물들로 표상하는
특수 물리학의 基礎로서 있다.

머리말

자연과학(自然哲學)은 두 개의 경첩으로 돈다. 그중 하나는 **형이상학적**인,
그러니까 선험적으로 하나의 체계 안에서 결합된, 자연과학의 기초원리들
이고, 다른 하나는 그것을 외감의 대상들에 적용하는 보편적인, 경험에 기
초한 그러니까 경험적 원리들이다. 이 후자를 **물리학**이라 부른다.

이 물리학은 이제 다시금 경험의 외적 대상들에서의 **물질**의 속성들만을
진술하는 **물리 일반이론**(一般 物理學), — 그리고 저 물질에서 특수한 방식으
로 꼴이 갖춰진 물체들을 주목하고, 이 물체들에 대한 하나의 체계를 세우
는 것(特殊 物理學), 예컨대 무기 물체들과 유기 물체들의 차이를 고구〔考究〕
하는 것으로 나뉜다.

어떠한 친화성〔친족관계〕에 의해서도 이끌어지지 않는다면 한 체계에서
다른 체계로의 이행은 이월(移行)이 아니라, 하나의 **비약**(飛躍)으로서, 이것
은 하나의 이론 일반에서 그 체계성, 그러니까 학문성을 와해시킨다. 이러
한 것은, 물리학도 의당 그러한 것이어야 할, 하나의 철학에서는 용납될
수가 없다. 왜냐하면, 그 대상들을 단편〔斷片〕적으로 다룸은 개념들의 아무
런 유대도 동반하지 못하고, 결코 기억을 위한 하나의 전체를 이루지도 못
한다.[20]

그러므로 一般 物理學은, 선험적 원리들과 이것들의 경험적으로 주어지

제2부 [유작]I.2 역주 **185**

는 객관들에 대한 적용의 인식 사이에서 발견될 수 있는 친화성에 의거해서, 동시에 자연과학의 형이상학적 기초원리들에서 물리학으로의 이월의 필연성을 함유하고 있다. 그렇지만 이 이월은 이월이 이르는 땅 위에서 계속해서 방랑—이러한 일이 하나의 특수 물리학을 낳거니와—하지 않도록 자신을 제한하여, 단지 이 학문에서의 진보를 위한 기초원리들만을 확정적으로 그리고 완벽하게 제시하는 것이다.

나의 자연과학의 형이상학적 기초원리들은 이 분야에서 이미 몇 걸음〔약간의 보행〕을 내딛었다. 그러나 한낱 그것은, 추상적으로 말한 것을 이해하기 쉽게, 기초원리들을 경험의 경우들에 적용할 수 있는 실례들로서 그리한 것일 뿐이다.

I
물질의 양

물질은 계량을 통해, 다시 말해 例컨대 용수철 같은 탄성 물질의 압축이나 또 (똑같은 길이의 평형대들의) 저울을 통해서만 측량될 수 있다. 물질의 양을 알려주는 무게는 물질이 천체로서의 지구에 의해 당겨짐으로써 행사하는 압력이다. 이 끌어당기는 지구의 물질의 양 자체는 진자 운동과 그 요동의 수에 의해서만 측정될 수 있다. 그러므로 물질의 양의 직접적인 측정은 없고, 단지 추론된 것만이 있다. — 그것의 운동량. 이것은 높이에 따라 서로 다르다. 그것은 하나의 특정한 속도가 아니라, 물체들의 낙하에서 그 속도를 낳는다. 그리고 그 덕분에 지상의 모든 물체는 (지구가 구〔球〕로 여겨질 수 있는 한에서) 어디서나 똑같되 서로 다른 **무게**인 자기의 **중력들**을 갖는다. — 그러나 과연 지상의 중력들이 언제나 동일하게 유지되는지는, 설령

---

20) 칸트는 이 시기에 출간한 『인간학』(1798)에서 도서관의 장서를 체계적으로 분류하듯이, 보편적 개념들의 체계가 기억을 용이하게 함을 이야기하고 있다.(*Anth*, A95이하=B95 =VII184 참조)

지구의 축을 중심으로 한 회전 시간이 동일하게 유지된다 해도, 지구의 지각할 수 없는 수축과 감소하는 지구 반지름 때문에, 의심스럽다. 이 중력은 원거리 인력으로서, 그것의 가능성을 나는 옹호한 바 있다.[21] — 이것은, 물질의 요소 각각이 특히 그리고 똑같은 도량으로 낙하하도록 밀어내지기 위해서는 침투력이어야만 할 터이다. 무거움[중량성]은 작은 容積에서 하나의 큰 양의 물질을 증명한다. — 과연 여기서 (宇宙 안에) 하나의 한계가 있는지를 사람들은 알 수 없다. 백금이 지금까지 최대의 무거움을 가진 것이다. 절대적으로 가벼운 것은 아무런 중량이 없는 어떤 물질일 것인데, 이런 것은 運動할 수 있는 것이라는 개념과 모순된다. XXI409

물질의 양은 容積으로써 판정될 수 없고, 어떤 특정한 도량 자체에 의해 판정될 수 없다. 무릇 중력에 의한 전체 질량의 인력만이, 그것이 다른 물체와 동일한 높이에 놓여 있으면, 다른 물질들과의 관계에서[상대적으로] (무게로서) 규정할 수 있으니 말이다. 그래서 다른 저울판과 똑같은 높이에 있는 하나의 저울판은, 만약 그 하나의 저울판이 다른 것보다 1마일 더 높이 매여 있다면, 더 이상 평형을 이룰 수 없겠다. (이런 사정은 공간의 도량에서 다 마찬가지이다.) 모든 것은 지구와 비교되어야 하는 것이다. — 특정한 속도로 더 큰 구[球](전체 지구)에 위쪽으로 충돌하는 하나의 작은 구[球] …

한 물체의 지구 중심점과의 상이한 거리들에는 가속의 상이한 운동량들이 있다. 그러나 만약 사람들이, 지구와의 거리가 얼마이든 이 운동량들의 차이를 무의미한 것으로 볼 수 있을 만큼의, 어떤 높이, 예컨대 어떤 탑의

---

21) 칸트는 『자연과학의 형이상학적 기초원리』, 동역학의 기초원리, 정리 7: "모든 물질에 본질적인 인력은 빈 공간을 통한, 물질의 다른 물질에 대한 직접적인 작용이다."(MAN, A60=IV512)와 정리 8: "물질 자체의 가능성조차 그에 의존해 있는 근원적 인력은 세계 공간[우주] 안에서 물질의 각 부분에서 다른 각 부분까지 직접적으로 무한히 뻗어 있다." (MAN, A68=IV516)를 증명하면서 "근원적 인력은 물질의 본질에 속하기 때문에, 그것은 물질의 각각의 부분에도 귀속하며, 곧 직접적으로 원거리까지도 작용하는 부분에도 귀속한다."(MAN, A68=IV516)라는 것을 논변했다.

높이를 취하면, 그 운동량들은 똑같은 것으로 간주될 수 있고, 낙하를 통해 취득된 속도의 제곱이 낙하의 높이에 정비례한다.

만약 내적인 물질 안에서의 응집의 견인력이 전적으로 그리고 갑작스레 중지한다면, 물질은 무한히 팽창할 터이고, 만약 반발력이 그렇게 중지한다면, 그 물질은 한 점으로 모일 터이다.

II
질

유동[액체]적이거나 고체적 내지 강체적. ― 전자는 다시금 자기의 모든 내적 부분들의 **척력**―과연 이것이 특수한 힘으로 상정될 필요는 없고, 한낱 소립자 개념에 의해 주어지는 것일까만 ― 에 의한 **팽창적//유동적**인 것이거나 두 가지의 내부에서 **견인적[수축적]//유동적**인 것이다. 이 물질은 구형[球形]으로의 추세를 가지고 있다. **근원적** 척력은 열 없는 척력이겠다. **파생적** 척력은 열에 의한 것이겠다. ― 과연 하나의 특수한 열소가 있는지, 아니면 열소란 세계공간[우주] 안에 있는 모든 물질의 한낱 내적인 진동인지.[22] ― 만약 전자라면, 과연 열소가 모든 다른 물질을 통해 묶여[잠재해] 있어야만 하는 것인지, 그럼에도 그렇게 한 부분이 팽창(과 감각)을 위해 풀리는[노출되는] 것인지.

모든 순전히 팽창적인 물질은 열을 팽창하는 원인으로서 전제하는 것으로 보인다. 그런 경우 열 자신이 하나의 팽창적 *流動體*인가? ― 모든 유동체는 열을 요구한다. 그런데 모든 천체의 생성은 선행하는 유동의 상태를 요구하지만 이 상태는 이제 햇빛을 통해서만 적어도 유지되기 때문에, 사람들은 화기[火氣]원소를 모든 물체들에 함유되어 그것들을 움직이는 물질로 볼 수 있다. 그것은 열과 빛에 의해 모든 유동체의 원인인 것이다.

---

22) 이 두 갈래 열소 개념에 대해서는 앞의 XXI36 관련 역주 참조.

III
내적 관계

a. 유동 물질 상호 간의, 고체 물질과 유동 물질 간의, 끝으로 고체 물질 상호 간의 응집에 대하여. 첫 번째 관계에서는 유동체의 겉표면에 대한 인력이 그 형상을 결정하고, 두 번째에서는 그것이 고체로 된 관 안에 있든 주위에 있든, 그 상승〔을 결정한다.〕세 번째 관계에서는 관 안의 또는 바깥의 유동체의 하강〔을 결정한다.〕

b. (고체 및 유동체) 물질의 용해와 그 침전에서

c. 유동 형태 또는 고체 형태에서의 결정(結晶)과 증발에서   XXI411

IV. 양태

사물들의 **현존**(실존재의 현실성)에 대한 선험적 인식의 원리, 다시 말해 라이프니츠의 2진법: "無에서 萬物을 導出하는 데 1이면 充分하다"[23]에 따르는 일관된 규정에서의 경험 일반의 원리, 이를 통해 모든 사물들의 관계에서 모든 규정들의 통일〔성〕이 생긴다.

물질적인 최근접 점들로 서로 밀쳐내거나 끌어당기는 두 입자들이 없고, 오히려 각각의 점들 사이에 언제나 다른 한 점이 있으니, 그 물질은 하나의

---

23) Leibniz의 2진법에 따르면 0과 1로써 모든 자연수를 표시할 수 있다. 예컨대 1=1, 2=10, 3=11, 4=100, 5=101, 6=110, 7=111, 8=1000, 9=1001, 10=1010, 11=1011, … 식으로. Leibniz가 이 2진법에 관심을 기울인 것은, 그것이 '0=무, 1=존재'의 등치를 통해 신에 의한 무로부터 만유의 "창조의 형상화(imago creationis)"를 할 수 있기 때문이었다. G. F. Leibniz, *Zwei Briefe über das binäre Zahlensystem und die chinesische Philosophie*, R. Loosen / F. Vonessen(Hs.)(Stuttgart 1968), S. 21; R. Widmaier, "Die Dyadik in Leibniz' letztem Brief an Nicolas Remond 1", in: Studia Leibnitiana, Vol. 49, Iss. 2(Stuttgart 2017), 139~176 참조.

連續體이다.

지구의 중심점으로부터 서로 다른 거리들에서 가속의 운동량은 서로 다르다. 그럼에도 만약 그것들이 낮은 높이에서 동일한 운동량에 의해 촉진된다면, 그것이 밀치는 것이든 어쨌든, 그 운동은 균일하게 가속된 것이라 일컬어진다.

그를 통해 한 물질이 강체[고체]화하는, 접촉에서의 인력은 사력인 응집력이다. 견인력의 운동량은 그때 **유한**하며, 짧은 시간 내에서, 만약 그에 저항하는 것이 없으면, 무한한 속도를 낼 터이다.

접착은 변위 가능한 응집으로, 하나의 매끄러운 傾斜面에서 미끄러짐이 방해를 받는 것 같은 것이다. 이 방해를 마찰이라 일컫고, 그것은 연마되는 것이다. ─ 그래서 거울처럼 매끄러운 표면도 그러한 마찰을 갖고, 이것이 점차로 마찰되는 고체 물질을 움직이면서 미끄러지는 물체이든 그 받침이든 닳아 없애 버린다.

거울처럼 매끄럽지만 하나의 강체적인 표면 위의 하나의 강체적 표면은 그럼에도 충격의 운동량인 변위에 저항한다. 그러나 물방울이 돌을 오목하게 판다.[24]

서로 마찰되는 강체 물체들은 열을 낸다. 어쩌면 모든 열은 진동에 의한 팽창과 교호적인 견인의 한갓된 상태가 아닐까[?] ─ 모든 강체적이며 부서지기 쉬운[취성의] 물체들(유리)은, 설령 그 깨진 조각들의 표면들이 잘 맞

※[25] 물질의 한 **정량**[定量][26]은 공간**상에서** 운동할 수 있는 것의 집합[일정량]으로, 그것은 하나로 통일되어 동시에 운동하고 하나의 전체를 형성하는 것이다. **양**[量]은 하나의 동종적인 전체로서의 이 집합[일정량]의 규정이다. ─ 모든 물질은 하나의 정량[양적인 것]이다. 다시 말해 어떤 물질도 단순한 부분들(물리학적 점들)로 이루어져 있지 않다.

---

24) "Gutta cavat lapidem": Ovidius, *Epistulae ex Ponto*, IV, x. 5.
25) 이 원주에는 본문의 특정 대목과의 연관 표시가 없다.
26) 원어: Quantum.

쳐진다 해도, 더 이상 내밀하게 응집하지 못하고, 단지 표면력으로만 그러하다는 사실. — 그래서 단지 잘 맞춰진 조각난 쇄석[碎石]에서 그것들은 더 큰 容積을 갖는다.

제4묶음

낱장들[1]

---

1) 여기에 수록된 "낱장들(Lose Blätter)"은 모두 1796년 이전에 작성된 것으로 추정되고
   있거니와, 따라서 이 『유작』의 편자의 말대로 "칸트의 이 미완성 유작〔을〕 1796년부터
   1803년까지 〔…〕 작업한 결과물"('편자 서문': XXI, V 참조)로 본다면, 본래는 '유작' 바
   깥의 낱장 글들이라 하겠다. 1797년에 출간된 『윤리형이상학 — 법이론의 형이상학적 기
   초원리』의 초고에 해당하는 조각글도 포함되어 있고, 이미 1928년에 E. Adickes에 의해
   편찬된 '형이상학 유고'(AA, XVIII659~665)에 수록되어 있는 대목들도 재등장한다. 그
   러나 이 "낱장들" 대부분이 칸트의 자연철학 관련 조각글들로서 그 내용상의 연관성으로
   인해 '제4묶음'에 함께 들어 있는 것으로 보아야겠다.

제4묶음, 낱장25, 1면

괴팅겐 학보, 1786, 제191호[2]

운동학은 합성된 운동에 대한 방금 제시한 단 하나의 정리[定理][3]를 함
유하고 있다. 서평자가 털어놓는 바는, 그 정리가 지금 현안에서 명확하지
가 않으며, 그리고 설령 그것이 또 무언가를 간과했다 해도, (注意! **운동학**
의 **정리**는, 반대 방향의 운동 외에는 아무것도 운동을 폐기할 수 없다는 주장을 위
해 나에 의해 인용된 것이다) 어떻게 그것이 언급한 정리에서 나올 수 있는지
를 이해하고 있지 못하다는 점이다. 운동하고 있는 한 물체는, 만약 그것이

---

2) *Göttingische Anzeigen von gelehrten Sachen unter der Aufsicht der Königl.
Gesellschaft der Wissenschaften*, 191. Stück, den 2. December 1786. 이 제
19호, 1914~1918면에 칸트의 『자연과학의 형이상학적 기초원리(*Metaphysische
Anfangsgründe der Naturwissenschaft*)』[MAN](Riga 1786)에 대한 서평이 실렸다. 서
평자는 익명이었으나 Abraham Gotthelf Kästner(1719~1800)로 밝혀져 있다. 케스트너
에 대한 칸트의 언급은 앞에서도 여러 대목에서 등장한다. (XXI52 · 98 · 239 · 243 · 294
등 참조)
3) 『자연과학의 형이상학적 기초원리』, 제1장 운동학의 정리1: "동일한 점의 두 운동의 합성
은 오직 그중 하나가 절대적 공간에, 그러나 그 대신에 똑같은 속도로 반대 방향에서 일
어나는, 상대적 공간의 운동이 한가지 것으로 표상됨으로써만 생각될 수 있다."(*MAN*,
A20=IV490) 참조.

놓여 있는 평지가 바로 그 같은 속도로 정반대 방향으로 끌어지면, 물론 절대 공간의 동일한 위치에 머무른다. 그러나 어떤 위치에서의 머무름 모두가 동일한 방식으로 생각**되어야만** 하는가? 사람들이 어떤 성벽[城壁]에서 더 이상 전진할 수 없기 때문에, 그 성벽 안에서 하나의 운동력을 생각**해야만** 하는가? 어떻게 거기에서 운동이 유래하는 힘을 생각하지 않고서 한낱 운동만을 고찰하는 운동학이 운동력에 이를 수 있는지가 도무지 분명하지 않다.[4]

반발력들의 이론에 대하여

제4묶음, 낱장25, 2면

반발작용/척력은 하나의 표면력(한 주어진 양의 물질에서 한 부분으로부터 모든 부분들로 직접적으로 나아가는 것이 아닌 것)이기 때문에, 물질의 양은 척력과 똑같지 않다. 밀도조차도 단연코 (여러 가지 물질에 있어서) 척력에 비례하지 않는다. 그러므로 물질의 양은 빈 사이공간[틈새] 없는 동일한 척력에서도 아주 다를 수 있다. 그러나 (똑같은 거리의) 동일한 인력에서는 물질의 양이 항상 똑같다. 그러므로 이는 인력 자체가 진짜 인력이 아니라, 단지 충격이나 압박에 의한 접근일 뿐인 경우에는 해당되지 않는다. 무릇 그런 경우 그것은 응집에서와 같이 단지 표면력일 따름이니 말이다.

注意! 과연 응집에서 끌어당기는 부분들이 접촉하지 않은 부분들도 당기는지.

XXI416

---

4) 이상은 《괴팅겐 학보》 제19호, 1915면 이하의 서평문 일부를 그대로 옮겨 써놓은 것이다.

제4묶음, 낱장26/32, 1면

머리말[5]

보통 자연법칙이 요구하는 바와 같은 시간 관계에 전혀 제한받지 않는 인과성[원인성]의 한 법칙은, 그러니까 (자연필연성의 법칙과는 반대되는) 자유롭게 작용하는 원인의 인과성의 한 법칙은, 만약 사람들이 시간을 사물들 자체의 현존에 속하는 무엇인가로 상정한다면, 어떠한 돌파구를 통해서도 구해낼 수 없는 속성인 자유에 대한 더욱 분명한 표상을 필요로 하겠다. 그래서 나는 이 표상을 좀 더 밝은 빛 속에 놓고자 모색하였다.(창작) 난점, 즉 우리가 그에 따라 우리를 있는[인] 바대로가 아니라 우리에게 현상하는 대로 인식하는 내감의 형식으로서의 시간을 『비판』의 이 새로운 판에서 나는 제거하였다. 나는 동시에 믿거니와, 내가 분석학의 제2장[6]에서, 왜 하나의 순수 **실천**이성의 원리들의 고찰에서 선의 개념이 결코 맨 먼저 시작을 해서는 안 되고, 오히려 이런 것은 실천적 명령들로서의 원칙들의 권한에 속하는지의 근거를 제시한 것으로써, 《독일 도서 총[叢]》[7]의 예리하면서도 섬세하고 완전히 전문가(비록 그 스스로는 단지 형이상학 애호가라고 칭했지만)적인 판정으로 인해 나에게는 소중한 서평자[8]를 만족시켰기를 희망한다.[9] 왜냐

---

5) 이 '머리말'은 『실천이성비판』(1788)의 머리말 초고의 일부인 것으로 보인다. 유사한 문장이 포함되어 있기도 하다.
6) 『실천이성비판』의 제1편, 제1권, 제2장(*KpV*, A100이하=V57이하).
7) *Allgemeine deutsche Bibliothek*. 이 회보의 1786년판 448~449면에 『윤리형이상학 정초』에 대한 익명의 서평자에 의한 서평이 실려 있다.
8) 서평은 익명으로 나왔지만, 서평자는 Probst Pistorius auf Femarn으로 알려졌다. 이와 관련해서는 1787. 5. 14 자 D. Jenisch가 칸트에게 보낸 편지(X486) 참조.
9) 이 대목과 유사한 『실천이성비판』의 머리말 일부는 이러하다: "진리를 사랑하는 예리한, 그러므로 응당 언제나 존경을 표해야 할, 한 서평자의 비난, 곧 『윤리형이상학 정초』에는 도덕원리에 앞서 선의 개념이 정초되어 있지 않다는 […] 비난에 대해서는 분석학 제2장에서 충분히 응답했기를 바라마지 않는다."(*KpV*, A15이하=V8이하)

하면, 진정한 진리사랑은 그리고 또 그와 함께 철저성에 대한 사랑은 그의 생기 있는 비난에서 뚜렷하게 나타나기 때문이다. 이러한 속성은 나에게는 이제까지의 반론서들에서는 흔히 나타나지 않은 것이다.

응집

문제는 과연 (중량과 같은) 물질의 내적 힘에 의한 응집이 가능한가이다. 끌어당기는 부분들의 가속의 운동량이 중량에 대해 갖는 관계는, 자기의 중량에 의해 끊기는 실[絲]의 무게가 직접적으로 인력을 행사하는 물질의 작은 조각의 무게에 대해 갖는 관계와 똑같을 수밖에 없겠다. 그리고 그때 이것의 부분들 역시 이 무게의 $\frac{1}{3}$ 과 같이, 거리의 제곱에 반비례해서 끌어 당길 수밖에 없겠다. 이로부터, 물질의 작은 조각들(곧 거리가 달하는 것보다 더 작을 것인)은 그만큼 더 작은 응집력을 가질 것이라는 결론이 나온다.

실천적인 선험적 종합 명제들의 가능성의 직관으로서의 정초
자유.
새로운 언어[10]에 대하여
《독일 전령》[11]

---

10) 『윤리형이상학 정초』에 대한 또 다른 논평자(G. A. Tittel)는 "이미 익히 알려져 있는 사안을 뜻을 알 수 없는 언어로 싸서 새로운 것으로 전도한다."(*Ueber Herrn Kants Moralreform*, Frankfurt · Leipzig 1786, S. 25)라고 비난한 바 있는데, 칸트는 이에 대해 『실천이성비판』의 머리말에서 "나는 이 논고에서 새로운 언어를 끌어들이려 한다는 비난에 대해서는 염려하지 않는다."(*KpV*, A19=V10)라고 말하면서 자기의 '실천 이성 비판'이 단지 낱말 사용의 새로움이 아니라, 실제 내용에서 어떠한 새로움을 담고 있는지를 피력한다.

11) *Deutscher Mercur*. 칸트철학의 대중화에 크게 기여한 C. L. Reinhold가 1786년부터 *Deutscher Mercur*에 'Briefe über die Kantische Philosophie'를 연재하기 시작했다.

제4묶음, 낱장26/32, 2면

연기는

어떤 물질이 불에서 용해되어, 그것이 탄성적으로 될 때, 그 물질의 상태이다. 고체 상태는, 물질이 불을 자기 안에서 해소했고, 그러므로 그 부분들이 서로 근접하려고 여전히 힘쓰고 있을 때의 상태이다. 물질이 불을 자기 안에서 해소하지도 않았고, 다시 말해 자기의 탄성 상태를 벗어나지도 않았고, 불이 그 물질을 용해하지도 않았을 때, 다시 말해 물질의 끌어당기는 상태를 폐기하지도 않았을 때, 물질은 강체[剛體]적이다. 그러므로 그것들의 운동성이 그것들이 앞서의 유동적 상태에서 가졌던 접촉의 감소 없이 그것만으로 폐기되어 있는 경우에.

고체화가 일어나는 것은, 열물질의 양이 한 주어진 容積에서 너무 적게 XXI418
되어, 그것의 얇음 때문에 그에 의한 물체의 부분들에 대한 진동이 그 특별한 밀도로 인해 에테르의 진동들과 평형을 위해 병존할 수 있는 것보다 더 약해질 때이다. 무릇 그런 경우에 열물질은 짜 맞추어져 길이와 두께를 갖고서, 에테르의 진동들과 똑같이 진동하는, 실오라기들 사이에 스며들기 때문이다. 이제 이렇게 강체[고체]화한 물질, 예컨대 구리에 왕수[王水]를 부으면, 이 왕수는 그 구리 부분들과의 접촉에서 에테르와 균형을 맞추는 진동들을 유지하기에, 그것도 모든 방면으로 똑같이 유지하기에 충분히 탄성적인 하나의 소재를 함유한다. 그러므로 구리섬유들의 압축이 에테르 진동들의 우세에 의해 멈추고, 다시 말해 이것의 부분들의 끌어당김이 중단되고, 그리하여 그것들이 그 용매 안에서 서로를 밀쳐낸다. 그렇게 물은 나무쐐기들이나 장막현[腸膜絃] 줄들 안에서 물로 인해서 나무의 인력에 의해 서로 밀쳐지지 않는 것으로 보인다. 무릇 이런 일은 불가능하니 말이다. 오히려 나무의 인력은 단지 물과 함께 운동함으로써 약화되고, 그와 함께 나무의 부분들은 에테르의 진동으로 인해 서로 사이에서보다, 그러므로 서로에서 떨어질 때보다 더 많이 진동한다.

모든 물질들은 근원적으로 열요소 안에서 용해되어 있었다. 그러나 물질의 여러 가지 종류의 혼합은 침전을 야기하였고, 이것이 점점 더 많은 물질들의 종류를 형성하였다.

이 분석적 실험이 나에게, 훌륭한 머리들이 아주 어려운 문제들에서 어떻게 돌아가는지를 설명해준다. 본래 그 난제들은 모두 동일한 관점에서 생기고 있다. 1. 내가 예지체[叡智體]에 대해 범주들을 필요로 한다는 것이다. 2 내가 인간을 그의 내감 앞에서 현상으로 만들고 있다는 것이다. A. 도덕 법칙들을 따르는 인과성[원인성]은 나 자신을 예지체로 만든다. 그러나 그럼에도 그것은 언제나 그에 필요한 인과성[원인성]이다. 그러나 나는 이러한 인과성[원인성]이 어떻게 일어나는지를 무엇에 의해서도 쉽게 이해할 수가 없고, 충분한 사례들을 제시할 수 없으므로 이것의 객관들의 성질에 관한 사변을 위해 사용할 수 없다. 이론적인 사용은 그것에 따른 표상들이 그 실존의 면에서 객관들에 의존할 수 있는 사용이고, 실천적 사용은 객관들의 실존이 표상들에 의존하는 사용이다. B. 바로 이 같은 인과성은 시간상의 어떠한 사물의 속성일 수 없다. 무릇 사물이란 자연지각들 중에 있으니 말이다. 이제 이러한 속성이 한 예지체의 속성이라면, 따라서 시간상의 사물들은, 그러므로, 내가 나의 현존을 시간상에서 규정되는 것으로 인식하는 한, 나 자신은 예지체가 아니라, 현상체[現象體]이다.

물리학은 운동력을 갖추고, 자기 운동을 타자에게 전달하면서 모든 여타의 운동할 수 있는 것에 대한 그것의 운동 중에서 단지 상대적으로 규정되는, 운동할 수 있는 것[운동체]에 대한 이론이다. 그러므로 여기서는 내면이라는 것이 없고, 한낱 외적 관계가 있을 뿐이다. 그것은 하나의 점의 운동이다.

원운동 즉 축 회전은 인력들 없이는 어떠한 물체에서도 생각할 수 없다. 무릇 이런 것(예컨대 응집력)이 없다면 각 부분이 움직이기 위해서는, 그것도

구[球]의 탄젠트에 따라 움직이기 위해서는 독자적으로 충격을 받지 않으면 안 될 터이니 말이다. 이에 따라 부분들은 서로에서도 떨어져 날 터이다. 그러므로 이제 여기서는, 일체의 지각 없이 하나의 변화된 관계, 또 운동이 지각될 수 있고, 적어도 추론될 수 있을 터이므로 진상 운동과 가상 운동의 차이가 없다. 무릇 실제로 하나의 관계의 변화 곧 서로 끌어당기는 것들의 하나의 긴장과 연장이 또는 그 끌어당김에 의해 보통 침강하는 것의 고양이 인지되지 않을 수 없으니 말이다. 그렇지 않으면 중단 없는 저항적 기능으로서 원운동은 평형의 전환하는 변화를 통해 생기지 않을 터이다.

제4묶음, 낱장26/32, 3면

『실천이성비판』은 사변 이성 비판이 수행할 수 없어 유감을 털어놓을 수밖에 없었던 바를 이제 보완해야 하므로, 내가 저것을 돌아보면서, 과연 이 XXI420 빈틈[12]이 실제로 메워질 수 있는지 아니면 기이한 것인지를 다시 한 번 연구한다면, 여기[13]가 나쁘지 않은 자리이다. 여기서나 거기서나 이성은 범주들을 초절적인, 다시 말해 그 대상이 경험에 주어질 수 없는 그런 이념들을 위해 이용한다. 그러나 범주들은, 만약 그것들이 우리에게는 항상 감성적 직관들에, 그러니까 그로부터 생기는 경험들을 위해 적용되지 않으면, 아무런 의미, 아무런 객관적 실재성을 갖지 못하며, 전혀 아무런 인식도 제공하지 못한다. 지금 이것이 말하는 바는, 그것들이 지성개념들이라는 것이다. 도덕법칙에 의거한 순수 실천이성의 현실성 증명은, 그 인과성의 범주가, 그것이 적용되는 것이 감관의 대상이 아니라 예지체인 한에서, 어떠한 존재자에게도 적용되지 않은 채로, 그 인과성 범주의 객관성 실재성을 증명한다.

---

12) 순수 사변이성과 실천이성 사이의, 또는 자연 인과성[현상체 원인성]과 자유 인과성[예지체 원인성] 사이의 "빈자리"(*KpV*, A85=V49)를 지칭한다고 보겠다.
13) 『실천이성비판』의 "순수 실천이성 원칙들의 연역" 절, 특히 *KpV*, A82~A87=V47~V50 비교 참조.

이 인과성을 자유의 인과성〔원인성〕이라고 일컫는데, 이것은 그것의 사례들이 경험에서 주어지는 인과성, 곧 자연의 인과성과는 전적으로 구별되는 것이다. 만약 우리가 인과성 범주와 같은 그러한 범주에 비감성적 대상과 관련하여 의미를 부여한다면, 크기〔양〕·질·실체의 범주들도 한마디로 말해 모든 범주들이 다함께 초감성적인 것의 분야에 끌어대질 수 있다는 것은 쉽게 통찰될 수 있으므로, 그리하여 사람들은 한낱 이 모든 것을 그것들이 무제한성을 가지고 있다고 생각할 수도 있다. 그러므로 신성〔神性〕의 이념이, 또 내가 (바로 자유의 인과성으로 인해) 지성〔예지자〕으로서의 자신의 현존에 무제한적인 지속을 부여한다면, 장래의 삶〔내세〕으로서의 이의 현상들이 바로 이와 함께 실재성을 얻는다. ─ 지성개념은, 특히 원인의 지성개념은 근원에 있어서 감관과는 전혀 상관이 없으며, 그것은 그것의 실존에서 다른 어떤 것의 실존이 일정한 방식으로 이끌어질 수 있다는 것 외에 다른 것을 의미하지 않는다. 그러나 과연 그런 식으로 어떤 한 개념에 여느 대상이 귀속하는지 또는 귀속할 수 있는지를 나는 이성을 통해서는 통찰할 수

XXI421

없다. 나는 그 개념을 무엇인가(직관)에 적용해보아야 한다. 내가 대상과 그것의 시간상에서의 일정한 실존에 대한 하나의 개념(이때 이것은 경험개념이라고 일컬어지거니와)을 다른 것이 아니라 시간에서의 관계의 저런 방식에 따라 생각된 법칙들의 전제 아래서 가질 수 있다는 것을 알게 된다면, 인과성의 개념은 실제로 경험의 대상들에 대해 타당하다. 이 개념은 그 밖의 다른 곳에서는 타당할 수가 없다. 왜냐하면, 나는 감성적 직관들 외에 다른 직관은 가지고 있지 않기 때문이다. 그러므로 이 모든 것은 내가 이론적 개념으로서의 이 개념의 객관적 실재성을 조회하는 범위 내에서 옳다. 이에 관해서는 다만 저번 『비판』[14]에서 논한 바이다. 그러나 이제 이성의 실천적 사용과 함께, 인과성/원인성의 이 개념이 이성 자신 안에 인과성/원인성을 가지고 있는 한에서, 인과성/원인성 개념을 자신 안에 함유하고 있는 하나의 새

---

14) 곧 『순수이성비판』.

202

로운 개념이 등장한다. 다시 말해 이성이 자기 자신을 원인이라고 생각하고, 그것도 어떤 경험적인 것에 의해서도 규정되지 않은 채로 그러함으로써 말이다. 이성 자신이 스스로, 그것도 선험적으로 부여하는 이 인과성/원인성이 순수 의지 내지는 또 그 인과성/원인성의 자유〔자유의 인과성/원인성〕이다. 이 이념들의 진리를 다투는 일은 불가능하다. 도덕법칙은 여기에서 공리와 똑같으며, 명칭상 자기 안에 이러한 원인성/인과성을 함유한다. 실로 순수 실천이성이란 다른 것이 아니라 도덕법칙에 따르는 원인인 능력을 일컫는다. 그러므로 그러한 의욕〔의지/하고자 함〕이 있다는 것은 다툼거리가 아니며, 그러니까 그것은 하나의 叡智體 원인성이다. 무릇 그 원인성/인과성은 경험적으로 조건 지어진 것이 아니니 말이다. 그러나 앞서 말했던 바대로, 나는 이론적으로는 이 개념에 어떠한 의미도 부여할 수 없고, 내가 이 개념을 現象體에 귀속시키는 경우 외에는 그 객관적 실재성을 보증할 수 없다. 그럼에도 여기에 이 개념이 이제 실천적 실재성을 가질 여지는 남겨져 있다. 이성 안에서의 이 원인성/인과성 개념은 경험에서의 행위들의 원인으로까지도 간주될 수 있다. 내가 이론적으로 자유로운 원인성/인과성에 대한 어떤 인식을 갖고자 한다면, 나는 어떤 사건(세계 안에서의 행위)이 자유의 법칙들에 따라 발생하는 방식을 제시해야만 할 것이다. 그러나 나는 그런 것을 할 수 없다. 그러므로 이 개념이 나에게는 이론적으로는 입증되지 않은 채이지만, 실천적으로는 다툼의 여지없이 실재성을 가지고 있다. 그러나 내가 이성이 어떻게 행위들에 대해 그 원인성/인과성을 세계원인으로 갖는지를 설명할 수 없음이 이 개념에서 자연실재성을 빼앗을 수는 없다. 그 XXI422 것은 그 누구도 도대체 어떻게 공간상에서 저항을 하는 (그리고 그리하여 불가침투성 현상을 낳는) 고체가 이런 현상체의 근거일 수 있는지를 말할 수 없는 것이나 마찬가지이다. 무릇 그 자신 공간 관계에 의존해 있지 않은 어떤 근거가 실재적 공간 관계의 최상의 근거여야 하니 말이다. 그렇지 않으면 우리는 아무런 절대적인 것 없이 순정히 관계들만을 갖는 것이다. 그러나 그것이, 우리에게 원인성/인과성이 여기서는 현상에서 주어져 있다면, 우리가 저기 자기의식에서는 하나의 실천적, 다시 말해 하나의 순수한 의지인 이성에게 실재성을 부여하고 있다고 비난하는 것은 아니다. 이 사안은 사람들이 현상체들을 설명할 수 있든 말든 확고하다.

제4묶음, 낱장43/47, 1면

비중 차이의 원칙

물질들의 근원적 인력은, 그에 의해 하나의 물질이 다른 물질에 대해 요소들에 이르기까지 밀접하게 작용하기 때문에, 그 양에 따르며, 근원적인 척력에 의해서는 어떠한 물질도 다른 물질에 대해 내밀하게 작용하지 않고, 단지 접촉의 표면에서만 작용한다. 그러나 아주 중요한 점은, 물질의 양은 다른 것이 아니라 한 물체가 똑같은 속도로 **자체로** 갖는 운동의 양이라는 사실이다. 그러나 만약 물체가 자기 자신의 무게에 의해 압축되듯이 그렇게 움직여진다면, 척력에서 물질의 힘의 크기는 그 압축된 무한히 작은 공간을 통해 측량될 수 있을 터이다. 만약 물체들이 이종적이고, 가벼운 물체들에서 가장 강력할 수 있다면 말이다.

그래서 우리는 물질의 척력의 차이 나는 도[度]를 생각할 수 있으니, 곧 동일한 용적에서의 물질의 똑같은 양들은 2-3 등등 끝없이 다른 것보다 더 많거나 더 적게 척력을 갖는다. 이러한 척력으로부터 오로지 물질의 모든 종별적 차이가 마침내 도출되지 않을 수 없다.

여기서 빈 공간들이란 불필요할 수 있다. 바로 동일한 양이 동일한 힘에 의해 압박받으면서 더 작은 공간을 차지하는 물질의 질은 우리에게는 언제나 알려지지 않은 채로 남는다. 거리의 제곱 및 세제곱의 법칙들과는 다를 터인, 법칙들에 따르는 상이한 종들의 인력들과 척력들은 근원적 힘들이라고는 전혀 생각될 수 없지만, 능히 파생적 힘들로는 생각될 수 있다. 그래서 그 탄성이 열에, 다시 말해 아마도 근원적인 어떤 다른 탄성 물질의 열에, 의거해 있는 공기는 거리들의 법칙에 따라 반발할 수 있다. 왜냐하면, 이것은 팽팽해진 현(絃)들이 같은 시간에 그것들의 극점들의 거리가 있는 것보다 그만큼 충격을 덜 가하는 진동들에 의거해 있기 때문이다.

응집은 단지 압박에서뿐만 아니라, 근원적으로 탄성적이기도 한 근원적으로 유동적인 존재자의 진동들에서 파생되는 것이 틀림없다. 무릇 부분들은 그 안에서 진동들이 가능한 최소의 표면을 제공하고, 그렇게 해서 진동의 총합이 최소가 될 때까지 점점 더 빨라지는 빈 공간과의 접촉을 피하니 말이다. 고체(성)은 內部 流動性이 진동들이 다시금 더 큰 xxx에서보다 더 약화될 만큼 감소되는 때에 생긴다.

제4묶음, 낱장43/47, 4면

따라서 에테르의 충격은 그것을 변위에 의해서 나왔던 앞서의 상태로 되돌린다. 모든 고체 물체는 끊기기 전에 늘어나며, 이렇게 연장될 때 더 많은 무게를 지닌다. 그러나 사람들이 말하게 되는 것은, 변위는 부분들을 분리하는 것이 아니고, 접촉을 감소시키는 것이 아니라, 단지 변화하는 것이라는 점이다. 그러나 접근들과 함께 반발이 점점 증가하는 한에서, 그것들은 에테르의 충격에 의해 자신의 진동들을 통해 에테르가 균형을 이루게 할 때까지 모일 것이다.

또는 이렇다: 한 물체의 부분들은 자체로 방사선들로 형성을 시작하고, 그 진동들은 이제 한 流動體의 진동들이 아니라, 고체 물체 같은 것이다. 방사선들을 변화시키는 모든 힘은 에테르의 떨림들에 균형을 맞추는 진동들의 도(度)를 변화시킨다. 그리고 압축하는 에테르의 더 큰 힘이 그것들을 앞서의 상태로 몰아가는 것이 틀림없다.

XXI424

사람들은 모든 물질을 늘려진 것으로 생각할 수 있으며, 원초적으로 에테르가 그 자신의 인력에 넘겨져 있는 것으로 생각할 수 있다. 이에서 간단없이 지속하면서 모든 다른 형성들을 야기하는 진동 운동이 생긴다.

진동이 물체들의 부분들 사이의 에테르를 몰아서, **그를 통해 그 부분들을 압축한다.**

유동체 상호 간의 응집과 그에 의한 다른 것의 용해는 이를 통해 표상되지 않을 수 없다. 무릇 만약 물이 소금과 함께 소금의 부분들 상호 간에서보다도 더 강력하게 진동하게 되면, 그 소금 부분들은 서로를 떠나 물과 아주 큰 접촉에 이르려고 한다. 본래 그렇게 해서 팽창하게 된다. 앞서 수축되어 있던 것이 말이다.

고체성을 설명하는 주요 원리는 결빙에서 절대적 열의 쇠퇴와 상대적 열의 어는 물과의 똑같음의 쇠퇴이다. 이로부터 밝혀지는바, 저렇게 순전히 유동적인 것을 위해서는 얼음과 거의 한가지인 열에서 열의 많은 물질이 요구되거니와, 이 열은 결빙할 때 한 번에 잃게 되고, 물속에서 열물질과의 접촉들은 더 적어질 수밖에 없으며, 따라서 물체소재의 부분들은 서로 간에 방사선들에서 대부분 서로 접촉을 시작했고, 여전히 남아 있는 열물질의 남은 부분은 오직 이 방사선들 사이에서 자리를 찾았다는 것이다.

유동 물체는 열물질 안에서 용해되어 있고, 고체 물체는 열물질을 흡수했다. 그래서 이것은 아무런 부분도 없는 것일 수 있다. 곧 부분 사이의 어떠한 방사선도 열물질이 아니겠다. 동물의 신체나 아마의 실올에서와 같이 말이다.

제4묶음, 낱장43/47, 2·3면

물을 매개로 한 중력과 탄성의 관계에서 이 종별적 차이의 무한한 단계에 이 인화성 존재자들을 매개로 소금 그리고 그를 통한 금속들 등등이 침투한다, 다시 말해 용해한다. 바꿔 말해 만약 물질들이 이미 이 후자들에 의해 내밀하게 받아들여져 있고, 그것들이 후자의 부분들의 인력을 별나게 약화시키지 않는다면 말이다.

하나의 물질은 자기 자신의 인력에 의해 또는 다른 물질의 압력에 의해 압축되어 있다. 그렇지 않다면 그것은 아무런 일정한 밀도를 갖지 못했을 터이다. 이 압력은 앞서의 것과 공동의 인력에 의해 생기거나, 언제나 다시금 다른 물질의 압력에 의해 무한히 생긴다. 그런데 설령 전체 공간이 무한히 충전되어 있다 해도, 그러므로 이를테면 더 이상 확장될 자리가 없다 해도, 후자는 불가능하다. 그러므로 전자일 수밖에 없다. 무릇 자기 자신의 인력을 통해서는 어떠한 물질도 우리가 아는 물체들에 의해, 사람들이 각각의 부분을 분리할 때도 여전한 물질적 밀도를 형성하는 그 정도에 이르기까지 압축되지는 않는다. 그러므로 전체 체계의 압축이 그러니까 각 물질의 전체 체계에 상관하는 하나의 인력이 이 압축의 원인일 수밖에 없다. 그러나 그에 의해 모든 물질은 똑같은 밀도를 가지지는 않겠지만, 그 밀도에 비례해서 응집할 터이다.

이 하나의 원인으로부터 물체들 모두에 침투하는 자기[磁氣] 물질들의 모든 형성이 유래했을 터이고, 또 모든 실제적인 운동이 유래될 수 있다.

오일러[15]는 중량 없는 에테르를 상정할 이유를 갖지 못했다. 왜냐하면, 에테르는 탄성적인 것이었기 때문이다.

제4묶음, 낱장42

솟구치는 샘물의 속도에 대하여

물은 그 출구에서 매우 압축되어, 자연 공간에 퍼지기 위해 자기의 탄성으로 인해 얻은 속도가 그 물의 부분들이 정지되기 전에, 물탱크와 똑같은

---

15) Leonhard Euler(1707~1783). 스위스 Basel에서 태어나 러시아의 Petersburg에서 생애를 마친 칸트 당대의 수학자이자 물리학자. 그가 발견한 '오일러의 정리'와 '오일러의 다면체 정리'는 현대 위상수학의 발전 토대를 놓은 것으로 평가받고 있다. 광학 분야에서는 에테르 가설을 세우고, 빛의 파동을 주장하였다.

높이의 물줄기가 그에 의해 정지되기 전에, 중력에 반하여 위로 올라갈 수 있을 만큼 크다. 무릇 물의 무게는 이것과 똑같은 것의 운동에 반작용하는 한에서만 올라가므로, 물이 그 높이에 따라 압박했던 꼭 그만큼의 물이 중력에 의해 그러니까 그만큼의 무게에 의해 정지되지 않을 수 없다. 물줄기는 항상 자기 자신의 운동에 의해, 만약 그것이 정지한다면, 물탱크와 평형일 그만큼의 높이에 서 있다. 줄기로 있는 물은 모두 상승 중에 차츰 정지하게 되고, 그것도 자기의 무게에 의해서 그렇다. 이제 상승의 속도를 낳는 무게는 물의 위치의 높이에 비례하고, 그것 이상의 물의 위치의 높이의 각 점들에서 속도의 운동량은 가장 아래의 것의 속도에 비례한다. 그러므로 xxx.

제4묶음, 낱장31, 1면

운동량

사람들이 운동량을 무한히 작은 속도로 볼 수는 없다. 무릇 그렇지 않으면 한 물체는 모든 무한히 작은 운동량에 의하지 않고서는 운동에서 정지에 이르지 못하거나, 일정 정도의 운동량이 생기게 될 때까지는 어느 정도 시간이 필요할 것이기 때문이다.

인력의 운동량의 크기는 똑같은 거리일 때 끌어당기는 물질의 분량에 기인한다. 그러나 척력의 운동량의 크기는 그 무게로 인해 가장 아래의 상태에서 압축되는 그 물질의 기둥들의 높이에서 기인한다. 무게로 인한 압축의 정도는, 만약 그 물질이 유동적이라면, 그 높이에서의 낙하로 인해 얻을 속도로써 그 물질의 충격이 야기할 압축의 정도와 똑같다. 무릇 그것의 부분들이 점차로 자기 속도로써 공간을 물 위치의 높이만큼 배가시키는 물줄기의 무한히 작은 높이는 지나쳤어야 했기 때문이다. 표면에 대한 충격은 속도에 비례하고, 각 부분의 힘 또한 속도와 같지만 그때 압력의 운동량의 총

208

량은 높이와 같다. 그리고 그 속도는 바로 이 높이에 비례한다. 그래서 xxx

응집[력]

인력에 의한 외력[外力]은 결코 유한한 속도로 일어날 수 없다. 무릇 척력과 마찬가지로(도대체가 하나의 물질의 모든 부분들이 다른 물질의 모든 부분들에 직접적으로 작용하는 것은 아니기 때문에, 물질의 이 힘이 물질의 양을 움직일 수 없듯이), 하나의 움직여진 물질의 고유한 운동의 전달은 없으므로, 움직여진 물체에 대한 외력은 마치 이 물체가 정지해 있는 것처럼 작용하기 때문에, 그러한 외력은 무한한 시간에 하나의 무한한 속도를 낳을 수 있을 터이니 말이다. 그러므로 주어진 시간 내에서 유한한 속도를 낳는 어떤 외력이 있어야만 한다. 이것은 자기 자신의 무게에 의해 끊어지는 한 실[絲]의 길이를 통해 발견될 수 있다. 무릇 인력에 의한 응집에서 속도의 그 운동량은, 만약 그것이 유동적인 것이라면, 동일한 높이의 실린더가 압력에 의해 만들어낼 것과 똑같은 크기일 것이기 때문이다.

그러나 만약 이 응집이 어떤 압박에 의해 일어난다면, 외적 물질은 (오일러의 생각과 달리) 결국 중력을 그 압박의 원인으로 갖지 않을 수 없다. 그러나 이에는 구형[球形]을 취하려는 유동 물질들의 애씀이 결합될 수 없다. 그러므로 충격에 의해서이지만, 또한 어떤 연속적인 충격, 다시 말해 충격받은 물질이 그에 대응해 행사하는 것보다 더 자주 반복되는 충격에 의해서 이 물질이 가능한 한 그렇게 서로 아주 가까워지는 것이다.(打擊 運動이 아니라, 振動 運動) 무릇 모든 물질은 탄성적이므로 한 면에서 압축되어 모든 면으로 팽창하지만, 저항은 빈 공간의 면에서 가장 크기 때문에, 그로 인해 물질은 부분들의 최대의 접촉에 들도록 재촉받는다. 이것이 그 크기가 물질들의 밀도에는 정비례하고, 물질들의 탄성에는 반비례하는 유동체의 응집에 대한 설명이겠다. 이제 서로에 의한 물질들의 용해는 유동체와 결합되어 있는 몇몇 물질들의 더 큰 진동들을 통해 서로 사이에 있는 것으로 설명될 수 있다. 그로 인해 물질들은 그때 서로 간에 최고도로 교호적으로 접촉하지만 각각이 하나의 彈性 連續體를 독자적으로 형성하려고 힘쓸 터이다. 이제 화학적 침투.

고체[성]

고체성 또는 물질의 강체화는 그 자체로는 항상 유동적인 어떤 물질의, 곧 그로 인해 한 물체가 용해된 열기의 탈리[脫離] 결과이다. 고체성은 에테르와 그 진동들이 요소의 면에서 에테르의 것들과는 결코 똑같을 수가 없는 모든 다른 물질 사이의 밀도의 중간을 유지한다. 왜냐하면, 그 밀도는 무한하고, 그러므로 열물질과 분리되어, 독자적으로 그 길이와 두께 그리고 무게가 에테르와 똑같은 요동을 제공하는 빔들을 형성하고, 이 형성에서 에테르는 물질이 오지 못하도록 하기 때문이다.

제4묶음, 낱장31, 2면

한 고체 물체는 자기의 무게를 통해서는 자기의 형상을 변화시키지 않는 물체이다. 그러나 고체 물체는 이물질의 충격들이 그에 대한 똑같은 반격들과 결합되어 있지 않으면, 자기의 형상을 변화시키는 것이 확실하다. 저 충격들이 그 물체를 또는 그 물체의 부분들을 그 충격들에 대해 똑같은 강도로 대응하거나 그것들과 和合할 위치에 놓는 즉시, 진동은 그것들이 이 형태를 벗어나지 않게 한다.

물질들의 밀도는 에테르의 이 압박에서 초래된 것으로 보인다. 왜냐하면, 물질들은 그 자신의 근원적 인력으로써는 그토록 작은 질량에서 그러한 인력을 행사할 수 없지만 에테르의 질량은 자기의 인력으로 자기 자신을 한계 짓고, 이제 척력들의 차이에 따라(그것들의 속도의 운동량에 따라) 서로 다른 밀도를 야기하기 때문이다.

이로부터 나오는 결론은, 빈 공간은 있을 수 없다는 것이겠다. 〔그런 것은〕 에테르가 모든 것을 충전함으로써 모든 특수한 제한된 물질을 가능하게 하는 에테르 안에도 없다. 이 물질 안에도 없다. 무릇 에테르가 물질에 반작용하지 않는 곳, 거기까지 물질은 팽창하며, 따라서 빈 공간 안으로 팽창하니 말이다.

용해에서 혼합물의 窬量의 증가와 감소에 대하여 XXI429

추측

만약 지구가 철두철미 똑같은 밀도라면, 뉴턴의 지구 지름의 비율공식들이 맞을 것이다. 그러나 만약 지구가 최근의 모든 측량에서 알려주는 대로 지름에 더 큰 차이가 있다면, 지구는 내면에서 중심으로 갈수록 밀도가 낮을 것이 틀림없다. 무릇 그럴 경우 적도 밑에서 부풀어 오른 물질은 중력의 방향을 더 많이 굴절시킬 수밖에 없다. 그러므로 스코틀랜드 산악에 대한 관찰이 증명해주는 것으로 보이는 것처럼 설령 전체적으로 지구는 화강암보다도 더 밀도가 높다 하더라도, 겉표면과 중심 사이의 중간층에서는 가장 밀도 높은 물질이 마주쳐지겠고, 그러므로 중심점에는 속이 빈 공간이 있겠다.

제4묶음, 낱장37, 1면

실〔絲〕들의 무게는 길이와 밀도의 곱에 비례한다. 마찬가지로 속도의 제곱이기도 하다. 그러나 그 운동량은 속도와 같다. 따라서 길이와 밀도의 곱의 제곱근과 같다. 그러나 응집에서의 인력은 표면력이다. 그러므로 물체의 밀도가 아니라 표면의 밀도가 고려되어야만 한다. 그러나 이 밀도는 물체적 밀도의 세제곱근의 제곱과 같다. 그러나 가속의 운동량들은 이 밀도들에 반비례한다. ― 그러므로 가속의 운동량들은 실〔絲〕들의 길이와 정비례하며, 그것들의 밀도의 세제곱근의 제곱에 반비례한다.

제4묶음, 낱장38, 1면

응집의 인력

열은 여기서 자연 방식의 모든 물질 안에 포함되어 있으며, 이것의 확장 〔팽창〕력은 (공기에서 보는 바처럼) 부분들의 거리에 반비례하지만, 모든 물질의 자연적 탄성은 거리의 세제곱에 반비례하므로, 사람들은 이에서, 열물질의 확장〔팽창〕력이 진동들에 의해 초래된 것이 틀림없음을 볼 수 있다.

제기되는 물음은 과연 보편적 인력〔만유인력〕 외에 그 정도의 면에서, 다른 법칙들에 따라 근원적으로 작용하는 또 다른 인력이 있는지이다. 이제 내가 주장하는바, 공간만이 힘의 거리로의 확장 법칙을 만들 수 있기 때문이다. 그러므로 그것은 사력일 수가 없고, 하나의 활력이지 않으면 안 된다. 그러나 원운동의 힘은 아니다. 무릇 그것은 오직 사력에 의해서만 연속적으로 작용하고, 사력을 전제하는 것이니 말이다. 그러므로 오직 점들에서 중심운동이, 다시 말해 모든 방면에서 충격받은 점마다 다시금 충격함으로써 각각의 점에 대한 모든 방면의 충격, 다시 말해 에테르의 진동. 오직 여기에서 제일의 시작〔시초〕은 필연적이다.

그것은 응집에서는 무한하다. — 그러나 또 오직 중력만이 취해지는 곳에서는 그것의 운동량이 무한히 더 커질 수 있고, 그럼에도 언제나 무한히 작은 운동이 있다. 다시 말해 하나의 가속이 일정 시간을 거쳐 하나의 유한한 속도가 되기 위해 필요한 그러한 운동이 있다. 이제 운동량이 하나의 실제적인 속도라면, 낙하 중의 모든 물체는 저 운동량에서 무한한 또는 최대의 운동량에 이르기 위해, 아직 움직이지 않다가 나중에는 가장 짧은 시간에 무한한 속도로 움직이는데, 우선 일정 시간에 걸쳐 가속되지 않을 수 없을 터이다. 이에서 귀결되는 바는 다음과 같다. 1. 상이한 크기의 운동량은 다른 것이 아니라 점차로, 그러므로 유한한, 당기는 물체로의 접근을 통해 옮겨질 수 있다. 2. 물질의 많은 부분들에서 동시에 일어나는 인력들에 의해 고찰되는 크기의 이 운동량은 점차로가 아니라 일련의 운동량들을 통해 산출된다. 3. 이 운동량은 어떤 하나의, 또한 단지 무한히 작은 속도를 가진 운동이 전혀 아니고, 운동력으로, 다시 말해 가능한 운동의 원인으로 간주될 수 있다. 그러나 이것은 그 자체로는 한낱 하나의 이념이지만, 사건들을 설명하는 데서는 실제적인 운동으로 여겨지지 않을 수 없다. — 이것이 순정하게 진정한 귀결들이다.

운동의 구성

제4묶음, 낱장38, 2면

응집에 대하여

응집해야 할 것은 먼저 유동〔액체〕적인 것이지 않으면 안 된다. 식물조차도 그러했다. 은, 동 등에 맺힌 습기는 아마도 상관이 없다.(백금도) — 소금물이 얼려고 할 때, 소금이 간수의 방식으로 분리되는 일이 어떻게 일어나나.

진동에 의한 이전에 혼합된 물질들의 분해에 대하여

만약 상이한 탄성의 (또는 똑같은 탄성이지만 똑같지 않은 밀도의 물질들이 진동하게 된다면, 그것들은 분해되지 않을 수 없다. 왜냐하면, 진동이 더 많은, 더 무거운 요동들을 만들어내고, 자신이 그 중력들에 의해 배척되기 때문이다. (표사 광상(漂沙鑛床)). 그래서 응고된 광물들의 섬유화된 형태도 생긴다. 그래서 빛이 자기의 진동으로 물속에 있는 물질들(例컨대, 아마(亞麻) 실들)이 물속에 있는 가연성 공기를 자체로 끌어내서 순수한 공기를 분리하여 규정하는 일 이 일어난다.

제4묶음, 낱장41, 1면

중력의 운동량에 대하여

특정한 시간에서의 중력의 운동량에서 하나의 특정한 속도가, 이 운동량 이 처음에 더 큰 운동량들을 뚫고 지나갈 수밖에 없게끔, 그렇게 생길 수가 없다는 것은 주목할 만하다. 비록 하나의 더 큰 운동량이 더 작은 운동량 들에서 합성된 것으로 표상될 수밖에 없다 하더라도 말이다. 그러나 한 운 동량의 더 큰 운동량은 더 큰 운동이 아니라, 운동의 더 큰 외력이다. 후자 가 항속(恒續)적으로 지속한다면, 전자는 단지 계속될 뿐이다. 바로 동일한 물체가, 그것을 끌어당기는 물체가 더 큰 바로 그만큼, 더 큰 외력의 운동 량을 가질 수 있다. 후자는 그러니까 전자 또한 무한히 나간다. 그럼에도 이 물체는 이 모든 것들 중 어느 것에서도 유한한 시간에서와는 다르게 하 나의 유한한 속도를 얻을 수는 없다. 따라서 지표에 있는 통의 특정한 높 이와 유한한 너비의 유동 물질의 한 기둥의 압박에 의한 외력이 한 무한히 작은 출구를 압박하는 경우가 아니라면, 인력에 의한 것이나 유한한 속도 의 탄성에 의한 외력은 없다. 저런 경우에 물 입자는 두 번째 정도의 무한히 작은 것일 터이고, 무한히 작은 시간에서의 유한한 압박으로부터 하나의 유한한 속도를 얻을 터이다. 무릇 유동체들은 탄성적 물질들의 본성을 갖거니와, 이 물질들은 만약 자기 자신의 무게에 의해 압박을 받으면, 튀어 오를 속도를 얻는바, 이 속도는 그 같은 것이 낙하할 때 얻는 속도와 똑같다.

XXI433

카르스텐[16]은 활력들에 대한 라이프니츠의 이론을 반박하고자 함으로써, 불필요하게도 힘 개념의 규정에 애쓴다. 무릇 그것이 물질들이 스스로 운동하고 자기들의 운동을 다른 것에 전달하는 한에서 물질들이 갖는 힘들에 대한 것이니 말이다. 그런 경우에 사람들은, 운동이 다른 정지해 있는 또는 움직여진 물체에 전달되는 한에서, 힘의 개념은 전혀 필요하지 않고, 단지 한 물체의 운동의 양만이 필요하다. 그때 라이프니츠는 바로 반박될 수 있다. 무릇 바로 그처럼 자주 첫 번째 것과 똑같은, 똑같은 두 운동들로 인해 배가된 속도를 가진 운동의 양이 합성될 수 있는 것임은 쉽게 증명될 수 있기 때문이다.

(끌어당기고 밀쳐냄으로써) 또한 운동을 최초로 산출하는 원인으로서의 힘이라는 말은 운동의 정도에 따른 그 시작과의 순전한 관계맺음 외의 다른 것이 아니다.

그러나 압박 또는 충격 중의 물체들의 힘과 흐름 중의 유동 물질들의 힘을 비교하는 일은 어려움을 가중시킨다.

------

16) 아마도 Wenceslaus Johann Gustav Karsten(1732~1787)을, 아니면 그의 아들 Dietrich Ludwig Gustav Karsten(1768~1810)을 지칭하는 것 같다. 논리학, 수학, 물리학 교수였던 아버지 Karsten은 *Anfangsgründe der Naturlehre*(Halle 1780)를 비롯해 다수의 저술을 냈고, 아들 Karsten은 광물학자로서 대표작으로 꼽히는 *Mineralogische Tabellen*(Berlin 1800) 외에도 광물학, 물리학, 화학 분야에 걸쳐 다수의 저술과 수많은 논문을 발표하였다.

제4묶음, 낱장41, 2면

바다의 동일한 표면을 수직으로 압박하는 질량의 차이에 따라서 똑같은 속도를 가진 자기의 압력에 의해 정지해 있는 유동체[액체]. 만약 바다의 이 지점이 제거된다면, 유동체들은 이전보다 무한히 더 큰 속도들을 가질 터이지만, 매 순간 이전보다 무한히 더 작은 질량들을 가질 터이다. 그럼에도 압력이 이 속도로 상승할 그 높이는 압박하는 기둥의 높이와 같을 것이므로, 이 힘은 매 순간 압박하는 저 힘과 똑같다.

그러므로 사람들은 여기에서 하나의 무한히 작은 질량을 생각하지 않을 수 없는데, 이 질량은 매 순간 유한한 속도로 압박한다. 그러나 이 속도 자체는 더 큰 속도에 비례해서 또 더 크고, 그리하여 압박의 양은 (무릇 **유동체의 충격**은 단지 무게에 의해서만 막을 수 있는 연속적인 압박으로서, **한 유한한 질량[덩이]의 어느 충격보다도 무한히 더 작으니** 말이다) xxx

XXI434

쿠젱의 『천체 물리학 연구 입문』[17], 298면[18]. 태양과의 관계에서 행성들의 밀도는 다음과 같다.

지구 = 1 =지구
목성 = 0.20155 목성 ⎧ 그러므로 대략 태양과의
　　 = 0.11215 토성 ⎩ 거리에 반비례
화성 = 0.65630.　금성 = 1.38250　수성 = 2.58331
이 밀도들은 지구와 비교한 것이다.

---

17) 프랑스의 수학자이자 물리학자인 Jacques Antoine Joseph Cousin(1739~1800)의 저서 *Introduction à l'étude de l'astronomie physique*(Paris 1787).
18) 칸트의 아래 표는 Cousin의 원서 해당 면의 내용을 자기 방식으로 정리한 것이다.

태양과의 중간 거리

☿	38 709	—	—		—	목성의 위성	—
♀	72 333		시간[19)]				

			일간		시간[20)]		분간
♁	100 000	a,	1	—	18	—	$27 \frac{2}{365\,361}$
♂	152 369	b	3	—	13	—	$13 \frac{1}{2\,846\,082}$
♃	520 000	c	7	—	3	—	$42 \frac{1}{1\,067}$
♄	953 936	d	16	—	16	—	$32 \frac{1}{3\,358}$

♅ 1 908 180   토성의

A	1	—	21	—	18
B	2	—	17	—	41
C	4	—	12	—	25
D	15	—	22	—	41
E	79	—	7	—	49

태양 대비 행성들의 질량

금성의 질량 =

$$\frac{1}{278\,777}$$

수성의 질량

$$\frac{1}{2\,026\,819}$$

---

19) 원어: Zeiten.
20) 원어: Stunden.

제4묶음, 낱장33, 1면

사력들의 도량은 1. **압력에 의한** 것으로 무한히 작은 속도(무게)를 가진 물질의 유한한 양이며, 그것의 모든 부분들에서 균일하게 탄성적인 물질에 의한 그것의 저항은 유한한 속도로 추진하는 물질의 무한히 작은 질량이다. 이제 만약 하나의 견인력이 저 압력과 똑같고, 또한 단지 견인하는 물질의 무한히 작은 층을 통해서만 일어난다면, 이 견인력과 똑같은 무게가 주어질 때, 사람들은 물질이 유동적이라면 주어진 높이에서 자기 자신의 기둥들에 압박을 받아 서서히 정지하게 되는 그 속도를 발견할 수 있다. 상이한 밀도의 물질들의 실[絲]들에서 속도들의 제곱은 이 실의 길이에 비례할 수밖에 없겠고, 그 힘들은 무게에, 다시 말해 실의 길이에 밀도를 곱한 것에 비례할 수밖에 없겠다.

한 운동량이 하나의 유한한 매우 작은 속도를 지니지 않으면, 그것은 다른 운동량보다 무한히 점점 더 커지는 것으로 생각될 수 있다. 무릇 이를 위해 또한 이 속도를 우리 지구상에서 **중력에 의해** 얻기 위해서 물체가 낙하해야 할 그 높이를 계산할 수 있을 터이다. 그러므로 운동을 (더 미미한 속도를 가진) **더 작은 운동들**로서의 운동량들의 합계로 볼 수 없다. 무릇 그 가능한 최대 합계가 언제나 단지 하나의 운동량일 터이기 때문이다. 그런데도 수학자는 운동량을 무한히 작은 시간에서의 중력에 의한 물체의 운동으로 볼 것이다. 그것은 단지 압력으로, 운동의 원인일 따름인데도 말이다.

XXI436

나는 (운동의 시간 부분이 아닌) 운동량을 무한히 더 작게 그리고 물질의 양을 그만큼 더 크게 만들 수 있다. 마찬가지로 이 후자의 양을 원하는 만큼 작게 만들 수 있고, 저 운동량을 키울 수 있다. 그러므로 물질의 양은 연장적[외연적]으로도 밀도적[내포적]으로도 측정될 수 있다. 그리고 만약 견인점의 똑같은 높이에서, 그 용적이야 어떠하든 간에, 동일한 지렛대에서의 운동력이 더 크다면, 물질의 양을 수학적으로 이를 위한 것으로 받아들여야 한다. 비록 물질의 양 곧 다른 것보다 어떤 것의 더 큰 에너지는 한갓된 집합이 아니라 그것의 원인이라고 할지라도 말이다.

제4묶음, 낱장33, 2면

만약 한 물체가 均一한 加速度 運動으로 낙하한다면, 그 속도는 시간과 같이 증가하지만, 가속의 운동량은 스스로 증가하지 않고, 오히려 언제나 시작순간에서와 동일하다. 무릇 그렇지 않으면 均一한 加速度 運動이 아닐 것이니 말이다.

수학자는 가속의 운동량을 이 균일하게//가속적인 낙하에서 일정한, 그러나 무한히//작은 속도를 가진 실제적인 운동으로 계산에 넣어야 한다. 무릇 낙하를 통해 일정한 시간에 걸쳐 얻게 되는 전체 속도는 이 낙하 시간의 모든 순간들에 걸쳐 똑같은, 합산된 운동량으로 이루어져 있으니 말이다. — 가속의 운동량은 무한히 더 크거나 더 작거나 할 수 있지만, 결코 어떤 유한한 속도와 똑같을 수는 없다. 왜냐하면, 그렇지 않으면 그로 인해 어떤 주어진 시간에 하나의 무한한 속도가 생기게 될 터이기 때문이다.

이에 반해 철학자는 이렇게 말한다: 가속의 운동량은 도무지 운동이 아니며, 그러니까 또한 속도가 아니고, 오히려 순전히 일정한 시간에 일정한 속도를 낳는 운동력이다. XXI437

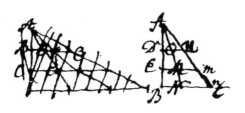

무릇 속도의 운동량은 어떤 유한한 속도와 똑같은 일이 없이도 무한히 더 클 수 있기 때문에, 일단 운동량은 상당히 클 수도 있는데, 그로 인해 시간 AD에서 속도 DO가 산출될 수 있고, 그래서 그 대신에 동일한 시간에

속도 Dn=2DO를 낳는 한 운동량이 생각될 수 있으니, 그러니까 앞서의 운동량에 비해 2배가 커질 수 있는 것이다. 그리고 나는 속도를 표현하는 선분 DO를 무한히 길게 할 수 있기 때문에, A에서의 속도의 운동량 또한 무한히 커질 수 있으니, 그로 인해 어떤 유한한 속도가 될 수 없음에도 그러하다. 이제 주어진 시간 AD에서의 가속에 의해 물체는 A에서의 운동량과 속도 DO 사이에서 모든 중간단계의 속도를 거쳐 시간 AE의 끝에 이르지 않을 수 없기 때문에, 또한 물체는 이 시간에, 그를 통해 물체가 시간 AD에서 속도 DO를 얻을 수 있을 운동량과 무한한 운동량―이것은 그래도 언제까지나 속도 DO보다는 더 작다― 사이에 들어 있는 모든 운동량들을 無限히 지나갈 터이다. 그러나 수학자의 계산대로, 만약 모든 무한히 작은 운동들이 이 운동량들의 합계에 의해 그대로 있다면, 하나의 유한한 운동이 생길 수밖에 없을 것이지만, 이것은 역시, 유한한 시간에서는 유한한 속도들의 합계를 만나는 것이므로, 어떠한 유한한 시간에서도 얻을 수 없을 터이기 때문에, 이 둘을 통일하는 일은 불가능하다. 그러므로 속도의 운동량은 다른 것이 아니라, 운동력이 균일한 가속에 의해 유한한 속도를 낳는 한에서의, 한순간의 운동력이다.

제4묶음, 낱장35, 1면

1

만약 서로 반대 방향으로 운동하려고 애쓰는 두 물체 a와 b에 각기 같은 방향으로 이것이나 저것에 덧붙일 수 있는 아주 작은 힘으로써 더 큰 운동을 하게 될 수 있다면, 저 애쓰는 힘들은 서로 똑같고, 그것들은 그로 인해 움직이지 않는다. 무릇 만약 그것들이 똑같지 않고, ae방향에서 a의 애쓰는 힘이 db쪽의 물체 b의 힘보다 더 크다고 한다면, 물체 b는 차이 x만큼 더 적게 운동 bd를 가질 터이다. 그러나 이 x는 하나

의 分割量으로서, 그 아래에서는 여전히 do쪽에 적용되어 물체 a를 움직이지 못하게 할 더 작은 힘이 주어질 수 있을 터이다. 이것은 假定에 反하는 것이다.

2.

어떤 지레에서 지렛점에서의 거리들이 질량에 반비례한다면, 중량의 상대적으로 애쓰는 힘들은 서로 똑같다. 무릇 이러한 경우에 덧붙여지는 작은 힘이 줄 수 있는 대립적인 운동들은 속도의 면에서 질량들과 같으니 말이다. 그러나 절대적인 속도들은, 따라서 절대적인 힘들은 질량들과 같다. 그런데 상대적인 힘들이 똑같지 않다고 한다면, 물체 a에 모종의 작은 덧붙임은 물체 b를 움직이지 않을 터이나, 물체 b에 덧붙여진 것은 물체 a를 움직일 터이다.

수력학

모든 물이 지반 위에 있는 하나의 넓은 통의 작은 출구에서 흘러나오는 시간은 똑같은 높이의 물줄기가 그 출구에서 떨어질 시간에 비례하고(물통에 있는 물의 높이가 감소하지 않는다고 전제하면), 물통의 높이는 출구 지름의 4분의 1로 반비례한다. 무릇 중력과 압력에 의한 가속의 운동량들이 이러한 관계에 있기 때문이다. 그러나 출구로부터의 균일한 유출의 속도는 물이 갖는 속도에 비례한다.

XXI439

수력학의 원리

물은 똑같은 높이의 물기둥을 그 높이로 유지하는 힘을, 따라서 또한 이 높이에까지 이르는 하나의 운동을 낳는 압력을 행사한다. 그러나 가장 낮은 지점에 있는 물이 저 높이까지 상승하는 데 걸리는 시간 동안 자기 자신의 무게를 짊어지고 있을 하나의 운동은 그 무게, 다시 말해 동일한 높이의 물기둥의 압력들과 똑같다. 그러므로 솟구치는 물은 그만큼 높은 물기둥을 짊어지는 하나의 힘을 갖는다. 왜냐하면, 물은 자기의 힘으로 그러한 높이까지 그 자신을 올리고, 자기 자신의 무게를 짊어지고 있는 것일 터이기 때문이다.

물체 세계에서 기적은 일어나지 않는다.

무릇 (同一한 方向에서 만들어진 運動들을 더하고, 反對 方向으로 만들어진 運動들을 除한) 운동들의 합계[이기] 때문이다. 무릇 세계 자체가 전체로 운동한다는 것은 가능한 경험의 객관이 아니다. 왜냐하면, 절대적 공간은 현상이 아니기 때문이다.

제4묶음, 낱장35, 2면

두 물체는, 만약 이 둘의 운동력에 의해 추가된 가장 작은 덧붙여지는 힘이 그것들을 움직인다면, 균형을 이루고 있다. 왜냐하면, 지레에서의 두 물체는, 이 둘의 질량이 그것들에 적용될 거리가 얼마이든 간에 그것들과 반대로 되어 있다면, 똑같이 움직이기 때문이다. 그러므로 두 물체가 이러한 상태에서 먼저 균형을 이루고 있지 않았다면, 그것들이 균형을 이루도록 하기 위해서 어느 하나에 어떠한 힘도 덧붙여서는 안 되었을 터였다. 다시 말해, 질량에 반비례하는 속도들이 똑같은 힘들을 주지 않을 터이다.

XXI440

물체들이 균형상태에서 지레 자루들의 또 다른 관계에 있다고 한다면, 하나의 자루에 운동을 주는 작은 덧붙여지는 힘이 반대 방향의 다른 자루에는 그만큼의 운동을 주지 못할 터이다. 왜냐하면, 속도들이 질량과 반비례하고 있지 않을 터이기 때문이다.

경험적 자연과학에는 세 과제가 있다.

222

1. 응집의 원인

2. 물질들의 침투(기계적인 것은 빈 공간을 통해 일어나고, 화학적인 것은 가득 찬 공간들에서 일어난다.)

3. 유동체[성]와 고체[성]

제4묶음, 낱장29, 1면

형이상학: 세계가 사물들 그 자체의 총괄이라면, 세계 바깥의 어떤 사물의 현존을 증명한다는 것은 불가능하겠다. 무릇 그것은 세계와 연결되어 있는 것일 수밖에 없을 것이고, 그렇지 않다면 사람들이 그것을 추론할 수 없을 것이니 말이다. 그러나 우리는 어떻게, 우리가 세계 내에서 알고 있는 사물들의 속성들에서 그 사물들이 세계 안에서 가지고 있는 연관의 법칙들에 따라서, 다른 속성들을 가지고서, 다른 법칙들에 따라 작용하는 어떤 것을 추론할 수 있는가[?]

그러나 우리가 세계를 현상으로 받아들이면, 그것은 곧장 현상이 아닌 어떤 것의 현존을 증명한다.

관념론: 꿈속에 우리에게 현상할 수 있을 객관들은 현존하지 않는다. 그러므로 그 표상들은 현상들이 아니라 상상들이다. 그러나 우리의 이론에는 우리에게 물체로서 현상하는 것이 실제로 있고, 우리 표상들의 원인이다. 이 표상들이 꿈속에서의 순전한 현상들이되, 순전한 가상인 점은 논외로 하고 말이다.[21] XXI441

모든 물질이 무한하다는 것은 형이상학적으로 필연적인 것으로 보인다. 그러나 그것은 개념에 의한 것이 아니라, 구성[에 의한 것]이다.

자유로운 인력과 척력은 실체의 양에, 다시 말해 용량 곱하기 점착력의

---

21) 이상의 세 문단은 Refl 5652(XXVIII305)와 같다. 다만 구두점에 약간의 차이가 있는데, 번역에서는 이를 대조 참고하였다.

운동량의 양에 비례한다. 그러나 만약 한 물질의 모든 부분들이 두 가지 힘들이 통일되어 있는 한에서 다른 물질들에 작용하고, 하나의 질량을 형성한다면, 사람들은 힘들이 밀도들과 크기들에 따르는 것이라고 말할 수 없고, 오히려 밀도들이, 따라서 또한 크기들이 힘들에 따르는 것이라고 말할 수 있다. 무릇 여기서 변화는 문젯거리가 아니다. 무릇 만약 팽창력에서 변화가 선행하지 않는다면 물질들이 투과〔透過〕될 수[22]는 없을지라도, 능히 침투〔浸透〕될 수[23]는 있어서, 두 물질들에서 제3의 물질이 (內部//受容에 依해) 생성되니 말이다.

물질의 불가침투성은 압축에서 그것의 저항이 증가하고, 그것을 한 점으로 압축하기 위해서는 무한한 힘이 요구될 것이라는 사실에 의거해 있을 뿐이다. 만약 하나의 물체가 똑같은 두 운동력에 의해 동일한 직선상에서 서로 반대 방향으로 내몰아지면, 그것이 양쪽으로 동시에 움직이지 않으리라는 것은 모순율에 의거한다. 왜냐하면, 한 사물이 자기 자신과 떨어져 있다는 것은 자기모순이지만, 어떤 다른 사물이 그것과 함께 한가지 장소를 갖는다, 다시 말해 그것에 침투한다는 것은 모순이 아니기 때문이다. 그러므로 물질들의 팽창력들의 통일에서 물질들이 침투하는 결합, 그리고 저 인력과 이 척력의 비율의 상이성이 그 질의 면에서 무한한 다양성을 제공할 수 있다.

탄성은 직방향이거나 역방향(고체 물체)이다.

유동체 안에는 빈 것이 없다. 그러므로 빈틈들도 없다. 무릇 빈틈들은 고체 물질로 가득 채워져 있어야 할 것이나, 그것이 용해되어 있지 않을 경우에는, 솟아오를 것이니 말이다. 原子들과 虛空으로써 모든 것을 설명하는 粒子哲學〔原子論〕은 지어낸 것들의 둥지이고, 또한 형상과 직조 그리고 외부에서 밀어 넣어진 운동에 의한 순전히 기계적인 설명방식이다. 물리-역학적

---

22) 원어: permeabel.
23) 원어: penetrabel.

인 설명방식이 옳은 설명방식이다.

注意! 가속의 운동량이 속도는 아니다. 무릇 그렇지 않다면 더 작은 운동량이 첫째로 더 큰 모든 운동량을 거쳐 지나가야 할 터이고, 그때 작은 운동량이 가장 마지막 것이기 때문에, 均一하게 加速的인 運動은 도무지 없을 터이니 말이다. 오히려 그것은 그에 의해 속도가 산출되는 바로 그것이다.

제4묶음, 낱장29, 2면

고정불변성[持久的임]은 단지, 상태가 스스로 그치지 않음을 의미한다.

무거움[重量性] 계량할 수 있음[計量性/計量可能性]. 사람들은 모든 속도가 더 클 수도 더 작을 수도 있는 하나의 운동량에서 생기고 ─무릇 속도는 연속성의 법칙에 따라 오직 그렇게만 생길 수 있다─, 그 안에서도 사라지는 것이라고 볼 수 있다. 이제 만약 한 물체의 용적이, 사람들이 공간을 거기에서 시간을 감소시키고, 시간을 사라지게 하는 것과 똑같이 하는 한에서, 무한히 더 크거나 더 작을 수 있는 하나의 크기를 갖되, 첫째의 경우에는 동일한 질량에서 더 작은 용적을, 둘째 경우에는 더 큰 용적을 제공하는, 계량 가능성의 한 계기에서 그치지 않는다면, 똑같은 질량과 속도를 갖는 두 물체들에 대해, 만약 사람들이 한 사물에서는 속도를 사라질 때까지 감소시키면서 질량은 유지하고, 또 다른 사물에서는 용적이 사라질 때까지 감소시키면서도 속도를 유지하면, 첫째 경우에는 힘의 크기가, 둘째 경우에는 다른 것이 아니라 일체의 질량이 없는 속도가, 그러니까 앞의 경우에는 하나의 힘이, 뒤의 경우에는 전혀 아무런 힘도 남지 않을 터이다. 양쪽에서 모든 것이 똑같지 않을 수 없을 것임에도 말이다. 그러므로 (요소가 아니라) 질량의 운동량은 속도의 운동량과 똑같게 발생하지 않을 수 없다. 그리고 전자도 후자와 마찬가지로 무한히 더 작게 생각될 수밖에 없다. 그러나 용적에 곱해진 후자는 사이사이에 빈 공간들을, 그러니까 斷續的 合成體를 상정함 없이, 물질들의 무한히 더 작은 밀도를 제공한다. 그것이 정지나 운동의 동일한 상태에서의 고정불변적인 것, 지구적[持久的]인 것의 밀도적 크기이다.

物質은 停止 또는 運動의 粘着의 狀態이다. 이 粘着性의 度들이 생긴다.

동일한 상태의 固定不變性[持久性]은, 만약 어떠한 외부의 힘이 그것을 해지하지 않으면, 순전히 외적이고, 저항하는 모든 외적 힘의 粘着性과 구별된다.

과연 완전한 물체들에 의한 전기적인 물질들의 관류[貫流]가 다른 것이 아니라 이 물체들 자체 안에 있는 물질의 해체이고, 그것의 유입 방식의 하나의 퇴출인지, 아니면 다른 것인지, 흡수가 투과성을 증명하지는 않는다. 자기[磁氣] 물질은 아마도 그것이 관통하고 그에 의해 영향을 미치는 모든 것을 해체한다.

정지나 운동 상태의 역량[포용력]은 용적의 차이에 따라 더 크거나 더 작지만, 그 상태의 점착성은 모든 용적에서 한가지이므로 점에서도 동일하다. 그러므로 그것은 그로 인해 물체가 실체인 하나의 운동량으로서, 한낱 공간상에 있는 것이 아니다. 점착력의 운동량은 정지와 운동의 자기의 상태를 보존하는 운동량이고, 속도의 운동량은 자기의 운동 상태의 변화의 운동량이다. 만약 記憶이 豐富하기는 하되 粘着性이 없으면, 오래 내내 모든 기억은 연습이다.

제4묶음, 낱장28, 1면

응집[력]에 대하여

응집력은, 척력이 탄성에서 그러하듯이, 오직 사이에 있는 것들을 매개로 하는 것 외에는 어떤 떨어져 있는 미립자에도 미치지 않는 인력이다. 특정 인력은 (무게와 똑같으며, 접촉을 해지하고 물체를 파쇄하는 것인) 절대 인력에 정비례하며, 밀도 $\frac{P}{D}$에 반비례한다. 만약 접촉에서 한 물질이 다른 물질 XXI444의 탄성을 약화시키고, 천 조각이 현(絃)의 진동을, 이것이 옆의 현의 탄성을, 이런 식으로 계속되면, 그것을 원거리 인력이라 일컫는다. 그러나 이것은 직접적인 것이 아니다. 만약 한 물질이 다른 한 물질에 덧붙여지고, 다른 것과의 사이에서 팽팽해진 현들이 먼저의 현들을 더 많이 진동시키듯이, 그것이 침투하는 제3의 물질의 탄성이 증가함으로써, 미립자들의 다른 인력의 물질을 약화시키면, 그것은 곧 저것들이 서로를 분해한다는 것을 말하는 것이다.

여기에서 모든 것의 관건은 언제나 동일하고 모든 방향으로 똑같은, 만유인력에 의해 진동하는 에테르의 근원적 진동과 이 진동들을 받아들이는 물질들의 특수한 탄성이다. 열은 모든 것에 침투하는 유일한 물질이다. 오직 존재자들의 유기[조직]적인 힘을 통해 다른 물질들에 서로 침투하는 일, 그로부터 화학적으로 더 이상 용해되지 않는 전혀 새로운 물질들이 생긴다.

화학적 인력은 국부적이거나 편파적이고, 세계[우주]인력/만유인력은 국부적이지 않으며, 순전히 물질의 양에 비례해서 행사된다. 그러므로 저것은 물질의 보편적 속성으로 볼 수 없고, 법칙들에 따라서 선험적으로 인식될 수도 없다.

둘은 보편적이지만, 후자와 관련해서는 어떠한 중[립]성, 국부성이, 결코 공간에 의한 어떤 제한이 발생하지 않는다.

과연 이런 것이 척력과 관련해서 발생하는지

제4묶음, 낱장28, 2면

진상 운동과 가상적 운동

1. 하나하나의 직선 운동은 절대적 공간에서는 정지로, 동일한 방향에서의 상대적 공간의[에서는] 운동으로 볼 수 있다. 2. 하나하나의 직선 운동은

두 운동의 합성으로 볼 수 있는데, 그중 하나의 운동은 절대적 공간에서 하나의 방향에서 일어나고, 다른 하나의 운동은 순전히 상대적 공간에서 앞서의 방향과 하나의 각을 이루는 또 다른 방향에서 일어나는 것이다. 역으로, (상대적인 공간에서) 두 운동들이 주어지면, 한 운동은 절대적 공간에 다른 운동은 상대적 공간에 부여될 수밖에 없고, 그로부터 대각선이 나온다. 이것은 모두 진상이다. 곧 물체가 움직이든 공간이 움직이든 언제나 동일한 외적 관계의 순전한 응용이다.

그러나 곡선 운동에서 나는 곡선의 무한히 작은 부분 하나하나를 직선으로 볼 수 있고, 그래서 또한 합성된 운동에서 생겨난 것으로 볼 수 있지만, 호[弧]로는 볼 수 없다. 무릇 이 경우는 방향들이 언제나 변화할 수밖에 없고, 어떤 운동도 동일한 것으로 남을 수 없으니 말이다. 그러므로 절대적 공간이 스스로 움직여야만 했다는 것인데, 이것은 불가능한 일이다. 예컨대 호의 반지름에서의 운동은 절대적 공간 안에서 변화할 수밖에 없을 터이고, 그러므로 이 반지름 자신이 스스로 움직이지 않을 수 없을 터이다. 그러므로 호에서의 운동은 물체 자체 안의 두 운동들의 衝突을 통해서만 규정될 수 있지, 절대적 공간에서의 한 운동과 상대적 공간에서의 또 다른 운동에 의해 규정될 수 있는 것이 아니다. 그러므로 진상의[진짜] 운동은 오직 물체에서 공간과 관련해서만 규정될 수 있는 운동이다.

제4묶음, 낱장27

물질의 배척력은 하나의 연장적 크기이다. 무릇 그것은 더 많은 물질이 하나의 물체에 통일되어 있을 때 언제나 동일하고, 단지 동일한 단위[통일성]의 다수[하나가 여럿]인 것뿐이니 말이다. — 이에 반해 인력은 더 많은 물질의 경우에는 더 많은 도[度]를 가지고, 그러므로 그것은 容積이 어떠하든 간에 단위의 크기[하나가 큰 것]이다. 그것은 오직 다른 물체와의 거리에 의해서만 감소된다. 다시 말해 척력이 인력에 저항하는 곳에서, 다시 말해 접촉에서 하나의 다른 법칙이 개시한다.

그러므로 크기[양], 질, (실체의) 관계 및 양태의 물질 일반의 범주들(자연학적인 것), (에피쿠로스의 原子들의 빈, 가득 찬, 그리고 단적으로 압축할 수 없는 공간의).

제4묶음, 낱장44, 1면

괴팅겐 학보, 1792, 제197호[24]
(**양아버지**의 훈계에 대한 서평)

반론: 인간은 자기의 성품에 대해 자신에게 갈채를 보낼 수 있을 때가 아니면 행복할 수가 없다. 그런데 인간은 그가 도덕성에 절대적 가치를 둘 때에만 이렇게 할 수 있다. 만약 그가 이를 고려하지 않는다면, 그에게는 물리적 감각에서의 안녕으로 충분하다면, 그는 자기 처신의 도덕과의 합치에 대한 최소한의 걱정을 하지 않고서도 행복할 수 있을 것이다. 도덕에 대해 어떤 하나의 내적인 가치를 인정하는 도덕의 마음씨 없이 그는 단지 겉모습이나 영리의 규칙들에 따른 것인 문자대로의 준수만을 이용하면서 말이다.

만약 우리가 중력의 운동량이 보편적으로 똑같음을 알지 못한다면, 우리는 무게를 통해 중력의 밀도의 도 외에는 아무것도 알지 못할 터이고, 과연 그것이 부분들의 수량이나 운동량의 크기에 의거해 있는지 어떤지도 알지 못할 터이다.

---

24) *Göttingische Anzeigen von gelehrten Sachen unter der Aufsicht der Königl. Gesellschaft der Wissenschaften.* 197. Stück(den 10. December 1792: S.1969∼1976). 그러나 해당 호에 관련 서평이 없다. 조사된 바로 해당 서평은 1792년도 147호에 실려 있다 한다. ※ 그런데 현재《괴팅겐 학보》의 온라인 영인본에 공교롭게도 이 147. Stück(den 14. September 1792: S.1465∼1472)만이 누락되어 있어 원격으로 원문 대조를 할 수 없는 상황이다.

이제 만약 저것이 똑같은 것으로 알려져 있다 해도, 단위의 크기 없는 순전한 수량은, 힘에 대해 이야기한다면, 그러니까 도〔度〕 없이는 전혀 아무런 무게의 양도 주어져 있는 것이 아니다. 일정한 속도(運動量)에서의 힘은, 例컨대 깃털을 팽팽하게 하는 힘은 물질들의 양의 도량〔度量〕이지 수량〔數量〕이 아니다.

근원적인 밀도의
여러 가지 도〔度〕에 대하여

중력의 무한히 작은 운동량이 주어져 있고, 이것 자신은 물체가 그로부터 일정한 시간에 얻는 속도를 통해 정해질 수 있는, 규정 가능한 하나의 크기를 갖고 있다. (사람들은 물체가 이 운동량으로써 일정한 속도에 이르기 위해 낙하해야 하는 시간을 계산해낼 수 있다.) 이 운동량의 무한소 자신은, 설령 각각의 운동량이 무한히 더 작은 것으로 생각될 수 있다 할지라도, 주어져 있지 않다. 무릇 하나의 운동량은 일정한 시간에서의 합계를 통해 산출될 수 있는 것이 아니고, 오히려 그것의 크기가 동일한 순간에 작용하는 인력들의 수량에 달려 있는 것이니 말이다. ─ 이로부터 이제 누구나 알 수 있는바, 두 물질의 공간크기〔용적〕가 똑같다면, 양은 단지 수량에 의해 연장적으로만이 아니라, 또한 도에 의해 밀도적으로도 측정되어야만 한다. 그것이 質的 量이다.

한 물체의 무게에는 가속의 운동량이 있고, 또한 용량과 저 운동량에 곱해져 전체 무게를 이루는 밀도가 있다. 이제 밀도가 완전히 충전된 공간 안에서 아무런 운동량도 갖고 있지 않다면, 질량은 무한히 작은 것(용량)에서 개시하여 거기에서 끝나는 것으로 여겨질 수 있을 것이나, 이것은 주어지는 무한히//작은 것이 아니다. 이에 반해 속도는 주어지는 무한히 작은 것〔무한소〕에서 생겨나는 것으로 표상될 수 있다. 그러므로 만약 전자에서는 속도가, 후자에서는 용량이 그침으로써 양자가 사라지면, 저기에는 운동량이 남아 있지만, 여기에는 아무것도 남아 있는 것이 없다.

우리는 무게를 통해서는 단지 압력의 도만을 알 뿐이며, 그것을 서로의 바깥에 있는 다수의 것들의 작용결과로 표상한다. 또한 우리는 이렇게 하지 않을 수 없고, 이를 위해서 몇몇 물질의 척력을 보편적 인력〔만유인력〕에 비해 더 작다고 생각하지 않을 수 없다.

낙하에서의 속도는 0에서 시작하지 않는다. 왜냐하면, 그렇지 않으면 속도는 0에 머무르되, 전반적으로 충전된 공간에서 용량은 0에서(곧 평면에서) 시작할 것이기 때문이다. 만약 밀도가 그 도의 면에서, 그 운동량과 똑같은 하나의 주어진 것을 이루지 않는다면 말이다.

제4묶음, 낱장44, 2면

동일한 속도가 가속의 작은 운동량에서 산출될 수 있고, 사람들은 단지 시간만을 늘려도 된다. 하나의 무한히 작은 運動量에 대해서는 시간이 무한하겠다. — 이제 나는 운동량을 견인하는 질량의 도량으로 볼 수 있다. — 이제 내가 이것의 밀도를 감소하게 할 수 없다 해도, 모든 것은 역시 무〔無〕로 사라지는, 용량의 크기에 달려 있겠다. XXI448

물질의 완전히 충전된 용적의 인력의 상등성의 원칙이 말하는 바는, 인력의 운동량은 오직 용적이 감소하는 경우 외에는 감소할 수 없다는 것이다. — 만약 이제 상정된 똑같은 밀도의 경우에서 한낱 시간만을 단축한다면, 운동은 일정한 크기인 한 무게로 끝난다. 그러나 내가 한낱 그 容量을 축소하고, 동일한 시간을 두면, 운동력은 무〔無〕로 끝난다. 다시 말해 전혀 주어질 수 없는(그러므로 아무것도 산출할 수 없는) 무한히//작은 것〔무한//소〕으로 끝난다. 그러므로 전혀 아무런 무게도 남지 않는다. — 그러므로 시간이 저기서 단축되면 운동은 하나의 운동량으로 사라지지만, 만약 여기서 容量이 축소되면 운동은 실제로 주어지는 무한히//작은 것〔무한//소〕, 다시

말해 무[無]로 사라진다

그러므로 가득 찬 것의 모든 밀도는 절대적인 것이 아니라, 그 도[度]에 따라 규정될 수 있는 것이어야 하며, 그래서 물체의 질량[引力]은 동일한 가득 찬 용적 중에서도 언제나 더 클 수도 더 작을 수도 있는 하나의 도를 갖는다.

만약 모든 동일하게 (빈틈없이) 충전된 용적들이 똑같은 용적에서 똑같이 채워져 있다면, 다시 말해 똑같은 양의 물질로 채워져 있고, 또한 다르게 될 수 없다면, 그것의 도[度]는 물질 일반이라는 개념 안에 들어 있어야만 할 터이다. 그러나 이것은 일정한 용적 중에서 인력을 통해 다른 것을 움직이게 하거나, 만약 이것이 스스로 움직이고 있으면, 밀어제치고 나가는 운동력의 개념일 따름이다. — 그러므로 이 인력은 오직, 만약에 집합으로서의 인력이 더 작거나, 용적에서 빈 것이 더 많다면, 더 작을 수 있겠다. ($\frac{1}{2} - \frac{1}{4} - \frac{1}{8}$ …) 무릇 이렇게 해서 물질이 마침내 무로 사라져 버린다면, 아무것도 남는 것이 없을 터이다. 만약 사람들이 하나의 실제의 운동을 축소하면, 무게의 운동량과 똑같게 될 것이다. 비록 그러한 한에서 한편에서는 시간의 감소가 다른 편에서는 물질의 수량의 감소가 서로 언제나 똑같고, 상응한다 해도 말이다.

사람들이 받아들이는 바로는, 만약 모든 것이 한 공간에 가득 차 있으면, 운동할 수 있는 것의 수량은, 모든 운동할 수 있는 것은 동질적이기 때문에, 오직 그 공간의 부분들의 수량에 따라서 (그러므로 용적에 따른 질량으로) 측정될 수 있다는 것이다. 그런데 만약 (가속에 의해 얻어진) 속도가 질량에 반비례한다면, 운동의 양은 똑같다. 따라서 만약 운동량들이 容積들에 반비례하고, 다시 말해 하나의 주어진 속도가 외력[外力]의 운동량에 의해 생겨나는 것과 똑같이, 하나의 일정한 공간이 공간의 (요소) 미분[微分]에 의해 산출된다면, 그 무게들 또한 똑같다. 그러나 저것은 어떤 시간에서도 다른 더 작은 운동량에 의해 산출될 수 없는 하나의 일정하게 주어진 크기를 갖는데, 공간은 그러한 것을 갖지 않는다.

제4묶음, 낱장30

동일한 용적에서의 물질의
양의 도량에 대하여

만약 하나의 공간이 온전히 그리고 똑같이 물질로 충전되어 있다면, 이에 의해 알려지는 바는 단지, 이 공간상의 어느 지점 어느 방향에서나 척력은 똑같다는 것이다. 그러나 그러한 일은 매우 상이한 물질의 양에서도 일어날 수 있다. 무릇 척력은, 물체가 일정한 속도를 가지고서 운동하는 한에서, 즉 일정한 힘을, 다시 말해 운동의 한 정량을 갖는 한에서, 척력들의 정량에 달려 있는 것이 아니라, 물체로서의 물질의 일정한 전체의 운동력에 달려 있는 것이기 때문이다.

그러므로 두 물체는 서로 간에 물질의 양에 따라 판정될 수 있다. 만약 두 물체 사이에서 한 힘이 똑같은 도〔度〕로써 작용한다면, 그것이 (하나의 깃털에 의한) 척력이든 양편에서의 인력이든 간에 그러하다. 그렇게 되면 그 물체들이 간직하는 공간들은 그 질량들에 반비례할 터이므로, 또는 만약 여러 물체들이, 그와 관련하여 무한히 큰 것으로 여겨질 수 있는 하나의 물체에 의해, 그러니까 가속의 똑같은 운동량으로써 똑같은 속도에서 그것들 XXI450 의 무게에 비례해서 당겨진다면 말이다.

이를 통해 물론 물질의 **절대적** 양이 발견될 수는 없다. 그러나 모든 온전히 충전된 똑같은 공간들에는 물질의 양이 한가지로 할당되어 있는 것으로 알고자 하고, 그래서 순전히 동종적인 것의 수량을 통해 이를 표현하는 이들은 이 절대적 양을 생각한다.

근원적인 보편적 인력〔만유인력〕의 정량은 그 자체로 한 물체에서의 물질의 양으로 제시될 수 있겠다. 만약 지상의 물체들이 (서로 간에) 이 인력이 인지되는 그만큼을 함유하고 있다면 말이다. 이제 사람들은 이 물질의 양을 오직 (지구의 똑같은 인력에서) 그 무게들을 통해서만 측정할 수 있다. 즉 동일한 물질에서 척력에 대한 인력의 상이한 관계는 밀도에 있어서 물질들의 무한한 다양성의 가능성의 도[度]이다.

제4묶음, 낱장45, 1면

xxx에 대하여

물질의 모든 양에서는 무한히 점점 더 크게 확장하는 것이 가능할 수밖에 없고, 그러면서도 서로 근접해 있는 부분들은 모두 서로 접촉해 있는 방식으로 그러하다. 이제 모든 물질은 각기 하나의 연속체로서의 각각의 공간을 채울 수 있다. 무릇 이렇지가 않으면, 물질들은 얼마 후에는 서로 떨어져 나갈 수밖에 없고, 따라서 그렇게 떨어져 있는 부분들은 더 이상 분할될 수가 없는, 다시 말해 단순한 것일 수밖에 없을 것이니 말이다. 이로부터의 귀결은, 1. 하나의 무한히 더 크거나 더 작은 종별적인 밀도가 빈 공간 없이 가능하다는 것과, 2. 둘째로, 척력은, 설령 최근접 부분들이 서로 전혀 거리를 두고 있지 않다 해도, 거리의 세제곱에 반비례해서 감소할 수 있다는 것이다.

만약 하나의 밀도가 최대의 것이면, 원운동하는 한 물체의 주어진 속도에서 중심점에서의 거리는 최소이겠다. (하나의 항구적인 물질의) 밀도가 최소라면, 주어진 속도에서는 너비[거리]가 최대이겠다. 무릇 따라서 아주 먼 곳에서는 속도가 더 작을 터이니 말이다. — 또는 거꾸로, 주어진 거리에서 속도는 전자의 경우에 최대이고, 후자의 경우에 최소이겠다. 왜냐하면, 질량은 이러한 容積에서 더 작아질 수 없기 때문이다. 전자의 경우에 하나의 주어진 용적에서 질량은 일정한 도량에서보다 더 클 수가 없고, 후자의 경우에는 더 작을 수 없다. 그러나 똑같은 거리에서 속도는 질량에 따르고, 또는 똑같은 속도에서 거리는 질량에 따른다.

그 밖에도 그리하여 한 주어진 무게의 물질들은 더 작거나 더 큰 용적을

XXI451

234

가질 수 없을 터이고, 또는 주어진 용적의 크기에서는 더 큰 무게도 더 작은 무게도 가질 수 없겠다. 다시 말해 동일한 것에서 일정한 용적에서는 더 많은 물질일 수도 더 적은 물질일 수도 없는 물질들이 있겠다. 바꿔 말해 동일한 외력에서 중력에 의해 더 많은 운동력이 규정되어 있지 않을 터이고, 오히려 가능한 최고의 또는 최소의 운동력이 용적에 의해 규정되어 있겠다. 이제 모든 무게는 각각이 힘의 도인데, 두 인자[因子]를 가지니, 하나는 중력의 운동량이고, 다른 하나는 질량이다. 그런데 전자가 무한히 더 커질 수밖에 없는 것으로, 그때 후자는 감소되고, 또는 후자가 증가되면, [전자는] 더 작아질 수밖에 없어서, 무게가 동일하게 남아 있으면, 취해진 조밀화와 희박화의 경우에 물질의 수량은, 만약 물질의 저 조밀화와 희박화가 그 한계를 갖는다면, 동일하게 남아 있을 수밖에 없기 때문에, 물질의 양은 수량 외에도 일정한 도를 갖는다.

운동력의 기계적 크기는 언제나 서로 바깥에 있는 잡다의 크기이며, 그러니까 또한 질량은 오직 (서로 바깥에서) 운동할 수 있는 것의 수량을 통해서 하나의 크기를 갖는다.

제4묶음, 낱장45, 2면

외적 감각들은 운동들 외에 무엇에서도 풀릴 수 없다.

무릇 더 작게 저 원운동은 생길 수 없xxx

왜냐하면, 동일한 양의 물질을 가진 중심물체는 압축될 수 없고, 그러므로 저 물체는, 만약 중심에 더 가까이 가야만 한다면, 중심물체의 질량 내에서 움직일 수밖에 없을 것이기 때문이다. — 또는 거꾸로, 주어진 거리에서 하나의 속도는 최대의 속도이겠다. 곧 그 반지름이 저 거리와 똑같은 한 천구[天球]의 인력에 상응하는 것이겠다. — 만약 곧 중심물체의 질량이 구심력의 원인이어야 한다면 말이다. — 그러나 이제, 주어진 중심너비에서 하나의 원운동의 속도가 얼마나 큰지 또는 거꾸로여야 하는지가, 선험적으로 공간상에 정해져 있다는 것은 이치에 맞지 않은 일이다.

제4묶음, 낱장23, 1면

한 물체에서 물질들의 경직성(응고, 응결〔凝結〕)은, 그 물체 안에 용해된 서로 다른 종류의 물질들이 그 용해에 의해 여러 가지 결의 작은 덩어리로 분류되는 것에 기인한다. 에테르로 인한 이 결들의 떨림은 더 무거운 것들이 서로 근접하도록 하고, 그 사이사이에 있는 더 가벼운 것들 또한 한 곳으로 몰아넣는데, 그로 인해 진동은 균일하지 못하게 되며, (몇몇 경우이기는 하지만, 갑자기 결정〔結晶〕을 통해) 물질은 하나의 직조와 함께 형상을 취한다. — 금속들에서는 이 띠 판들이 두들김에 의해 분산되는 섬유들이다.

XXI453

물체를 이루고 있는 서로 다른 물질들의 부분 진동들이 그 밀도의 순서에 따라 서로 다른 방식으로 (곧 용해되는 물질들로, 또 탄성적인 물질들로) 일어남으로써, 그 물체를 채운 열물질에 의한 전체 진동이 중지되자마자, 좀 더 가벼운 유의 것들은 좀 더 무거운 유의 것들보다 더 많이 요동하기 때문에, 특정한 질서로 한데 모이고, 이것들이 실올이나 판들 비슷한 형상과 하나의 직조를 형성한다. 그래서 이 평판들이나 실올들은 파동이 아니라 진동을 하게 되며, 이 진동은 각 점에서 시작되어 나가거니와, 거기서 물체는 고체화(부서지기 쉽거나 구부려지기 쉽게) 된다. 그리고 보편적인 세계〔우주〕진동이 이러한 질서에서 부분들을 분리 없이는 벗어나지 못하게 한다.

외적 목적들을 위해 정해진 하나의 물체 — 이런 물체의 가능성을 나는 이것의 원인인 하나의 지성에 의하는 것 외에는 달리 생각할 수가 없다 — 는 가능한 사용을 위한 기관〔機關〕/유기조직[25]이다. 그러나 내적 목적들을 위해 정해진 물체는 유기조직화된[26] 물체〔유기 물체/유기물〕이다.

---

25) 원어: Organ.

236

이것들에 대해 우리는 그 근원을 파악할 수 없다. 그러나 그 하나의 정황은 보편적이다. 즉 두 성의 교배[交配]와 그로부터의 생식, 그리고 대부분 이어지는 제3의 번식

클라드니[27] 박사에 의하면, 현[絃]들의 진동은 길이나 그 판들의 차이에서 [기인하며], 거기서 서로 다른 판들은 거친 부분들을 여러 가지로 형상화된 일정한 상태로 이끌고, 그렇게 함으로써 또한 고체성이나 결정[結晶]을 만들어낸다.

제4묶음, 낱장23, 2면

용해

화학은 무엇인가. 물질의 내적 힘들에 대한 학문[과학]이다.

용해(화학적)는 끌어당김[인력]에 의해 침투한 두 물질들의 분리이다. ― 용해는 양적이거나 질적인데, 동질적인 물질들로 나뉘면 양적인 것이고, 이질적인(종별적으로 상이한) 물질들로 나뉘면 질적인 용해이다. a) 물이 증기로, b) 물이 두 가지 기체로. 후자를 일컬어 본래 분해라 한다.

양적이면서 화학적인 나누기는 예컨대 더 가벼운 것의 희박화 등을 통해 일어난다.

용해를 위해서는 언제든 유동적이어야 하는 매체(媒體)가, 다른 유동체든 고체 물체든 [두루] 용해하는 매체(普遍的 溶媒)가 필요하다.

제기되는 물음은 과연 하나의 고체 물체의 용해가 유동체의 인력에 의해 일어나는 것인지, 아니면 순전히 고체 물체 부분들 상호 간의 인력의 제거 XXI454

---

26) 원어: organisiert.

27) E. F. F. Chladny(1756~1827). 음향학 전문가로서 쾨니히스베르크에 체류하면서 칸트와도 알고 지냈다 한다. 칸트가 아마도 그의 저술 *Entdeckungen über die Theorie des Klanges*(1787), *Akustik*(1802)에 대해 알고 있었을 것으로 추정된다.

에 의해 일어나는 것인가이다. ─ 만약 후자가 단지 감소라면, 작용결과는 나뭇조각들이나 나무들의 성장에서와 같은 **부풀어 오름**이다.[28]

과연 모세관 이론이 그 경우 타당한지.

인력은 한 물체 바깥의 물질을 움직이는 힘으로서, 이 힘은 이 물체가 전자에 근접하는 것을 작용결과로 갖는다. 물체에 접근하는 운동들이 출발하는 공간들은 거리의 제곱인 서로 다른 면적을 갖기 때문에, 인력 또한 이에 비례한다. ─ 그러므로 응집은 그 작용결과의 면에서이기는 하지만 인력으로 볼 수 있다. 그러나 응집이 적어도 제곱의 비례로 감소하는 인력을 함유하는 것은 결코 아니므로, 응집은 물체의 다른 물체로 접근하는 작용이 되지 않고, 오히려 저 물체에서 더욱 멀리 떨어져 있는 물질들의 작용, 따라서 압박이나 충격이 된다. ─ 그렇지만 또한 압박일 수는 없다. 무릇 유동체는 응집체이니 말이다. 그러나 유동체가 모든 방면에서 똑같이 압박된다면, 유동체는 그 압박에 의해 각자의 형상을 얻게 될 터이다. 그러므로 응집은 오직 충격의 활력에 의해서만 가능하다.

제4묶음, 낱장39/40, 1면[29]

크기는 대상의 규정으로서, 이 규정에 따라서 그 대상 직관의 포착이 오직 한가지 것의 반복되는 정립에 의해 가능하게 표상된다. ─ 선험적 크기〔양〕들로서의 공간과 시간을 통한 해명.

그러므로 우리에게 크기〔양〕란 단지 우리의[30] 감관의 대상들로서의 사물들의 하나의 술어이다. (무릇 직관은 우리의 오직 감관에 의해서만 가능하니 말

---

28) 나무토막이 물이 젖으면 부풀어 오르는 현상에 관해서는 S. Hales를 인용하면서 앞에서도(XXI263) 언급한 바 있고, 유사한 현상에 관한 예증은 다음에도(XXI499, XXII238 등) 등장한다.

29) Refl 6338a. S. I(XVIII659~661) 비교 참조.

30) 원어: unser. 이 낱말을 'äußer' 곧 '외적인'으로 읽어야 한다는 이도 있다.

이다.) 사물 일반의 크기 개념은, 만약 내가 감성적 직관에 대한 국한을 해제한다면, 다음과 같이 되겠다. 즉 크기란 그에 의해 다수의 동질적인 것이 함께 하나를 이루는 규정이라고. 그러나 사람들은 한 사물의 가능성을 이러한 개념들에 따라서는 전혀 알아낼 수가 없다. 따라서 사람들은 과연 이 XXI455 정의가 사물〔어떤 것〕을 설명한 것인지 무물〔無物〕〔아무것도 아닌 것〕을 설명한 것인지를 알지 못한다. — 크기들에 대한 이러한 일반적 개념은 인식요소가 아니다.

위의 크기 개념은 경험개념이 아니다. 무릇 이 개념은 포착 일반의 조건들과 그로부터 비로소 경험개념들이 생성될 수 있는 그런 것의 규칙에 따른 개념의 통일의 조건들을 함유하고 있으니 말이다. 그래서 이 개념은 또한 선험적 직관과 이 직관의 잡다의 통각에서의 종합적 통일이라는 지성개념을 갖는다.

具體的으로 적용관계를 갖지 않는 한 정의〔定義〕는 초험적이다(의미가 없다).

정리〔定理〕. 감관의 모든 대상들은 연장적 크기를 갖는다. 무릇 공간과 시간은 그 안에서만 잡다가 직관될 수 있는 것들로서, 오직 크기로서만 인식될 수 있으니 말이다. 이 명제는 경험의 가능성의 원리, 곧 그에 따라 지각들을 수행하고 그 지각들을 객관의 인식의 통일을 위해 결합하는 원리이다.

크기 즉 양의 범주들. 1. 하나(수학적인 하나〔단위〕. 질적인 것. 도량〔度量〕이 아님 — 이것 자체가 크기로 간주되고, 그것에서 한 부분이 다른 크기들의 도량을 위해 제공된다), 2. 여럿(수량〔집합〕. 다수 — 큼과 작음〔大小〕) 절대적으로 큼은 아무것도 아니다〔絕對的 大는 無이다〕. 미정의 수량, 최대와 최소, 계속해나가는 무한한 수량, 3. 모두. 수 — 감성학적 총괄, 수량의 총괄. 총괄의 무한한 크기(절대적 모두는 단적으로 최대이다). 무한 소급. 연속성. 무한소 $\frac{1}{\infty}$

사람들이 신이 무한하다고 말할 때, 사람들은 신을 피조물들과 동류적이며, 단지 그 크기에서만 모든 도량을 넘어가는 것으로 여긴다(명칭의 감성학적 가치). 실재성의 전체성은 오히려 무제한과 한가지이다.

XXI456 시간과 공간을 차지하는 사물들은 경험에서는 다른 것이 아니라 오직 그것들의 잡다에 대한 포착의 조건들과 선험적 개념들에 의거하는 그것들의 결합의 통일의 조건들에 따라서 인식될 수 있으므로, 가능한 경험의 모든 대상들의 법칙들은 이에 타당하지 않을 수 없다. — 〔定〕量的인 것은 모두 連續體이다. 집합들은 定量들이 아니다. 하나〔단위〕가 종별적으로 규정되어 있는 곳에서, 예컨대 양 떼는 定量이 아니라 하나의 집합이다.

질

질에 있어서 감각은 경험적 통각을 위해 직관과 결합해 있지만 연결되어 있지는 않다. 다시 말해 직관은 공허하거나 부분적으로 공허하고 부분적으로 감각적이다. 모든 감각은 점차로 사라지는 것으로, 다시 말해 강한 감각에서 더 약한 감각으로 내려가서 아무것도 아닌 것에 이르기까지 감소해가는 것으로 생각될 수 있으며, 또한 마찬가지로 증가될 수도 있다. 그러니까 모든 감각은 그리고 감각에 대응하는 객관의 실재성은 하나의 도〔度〕를 갖는다.

질은 주관적으로 하나〔1〕로서, 곧 크기이기는 하지만 분할되지 않는 경험적 통각의 관점에서 표상된다.

제4묶음, 낱장39/40, 2면[31]

크기〔양〕개념은 경험에서 도출된 개념이 아니다. 크기 개념은, 비록 우리가 그것을 오직 경험 중에서 발전〔전개〕시키기는 하지만, 오로지 지성 안에 선험적으로 놓여 있다. 객관에서 **지각될 수 없는 것**은 또한 경험에서 도

---

31) Refl 6338a. S. *II*(XVIII661~662) 비교 참조.

240

출될 수 없다. 무릇 크기 개념은 지성이 독자적으로 행하는 것, 곧 반복되는 덧붙임의 종합을 통해 하나의 전체 표상을 만들어내는 것을 함유한다. 그러므로 그 안에 지각을 필요로 하는 것은 아무것도 함유되어 있지 않다. 즉 그러므로 크기 개념이 모든 경험에 함유되어 있음에도 불구하고, 아무런 경험도 전제하고 있지 않다. — 그래서 이 개념은 선험적으로 공간과 시간 직관들에 적용될 수 있는 것이다. 그러나 이 개념 역시 이것들에서 도출된 것은 아니고, 단지 그것들에 적용된 것으로, 이를 매개로 공간·시간상의 사물들에서 객관적 실재성을 얻는 것이다. 이 개념은 객관 일반에 대한 하나의 개념을 위해 요구되는 의식의 종합적 통일 그 이상의 무엇도 함유하지 않거니와, 그러한 한에서 하나의 인식요소이지만, 그럼에도 순수한 또는 경험적인 직관에 대한 적용 외에, 인식은 아니다.

XXI457

1. **개념**. 2. 이것의 근원. 종합적 구분. (선험적). 3. 구역(감관의 대상들에만). 4) 원칙(이 개념 아래에서의) — **준술어**[準述語]들[32](순수 數學의 가능성)

A
크기[양]의 개념

1. 설명과 종합적 구분 2. 개념의 근원 3. 구역 4. 원칙 — 그다음에 준술어들.

B
질의 개념

1. 설명과 종합적 구분 — 설명: 한 사물의 질은 사물을 하나의 무엇으로 또는 순전한 결여로 표상하는 규정이다. 다시 말해 ~임[이다]/존재 또는

---

32) *KrV*, A82=B108 참조.

아님[아니다]/비존재/부재[不在]라는 그 개념을 함유하는 것이다.

구분. 실재성, 부정성 및 제한성. (역학의 가능성)

C

관계의 개념

정의. 관계는 한 사물의 다른 어떤 것과의, 즉 자기 자신의 술어인 것 또
XXI458 는 다른 사물들에 있는 것과의 실재적 관계맺음이다. . 전자는 내적 관계이
고, 후자는 외적 관계이다. 하나의 실재적 관계맺음은 한낱 형식적인 관계
맺음과 반대되는 것이다. 전자는 실재[성]의 다른 실재[성]와의 관계맺음
(물리학의 가능성)이기 때문이다. 선험적 원리들에 의해 증명될 수 있는 학문
으로서의 모든 것.

注意! 사람들은 이 명제들에 대해 모든 사물들 일반에 타당할 증명을 할
수가 없다. 무릇 사람들이 순수 범주를 찾는다[33]면, 사람들은 과연 그러한
어떤 것이, 범주로서, 일반적으로 한 사물에 속할 수 있는지 어떤지를 알
수 없으니 말이다. 사람들이 직관의 조건들을 공간과 시간에서 취하면, 사
람들은 과연 이것들이 모든 사물들에서 전제될 수 있는지 어떤지를 알지
못한다. 무릇 사람들은 이것들의 필연성을 개념들로서[34] 보지 않으며, 이것
들은 단지 그 아래에서 우리가 사물들을 표상할 수 있는 조건들일 따름이
기 때문이다.

질은, 사물 자신의, 예컨대 모양이 증대되더라도, 증가하지 않는 한에
서, 한 사물의 규정이다. 지성은 감관들과는 대조적이다. 무게와 대조적인

---

33) Refl 6338a. S. *II*(XVIII662)의 편자(E. Adickes)는 이 낱말 "sucht"를 "nützt"로, 곧 "이
용한다"로 해독하고 있다.
34) Refl 6338a. S. *II*(XVIII662): "als Begriffe" 대신에 "bei allen Begriffe", 곧 "모든 개념
들에서".

242

중력. 연장성과 대조적인 무한 분할가능성. 부정성과 대조적인 실재성.

제4묶음, 낱장39/40, 3면[35]

객관 일반. 1. 이 형식을 함유하는 어떤 것 없이 직관의 형식에 따라서 (공간과 시간). 2. 어떤 것, 무엇인가 或은 質的 客體로서의 객관은 공간과 시간의 점거[차지함]이다. 이 둘이 없으면 공허한 직관들이다. 이 무엇인가는 범주들의 두 번째 부류에서 공간·시간상에 놓여 있다. 3. 공간·시간상의 이 실재적인 것이 그것의 관계에 따라 규정되거나, 그 안에서 관계들로 선험적으로 생각된다. 4. 나 바깥의 (직접적인) 한 사물에 대한 경험적 의식의 대상으로서의 어떤 것. 관념론에 반대. 그러므로 감관들의 객관으로서의 어떤 것은 한낱 상상의 객관이 아니다.

초월철학에 또는 존재[존재본질]론에 선험적 원리들에 의한 경험 대상들에 대한 (형이상학적) 자연학, 즉 물체론[물리학]과 영혼론[심리학]이 뒤따른다. [그리고] 그것에 우주론과 신학이 [뒤따른다.]

질

XXI459

그에 의해 하나의 사물이 하나[단위]로서 다른 것들과 구별될 수 있는, 한 사물의 그러한 내적 규정이 있는가? — 질은 크기[양]에 대립적인 것인데, 크기는 그에 따라서 한 사물이 여럿[다수]으로서 다른 것들과 구별될 수 있는 사물의 내적 규정이다. 그러나 여럿[다수]은 하나[단위]로 설명될 수 없는, 한 사물의 규정이다. 하나의 어떤 것으로서의 사물이 순전한 형식과 구별하는, 한 사물의 질이 실재성이며, 이것에 대응하는 것이 감각이다.

질은 사물의 증대나 감소가 없이 더 커지거나 더 작아질 수 있는 그러

---

35) Refl 6338a. S. *III*(XVIII663~664) 비교 참조.

한 내적 규정이다. 예컨대 (동일한 중력에서의) 무게는 질이 아니다. 무릇 그것은 오직 사물의 증대를 통해 더 많아질 수 있으니 말이다. 그러나 중력은 하나의 질이다. 왜냐하면, 그것은 물체가 질량의 면에서 증가함이 없이도 증가할 수 있기 때문이다. 연속성은 질이고, 속도이며, 마침내 a[임]와 0[아님] 사이의 감각(실재성)이다.

사물들의 빈 공간과의 관계맺음은 전혀 가능한 지각의 대상이 아니다. 또한 마찬가지로 빈 시간과의 관계맺음이다.

실재성의 크기[양] 개념과의 결합이 밀도이며, 이 실재성의 절대적 하나 [단위]는 크기[양]를 가질 수 없다.[36] 그러나 실재성을 갖지 않은 것, 절대적 하나인 것(점)은 크기를 갖지 않는다. 공간의 한계와 대조적인 실재성의 제한[경계]에 대하여, 무제한적인[37] [실재성]에 대하여 — 무한한[38] 실재성에 대하여 — 사물들 일반으로서의 사물들의 모든 잡다는 오직 실재성 전부의 연장범위 안에 있다, 이것은 하나의 유일 존재자를 전제한다. — 모든 부정은 순전히 제한들이다: 초월적 신학. 그것은 우리의 사고의 성질에 관련한 순전한 이념들이다. 사람들은 그것들을 사물들에 대한 인식으로 보지 않는다.

그것들에 대한 개념들이 객관적 실재성을 가져야만 하는 한에서, **모든 통일된 범주들에 따르는 사물들의 잡다에 대하여.** 例컨대 크기[양](초월적 정의, 2. 형이상학적 [정의])

상응하는 술어들(반성개념들)에 대하여. 논리적으로 또는 실재적으로. 질의 개념의 관점에서 일치하고 상충하는 크기 개념과 관련한 동일성에 상응하는. 連續體의 法則.

------

36) Refl 6338a. S. III(XVIII664)에 따라 읽으면 "있다."
37) 원어: uneingeschränkt.
38) 원어: unendlich.

244

제4묶음, 낱장39/40, 4면³⁹⁾

1) **幾何學的** 連續體의 法則: 그러므로 空間과 時間 또한 量的인 것들이며, 空間이나 時間이나 充塡된 連續體들이다. 卽 同質的인 全體와 같이 各各의 部分들은 그 自體로 量的인 것들이다. 同質的인 部分들은 任意의 量으로 채워진다. 그래서 分割된 量은, 어떤 意味에서는, 矛盾일 터이다. 그러니까 어느 정도의 空間이 充塡되는데, 더욱이 同質的인 것으로 채워진 것이 아니라면 말이다. 例컨대, 과일로 가득 찬 桶은, 만약 내가 빈틈들을 度外視하고, 과일들의 質料가 恰似 空間을 가득 채운 것으로 想像하지 않는다면, 과일들의 〔定〕量이 아니다. — **多數**는 分割量이다.

2) **力學的** 連續體의 法則: 加速力들의 運動量은 連續〔된〕 量이다. 즉 恒常 分配될 수 있지 않고, 그 自體 均一하게 加速度的으로 發生하지 않는다.

3) **機械學的** 連續體의 法則: 停止해 있는 或은, 加速度的으로든 直線的으로든, 運動하는 物體들의 狀態의 變化는 하나도 偶然히 일어날 수 없다. 萬若 그것이 그 狀態의 더 작은 差異를 包含하는 無限한 中間者들을 통해 처음부터, 그 사이에 그리고 끝까지 時間 中에 있지 않다면 말이다. 卽 變化에는 어떠하든 間에 恒常 그것에 더 앞서거나 뒤따르는 度가 없는 경우는 없다.

4) **宇宙論的** 連續體의 法則: 形式들의 連續體. 自然 事物들의 어떠한 種도 나뉘지 않는다. 그것들 사이에 있는 주어진 것들에서 작은 差異의 다른 種들을 그것들이 仲裁하는 것이 아니라면. — 錯誤이다. 이것은 實로 可能態로는 妥當하지만, 現實態로는 아니다.

XXI461

라이프니츠 **論理學**의 連續體의 原理는 幾何學的 假定이다. 어떤 던져진 運動⁴⁰⁾ 中인 物體 중 힘이 있는 것은, 어떤 速度로 어떻게 運動하든, 如前히

---

39) Refl 6338a. S. *IV*(XVIII664~665) 비교 참조.
40) 원문대로 옮기면 "質量"이겠으나, Refl 6338a. S. *IV*(XVIII665)를 따라 고쳐 읽는다.

힘이 있다. 萬若 停止를 爲해서 그것을 前提한다 하더라도. 왜냐하면, 停止는 無限히 작은 運動이기 때문이다. 그러나 著者는 살아 있는 모든 것에 對한 探究에서 바로 이 規則을 論駁한다.

超越的 連續體의 原理: 주어진 原理로부터 實在的으로 反對되는 規則에 따르기까지 限定 짓는 媒介에 依하지 않는다면 아무런 前進도 주어지지 않는다. 그것은 零[0]과 같거나 혹은 非存在이거나, 둘 다이다. 다시 말해 相關이 없다. 例컨대, 振動에서 — 磁石에서 — (悖惡에서 德으로의 移行에서 —) 愉快에서 倦怠로의 移行에서.

제4묶음, 낱장36, 1면

애매한 법. 曖昧한 法.[41]

1. 어떠한 강제도 그 법과 결합될 수 없기 때문에,

외적 법칙수립[입법]을 할 수 없는 법들에 대하여

모호한 법에 대하여

1. 강제할 권한이 없는 법

2. 법 없이도 강제할 권한   과두정치

그에 따라서 사람들이 실정법에서 떠나, 타인과 다투지 않는, 형평성의 법정은 없다.

XXI462　　　榮譽롭게 살아라.[42] 본유적인 의무에 반해서 행위하지 마라. 너의 고유한 인격에서의 인간성에 대한 의무에 반해서 행위하지 마라. — 너 자신을 순전한 수단으로 삼지 마라.

그러므로 앞의 전형적인 정식[定式]들은 법[권리]의무들 일반의 구분 원리로 쓰인다. 그러나 역시 후자의 의무들도 다시금 법/권리들을 지시한다.

---

41) "엄밀한 법"과 구별되는 강제성 없는 법에 관해서는 『법이론』 해당 항목(MS, RL, AB39 이하=VI233이하) 참조.

42) MS, RL, AB43=VI236 참조.

246

그것이 나의 권리/법이든 어떤 타인의 권리/법이든 간에 말이다.(이것을 사람들은 모든 의무들 일반에 대해 말할 수 없다.)

법/권리들의 일반적 구분. 本有的인 것과 取得된 것 — 법이론〔법학〕의 일반적 구분: 자연법이론 및 실정법이론. 후자는 전자와 모순되지 않을 뿐만 아니라, 오히려 선험적인 법칙수립〔입법〕의 원리에 관해서 말하자면, 그로부터 도출〔파생〕된 것일 수밖에 없다.

과연 그들의 토지소유의 힘으로 그리고 그들 자신을 위해 그 자리에 앉아 있는 상원 구성원들을 대의원이라고 불러야만 하는지. 물권법들은 상원에 의론할 권리를 주어야 한다. 그렇지 않으면 빈한한 자들이 부유한 자들을, 무산자들이 유산자들을 강탈하고 압도할 터이다.

법적 귀책과 도덕적 귀책의 차이에 대하여

법으로의 강제는 법법칙들에 기초한다.

사람들이 규칙을 법법칙들에 따라서 다루어야 한다는 것은 윤리〔학〕에 속하는 일이다.

자유는 본유적 권리로서, 모든 다른 본유적 권리들이 그것에 기초하고 있으며, 근본적으로는 그것과 한가지인 그러한 본유의 권리이다. 무릇 모든 불법〔불의/부당〕은 바로, 누구와의 자유와도 공존할 수 있는 이 자유가 훼손되는 데에 있기 때문이다. — 사람들은 한갓된 말만으로써는, 그것이 거짓일지라도, 아무도 손상하지 못한다. 무릇 사람들은 그런 것을 단지 믿어서는 안 되고, 사람들이 그가 거짓말을 하고 있다는 것을 말하면, 올바른 인간, 다시 말해 누구도 손상하지 않는 그러한 인간으로서의 명성이 해를 입지 않을 것이기 때문이다. 불평등은 본유적인 것일 수 없다. 그렇지 않다면 자유의 결여가 본유적인 것일 터이다.

귀책에 대하여

注意! 법법칙을 준수할 의무는 윤리〔학〕에 속한다는 사실 XXI463

자연적 평등은 사람들이 물리적[자연적]으로 동등[평등]한 데에 있는 것이 아니라, 한 사람이 다른 사람에게 이 사람이 저 사람에게 구속되어[책무 지워져] 있는 것보다 더 많이 구속되지[책무 지워져 있지] 않는 데 있다. ― 태어날 때부터 각자는 하나의 권리 있는[법적인] 인간으로 여겨질 하나의 (소극적) 권리를 갖는다. [그러나] 이것은 아직 그가 하나의 존경받을 인간으로 여겨질 권리를 갖는다는 것을 의미하지 않는다. 권리란 누구나가 가질 수 있는 최소한의 것이다. 불평등은 본유적인 것일 수 없다.

제4묶음, 낱장36, 2면

자연 형이상학에서
물리학으로의 이행

1. 어떠한 운동도 지정할 수 있는 속도에서 시작하지 않으며, 오히려 가속에 의한 한 운동량에서 시작한다. 무릇 중력에 의한 한 유동 물질의 압박이 갑자기 일정량의 물질을 지정할 수 있는 속도로 움직일 수 있다면, 그 작용결과는 원인보다 더 클 터이니 말이다. 무릇 유한한 속도를 가진 아직 작은 양의 물질의 운동력은 무한히 작은 (중력의 운동량과 같은) 속도를 가진 모든 유한한 양의 물질의 힘과 비교하면 무한하기 때문이다. 그러므로 오직 가속에 의해서만 중력의 압박을 통한 유발이 일어나는데, 이 가속은 오직 유동 물체들을 통해서 가능하고, 만약 그 가속이 균일하다고 한다면, 오직 측압[側壓]을 통해서 가능하다. 왜냐하면, 그렇지 않으면 그 움직여진 물질이 압박하는 물질을 피할 것이기 때문이다. ― 하나의 관이 교류하는 두 도관[導管]을 가지고 있으면, 물은 그 하나의 관에서 천천히 상승할 것이나, 똑같은 너비에서 튀어 오르지는 않을 것이다.

만약에 [물통] 바닥의 구멍을 통한 물의 속도가 물통의 높이에서 하나의 물체가 낙하함으로써 얻어지는 속도 꼭 그만큼 커야 한다면, 압박의 운동

량은 수위[水位]에 따른 구멍 지름의 $\frac{1}{4}$에 반비례해야만 한다. (측압이 구멍
의 수준[水準]을 원주로 중심점 쪽으로 누르고 밀쳐서, 밀쳐내진 실린더가 모여 흐
르는 시간에 그것을 자유로운 운동 중에서 수위와 똑같은 높이까지 추진하는 데 필
요한 꼭 그만큼의 속도를 얻게 한다. — 무릇 물이 수평면을 채우는 시간에 그것은
자기 자신의 중량에 의해 가속화되지 않는다. 왜냐하면, 배출되는 부분들이 뒤따르
는 부분들을 멀리하지 않고, 오히려 언제나 똑같이 필요한 높이를 위한 것인 최초
의 방울의 속도에 이르기까지 압박되기 때문이다. 일련의 스틸필드[43]가 가속적인
운동으로 끝까지 열리듯이, 이 방울도 중량의 운동량들을 필요한 높이에 이르기까
지 다 쓸 것이다.) — 물줄기의 함께 솟구침도 이로써 설명될 수 있다. — 거
대한 물통의 높이에 비례해 구멍이 크면 클수록 솟구침은 그만큼 더 낮고,
다시 말해 속도가 그만큼 더 느리다.

2. 그래서 물이 압력에 의해 바닥에서 물기둥, 하나의 출구를 갖고, 거기
에서 물이 가속에 의해 밀쳐내지며, 그리하여 출구의 지름의 $\frac{1}{4}$이 높이에
비례하듯이 그 가속의 운동량은 물의 무게에 비례한다.

3. 모든 응집력은 遠距離가 아니라 순전히 접촉에서의 인력이다. 그러므
로 오직 표면력이며, 침투적이 아니다.

4. 인력의 대항자는 열이다. 이 소재[원소]는 모든 물질에 침투한다. —
응집은 에테르의 하나의 활력에서 기인한다.

注意! 금속의 절단은 다른 것이 아니라 열소의 제거, 또는 어쩌면 이 **원리**
인 열소를 다량 함유하고 있는 산소의 제거인 것으로 보인다.

법칙[법률]들, 칙령들, 포고들, 훈령들에 대하여.

---

43) 원어: Stahlfeld.

제4묶음, 낱장22

물체적 자연의 형이상학에서
물리학으로의 이월

한 유동체의 고체화는 혼합물을 이루고 있는 상이한 물질들의 하나의
분해로 보인다. 혼합물인 물체에서의 각 물질은 그것들 모두를 똑같이 만
들었던 열이 흩어진 후에는 자기의 특수한 방식의 진동을 갖는 것이다. 그
러나 하나의 외적 분리가 아니라 오히려 내적 분리인 하나의 분해는, 순전
히 그 부분들이 상이한 탄성(신축성)과 중력의 법칙에 따라 다르게 집합한
것이므로, 예컨대 유류[油類]들 — 그것들이 앞서 모두 똑같이 분배되었던
것 대신에, 알칼리성들, 염소, 산소, 탄소와 탄산이, 이것이 알칼리성들과
밀접하게 결합해서 등장하고, 그렇게 해서 이를테면 층위를 형성하며 하나
의 직조를 형성하거니와, 이에서 진동의 도가 열소의 개입 때보다도 더 크
기 때문에, 그것들은 어렵게 벗어날 수 있다.

내적 부분들의 인력의 이러한 비균일성에서 기인하는바, 한 물체의 부분
들은 임의의 힘에 의해 변위될 수 없으며, 스스로 서로 분리되지 않고서는
전혀 그렇게 될 수 없다. 다시 말해 고체성과 파쇄성 xxx

진동들의 무한한 빠름은 물질의 인력의 운동량과 똑같다고 볼 수 있지
만, 외력들의 속도는 이 운동량으로 인한 것이고, 유동적인 응집하는 것에
서와 마찬가지로 무한히 그리고 실[絲] 길이의 무게를 통해서만 측량될 수
있다.

하나의 고체 물체는 類似한 것의 合成體가 아니라 異質的인 것의 合成體
이다. 그리고 후자는 질료[물질]의 면에서가 아니라 형식의 면에서 그러하
다. 그것은 여러 종류의 물질의 混合物[44]로서가 아니라, 동일한 물질의 서로

---

44) 원어: mixtum.

다른 방식에서의 配分體⁴⁵⁾로서, 그리고 공간적으로는 (빈틈이 없는) 連續體⁴⁶⁾
로서이나, 위치적으로 分割體⁴⁷⁾로서이다.

만약 운동의 모든 원인이 한낱 수학적으로만 측정되고, 역학적으로는 측정되지 않는다면, 운동력=MC이기 때문에, 과연 내가 C를 줄이고 꼭 그만큼 M을 늘리느냐는, 그것이 만드는 결과는 마치 내가 C를 늘리고 M을 꼭 그만큼 줄인 것처럼 될 터이다. — 그러나 이제 중력의 방향과 반대로 움직이는 물체의 운동은, 그 물체가 운동은 하지 않으면서 여전히 운동력을 가지고 있는 그 **운동량**과 함께 그친다. 그러나 내가 만약 그 물체의 용적을 감소시키면, 그 물체는 용적이 완전히 소멸함과 함께 무〔無〕로써 끝난다. 그러므로 물질의 실재적인 것에 관해 말하자면, 물질의 양은 용적에 따라서 측정되어서는 안 되고, 오히려 운동력의 에너지에 따라 측정되어야 한다. 그리고 모든 물질성은 물질의 수량 외에 덧붙여져 있는 것으로 생각될 수 있는 하나의 **도**〔度〕를 가지며, 후자는 항존하는 물질들에서는 무한히 상이할 수 있다. 왜냐하면, 물질들은 질의 면에서, 곧 그 힘의 밀도의 면에서 상이할 수 있기 때문이다. — 또는 사람들은 어떠한 물질도 하나의 連續體일 수 없고, 자기 안에 빈틈을 함유하지 않을 수 없다고 상정해야만 할 터이다.

제4묶음, 낱장24, 1면

응집에 의한 인력이 그 형상을 변화시키지 않고, 그러니까 겉표면에 대해 모든 면에서 수직인 한 물체는 유동〔액체〕적이다. 그 안에 있는 모든 부분들이 그러한 성질의 것인 하나의 물질은 유동〔액체〕적이다.

열은 근원적으로 유동적이며, 다른 모든 물질은 열에 의해 용해될 수 있

---

45) 원어: dispertitum.
46) 원어: continuum.
47) 원어: discretum.

기 때문에, 역시 유동적일 수 있다. 물질은 굳어지면 응고한다. — 이를 위해 요구되는 바는, 물질이 또한 내면에 순정한 면[面]들로써 그리고 이것들은 실올[絲]들로써 이루어져 있어서, 열물질을 통해 그런 방식으로 분리는 되지만 용해는 되지 않는다는 점이다.

XXI467 한낱 1차원에서의 인력은, 물질이 그 길이에 있어서 분할되는 것에 저항하게 만들지만, 너비에서는 그렇지 않다.(예컨대 아마[亞麻]섬유) **부분들은 상이한 차원에서 똑같지 않게 서로 당긴다.** 그러니까 그 섬유들 사이에서 박리[剝離]들을 만드는 (열의) 중간[매개]물질이 있어야만 한다.

이것은 오직 외부에서 유발된 진동들의 활력에 의해서만 가능하다. 이 활력은 모든 물질을 부단히 관통하며, 열물질과는 구별되는데, 그것에서는 모든 방향으로 놓여 있는 팽팽해진 현[絃]들의 振動들인 요동들이 사이에 놓여 있는 열물질을 몰아내고 그렇게 해서 그 물체를 팽창시킨다.

판결. 각각의 물질에는 완전히 서로에 의해 용해되어 있는 화학적 요소들의 무한한 이종성[異種性]이 있다. 기본요소(에테르)에 의한 진동들이 열의 감소에서 하는바, 이것들은 동종적인 요소들을 모아서 다른 것들로부터 분리한다.(이런 일은 부분들로 보이는 모든 것에서 똑같은 비율로 일어난다.) 그래서 그것들이 석류[石類]이면 파괴 없이는 그 형태를 변화시킬 수 없거나(물속에서 결정[結晶]되거나), 그것들이 금속이면 (물론 언제나 그와 결합되어 있는 열기 아래서) 두들겨서이기는 하지만 벼릴 수 있고, 늘릴 수 있으면서도, 그 섬유 직조는 보존되고, 그 뜯어냄은 종별적으로 서로 다르지만 응집된 방식에서이다.

그래서 특유의 금속의 광채는 (색깔 있는 광석들의 흐르는 빛 대신에) 떨림이 있는 것으로서, 말하자면 스스로 빛나는 물질의 여기[勵起] 같은 것이다.

응집력은 그 운동량이 유한한 인력이다. 그러한 인력은 다른 물체들과 접촉해 있는 물체에만, 그 물체에 다른 물체가 저항하기 때문에, 귀속할 수 있다. 무릇 그러한 반작용이 없다면, 한 물체는 그러한 운동량으로써 유한한 시간 안에 무한한 공간을 지나갈 터이다. — 이 인력은 하나의 활력을

통해서만 일으켜질 수 있다. 그러나 하나의 連續體일 수는 없다. ― 탄성체 XXI468
는 그 반대되는 것, 예컨대 공기이다. 속도는 여기에서도 유한한 것으로 보
아야만 한다. 왜냐하면, 공기의 무한히//작은 한 부분이 겉표면에서 한 물
체의 무게에 반대 작용하기 때문이다. ― 그러므로 공기의 탄성 또한 열물
질이 진동시킨 그리고 열물질을 통해 열물질이 침투한 모든 다른 물질이
진동시키는 활력에 기인한 것이 틀림없다.

응집력은 그 크기가 동일한 물질에서 물질의 양에 의거하지 않는 ―오히
려 오직 밀도(?)에 의거하는― 그러한 인력이다. 무릇 그 인력이 단지 겉표
면의 부분들에만 있지 않고, 그 위에 자리 잡고서 주변으로 퍼진다면, 두꺼
운 도금이 얇은 도금보다 은을 더 강하게 끌어당기지 않으니 말이다. 이 점
에서 이 인력은 중력의 인력과 본질적으로 구별된다. 그러나 그것이 (충격에
의한 것이 아닌) 하나의 특유의 인력이라면, 그것은 거리의 제곱 비례의 법칙
에 종속할 터이다.

제4묶음, 낱장24, 2면

내면의 형태를 내부 구조, 織組라고 일컫는다. 유동 물질은 아무런 내부
구조를 갖지 않지만, 외적 형태는 갖는다. 예컨대 물의 방울들.

모든 고체는 앞서는 유동적이고 **응집해가는** 것으로, 규정할 수 없는 한
계에까지 스스로 **팽창해가지** 않았던 것이 틀림없다. 그러나 응집은 하나의
특수한 직조/짜임새를 만들어 가져야만 하는 것으로서, 그렇게 해서 부분
들이 변위되는 것을 막아야 하는 것이다. 그러나 이런 일은, 그 직조가 물
질의 모종의 실올들 사이에 더 가벼운 물질을, 예컨대 저 실올과 동시에 있
을 수 없는 모든 방면으로 진동할 수 있었던 열을 함유한 그러한 성질을 갖
는 방식과 다르게는 일어날 수 없다. 더 가벼운 물질들의 요동들이 파동들
로서, 그것들은 실올들의 내적 흔들림(진동)들에 선행하고, 또 오직 정해진
방향에서만 그리하는, 모든 방면으로 일어날 수 있었다. ― 전자들과 똑같

은 (요동들의) 박자를 유지할 수 없었던 후자들은 열물질에 의해, 그것들의 길이와 두께에 비례해서 그것들의 비중의 차이에 따라서 흔들릴 수 있는 위치로 보내졌다. — 빛은 모든 방면으로 각 지점에서 진동하면서 독자적으로 직선적으로는 요동치지 않는 에테르의 작용결과이다. 그리고 열기가 모든 방향으로 이 진동들을 하나의 특정한 강세로 일으키는 것이 아니라면, 그러나 그렇게 진동하는 물체에 진동하지 않는 다른 한 물체가 맞선다면, 이 물체가 양자 사이의 최단 선[線]상에서 이 진동들을 방해하고, 그러면 그때 거기서 빛이 난다.

고체 물체들은 그것들의 부분들의 인력의 평형이 접촉하는 것과 함께 제거되지 않고서는 변위될 수 없는 그런 종류의 것으로 보인다. — 그것은 탄성적으로 견인하는 물질들인 것처럼 보인다. 팽창 가능성의 xxx 빈 공간을 (비교적인) xxx 그러나 그 견인력은 물질이 도처에서 빈 공간들과 교대하는 그러한 성질의 것이다. 무릇 모든 부분들의 내부에서의 眞空 恐怖[48]는 물질이 내부에서 빈 공간을 접촉하지 않도록 예방하려 힘쓰기 때문이다.

모든 고체 물체들은 물이나 불 속에서 용해되어 유동적일 때 석회 및 석고질 이석[泥石]에서 결정[結晶]이 되거니와, 얼음 속의 물 자신이 그리고 모든 금속이 [그러하다]. 저러한 석질 결정체들은 분명히 그 판들 사이에 작은 틈들을 가지고 있고, 아마도 금속질의 결정체들도 그러할 것이다. 다만 금속질의 것들에게는 마지막의 망치질이 남아 있고, 그렇게 해서 더 단단해질 수 있기는 하다. 그러나 또한 달궜다 식혔다 함으로써 더 잘 부수어질 수도 있다.

압력이 아니라 오히려 충격의 한 활력이 일정한 방향으로 통일하는 이러한 방식을 실현하며, 근섬유로서 그것들이 휘기는 하지만 어느 쪽으로도 변위될 수 없는 이유인 것으로 보인다.

강체[고체] 물체들이란, 그 형상이 (겉표면상의) 인력을 통해 규정되지 않

---

48) 원어: horror vacui.

고, 오히려 겉표면이 (그리고 형상에서) 물체적[물리적] 공간에서 인력을 통
해, 다시 말해 팽창의 한계(와 그것의 형태)를 규정하는 인력을 통해 규정되 XXI470
는 그러한 것들이다. 거기서는 물체가 차지하는 공간상의 모든 지점이 다
른 사물들과의 입방적 관계에 따라 자기의 위치를 정한다.

제4묶음, 낱장46, 1면

의사[意思]의 자유를 우리는 본래 오직 소극적인 속성으로, 곧 (의지 자체
외에) 쾌[감] 또는 불쾌[감]의 법칙에 따라서 또는 어긋나게 의사를 정해주
었던 동기들에 의한 규정[결정]의 독립성으로서 인지한다. 그러나 그것은
그럼에도 바로 그렇기 때문에 비록 우리로서는 불가해하지만 (그 자체로는
선하지도 악하지도 않은) 저 감성적 동기들에 **저항하는** 의사의 능력이며, 한
낱 감성적 동기들 사이에서 선택하는 능력이 아니다.

자유는 예지체로서의 인간의 속성이며, 의사는 ((감관들의) 주어진 객관들
에 의해 결정된 것이 아니라) 스스로[자기 자신이] 결정하는 것인, 하나의 현상
체로서의 인간의 속성이다. 의사는 자유의사이다.

합법칙적인 것과 반법칙적인 것의 선택에 관한 의사의 자유는 순전히 그
때그때의[49] 자발성으로서, 現象體 自由[50]이다. ― 행위들의 준칙들의 선택의
자유는 절대적 자발성으로서, 叡智體 自由[51]이다. 후자에 대해서 사람들은
왜 반법칙적인 어떤 일이 일어나는지 결코 그 근거를 제시할 수 없다.

(우리는 의사의 자유를, '그것은 법칙에 맞게 또는 어긋나게 행위하는 한 능력이
다'라고 정의할 수 없다. 무릇 그러한 것은 의사의 완전히 주관적인 무법칙성(意思
[恣意]의 無差別/無關心)일 터이니 말이다. 의사의 모든 결정근거들에서의 독립성,
그로부터는 결코 아무런 행위도 생길 수 없다.)

---

49) 원어: respektiv.
50) 원어: libertas phaenomenon.
51) 원어: libertas noumenon.

과연 이러한 명칭이 이제 xxx

의사의 자유가 행위하는 법칙에 찬성하거나 반대하는 선택 능력(公平의 自由 或 衡平의 自由[52])으로써 정의될 수 없다. 비록 현상으로서의 의사가 경험에서 그러한 것의 사례들을 주기는 하지만 말이다. 무릇 그러한 것으로서 그것(의사)은 감관대상들에 의해 규정〔결정〕되지만, 예지체로서 그것은 스스로 자기를 규정〔결정〕한다. 자유 — 이것은 무엇보다도 우리 안의 도덕법칙을 통해 알려지거니와 — 를 우리는 오직 우리 안의 **소극적** 속성으로서, 곧 어떠한 감성적 규정근거에 의해서도 **강요당하지** 않는 것으로 인지한다. 인간의 능력의 면에서 예지체로서, 즉 예지자로서 자유가 감성적 의사〔자의〕에 관해 어떻게 **강요하는지**를, 그러므로 자유의 적극적 성질을 우리는 이론적으로는 파악할 수 없다. 단지 우리가 통찰할 수 있는 바는, 감성존재자로서 인간은 (경험이 증명하듯이) 법칙에 맞게 또는 어긋나게 선택하는 능력을 보여주고 있으며, 그럼에도 예지적 존재자로서의 그의 자유는 그것을 통해 정의될 수 없다는 것이다. 왜냐하면, 현상들은 어떠한 초감성적인 객관도 이해할 수 있게 만들지 못하며, 자유는 결코, 주관〔주체〕이 이성법칙에 반하여서도 자기의 선택을 할 수 있는 데에 놓일 수 없기 때문이다. 비록 (우리가 그러한 가능성을 이해할 수 없지만) 그러한 일이 일어남을 경험이 증명하지만 말이다. 무릇 하나의 명제〔원리〕를 용인하는 일과 그것을 설명원리로 만들고 그 안에서 특징적인 징표를 발견하고자 하는 일은 별개이다.

제4묶음, 낱장46, 2면

우리 자신의 인격에서의 인간임〔인간성〕의 권리는 인간의 의무의 한 근거이기는 하지만, 자기 자신에 대한 것은 아니다.

그 자체로 선한 행위들은 보수를 받을 것이 아니라는 사실.

---

52) 원어: libertas vel indifferentiae vel aequilibrii.

덕의무들 즉 倫理的 義務들은 정당한 것에 대한 유덕한 책임들이다.

덕이론〔윤리학〕은 객관들의 더 큰 분야를 갖는다. 무릇 그것은 모든, 심지어는 법의무들에도 상관하기 때문이다. 그러나 책무〔성〕는 덕의무들 안에서 확정될 수 없다(廣大하다). 우리가 의무법칙들을 준칙으로 삼는다는 것은 덕에 속하는 하나의 책무이다. 그러나 우리가 이 의무를 동기로 삼는 것은 덕 자체이다.

의사의 자유의 개념에서 사람들은 동시에 반법칙적인 모든 경향성에도 불구하고 법칙을 따르는 능력을 생각하며, 이에서 파생될 수 있는 가능성은 경험으로 배우는 것이 아니라 그로부터 추론되는 하나의 무능력이다.

농장 소유자의 토지에 비소유자인 타인들에 대한 고위자의 특권이 근거하지 않는다는 사실.

네 기계학〔역학〕적 힘〔잠세력〕53)들에 대하여. 그중의 하나는 구부러지지 않는 (부러지지 않는) 선을, 두 번째는 구부러지는(끊어질 수 없는) 선을 가능한 것으로 전제한다. — 지레에서의 난점이 최대의 것이다. 왜냐하면, 이것의 부분들의 당기는 힘이 이것의 방향에 반대되지 않는 다른 힘에 의해 제지되기 때문이다.

하나의 사력을 갖는 하나의 실〔絲〕에서의 무게가 순전한 표면력인 하나의 응집력을 극복하는 데는, 이 하나의 힘이 유한한 속도를 갖는 것이 요구되겠다(그렇게 보인다)는 것, 그런데 이것은 불가능하다. 무릇 그렇지 않으면 그것은 특정한 시간에서의 운동량으로서 하나의 무한한 속도를 낳을 수 있을 것이니 말이다.

마찬가지로, 압력이 관의 출구의 첫 순간에 하나의 물기둥을 저수조의 높이까지 상승하는 속도로 올라가도록 강요하거나 일정한 시간에 그러한

---

53) 원어: Potenz.

높이에서 낙하함으로써 얻을 수 있었던 속도를 만들어낸다는 사실. ― 그 가능성의 근거는 이런 것이다. 즉 하나의 무한히 얇은 표면이 하나의 선으로 변환되는 관 속에는 하나의 측압이 있는데, 그 팽창의 **빠르기**는 낙하를 통해 얻을 수 있는 속도와 똑같다는 것이다. 왜냐하면, 말하자면 저수조의 짧은 지레 자루〔지렛대〕가 물을 속도가 다할 때까지 저 높이로 올라가는 데 필요한 높이로 던져올리기 위해서 무한히 조금 움직이면 되기 때문이다. 그러나 그 속도가 이 시간에서만 다하게 될 수 있다는 것은 그에 의해 설명될 수 없다.

특정한 속도로 한 방향으로 움직이는 물의 힘은 물의 질량과 속도를 곱하기해서 측정될 수 있지 않고, 그것의 높이가 낙하함으로써 얻을 수 있었던 높이와 똑같은 하나의 물기둥의 압력의 운동량을 통해서만 측정될 수 있다. 이 명제가 수력학의 제1원칙이다. ― 속도는 결국 한 표면의 그 표면을 한순간에 채우는 물질의 양이며, 곧 그러니까 무한히 작다. 결과적으로, 충격력은 동일한 밑면의 무게가 그와 똑같은 하나의 압력과 똑같고, 물체가 이 속도를 얻을 수 있었던 높이와 똑같다.

그에서 하나의 덩이〔질량〕가 한 표면에 대해 특정한 속도로 움직이거나 압박하는 것이 아니라, 단지 하나의 표면이 다른 표면에 대하여 그렇게 하는 응집에서도 사정은 마찬가지이다. 그러나 하나의 유한한 속도는 압력(사력)의 작용결과일 수가 없고, 오직 하나의 활력의 작용결과일 수 있다. 그러므로 xxx

지레에서 어떤 유한한 속도로 **당김**〔인력〕으로 인해서가 아니라 **밀침**〔척력〕으로 인해 끊어짐은 하나의 자루를 **침**〔타격함〕으로 인해 다른 자루에 있는 짐〔荷物〕이 제아무리 크다 해도 튕겨질 수밖에 없는 것이다〔없기 때문이다〕.

258

제4묶음, 낱장6, 1면

자연과학, 自然科學이라는 말로 사람들은 물질(즉 공간상에서 운동할 수 있는 것)의 법칙들의 체계를 뜻한다. 만약 이 체계가 순전히 선험적 법칙들의 원리들만을 함유하면, 그것은 자연과학의 형이상학적 기초원리들을 이룬다. 그러나 그것이 경험적 원리들도 함유하면, **물리학**이라 불린다. **물체론**으로서의 물리학, 다시 말해 법칙들에 따라 규정되는 형태의 물질에 대한 이론으로서의 물리학은 다시금 보편 물리학(一般 物理學)과 특수 물리학(特殊物理學)으로 구분되는데, 여기서 형성력은 순전히 기계적으로 형성되거나 한 물체가 동일한 종(種)의 다른 물체를 형성한다, 다시 말해 자기의 종을 계승한다, 다시 말해 유기적으로 형성한다. ― 물리학의 이 마지막 구분은 여기서는 건너뛰거나, 단지 주해에 넣을 것이다. 더 넓은 범위에서의 자연과학의 개념은 곧 경험적 자연이론 일반의 한 체계라는 개념을 xxx

순전히 경험적인 자연과학은 결코 하나의 체계를 이룰 수 없고, 기껏해야 단지 하나의 단편(斷片)적인 점점 증대하는 집합을 이룰 뿐이다. 무릇 우리가 경험적 자연법칙들을 알게 되는 범위 내에서 그럴 것이지만, 우리로서는 이것이 자연철학의 사용을 위해 얼마만큼 족한지를 알지 못하며, 그 빈 곳들은 우리로 하여금 자연법칙들에 대한 우리의 억측적인 설명들에 대해 회의하게 만든다. 물질의 운동력들은 우리에게 완벽하게 알려져 있지 않다.

자연과학의 형이상학적 원리들은 어떤 확실한 그리고 하나의 완벽한 체계를 제공하기는 한다. 그러나 사람들이 오로지 거기에서 의도할 수 있는 그것의 사용은 물리학인데, 이를 위해 그것은 우리에게 아무런 소재(질료)도 줄 수가 없다. 그 개념을 위해 사람들이 채울 것을 요구하는 칸들이 있다. 그것들의 바탕에 놓여 있는 소재(질료)가 없는 순전한 형식들은, 형식들 없이 풍성하게 내던져 있는 소재(질료)가 그렇듯이, 하나의 경험체계를 제시할 수 없다. ― 오히려 자연과학이 이성학문(自然哲學)이 되어야 한다면, 자연과학의 형이상학적 기초원리들로부터 물리학으로의 이행으로 나가지 않으면 안 된다.

이 두 영역(자연 형이상학과 물리학)은 사람들이 한쪽에서 다른 쪽으로 단지 한 걸음만 내딛으면 계속해서 건너갈 정도로 직접적으로는 맞붙어 있지 않고, 오히려 양자 사이에는 하나의 협곡이 있어서, 맞은편에 있는 언덕으로 건너가기 위해서는 철학이 그 위에 하나의 다리를 놓지 않으면 안 된다. 왜냐하면, 형이상학적 기초원리들은 이질적 원리들을 가지고 있는 물리학적 기초원리들과 결합하기 위해서는 양쪽에 지분을 가지고 있는 매개개념들이 필요하기 때문이다.

자연과학의 수학적 기초원리들에 대하여.

제4묶음, 낱장6, 2면

자연과학의 형이상학적 기초원리들은 자기의 일정한 범위와 내용을 갖는다. 물리학으로의 이행의 기초원리들 또한 그러하다. 왜냐하면, 양자는 선험적으로 주어지기 때문이다.

물리학은 그러한 것을 갖지 않는다.

오직 경험을 통해 알려질 수 있는 (그러므로 형이상학적 기초원리들에 속하지 않는) 물질의 운동력들은, 그럼에도 물질 일반의 하나의 전체 안에서의 그것들 서로의 교호적인 관계맺음들에 관해서 보자면, 선험적 개념들에 (그러니까 또한 형이상학에) 속한다. 내가 운동력을 오직 운동 자체로 이해하는 한에서 말이다. 그런 경우 수학〔수치〕적으로 그 방향과 도〔度〕의 면에서 고찰된 운동력은 **인력**과 **척력**이다. 이 둘은 물질의 부분들 상호 간에 또는 한 사물의 그 사물 바깥의 다른 사물에 대해 있는 것이다. 조밀성〔밀도〕, 희박성 등과 같은 것들은 사람들이 선험적으로 자의적으로 생각하고 나서, 자연에서 그를 위한 어떤 사례들이 있는지를 탐색해볼 수 있고, 그 개념들을 위한 논리적 장소(場所/位置)를 표시할 수 있는 개념들이다. 이러한 개념들에 대해서는 사람들이 어떤 현상들이 이 개념에 맞는지 또는 저 개념에 맞는지를 선험적으로 규정[결정]할 수 있다.

a) 외적 인력(중력) b. 내적 유동성 및 고체성. c. 표면력으로서의 외적 척 XXI476
력과 내적 척력(탄성과 진동의 활력)

물질 및 그것의 부분들의 내적 또는 외적(공간의 충전) **척력**의 운동력들

중력의 외적인 또는 응집력의 내적인 인력의 운동력들.

충격의 운동력들과 외적 또는 내적 힘들에 의한 진동의, 振動 運動의 운동력들.

물체 안으로 침투하는 또는 배출하는 운동력들 — 그것은 여기서 경험에서 보편으로 올라감[상승]이 아니다. 오히려 이행은 내려감[하강]이다.

형이상학과 물리학 사이에는 여전히 먼 협곡(體系上의 間隙)이 있다. 이에서의 이행은 한 걸음으로는 될 수 없고, 오직 하나의 특수한 건축물이 이룩하는 매개개념들의 다리를 통해서만 될 수 있다. — 한낱 경험적인 개념들로는 결코 하나의 체계를 짜낼 수 없다.

아무런 물체도 내놓지 않는 물질과는 달리, 어떻게 물질에서 하나의 (물리적) 물체가 생성되는가, 그 물질의 공간 충전(척력)이 실체적이지 않고 한낱 내속적[속성적]이기 때문인가. 탄성적이지 않으면서, 오히려 다른 물질들만을 탄성적으로 만드는 열소. 그것은 하나의 세계물질[우주질료]인 한에서, 상대적으로 계량할 수 없다.

모든 경험판단들과 개념들의 기초에는 언제나 하나의 선험적 개념이 놓여 있거니와, 우리는 현상들을 그 개념 아래로 수렴한다. 객관이 한 종류의 사물 아래로 수렴되어야 한다면 말이다.

물리학은 물질의 **운동력들**의 법칙들에 대한 이론이다. — 이것은 사물들의 현존에 속하는 모든 것과 마찬가지로 경험을 통해 인식되어야만 하므로, 그래서 xxx — 어떻게 물질은 하나의 물체를 이루어내는가?

물리학의 대상들이 제아무리 다양하다 해도, 그것들을 근근이 이른바

하나의 체계 안에 넣기 위해서 사람들은 경험을 통해(경험적으로) 그것들의 속성들과 분류들을 알아내야만 하거니와, 그래도 그것들은 현상들일 따름이다. 사람들은 언제나 선험적으로 **운동력들에 대한 개념들**을 기초에 놓지 않으면 안 된다. 그리하여 현상들은 이것 아래서 정리된다. 이 개념들은 종합적 표상들의 형식 요소를 함유하고 있으며, 이 아래에서만 물리학의 개념들조차 한 객관의 인식들을 (지성을 통해) 제공할 수 있기 때문이다.

자연과학의 형이상학적 기초원리들에서의 이행은 공간·시간상의 물질의 관계들에 따라 생각될 수 있고, 그러한 것으로서 완벽하게 구분될 수 있는, 물질의 **운동력들**의 개념이 경험적 개념들에 대한 가능한 적용에서 하나의 원리를 제공하는 데에서 성립한다. 비록 감각경험에 대해서는 결코 기대될 수 없는 그러한 체계의 완벽성에는 이르지 못한다 할지라도, 자연의 실재적 대상들을 하나의 원리에 따라 구분하고, 경험적 자연지식[학]을 하나의 체계에 점점 더 접근시키는 일.

우리는 운동력들을 선험적으로 개념들에 의해 구분할 수 있고, 물질의 속성들을 경험에 앞서 완벽하게 열거할 수 있다. 왜냐하면, 현상들의 종합적 통일은 경험에 앞서 지성에 놓여 있어야 하기 때문이다. 예컨대 내적 및 외적 척력. 만약 내가 이 개념들을 형이상학적 기능에서가 아니라 물리학적 역학적 기능들에서 현실적 물체들에 적용한다면, 그것이 이행이다.

注意! 물리학의 수학적 기초원리들에 대하여. 과연 이것도 이행에 속하는지.

제4묶음, 낱장3/4, 1면

모든 방울지는 유동체는 열소가 이탈할 수 있는 일정한 열의 도[度]에서 결정(結晶)에 의해 (짬 없이) 응고된다.

물질의 조건적·무조건적 차단[저지] 가능성에 대하여.

이미 현존하는 하나의 학문에서 아직 단지 이념[관념]상에만 있는 다른 학문으로의 이행은 양자를 결합하는 하나의 가능한 체계에 대한 先驗的 原理들을 전제한다. 자연과학의 형이상학적 기초원리들이 물리학과의 관계에서 그러하다. 물리학은 저것이 없으면 자연에 대한 관찰들의 한낱 집합 XXI478 (混合物[54])이겠고, 어떠한 확실한 제한이나 윤곽도 인가하지 못할 터이다. — 여기서 인식의 질료는, 그것들이 그것들에 대한 가능한 경험의 원리들을 선험적으로 함유하고 있는 한에서, 자연의 운동력을 선험적으로 헤아리는 일이다. 그것이 운동력을 갖는 한에서, 공간상에서 운동할 수 있는 것. 그때 운동 일반의 조건들과 또 그 운동의 기초에 놓여 있는 힘들 또한 선험적으로 제시될 수 있으므로, xxx

여기서 선험적으로 주어져 있는 운동법칙들을 위한 운동력들이 상정되지 않으면 안 된다. 이 운동력들만이 운동법칙들의 설명을 위해 쓰인다. 비록 사람들이 그것들 자체를 증명할 수는 없지만 말이다. 예컨대, 지레.

형이상학적 기초원리들은 물질의 운동력들의 하나의 체계인 물리학으로의 추세를 갖고 있다. 그러한 체계는 순전한 경험들에서는 생겨날 수 없다. 무릇 그러한 것은 하나의 전체로서의 완벽성이 없는 단지 집합들만을 제공하니 말이다. 그러한 체계는 또한 선험적으로만은 성립할 수 없다. 무릇 거기에 있는 것은 아무런 운동력도 함유하고 있지 않은 형이상학적 기초원리들일 터이니 말이다. 그러므로 형이상학에서 물리학으로의 이행, 즉 공간상에서 운동할 수 있는 것에 대한 선험적 개념, 다시 말해 물질 일반에 대한 개념에서 운동력들의 체계로의 이행은 오직 이 양자에 공통적인 것을 통해서, 즉 곧바로 물질에 대해서가 아니라 서로 통일되거나 대립되어 작용하고, 그렇게 해서 형이상학과 물리학 사이 한가운데에 서 있는 보편적인 힘 이론의 한 체계(一般 自然學)를 형성하는 운동력들을 통해 〔이루어질〕수 있다. 이것〔일반 자연학〕은 그 자체로 경험에 대한 선험적 개념들의 적용, 다시 말해 자연연구의 한 체계로서, 하나의 체계 안에서 전자를 후자와 결합한다.

---

54) 원어: Farrago.

이행은 본래 자연연구의 한 교설이다.

제4묶음, 낱장3/4, 3면

가르베에게[55]

나의 원칙들은 어떤 미리 취해진 목적, 예컨대 세계최선[복지]의 관점에서 파악된 것이 아니다. 오히려 그것이 그럴 수밖에 없고, 무조건적으로 마땅히 그러해야 하기 때문인 것이다. 그것은 결코 하나의 원칙의 채택이 아니다.

자연과학의 **수학적** 기초원리들은 물질의 실제적인 운동에서 유래한 운동력들을 함유하는 것들이다. 中心力, 光 及 音. 내적 운동력들을 함유하는 **역학적인** 것들. 전자는 移動力, **기계적인** 운동력을, 후자는 물질의 역학적(내적) 운동력을.
(운동력들의) 이 표에서는 수학적 기능들과 역학적 기능들의 차이가 없다.

제4묶음, 낱장3/4, 4면

강체[고체]성은 인력에만 달려 있지 않고 — 무릇 이것이 변위를 방해하지는 않으니까 —, 열소가 침투하고 이에 의한 진동에서 이종의 소재[원소]들의 편성 형식의 **내부 구조**(織造)에도 달려 있다. 모든 물체는 이종의 부분

---

55) Christian Garve(1742~1798)는 그의 논고 "Uebersicht der vornehmsten Prinzipien der Sittenlehre, von dem Zeitalter des Aristoteles an bis auf unsre Zeiten"(Breslau 1798, Bl. 3~5)을 칸트에게 헌정하면서(XII250~251 참조), 이와 관련한 편지를 칸트에게 보낸 바 있다.(1798. 9월 중순, XII252~254 참조) 그리고 칸트는 이에 대해 회신한 바 있다.(1798. 9. 21 자 Garve에게 보낸 편지, XII254~255 참조)

들을 함유하는데, 열은 이 부분들 상호 간의 접촉을, 자기의 진동을 열소의 양의 감소 없이 낮게 유지함으로써, 접합한다. ─ 하나의 물질이 온전히 동질적이고, 모든 것에 침투하는 열소와 관련해서 혼합되며, 일부 열의 흩어짐에 의해 섬유속〔束〕으로 분산되어 있지 않다면, 그것은 언제나 유동적이겠다.

친화성에 의한 인력에 대하여. 이것은 곧 이질적인 부분들이 모이는 데서 성립한다.

팽창//력과 친화성에 의한 인력은 서로 반대로 작용하는 두 힘이다.

자유로운 열소의 접합은 전적으로 오로지 그 접합하는 물체의 부분들에 대한 친화성에 의한 그 탄성의 제거로 환원된다. (그런데 친화성이 무엇이지?)

얼음이 녹을 때 온도가 불변함을 설명하기 위해 열소의 접합이 실로 필요한가? 대답: 사람들이 **접합**이라는 말을 다른 작용에 적용함으로써 통상 XXI480의 표현과 특징을 빼앗지 않게 취한다면, 더 이상 온도계에 영향을 미치지 않는 모든 열은 접합되어 있다고 일컬을 수 있다.

열의 은폐 현상을 접합이라 일컫는다. 유동 상태와 증기 상태를 만들어내는 데 쓰이는 열(용해열과 기화열)은 물체의 실체와는 단지 약하게만 결합되어 있다.

"[56]불은 빛이 동반해 있는 열이다. ─ 이에 의한 공간확장(그러나 종종 응고를 통해): 유동성의 유일한 원인으로서의 열. ─ 영속적인//탄성적 물질들은 열소와 아주 긴밀한 결합을 갖는다. ─ 열은 순전한 진동들만으로는 설명될 수 없다. 열소의 물체들과의 화학적 결합. ─ 눈이 녹을 때 느낄 수 있는 일정량의 열이 소실되는데, 물이 얼 때 이것이 다시 나타난다. 이것이 왜

---

56) 여기서부터 이어지는 "제4묶음, 낱장3/4, 2면" 끝까지(이런 연관성으로 인해 이 XXI권에 "낱장3/4, 2면"이 "낱장3/4, 4면" 뒤에 편성된 것으로 보인다)의 내용은 Gehler, *Physikalisches Wörterbuch, oder Versuch einer Erklärung der vornehmsten Begriffe und Kunstwörter der Naturlehre*(5 Bde., Leipzig 1787~1795), Tl. IV에 수록되어 있는 표제어 "열(Wärme)"의 기술을 발췌해놓은 것으로 볼 수 있다. 앞의 XXI297에도 일부 유사한 서술이 있었다.

언 물속에 있는 온도계가 빙점 이하로 내려가지 않는지의 이유이다. 곧 어는 물에서 **방출하는** 열에 의해 더 이상의 냉각이 방해받기 때문이다.

지금 사람들은 열소를 자신의 여러 가지 친화성에 따라서 물체들과 화학적으로 결합하는 어떤 것으로 여긴다. 그리고 이로 인해[57]

제4묶음, 낱장3/4, 2면

열소가 자유로운 상태에서 가지고 있던 효력을 잃을 수 있는 것으로 본다. — 전적으로 가설적이지 않은 이 소재[원소]는 가시화될 수도 없고, 용기에 담아놓을 수도 없고, 직접적으로 시험해 볼 수도 없다. — 자유로운 열은 물체 부분들을 증발시키고, 용기들을 확장하며, 물체들을 탄성적인 물질로 변환시킨다. — 열이 비어 있는 공간은 생각할 수 없다. — 그럼에도 열소는 하나의 **지상의** 물질이다. 태양광선들이 그것을 낳는 것은 아니고, 단지 자극할 뿐이다. — 이 소재[원소]는 하나의 보편적인 용해제로서, 모든 용매[溶媒]와 마찬가지로 실제적인 결합에 의해 자기의 용해력의 일부를 잃고, 온전한 포화에서는 이 힘을 전혀 더 이상 발휘하지 않지만, 방출 후에는 똑같은 것을 새롭게 표출한다. 산[酸]류는 알칼리염류와의 결합으로 초산[醋酸]의 힘을 잃고, 이에서 분리되면 다시 그 힘을 보인다. — 친화력. — 접합된 상태에서 열소는 물질들을 유동적으로, 증기로, 기체로 만드는 언제나 그런 것으로 있다. — 전기의 최선의 전도체가 열의 최선의 전도체이기도 하다. — 1파운드(℔)의 물이 1파운드(℔)의 수은보다 21배 더 많이 열을 **접합한다.**

1) 만약 고체 물체들이 액체 상태로 이행하면, 그것들은 더 많이 열소를 접합한다. 만약 액체들이 고체가 되면, 그에서 느낄 수 있을 만큼 열이 방출된다.

XXI481

---

57) 문장이 다음 "낱장3/4, 2면"으로 이어짐.

일정 질량의 32°F의 얼음이 172°F의 같은 질량의 물과 섞이면 완전히 녹고, 그 혼합물은 32°F만을 유지하는데, 그러므로 순전히 녹는데 140도가 쓰여, 액체가 된 물에 접합된 것이다.

만약 소금이 그 용해된 것에서 결정[結晶]되면, 열이 **방출된다**.

2.) 방울지는 액체들이 증기로 이행하면, 그것들은 더 많이 열을 접합한다. 역으로 만약 증기가 방울지는 또는 고체의 물체로 조밀화하면, 그것들에서는 열이 방출된다.

3. 만약 고체의, 방울지는-액체의, 또는 증기의 소재들이 **기체**의 형태로 이행하면, 그것들은 더 많이 열을 접합한다. 만약 기체류의 것들이 고체, 액체 또는 증기의 소재들로 변환하면, 열들이 느낄 수 있을 만큼 방출된다. 注意! 이 명제의 두 번째 부분은 모든 것에서 실험을 통해 충분히 증명될 수 있다.

제4묶음, 낱장5, 1면

자연과학의 형이상학적 기초원리라고 호칭하는 철학적 자연과학(自然哲學)의 명칭에 이미 저것이 지향하고 있는 목표인 **물리학**으로의 추세가 들어 있다. 그것은 곧 물질[질료]적 자연[58]의 경험 이론을 하나의 체계 안에서 개진함이다. 뉴턴이 그의 불멸의 저작에서 개진했듯이, 사람들이 자연과학의 **수학적** 기초원리들(自然哲學的 數學的 基礎原理들)이라고 부르는 것은 이미 그 표현이 제시하는 바이기도 한 것처럼 **자연철학**의 일부가 아니라, 운동들의 크기[양]와 자연관찰에서 주어져 있는 것이 틀림없는 운동력들의 크기[양]를 측정하고, 이것들의 법칙들을 물리학을 위해 규정하는 (그리하여 원

XXI482

---

58) 칸트 비판철학에서의 "질료상으로 본 자연(natura materialiter spectata)"(*KrV*, B164 · A418=B446; *Prol*, A74=IV295 참조)과 "형식상으로 본 자연(natura formaliter spectata)"(*KrV*, B165 · A216=B263 · A418=B446; *Prol*, A75=IV296 참조)의 구별 참조.

운동하는 물체들에서 중심력에 대한 그것들의 질이, 빛과 음향의 운동들이 그 방향과 도[度]에 따라 주어질 수 있는) 하나의 사뭇 필요한 도구일 따름이다. 그리하여 따라서 이 이론은 본래 철학적 자연지식[학]의 일부를 이루지 않는다. 바로 똑같은 것을 경험적 자연지식에 대해서도 말할 수 있다. 만약 그것이 하나의 체계를 이루지 못하고, 언제나 선험적 개념들에 따른 보편적 기재[記載]를 필요로 하는, 한낱 우연적인 집합만을 이룬다면 말이다.

그러나 형이상학에서 물리학으로의 이행에서 이 추세는 직접적으로가 아니라 비약을 통해 일어날 수가 있다. 무릇 한 특정한 종류의 체계에서 다른 체계로 건너가는 개념들은 한편으로는 선험적 원리들을, 그러나 다른 편으로는 비교적인 보편성을 함유하고 있기 때문에, 그럼에도 마치 보편적인 것처럼 물리학의 체계를 위해 이용될 수 있는, 경험적 원리들도 동반할 수밖에 없으니 말이다. — 그러므로 자연과학의 형이상학적 기초원리들과 물리학 사이에 있는 공백이 아직도 메워져야만 하며, 그것을 메우는 일을 이것에서 저것으로의 이행이라 부른다.

1) 물질의 양에 따른 물질의 운동력들, 그리고 범주들에 따른 最高의.

2.) 이 운동의 형식적 조건들, 이것들이 선험적 원리들에 의거하는 한에서.

인력   척력

계량 가능 — 계량 불가능

저지 가능 — 저지 불가능

공간상에서 자존함 — 또는 내속함

注意! 범주들의 체계에서의 항들은 여기서는 역학적 힘들로 +a와 -a 두 가지만을 함유한다.

제1부 선험적 자연연구의 이론체계에 대하여

제2부 세계체계[우주계]에 대하여

기압계의 높이의 변화에 대하여, 무게의 변화로 인해 직접적으로가 아니라, 공기의 탄성을 약화하거나 강화하는 어떤 물질로 인해 화학적으로

〔일어나는.〕 전자는 xxx

가르베에게.[59] 숙련성 및 영리함의 이론을 세우는 실용적 관점〔의도〕에서의 철학의 체계.

형이상학적 기초원리들에서 물질은 공간상에서 운동할 수 있는 것〔공간상의 운동체〕으로 생각된다. 물리학에서 물질은 운동력을 가진 운동할 수 있는 것〔운동력을 가진 운동체〕으로 생각된다. 그리고 물질에 고유한 운동력들의 그것들에 고유한 운동의 법칙들에 따른 관계로서의 결합이 물리학의 대상이다. — 이 운동들의 총합이 선험적 개념들에 기초하고 있는 선험적 부류 구분을 허용하는 한에서, 물질의 운동력들의 하나의 위치론이 있지 않을 수 없는데, 여기서 이 힘들의 각각에 체계 내에서의 제자리(共通 表題〔公共 場所〕[60])가 지정되고, 그렇게 해서 순전히 자연연구의 이 공통의 자리〔공통 표제〕들만을 다루는 하나의 특수한 학문〔과학〕이 가능하게 될 것이다. — — 경험적 개념들, 예컨대 그 운동력이 선험적 개념들에 따라서 생각될 수 있는 중력, 예컨대 인력과 척력은, 비록 이것들의 실존이 경험을 통해 주어질 수밖에 없는 것이지만, 이행의 저 위치론에 속하지 않을 수 없다. — 운동력들의 이러한 부류는 자연학, 곧 순수 자연학에는 속할 수 없을 것이다. 운운.

무릇 운동력들은 형식의 면에서는 선험적으로 나열될 수 있으나, 내용의 면에서는 그것들의 작용결과들의 현상들을 통해 인식될 수 있는 것이다.   XXI484

분류의 각각의 원리들이 없는 자연연구는 체계로서의 물리학을 성취할 수 없다. 왜냐하면, 이런 것으로부터는 그것들이 얼마나 멀리까지 나아갈지를 예견할 수 없는 특수한 관찰들의 하나의 집합(混合物)만이 생겨날 것이기 때문이다. — 이러한 자연연구는 단편(斷片)적인 것으로서, 체계적이지 않다.

---

59) 앞의 XXI478의 관련 구절과 역주 참조.
60) 원어: locus communis. 이와 관련해서는 *MS*, *RL*, B161=VI357과 *Anth*, A95이하=B95 =VII184 참조.

제4묶음, 낱장5, 2면

自然哲學은 운동들에서 힘들을 도출하는 자연과학의 수학적 기초원리들과 철학적 기초원리들로써 이루어져 있다. 후자는 다시금 형이상학과 물리학으로써 xxx ─ 끝으로 이행.

만약 내가 나 자신 안의 한 점에 나의 지레를 놓는다면, 나는 나 자신을 그 **위치에서** 움직일 수 없다. 運動力이 있기는 하지만, 그로부터 생기는 移動力이 없다. 의식이 하나의 감정[느낌]이라는 것은 거짓이다. 무릇 나 자신에 대한 표상은 (나 자신에서) 하나의 객관을 갖기 위한 순전히 논리적인 것이다. '나는 있다'라는 낱말.

제201호(29일 자)[61]에 실린 피셔의 물리학에 대한 서평[62]의 말은 이렇다: 》만약 모세관과 수은에서 아주 조심스럽게 모든 습기를 빼내면, 모세관 안의 수은도 외부 유동체의 겉표면을 넘어 상승한다. 이에 관해 메츠의 카스브아[63]는 실험을 통해 의심의 여지를 없앴다.《

1. 물질의 부분들 상호 간의 척력[밀쳐냄]과 인력[끌어당김]은 그것들의 최초의 기능들로서, 이를 통해 물체들이 형성된다. 그것들 스스로와 그것들 자신의 힘을 통해 제한된 물질로서 말이다. 2. 중력과 같은, 모든 거리에서의 접촉(밀쳐냄)이 없는, 어떤 외적 물체에 의한 인력과 열소에 의한 물체들 모든 내부에서의 척력. 3. 접촉에서의 강체[고체]의 인력.

운처,[64] 무엇인가에 내버려 두기. 학식 있는 자들이 자기의 모든 일을 세

---

61) 원문 "No.201 90"에서 "90"을 "29"로 고쳐 읽음.
62) *Allgemeine Literatur Zeitung*(Jena), No.201(29. Juni 1798)과 No.202(30. Juni 1798)에 Jena의 철학 원외교수 J. C. Fischer의 *Anfangsgründen der Physik in ihrem mathematischen und chemischen Theile nach den neuesten Entdeckungen*(1797)에 대한 서평이 실려 있는데, 칸트가 여기에 옮겨 적은 내용은 No.201에서 읽을 수 있다.
63) Nicolas Casbois(1728~1795). 프랑스의 물리학, 수학, 신학자로 메츠(Metz) 학술원 회원이었다.
64) 누구인지 확실하지 않다. 어쩌면 August Wilhelm Unzer일 수 있다.(1798. 11. 17 자 칸트에게 보낸 그의 편지, XII260/261 참조)

우는 곳, 곧 그의 자리에서는 그다지 쉽게 일어나지 않는 일이다. 무릇 논
리적 장소/자리[위치], 다시 말해 무엇인가가 그에 속하는 사물들의 부류를
발견하는 일은 위치론[변별론]의 숙달된 연구를 필요로 하는바, 그와 같은
것은 물리학과 거기서 다루어지는 운동력을 위해 요구되는 것과 관련해서
도 필요하다. 이러한 위치론은 그것을 통해서만 체계가 될 수 있는 물리학
에 선행하는, 이러한 힘들의 구분의 선험적 원리들에서 존립한다.

그러므로 자연철학은 자연의 형이상학 ─ (자연의 운동력을 위한) 위치론
과 물리학(경험에 의한 이것의 자연인식의 하나의 체계와의 연관)으로써 이루어
진다. ─ 이러한 위치론 없이도 자연연구가 있을 수는 있겠으나, 경험적 자
연과학이라고 일컬을 수 있는 그러한 자연연구는 있을 수 없다.

자연과학은 1. 자연사물과 그것들에 있는 운동력의 개념들, 2. 자연존재
자들의 개요(자연학) 및 상세한 묘사로써 이루어진다.

2. 자연과학의 (수학적이 아니고) 철학적인 기초원리들, 3. 선험적으로 규
정된 역학적 위치론. 무르하르트[65]가 왜 달의 공전이 상합[上合] 회전과 그
토록 합치하는지를 설명했다면, 그는 이미 중요한 하나의 과제를 해결한
것이겠다. 그럼에도 그가 조금만 더 나아가고 상세했다면, 그것들은 필연
적으로 서로 어긋났을 것이다.

양태는 운동력들이 실행하는 운동들의 가능성, 현실성 또는 필연성에 따
른 운동력들의 표상이다. ─ 형이상학적 기초원리들은 자연철학의 이념 중
에 그것의 한 체계로서의 물리학으로의 추세를 갖거니와, 이 체계는 경험
적인 것이 틀림없지만, 그에는 그 선험적 형식의 원리들이 속하고, 또 경험
적인 것을 위해 이미 가능한 자리[장소]들을 하나의 표로 현시하는, 물리
적 자리[장소]들을 선험적으로 미리 그려주는 하나의 도식이 속한다[필수적

---

65) Friedrich Wilhelm August Murhard(1778~1853). 수학자, 법학자, 작가 등 다방면에
   서 활동했는데, 1796년 Göttingen 대학의 사강사 시절에는 칸트에 매우 우호적인 강의
   를 했고, 1797~1798년 Göttingen 학술원의 시보(試補) 시절에는 천문학 관련 연구에도
   종사하였다.

이다), 그렇지 않으면 물리학은 하나의 체계의 완전한 것일 수가 없을 터이고, 사람들이 자연연구를 이끌어가는 데 무엇이 결여되어 있는지도 모르는 그런 한낱 하나의 집합일 터이기 때문이다.

자연이론의 하나의 위치론은 한낱 경험적이고, 물리학을 정초할 터인데, 그를 위해 위치론은 무한한 터이다. 그러나 자연연구의 위치론은 선험적으로 생길 수 있다.

제4묶음, 낱장7, 1면

자연과학의 형이상학적 기초원리들에서 물리학으로의 이행은 두 영역의 이웃 관계에 상관하는 것으로서, 사람들은 두 영역을 연결하는 하나의 다리를 통해 확실한 방식으로 한 영역에서 다른 영역에 이를 수 있다.

운동력들 일반은 여기서 (자연과학의 형이상학적 기초원리들에서처럼 선험적으로가 아니라) 경험적으로 주어진다. 그러나 그것들 상호 간의 관계는 그것들로부터 물리학으로 확실한 매개개념들을 통해 건너 도달하기 위해서 일정한 형식들을 필요로 한다. 왜냐하면, 물리학은 하나의 경험적 **자연과학**, 다시 말해 경험의//자연이론의 한 **체계**여야 하거니와, 사람들은 그 명제들의 친화성의 원리들에 따르는 것으로서만은 하나의 체계 안에서 하나의 전체를 세울 수 없기 때문이다.

그러므로 이 체계에 의해 순전히 이러한 연결의 형식들과 학문의 전체성만을 목표로 하는 일정한 공통 자리[共通 表題]들이 제시되어야만 하거니와, 이것들은 하나의 전체로의 이 관계맺음을 방법적으로 이끄는 데 쓰인다. — 운동력들의 양, 질, 관계와 양태들이 있는 곳에 경험개념들이 세워지지만, 또한 물체가 물리학으로서의 자연이론의 기체[基體]를 제공해야 하는 한에서, 각 물체에서 마주치는 그러한 속성들[의 개념들]이 세워진다.

물리적 장소[자리/위치]들은 완벽하게 세워지지만, 물리[학]적 개념들은 그렇지 못하다. 왜냐하면, 사람들이 경험에 필요한, 예컨대 전기[에 대한]

모든 관찰을 한 것인지를 결코 확신할 수 없기 때문이다.

나는, 경험에 따라 고찰하기 위해 물리학으로 나아가기 전에, 먼저 어떻게 자연법칙들을 탐색하고, 하나의 체계 안에서 선험적으로 사고해야 하는지를 탐구하지 않으면 안 된다.

한 부분이 움직이면 모든 부분이 동시에 움직이는 그러한 부분들의 물체는 강체[고체]이다. 유동체는 질량[덩이]으로 작용하지 않는다. 유동성(변위 가능성)의 대항으로서의 강체성[고체성]은 응집과는 전혀 다른 것이다. 충격에서의 활력은 한 물체에 대한 모래알들에 의한 것조차 지구만큼이나 그렇게 무한히 크다.

제4묶음, 낱장7, 2면

자연철학의 형이상학적 기초원리들로부터 학문[과학]은 직접적으로 물리학으로, 다시 말해 경험적으로 정초된 하나의 큰 부분으로 전진할 수 없다. 왜냐하면, 이것들은 시시때때로 나타나는 지각들의 우연에 의존하고 있으므로, 자연인식의 그러한 확장에는 아무런 체계도 — 그러함에도 물리학은 그러한 것이고자 하며, 이념상 그러한 것이어야만 하지만— 기대할 수 없고, 단지 하나의 단편[斷片]적인 집합일 것이기 때문이다.

그러므로 형이상학에도 물리학에도 토착적이지 않은 하나의 중간[매개] 개념이 덧붙여지지 않으면 안 되는데, 이것은 두 개의 분리된 학문들을 연결시키고, 이것들로써 자연과학의 한 체계를 이루기 위해, 순전히 전자에서 후자로의 이행을 만들어낸다.

물질의 여러 가지 운동력들은 그것들의 법칙들과 함께 경험을 통해(후험적으로) 우리에게 알려질 수밖에 없으며, 물리학의 소재(물리학의 재료)를 이룬다. 그러나 그것들을, 사람들이 이 제목들에 따라서 모든 자연연구가 시행되어야 한다고 선험적으로 상정할 수 있는, 물리학 일반의 한 체계의 보편적 위치론이라는 제목 아래에 수렴하기 위해, 자연의 이러한 운동력들을 경험에서 탐색하는 개념과 원리들 일반은 形式上으로는 先驗的 原理들이고 質料上으로는 경험적 원리들이다. — 나는 여기서도 무기적 물질의 물리학 외에 다른 물리학은 생각하지 않고 있다.

———————————

자연과학의 형이상학적 기초원리들에서 물리학으로의 이행에 대한 이론은 물질의 운동력들의 체계로서, 그로부터 여타의 모든 자연과학이 마땅히 시작하지 않으면 안 된다. 무릇 자연과학 자신은 결코 하나의 완벽한 체계가 될 수는 없지만, 능히 예비학은 될 수 있다.

XXI488 (경험적) 자연과학의 기초에 놓여 있는, 물질의 모든 운동력들에 대한 개념들의 체계

물리학을 위한 화학

經驗的 自然哲學 基礎 部門

물리학에 이르기 위해 나는 먼저 내가 어떻게 자연에서 연구해야 하는지를 알아야만 한다. 그것을 위해 이것은 필수적이다.

자연과학(主觀的으로 이렇게 言明되는 自然科學)은 자연이론의 형이상학이거나 물리학이다. 그러나 후자가 전자와 함께 하나의 체계를 이루지는 않는다. 왜냐하면, 전자에서 후자로의 이행이 없다면, 물리학은 경험들의 하나의 순전한 집합일 터이기 때문이다.

제4묶음, 낱장8, 1면

공간상에서 운동할 수 있는 것이 물질이다. 공간·시간상에서 일어나는 물질의 변화로서의 운동은 수학의 대상이다. 그러나 물질이 자기 자신 안에 운동력을 가지고 있는 한에서, 물질은 이 힘을 가지고 있는데, 그것은 물질이 움직여져 있거나 자기를 또는 타자를 움직이기 때문이거나, 물질이

그러한 힘을 가지고 있기 때문이다. 전자는 한 물체의 원환 회전에 있는 것(遠心力)으로, 이 힘은 그 물체의 본성에 속하지는 않으나, 투석기가 회전할 때 줄이 끊어지지 않게 유지하기 위해 밧줄에 적용되는 힘은 그것의 본성적인 힘이다.

전자의 힘은 기계적//물리적이고, 후자의 힘은 물리적으로 기계적인 것이다. — 운동력은 순전히 기계적 원리의 힘이거나 유기적 원리의, 다시 말해 자기와 똑같은 것을 생산하는, 다시 말해 동종의 것을 번식하는 원리의 힘이다. 주체가 갖는 표상들에 의한 운동의 원리를 본래적 생명력이라 일컫는다. 표상들의 유비에 따른 것이 비본래적 생명력이다.

물질의 조형[造形]력은 기계적//조형적이거나 유기적//조형적 힘이다. 후자는 목적들에 따른 것이다. 주체 자신이 가진 목적들에 따른 것, 生命力[66]이거나 다른 어떤 주체가 물질에게 마련해준 목적들에 따른 것, 生氣力[67], [영]혼이다.

밀쳐내는 그리고 끌어당기는 [힘에] 대하여 — 표면력과 침투력(접촉에서 XXI489 의 전자와 물질의 내부에서의 후자)에 대하여

질량에서의 운동과 운동량에서의 운동에 대하여

질량에서의 충격에 의한 운동과 진동들의 운동에 대하여

물질을 움직이는 힘은 침투적이거나 그렇지 않다. — 후자는 端的으로 저지 불가능하거나 어떤 面에서 저지 불가능하다.

물리학에는 속하지만, 물리학에서 형이상학으로의 이행에는 속하지 않는다.

生命力에 대하여.

---

66) 원어: vis vitalis.
67) 원어: vis vivifica.

제4묶음, 낱장8, 2면

A. 질량[덩이]으로 운동 — 1. 속도(무게)의 운동량으로써, 2. 충격으로써 (衝擊 運動)

B. 흐름[액상/유동]으로 운동 — 1. 전진적 흐름에서, 2. 파동적 흐름에서 (振動 運動)

C. 운동의 운동량 1. 팽창적 물질의, 2. 견인적[수축적] 물질의. 전자는 유한한 속도를 가진 무한히 작은 질량, 후자는 무한히 작은 속도를 가진 유한한 질량

D. 사력(압박) 활력(충격). 열소의 振動 運動으로서의 후자. 이것은 유동성의 원인이기도 하고 고체성의 원인이기도 하다. — 열소는 어디서 열을 방출하거나 접합하는가.

E. 열소란 무엇인가? 그것은 자존적[실체적]인가, 내속적[속성적]인가?

F. 변위성(매끈함), 고체 물질의 압박에서의 마찰의 결여(平滑), 미끄러짐과 반대되는 강체성(固體性)은 응집의 강도에 의거한 것일 수 없다. 무릇 그것은 단지 분리에 저항하는 것이지, 변위에 저항하는 것은 아니기 때문이다. — 그 사이에 놓인 비어 있는 사이공간[빈틈]들이 있음에 틀림없다.

단단한 겉표면의 최고의 매끈함도 마찰(미끄러짐의 방해)을 배제하지 않는다. 이것은 강체 물질이 오직 점차적으로 겉표면에서부터 얇아진다는 것을 증명한다. 왜냐하면, 언제나 그러한 딱 맞는 두 표면들의 거리가 맞춰지고, 하나의 물질이 다른 물질과 일정한 방식으로 섞이기 때문이다.

XXI490

표면**인력**과 침투하는 인력. 표면 **척력**과 침투하는 척력. 후자는 열에 의한 팽창력.

연속적인 충격은 압박이다. 왜냐하면, 그것은 물질의 무한히 작은 질로 모든 순간에 충격하는 것이기 때문이다.

이 운동력들은 모두 경험에서 주어지는 것으로가 아니라, 물질 일반과

그 운동력에 대한 모든 가능한 경험을 위해 유능한 것으로 생각된다.

　물리학에서 운동력들의 4범주들

　침투 가능성 혹은 침투 불가능성

　저지 가능성 및 저지 불가능성

　계량 가능성 및 계량 불가능성

　강체[고체]성 및 내적 변위 가능성(摩擦과 反對되는 內的 平滑性), 선험적으로 생각될 수 있는 운동력들의 모든 관계들.

제4묶음, 낱장8, 3면

　운동력들을 확실하고 완벽하게 인식하기 위해서는 우리 자신이 작용하는 원인들로서의 운동력들이 함유하는 개념들의 창시자여야만 한다. 그리고 동시에 그것들의 완벽성을 의식해야만 하고, 그런 다음에 우리는 또한 이 원리들에 따라서 경험들의 완벽성을 지향하여 노력해야 한다.

　만약 우리가 그를 통해 그러한 현상들을 포착하는, 밀쳐냄, 접근 등등의 作用을 실행하는 우리의 활동을 의식하지 못한다면, 경험을 통해서조차 물질의 운동력들을 물체들에서 인식하지 못할 터이다.

　근원적으로//운동하는 힘[근원적 운동력]들이라는 개념은 경험에서 취한 것이 아니라, 우리가 움직일 때 의식하는 마음의 활동에 필시 선험적으로 놓여 있는 것이다. 무릇 그렇지 않으면 우리는 이것들 또한 경험을 통해 얻지 못할 터이기 때문이다. 무릇 **합성된 것** 그 자체가 지각될 수 있는 것이 아니라, 사람들이 한 활동으로서 선험적으로 의식하는, 공간 · 시간상에서의 **합성하기**[합성작용]만이 지각되는 것이다. XXI491

　물리학은 경험에서 취한 것인 한에서 물질의 운동력들에 대한 학문이다.

　G. 압박에 의한 운동의 양은 (흐름에 의한 그와 같은 것 또한) 사력이며, 활력인 고체 물체들의 충격에 비해 무한히 작다.

　H. 하나의 절대적으로 계량 불가능한 물질은 질량에서 운동력의 정량을

갖지 않을 터이고, 그러므로 또한 지각의 객관이 아닐 터이다.

균일하게 세계공간〔우주〕을 채우는 모든 물질의 일부로서만 실존하는 그러한 것은 상대적으로//계량 불가능한 것이다. 무릇 이 중간에서 그것은 아무런 무게가 나가지 않으니 말이다.

파쇄적 고체 물질들과 신장적 고체 물질들(破碎的 及 伸張的)
물질의 희박화와 압축

제4묶음, 낱장8, 4면

J. 침투력들과 달리 **오직** 접촉에서 작용하는 힘들에 대해. 후자[68]는 接觸에서의 斥力이고, 전자는 接觸에서의 引力이다. 후자는 그것들의 부분들이 서로 한낱 배척하고, 물질의 무한히 작은 양과 하나의 유한한 속도를 (정지에서, 그러므로 한 운동량에서) 결합하는 한에서, **기류적**[氣類的][69]인 것들이다. 전자는 그것들의 부분들이 하나의 무한히 얇은 접촉하는 층에서 응집에 대해 유한한 저항을 하는 한에서, **토류적**[土類的][70]인 것들이다.

K. 동시에 운동력을 갖는 한에서의, 공간상에서 운동할 수 있는 것(물질). 물질의 운동력들의 관계에 대한 완벽한 서술은, 그것이 순전히 운동력들 일반의 개념에서 도출될 수 있는, 그러니까 선험적으로 표상될 수 있는 한 XXI492 에서, 물질적 자연의 경험인식으로서의 물리학으로의 안내로서 물리학의 관점에서 완벽하게 발전된, 형이상학적 기초원리들로부터 물리학으로의 이행이다. 그러므로 물리학은 저러한 선험적 원리들 없이는 체계로서 생기지 못한다.

L. 자연 형이상학에서 물리학으로의 이행 이론은 곧 이성적인 것에서 경

---

68) 원어는 "die erste"이지만, 번역문에서는 원문과 어순이 바뀌는 사정에 따라 고쳐서 옮김.
69) 원어: luftartig.
70) 원어: erdartig.

278

험적인 것으로 직접적으로 이행하는 방법이론[71]에 속한다. 왜냐하면, 경험적인 것이 이성적인 것 중에 함유되어 있지 않기 때문이다. 이 이론 역시 공간상에서 운동할 수 있는 것으로서의 물질의 운동력들의 범주들을 가지고 있다.

注意! 수학은 순전히 선험적 직관들, 다시 말해 현상들에만 상관하고, 사물들 그 자체와는 상관이 없으므로, 순전히 학문의 탁월한 도구일 뿐, 인간의 궁극목적의, 그러니까 지혜의 도구는 아니다. 위대한 수학자는 매우 숙련된 인사일 수 있으나, 지혜가 없으면, 아니 이에서 멀어지면, 하나의 바보, 다시 말해 매우 숙련된 못된 인간일 수 있다.[72] 지혜에 대한 사랑(철학)은 인간 안에 있는 자유의 사용의 내적 원리이고, 임의의 목적들을 위한 기술의 도구가 아니라, 인간을 진지하게 개선하는 원리이다.

철학은 순전히 선험적 인식만을 다룬다. 그러나 역으로 선험적 인식들이 언제나 철학이지는 않다.

자연 형이상학에서 물리학으로의 이행은 물리학의 체계적 인식을 성취하는 방법이다. (이것은 한낱 수집된 경험들을 통해서는 불가능하다. 왜냐하면, 선험적으로 주어져 있어야 하는 밑그림이 결여되어 있기 때문이다.)

---

71) 원어: Methodologie.
72) 수학자 Kästner를 염두에 두고 하는 말로 보인다. 관련되는 여러 언급(XXI239 · XXII544 이하 등등) 참조.

제5묶음

제5묶음, 전지1, 1면

자신의 유동성의 진동 원리에 따르지만, 동시에 겉표면에서 (그러므로 그것의 유리잔과의 접촉에서가 아니라) 접촉하는 자기의 부분들 상호 간의 인력에 따르는 물을 가지고 한 실험은 정반대의 현상, 곧 구형[球形] 현상을 보여준다. 이 구형은 물이 첫째 경우에 취했던 오목 형상에 대립해서 독자적으로 만들어내는 것으로, 하나의 유동 물질은 동시에 방울질 수 있는 것이다. 다시 말해, 그러한 상태에서 물은 자신의 내적 인력을 통해 자기 자신에게 하나의 일정한 형태 곧 구상[球狀] 형태를 주며, 그때 물방울은 빈 공간에서는 하고자 하는 만큼 크게 취해질 수 있다.

만약 한 잔 물속에 생각으로 아무렇게나 하나의 방울 형상을 그려놓고, 그와 같은 하나의 물덩이가 끄집어 올려졌다고 생각하면, 제기되는 물음은, 과연 이 물체가, 만약 그것이 물 대신에 가령 공기나 다른 어떤 물질로 둘러싸여 자유롭게 떠돈다면, 그것의 외적 압력으로 인해 이 형상을 변화시킬 것인지 어떨지 하는 것이다. 이런 일이 결코 일어날 수 없을 것임은 쉽게 증명될 수 있다. 왜냐하면, 외부에서 (하나의 유동 물체인) 그것에 대해 일어나는 모든 압력은 그것의 모든 표면에 대해 수직적이고, 그로 인해 그것에서 동일한 위치에 있는 모든 것은 그것이 아직 유리잔 속의 물의 한 부분이었을 때의 상태와 똑같이 그대로 있을 것이기 때문이다. ─ 그러므로 일정량의 물은 외부 압력으로 인해 자기의 형상을 변화시키지 않으며, 오직 자기 자신의 부분들, 그것도 겉표면의 부분들의 인력에 의해, 그것들이 서로 최대한 접촉하도록 하기 위해—이런 일은 오직 구형(방울의 형태)을 통해서만 일어날 수 있거니와—, 자기의 형상을 변화시킨다.

여기서 이제 다시금 열이 유동성의 한 원인이다. 오직 진동의 원리에 따라서, 곧 유동체의(물 또는 수은 등등의) 부분들이 겉표면에서, 그것들이 빈 공간에 비해서는 가능한//최소의 표면을 유지하고, 그를 통해 포섭하는 바로 그 물체의 물질의 양에 비해서는 가능한//최대의 표면을 유지하는 데까지 움직여짐으로써 말이다. 유동체의 이러한 형태는 한 사력(압력 또는 접촉에서의 견인력)의 작용결과가 아니라, 오직 하나의 활력(충격력과 진동들)의 작용결과일 수 있다. ——

식물과 동물들의 맥관[脈管]의 형성에서 그것들 사이사이에 있는 섬유소 조직과 끝없이 무한히 그리고 언제나 열을 통해 변전하는 搖動 運動에 대하여.

물속에서의 형상에 대하여

이 모든 접촉인력들은 직접적으로가 아니라 유동체를 매개로 해서 충격들을 통해 만들어진 접근들로서, 사력이 아니라 활력에 기초하고 있다.

제5묶음, 전지1, 2면

무릇 여기서 물의 부분들은 (열의 진동들이 물의 부분들 상호 간보다도 더 강하게 그와 함께할) 유리잔과 접촉하지 않고, 오직 자기들끼리만 접촉하기 때문에, 자기 자신의 부분들에서, 거기에서는 소극적이었던 물의 인력이 여기서는 적극적으로 된다. — 다시 말해, 겉표면에서의 물의 부분들은 유동체에 침투하는 열물질의 진동들로 인해 그 체적에 가능한 최소의, 그러니까 구상[球狀]의 공간 안으로 몰린다. 그때 동일한 응력에서의 진동의 수는 현

[絃]의 길이에 반비례한다.

그러므로 연속적으로 떨리고 진동하는 상태에서 모든 물질에 침투하는 열소만이, 그러므로 물질의 하나의 활력이 방울지는 유동체 그 자체의 현상들의 원인이지, 압력이나 견인력 즉 사력들은 아니다. 즉 서로 곁에 정지해 있는, 똑같은 작용과 반작용으로 접촉하면서 동시에 잇따라 유입하는 물질들은 아니다.

그러나 방울 형태에 관해 말하자면, 모든 유동체는 그 자체로 빈 공간 [허공]에서 떠돌게 두면 저 인력으로 인해 그 용적의 크기만큼 구형[球形]을 취할 터이다. 그러나 만약 일정량의 이러한 형태의 물이 **공기**를 통해 (어떤 저항하는 매체에) 떨어지거나 어떤 단단한 바닥에 쏟아져 그때 자기 무게로 인해 튕겨나 구상 형태의 현상을 벗어나게 되면(液體는 하나의 流體로서 녹아 버리는 것으로 나타나겠다), 그때 그에 반해 작은 방울들의 바로 동일한 액체는 어떤 강체(固體) 물체의 모종의 유비를 보인다. 그러나 그때 예컨대 석송 [石松]의 씨들이 뿌려져 있는 표면 위의 물방울들과 수은 방울이 자기 무게로 인해 평평하게 눌리거나 조금 높은 곳에서 상아 구슬처럼 튀어 올라, 이리저리 굴러다니게 된다. 그런 사이에 그러한 종류의 유동체의 방울들은 서로 접촉하게 되자마자 곧장 하나로 통일된다.

XXI498

§

예컨대 해면[海綿], 압지[押紙], 마른 완두콩, 마실[麻絲] 또는 부어주는 물이 침투하여 심지어 맷돌마저 파열시킬 수 있는 마른 나뭇조각들에 의한 것과 같이, 그것들의 빈틈들 최소의 부분들에까지 모세관을 통해서인 것처럼 물의 흡수를 허용하는 것들, 곧 모세관을 가진 몇몇 강체[고체] 물질들이 가진 유비와 관련해서 문제는, 이러한 침투가 어떻게 설명될 수 있고 어떤 결과를 갖느냐 하는 것이다.

만약 수직으로 서 있는 모세관이 통상적인 설명방식대로 그 안에 있는 물을 그 위로 끌어당기는 유리환[環]에 매달려 있다면, 그 관은 그로 인해 팽창되지 않고, 오히려 수축하게끔 촉진되지 않을 수 없을 것이다. 무릇 물 기둥은 그것의 전체 무게를 지고서, 오므라지면서도 평평해지려고 애쓰는 오목한 수막에 매달려 있으니 말이다. 그래서 위에서 거명된 물질들 또한 확산되는 물을 통해 서로 밖으로 몰아지지 않고, 오히려 서로 더 근접하게 되지 않을 수 없을 터이다. — — 그러나 열의 진동 이론이 성립한다면, 자기 안에 있는 물의 밀도를 약화시키는 전체 관이 약간의 확장을 겪게 될 것이다.

유리와의 접촉으로 인해 물의 상호 간의 인력이 유동체의 원리에 의해 약화되듯이, 그 인력은 진동 소재인 그것의 고체 물체로부터의 분리를 통해 강화된다.

모세관 안의 물의 견인은 관의 팽창과 결합되어 있는가, 수축과 결합되어 있는가.

B. γ. 4 면[1]을 보라.

제5묶음, 전지1, 3면

무릇 경험이 가르쳐주거니와, 거명했던 저 식물성 물질들은 물을 흡수하면 맹렬하게 팽창하고, 따라서 저 진동 원리에 따른 현상들을 실제로 현시한다. 그러므로 그것들은 저 원리의 실재성을 증명 내지는 확인해준다. 물이 저 고체 소재들의 빈틈에 침투할 때 어느 정도 분해되고, 저러한 것들의 인력에 의해 열소가 어느 정도 자유롭게 되는 사이에 물이 더 적게 응집하고 더 많이 팽창하는 습기로 변화함으로써 말이다.

이에 의해서, 순전한 모세관을 통해서가 아니라, 사람들은 또한 방울지지 않으면서도 물기 많은 습기가 나무들 안에서의 상승과 나무들의 성장에서의 팽창력을 설명하지 않을 수 없다. 이런 일은 심지어 석유나 암석 입자

---

1) 지시하는 서지(書誌) 사항을 확인할 수 없다.

들까지도 함유하는 증기 같은 습기의 인력에 의해서도 일어나는 것으로 보인다.

공기 중에서 격리된 방울지는//액체가 용적에 비해 겉표면을 더 많이 보이면 보일수록, 서로 끌어당기는 물 부분들의 말하자면 현(絃)들의 동일한 응력에서도 진동은 그만큼 더 약하고, 그래서 열물질의 충격에 그만큼 더 적게 저항할 수 있다. 그래서 하나의 불규칙적인 구상(球狀)이 아닌 물덩이가 이내 방울 형상으로 되는 것은 그 자신의 인력이나 어떤 외부의 **압력**에 의해서가 아니라, 열물질의 충격들에 의한 것이다. 그러나 그것이 구상이면, 그러한 작은 방울들은 그것들의 무게에 비해 더 많은 겉표면을 갖고, 그러한 처지에서 더 약하게 자신을 눌러 평평하게 한다. 왜냐하면, 충격하는 열물질이 그것들의 겉표면에 더 많이 있기 때문이다.

§
강체성(固體性)에 대하여

한 물체 안에서 **열소**가 전반적으로 고르게 분배되어 있다면, 강체(고체) 물체는 전혀 없을 것이다. 그러나 만약 그것이 고르게 분배되어 있지 않다면, (설령 열이 그것의 모든 부분들에서 똑같다 해도) 이러한 진동들이 있을 수 있고, 있을 수밖에 없으며, 그로 인해 동일한 종류의 입자들이 선으로, 판으로, 토막으로 형성되고, 그것들의 변위에 대해서와 동시에 혼합에 대해서 저항한다. — 이질적인 유동체(액체)들은 서로 (역학적으로) 침투할 수 있으며, 그런 한에서 하나의 동질적인 것을 형성한다. 그러나 서로 다른 유의 입자들의 진동들은 서로 간에 일치하여(單音으로) 떨지 않고, 각자 자기의 응력에 따라서, 그것도 그 물질들 사이에 고르게 분배되어 있지 않은 열소에 따라서 그리한다. 그 물질들의 요소들은 종류가 서로 다르고, 열소에 대한 수용성도 서로 다르거니와, 이것들은 열소의 분리에서도 저 이질적 요소들의 모종의 내부 구조로 결합되는데, 이 구조가 내부에서 부분들의 변위

XXI500

에 저항을 이끈다. — 무릇 모든 유동적 물질들은 여기서 그 자체로 상이한 탄성과 밀도를 가진 **종류는 서로 다르면서** 똑같이 유동적인 물질로 이루어져 있는 것으로 받아들여진다. 열소에 의한 진동은 그 이종적인 것들을 그 사이사이에 등장한 열소와 바꿔가면서, 말하자면 무한히 얇은 섬유속(束)으로 서로 분리하는데, 열소는 그것들을 서로 간의 무한히 작은 간격을 두고 분류하고, 그러면서도 그 진동을 통해 한데 모은다. 그리하여 그것들은 다른 것들과의 응집을 분리시키지 않고서는 변위될 수 없다. 왜냐하면, 어떤 하나의 떨림들이 다른 것의 떨림들의 내부 구조 안으로 후자와의 응집을 잃지 않고서는, 다시 말해 나머지 것들로부터 분리되지(떼놓지) 않고서는, 이행할 수 없기 때문이다.

XXI501 어떤 유동체가 전혀 응고될 수 없는 그런 것이어야만 할까. — 모든 방울지는 유동체는 보이는 바대로 응고될 수 있을 터이다. 그러나 하나의 탄성적인 균일한 유동체는 결코 방울질 수 없고, 바로 그 때문에 또한 응고되지 않을 터이다. 그러나 증기 또한 건조 도중에서도 간접적으로 방울질 수 있다.

그것으로써 호이겐스[하위헌스]가 햇무리를 설명한 아이스 빔,[2] 그것으로써 눈의 형상들이 성립하는 얼음판들, 그리고 그것으로써 우박이 성립하는 얼음덩이들.

뉴턴과 드뢱의 말대로, 전체 우주가 하나의 호두 껍데기 안에 포함되어 있는 것으로 표상될 수 있다는 가능성에 대하여. 이것이 증명하는 바는 곧 우리의 모든 감관표상들은 그 형식이 공간과 시간인 현상들 외에는 아무것도 제공하지 않는다는 것이다. 주관적.

한 물질을 유동체로 만드는 그 진동이 또한 하나의 방울지는 것인 그

---

2) 앞의 XXI279 · 323 참조.

유동체의 구형[球形]의 원인이고, 그 부분들의 이른바 인력의 원인이다. 여기서 유동체는 외면적으로 빈 공간[허공]과 접촉한다. 위에서는 유리잔과 접촉했다.

하나의 물방울에서, 이것에 구상[球狀]을 주는 인력은 무엇을 말하는가?

서로에 대해 마치 작은 행성과 같은 그것의 부분들의 보편적인 세계인력[만유인력](중력)은 아닐 것이다. 접촉에서의 인력은 형상을 변화시키지 않는다. 그것은 근원적 유동체인 열소의 하나의 작용결과 외에 다른 것일 수 없다. 그것의 이 근원적 속성이 그로 인해 모든 유동체가 활동적이게 되는, 搖動 運動의 속성이다. 그러므로 열의 물질의 진동이 유동 물체의 겉표면에 있는 물질을 그 부분들이 최대로 접촉하게끔 촉진하는 원인이다. 무릇 이렇지 않으면 그것이 완전하게 농축되지는 못할 터이다.

제5묶음, 전지1, 4면

방울지는//유동체는 하나의 계량 가능한 물질이다. 이것의 부분들은 서로를 내밀한 접촉을 위한 완전한 변위 가능성에서 끌어당김[인력]으로써 XXI502 이것이 취하는 물체적 공간에서 가능한 최소의 겉표면 안으로 보낸다. — 하나의 팽창적//유동 물질은 그 부분들이 척력들에 의해 그것의 체적으로 가능한 최대의 겉표면을 취하려 힘쓰는 그런 물질이다.

영속적//탄성 물질은 열의 감소가 어떠한 정도라도 언제나 동일한 정도로 탄성을 갖는 그러한 물질이다. 영속적이지는 않지만 그래도 탄성적인 유동체는 증기이다.

(공기와 같은) 하나의 영속적//탄성적 유동체에서 그것의 부분들의 척력은 그것들의 간격에 반비례한다. 그리고 한가지의 열에서 그것을 압축할 때의 저항은 그것의 밀도에 정비례하는데, 곧 탄성이 열에 대해서 그러하듯이 말이다.

방울지는 유동체의 응고는 열이 감소할 때 서로 접근하는 부분들의 더 큰 인력에 의해 설명될 수는 없고, 이 유동체를 구성하는 여러 가지 요소들의 특수한 혼합을 필요로 한다.

무릇 방울지는 유동체를 구성하는 부분들의 변위 가능성은 이것들이 제 아무리 서로 끌어당겨도 언제나 똑같이 크다. 이것들은 언제나 스스로 하나의 방울을 형성할 것이다. — 유동적 응집에서 열에 의해 침투된 계량 가능한 활력으로서의 소재[원소]의 진동에 의한 것 xxx

그러나 만약 유동적인 열에서 용해된 물질이 여러 가지 종류의 소재로 이루어져 있다면, 이 진동들은 전체 유동 물질들로 인해 동시적인 박동들이 아니다. 이 물질은 비록 그것의 각각이 전체 공간을 역학적으로 차지한다 해도, 이것들의 내적 진동들의 상이성을 함유할 수밖에 없거니와, 이 내적 진동들은 그 모든 것들을 혼합시켰던 열이 감소하면 이제 동질적인 것들은 서로 접근하려 하고, 이질적인 것들은 서로 배척하려고 힘쓴다. 그래서 유동적 물질 안에 하나의 내적 구조/직조가 실올[絲]로, 판[板]으로, 토 XXI503 막[塊]으로 생기며, 이것들 사이에는 도처에 공간의 3차원에 따라 층을 이루는 열물질이 있으니, 그러나 이로 인해 그 유동성은 열의 일부가 흩어질 때 그친다. 왜냐하면, 부분들의 변위 가능성은 그때 이것들을 곧 단지 이것들의 응집을 교환하는 것뿐으로 그 응집을 분리하는 것이 아니기 때문이다. — 응고화는 열물질과 그와 함께하는 유동성의 감퇴에 의한 것이고, 오히려 전자는 후자와 결합된 채로 있을 수 있고, 그래서 단지 결정[結晶]인 최소한의 충격, 다시 말해 이질적인 부분들의 그것들의 비중에 따른 성층[成層]이 이미 응고의 충분한 이유이다. 응고는, 만약 일어났으면, 열소의 새로운 추가를 요구하고, 열의 증가가 없으면 한낱 이 구조를 다시 폐기하는 데에 쓰일 따름이다.[※]

열물질은 독자적으로는 실존할 수 없다. 무릇 그것은 저지될 수 없기 때문에, 그것은 빈 공간에서는 무한히 퍼지니 말이다. 그것은 또한 똑같은

※ 언제나 셀룰로스 직조를 통해 무한히 서로 분리되는 동물섬유들과의 유비.

이유에서 계량이 가능하지 않다.

박동들, 다시 말해 세계공간[우주]의 물질의 교차하는 끌어당김과 밀쳐 냄(牽引 及 排斥)은 보편적으로 퍼지는 열소 개념을 제공하는바, 이것들에 의해 세계[우주]원소는 쉼 없이 촉진된다. 그리고 하나의 활력으로서, 압력 및 역압[력]과 구별되며, 거기서 모든 것은 정지해 있다. 로이슈.

모든 유동체는 방울지거나 기류[氣類]적이며, 이 두 가지는 계량할 수 있고 저지할 수 있는 유동체이다. 또는 후자의 두 가지 중의 어느 하나도 그러니까 유동성이 단지 소극적으로만 부가되어 있는 하나의 물질이 아니다.

박동들은 두 종류로, 1. 항상 직선적이거나,

2. 모든 방면으로 퍼져나간다. 열과 빛

형이상학적 기초원리들에서 물리학으로의 이행은 자연 안의 운동력들에 대한 하나의 특수한 학문[과학]이거니와, 자연의 관계들과 결합들의 형식에 속하는 것인 그 운동력들이 선험적으로 이해될 수 있고, 하나의 체계를 이루는 한에서 그러하다.

겹겹이 압박된 강체[고체] 표면들의 변위에서의 저항인 마찰에 대하여. — 과연 이 마찰이 강체[고체]의 거칢에서 유래하는가?

모든 접촉은 밀쳐냄이다. 밀쳐냄의 시작은 충격이다. 물질의 끌어당김과 연속적으로 교차하는 밀쳐냄이 떨림 운동(搖動 運動, 內的 振動)이다. 근원적인 한 유동 물질의 운동으로서의 이것은 열이다.

수학적 접촉은 한 직선 또는 평면의 위치(位置)이다. 이것이 곡선과는 한 점만을 공유하는 한에서 그렇다. (平面의 또는 立體의 角度). 만약 둘의 또는 모든 면의 접합 각도가 똑같다면, 접촉된 표면 또는 물체의 형상은 원 또는 구[球]이다. 그로 인해 후자의 형상이 생기는 끌어당김은 물리적 접촉이고, 이것은 오직 진동의 활력에 의해 가능한 것이다.

제5묶음, (반)전지2, 1면

서론

이미 … 제공된 자연과학의 형이상학적 기초원리들은 공간상에서 운동할 수 있는 것(물질)의 자연법칙들 — 이것들이 하나의 체계를 이루는 한에서 — 에 대한 하나의 경험이론으로서의 물리학으로의 이행 추세를 가지고 있다. — 이러한 체계의 정초를 의도로 갖는 자연연구는, 만약 그것이 여기서 한낱 **경험적으로** 착수하려 생각된다면, 이것은 단지 우연히 드러난 현상들의 포착을 통해 단편[斷片]적으로 일어날 수 있으므로, 결코 하나의 학적인 자연지식, 그 같은 물리학을 성립시키지 못할 것이고, 또한 형이상학적 기초원리들이 본래 궁극의도로 갖고 있는 거기에까지 작업이 이르지 못할 것이다.

물리학에서 이제 우리는 자연이 내보이는 현상들의 원인인, **물질의 운동력들**을 탐색한다. 자연과학(自然哲學)은 선험적 원리들이 하나의 체계 안에 함께 결합될 수 있어야 하는 것처럼 그것들을 함유하고 있어야 한다.

그러나 이 운동력들은 두 종류이다. 1.) 실제 운동들에 선행해야만 하는 것들. 이것들의 원칙들은 수학적인 것(例컨대, 뉴턴의 自然哲學의 數學的 原理들)으로서, 원으로 선회하는 물체들의 중심력들, 끌어당기고 밀쳐내고 하는 데서의 빛의 굴절들, 그리고 탄성 매체의 공간에서 전파하는[3] 운동 중 음향의 변양들이 이러한 것들이다. — 2.) 운동들이 비로소 그것들에 뒤따를 수 있는 그러한 운동력들. 비록 이것들은 물질 일반의 개념 안에 이미 함유되어 있지 않지만, 사람들은 이것들도 물질에 고유한 힘들이라고 부를 수 있다.

---

3) 원문의 "forpflanzend"를 "fortpflanzend"로 고쳐 읽음.

제5묶음, (반)전지2, 2면

그러므로 자연과학의 형이상학적 기초원리들에서 물리학으로의 이행이 진행되어야만 하는데, 그때 이제 등장하는 물음은, 과연 이 이행이 가령 한쪽 (곧 형이상학)의 한계점이 동시에 다른 쪽(물리학)의 시작점인 것마냥, 직접적으로 행해질 수 있는지이다. 또는 자연철학을 하나의 체계 안에서 서술하기 위해 전자와 후자의 연결을 매개해야 하는 어떤 특수한 학문이 양자 사이에 놓여 있는지. 그렇지 않으면, 이월은 감행하기에는 너무 멀리 있는 협곡 위를 **비약**하는 것이겠고, 따라서 한쪽 지반에서 다른 쪽 지반으로의 확 XXI506 실한 **이행**을 위한 하나의 다리가 놓여야 한다. 곧 독자적으로 하나의 특수 통합부서로 존속하면서 일정한 원리에 따라 자기의 범위와 한계를 가져야 하는 자연과학(自然哲學)의 부문인 하나의 특수한 분야가 설치되어야 한다. 형이상학과 물리학은 직접적으로 서로 접속해 있지 않고, 오히려 그것들 사이에는, 저편에서 이편으로 안내하는, 개념들과 원칙들을 위한 광장이 있으니 말이다. 자연이론가가 **더 이상** 형이상학 안에 머무르거나 정주〔定住〕하지도 **않고**, 그러나 **아직은** 물리학 안에 머무르거나 정주〔定住〕하지도 **않으며**, 후자가 **되어가는 중에** 있는, 사이공간〔간격〕 말이다.

사실 한 특수 분야에 한편에서 다른 편으로의 이행이라는 이름을 부여하는 것이 낯설고 불편하다. 그러나 만약 이 분야가 순전히 하나의 체계적인 탐구, 그러니까 원리들에 따른 자연현상들의 연결에서의 자연이론의 주관적 요소에 관한 것이라면, 정당화될 수 있는 일이다. 그때 자연연구가가 상관하는 이행은 객관으로서의 자연을 세우는 일, 곧 그가 어떻게 질료의 면에서 오직 경험적으로(경험에서) 주어질 수 있는, 자연의 운동력들을 그것들의 결합의 형식적 원리들의 면에서 체계의 하나의 전체로 세울 수 있는지가 아니니 말이다.

공간상의 물질의 운동력들은 곧 두 가지 종류로, 곧 척력과 인력으로 환원될 수 있다. 이 둘은 (접촉에서의) 표면력이거나 침투력이다. 후자는 침투하는 물질이거나 장소에 현존함이 없이도 물질에 대해 침투하는 작용이다.

물질의 운동력들은 마땅히 하나의 체계 안에서 표상되어야 하고, 그것도 여기서는 우선 그것들을 체계적으로 분류하기 위해, (單純 連結들의) 하나의 기본[요소]체계 안에서 선험적으로 척력과 인력의 개념들에 따라서 표상되어야 한다. 이 개념들 아래로 공간상의 운동력들의 경험적 개념들은 하나의 정리[定理]체계 안에서 완벽하게 제시된다. 그리고 (普遍的) 운동력들은 함께 (거기서 각각의 운동력은 나머지 모든 운동력들과 같이 그리고 그렇게 서로 교호적으로 결합되어 하나의 전체를 형성한다.)

거기에 형이상학에서 물리학으로의 이행이 성립한다. 아직 물리학 자신은 아닌, 체계적인 자연연구.

1. 운동력들, 인력, 척력

2. 이러한 힘들이 귀속하는 물질(공간상에서 운동할 수 있는 것)

4. 범주들.

이 이행은 동시에 일반 자연학(一般 自然學)의 한 체계로서의 물리학을 위한 열쇠이다.

1. 물질의 계량, 다시 말해 빈 공간에서의 인력(중력)을 통한 물질의 양의 측정.

2. 충전된 공간에서의 물질의 저지. 배척[척력]. 팽창력의 형성.

제5묶음, (반)전지2, 3면

더 나아가 압박의 사력 또는 당김의 사력, 또는 충격의 활력, 물체의 또는 (덩이로서의) 물체로 움직여진 것이 아니라 단지 그 부분들로서의 물질의 활력. — 물질의 운동력들을 선험적 원리들에 따라서 체계적으로 열거함이 자연의 하나의 (유기적이 아닌) 기계적 체계로서의 물리학을 위한 열쇠이다.

(자기 자신을 그리고 다른 물질을) 움직이는 힘을 가진 한에서의 공간상에

서 운동할 수 있는 것. 여기서 힘이란 무엇을 말하는가? 운동의 작용 **원인**, 그러니까 그것의 반작용의 원인을 함유하는 것. 원인이란 무엇이며, 그것은 하나의 규칙에 따른 근거인 법칙과 어떻게 구별되는가. ― 동력(動力)들과 운동력(運動力)은 구별된다. 전자는 한낱 능력이고, 후자는 활동들이다.

*　　　　*

학적 자연이론(自然哲學)은 선험적인 개념들과 원리들의 한 특수한 체계를 형성하는, 자연과학의 형이상학적 기초원리들을 필요로 한다. 그러나 그것은 이와 함께 자연법칙들의 한 경험체계로서의 물리학으로의 추세를 갖는다. ― 그러나 이제 경험**으로부터**는 그리고 경험을 매개로 해서는 결코 하나의 참된 체계가 성취될 수 없고, 단지 다소간의 인식들의 집합이 성취될 따름이다. 그때 그것은 혹시나 하는 방법적 탐색에 의해서는 결코, 사람들이 추구하는 물리학 아래에서 이해되는 것 같은, 하나의 전체가 될 수 없다. 그러므로 자연의 형이상학에서 지식(知識 世界)으로서의 물리학으로의 직접적 이행을 기대할 수는 없다. 물리학은 이성이 입안하는 전경도〔全景圖〕로 여전히 남아 있지만 말이다. 그러나 체계의 결여는 개개의, 덧붙여 수집된 명제들을 그 개념들의 정확성과 개념들 상호 간의 합치에 관해 불확실하고 의심스럽게 만든다. ― 그러므로 이행은 선험적으로 결합의 형식을 제공하며, 동시에 인식의 질료와 관련해 경험에서 자기의 실재성을 명시하는, 자연법칙들의 개념들과 원리들을 통해서 외에는 달리 진행될 수 없다. ― 필시 자연의 형이상학에 속하는 (운동 일반에 대한) 그리고 동시에 그 근원의 면에서 경험적인, 선험적 개념들이 있다.

물질의 운동력들의 체계에 대한 이론은, ―이 운동력들이 또한 우리의 감관을 움직이는 한에서, 다시 말해 이 이론이 또한 경험적인 한에서 (물리학은) ― 형이상학이 그것으로의 피할 수 없는 추세를 갖는 바 그것이다.

*　　　　*　　　　*

여기서 나는, 한 학문에서 다른 학문으로의 이행, 즉 자연과학의 형이상학적 기초원리들에서 물리학으로의 이행이라는 말로써, 공동의 한계선에서 접촉하는 이 양자의 교대를 뜻하지 않는다. 즉 거기서 하나가 끝나고 동시에 다른 하나가 시작하며, 후자가 전자로부터 내용과 원리들을 넘겨받는 것을 뜻하는 것이 아니라, 자기의 고유한 영역을 가지면서 두 학문을 연결하는 하나의 특수한 학문을 의미한다. 그리하여 내가 한 학문을 완성된 것으로 볼 수 있으면, 나는 (물리학의) 다른 학문에 있고, 오히려 두 학문 사이에 있는 한 분야에 있으며, 더 이상 자연의 형이상학에도 물리학에도 있지 않고, 후자에 이르는 조건들을 체계적으로 함유하는 한 자연이론 안에 있는 것이다.

운동에 의한 운동력은 移動的이거나 內的이다. 외적 또는 내적.

3) 응집 〔가능〕성은 물질이 동시에 강체적인 한에서, 다시 말해 그 부분들이 변위에 저항하는 한에서, 그 부분들에서의 물질의 인력〔끌어당김〕이다.

그러므로 접촉에서의 또한 충격에서의 외적 운동력들은 덩이〔질량〕로 운동하거나 흐름〔액상/유동〕으로 운동하는데, 양자는 외적인 것이다. 그러나 저지할 수 없는 열의 진동들에 의한 것은 내적인 것이다.

물질은 동시에 저지할 수 있는 한에서 계량할 수 있고, 만약 저지할 수 없으면, 어떠한 물질도 물리적으로 기계적으로 계량할 수 없다.

계량 〔가능〕성은 물질의 양의 규정 가능성의 한 기계적 원리이거니와, 이것은 그 도〔度〕가 무한한 인력의 한 물리적 원리를 전제한다. 假說的 存在者. 열물질.

1) 모든 물질은 그 자체로 보면 계량할 수 있는 것이다. 무릇 계량 〔가능〕성을 상정하지 않으면 물질은 아무런 인식할 수 있는 양을 가지지 못할 터이다. — 그러나 계량 불가능한 것이라도 하나의 물질이 있으니, 곧 열소가 있다. 그것은 보편적 열소의 일부인 것이다.

2) 마찬가지로 또한 모든 물질은, 설령 팽창적 유동체라 하더라도, 저지 가능하다. — 그러므로 열소 또한 그것의 접합을 통해 저지할 수 있다.

3. 접촉에서의 끌어당김과 밀쳐냄의 운동력.

제5묶음, (반)전지2, 4면

이 전진의//학문은 그에 따라 선험적 개념들에 대응하는 단순한 경험적 지각들을 하나의 체계 안에서 장래의 물리학을 위해 제시되고, 질료와 형식의 면에서 자연연구에 규칙을 주는 원리들을 함유할 것인바, 이 규칙은, 만약 그로부터 자연에 대한 하나의 경험이론이어야 할 물리학과 같은 하나의 학문이 배출되어야 한다면, 단편[斷片]적으로가 아니라 체계적으로 생기지 않으면 안 된다.

사람들은 자연의 형이상학에서 물리학으로의 이행을 이루는 이 부분을 예비하는 자연과학(豫備學的 自然學)이라고 부를 수 있고, 그렇게 해서 자연과학은 세 부문에서, 즉 자연의 형이상학, 보편적 힘이론(一般 力學)과 물리학에서 진척할 것이다.

물리학 자신은 나중에 一般 物理學(물질의 기계적 형성의 물리학)과 물질의 유기적 형성의 물리학(特別 物理學[4])으로 구분된다. 3항을 보라.

운동력들은 **방향**의 면에서 보면 인력과 척력(+a와 ―a)이며, 양자는 (그 **내적 관계에서 볼 때**) 표면력이거나 침투력이다. 후자는 실체에서 침투하는 물질로서이거나 한낱 물질의 작용이다.(전자는 열이고, 후자는 중력이다.) ― 도[度]의 면에서는 운동의 운동량이거나 일정한 속도를 가진 것이다.

(注意! ― 실체의 관계의 면에서는 접촉에서의 인력이거나 또는 또한 먼 거리에서의 인력. 양태에 관해서는 영구적으로 작용하는, 그러므로 필연적인 운동력.)

= 공간상에서 운동할 수 있는 것을 물질이라 일컫는다. **운동력을 갖는한에서** 하나의 전체로 간주되는 물질이 하나의 (물리적) 물체이다. ― 물질의 운동력들의 체계를 그 운동력들의 (各各의) 여러 가지 방식에 속하는 것의 면에서 나는 물질 일반의 **기본[요소]체계**라고 부른다. 그러나 모든 물질에 전체로 통합되어 속하는 것의 면에서는 그것을 **세계체계[우주계]**라고

---

4) 원어: physica specialissima. 'physica specialis(特殊 物理學)'와 구별하여 이렇게 옮긴다.

일컫는다.

제1부
물질의
모든 운동력들의
기본[요소]체계에 대하여

2
물리학적으로 본
세계체계[우주계]에 대하여

1) 물질의 외적 운동력으로서의 계량 [가능]성 (운동의 도구에 의한)
2) 물질의 내적으로 운동하는 힘으로서의 응집력, 그로 인해 부분들이
접촉에서 서로 대항하여 힘쓰는 완고함, 저지 가능성.

기계적으로//운동하는 힘들은 역학적으로 그리고 근원적으로 운동하는
힘을 전제한다. 만약 부분들이 내적으로 인력을 통해 서로 대항하여 직선
적으로 힘쓰지 않는다면, 그것들이 외적으로 껍질들에 대해 압박을 하지
않을 터이다. — 계량 [가능]성은 운동력들의 똑같은 거리에 있는 지구 중
심점과의 외적 관계, 곧 중력(重力)이 필요하다. 이 중력은 진자[振子]를 통해
인식되며, 물질의 분량과 곱해짐으로써 운동력은 무게가 되고, 물체는 동
일한 부피에서 무거움을 얻는다. 저지 가능성 덕분에 부분들은 서로 안으
로 뻗어가고, 강체성 덕분에 늘려진다. 그러므로 격리되어 있지 않은 두 힘.
계량 [가능]성은 하나의 외적 관계이다. 도르래는 지레가 아니다. 견인[력].

물질의 1. **기계적**// 2. **역학적**// 3. **유기적**//운동력들에 대하여
'베[페]스트'는 '페스트'가 아니다.[5] 이 名稱은 굳건하게 서 있는 것에서
온다. 오비디우스.[6] (그러나 Vell(vellus[毛皮])이 아니다. 무릇 이것은 독일어//

고트어에서 유래한다. 'Gott〔신〕'가 'Gut〔선〕'에서 유래한 것처럼. 'Herr〔주인〕',
'Wunsch〔소망〕', 'Will〔의지〕'이 라틴어에서 유래한 것과 같지 않게)

형이상학에서 물리학으로의 이행은 물질의 운동력들을, 이것들이 선험 XXI512
적으로 생각되는 한에서, 순전히 그 공간규정들로서, 분류 구분하는 데에
있다. 그것들은 인력과 척력이다. 1. 운동의 보편적 힘들. 이것이 없으면 공
간은 충전되지 못할 터이다. 2. 특수한 힘들. 이것이 없으면 아무런 물체도,
다시 말해 내적 운동력에 의해 자기 자신을 한계 짓는 물질이 형성되지 못
할 터이다.

여기서의 의도는 실제로 물리학으로 이월하는 것이 아니라, 단지 이월의
가능성과 그 가능성의 조건들을 선험적으로 명시하는 일이며, **자연학적** 자
료들, 곧 물리학에 속하는 운동력들을 선험적으로 발견해내는 일이다.

A. 형이상학적 기초원리들. 그러므로 순전히 공간상에서 운동할 수 있는
것의 법칙들의 형식요소.

B. 물리학. 논리적(운동력들이 체계에 앞서 그러나 대충〔군데군데〕의 체계와
연관 있는)

C. 물리학, 체계로서의.

一般 物理學. 이것은 순전히 물질의 운동력만을 함유한다. 이것들은 경험
법칙들을 위해 요구되며, 경험법칙들의 하나의 체계(물리학)로의 이행을 형
성하기 위해 선행한다.

特殊 物理學. 이것은 운동력들의 체계로서 하나의 전경도이다. 特別 물리
학, 이것은 유기적//운동력들을 함유한다.

---

5) 원문: "Vest nicht fest." 그러나 실상 칸트는 곳곳에서 이 양자를 "고체적(固體的)"의 뜻으
로 구별 없이 사용하고 있다.
6) 앞의 XXI176 본문과 역주 참조.

제5묶음, 전지3, 1면

그러나 사람들은 응집이 두 가지 방식으로 일어난다고 생각할 수 있다. 곧 **겉표면의** 인력으로서나 **침투하는** 인력으로서. 다만 둘 다 접촉에서(이로써 사람들은 이 인력을 중력인력과 혼동하지 않는다) 그리고 열소의 항구적인 모든 것에 침투하는 촉진에 의해 일어나며, 그러나 동시에 온갖 방식 및 정도의 계량 가능한 물질에 대해 〔잠〕세력으로 변양되어 xxx. 중력인력은 열소 운동의 원근거이다. 열소의 운동력은 겉표면에서 운동하는 한에서 실린더에서 뜯어지는 무한히 얇은 막처럼 표상되지 않을 수 없고, 따라서 응집이 필요로 하는 속도의 운동량은 비교적 무한하고, 다시 말해 한 운동량에서의 속도는 유한한 것으로 표상될 수밖에 없는데, 이것은 불가능하다. ─ 그러므로 한낱 겉표면의 인력으로는 고체 물체의 응집을 위해서는 충분하지 않다. 오히려 인력은 어느 정도 한낱 움직여야 할 물체의 겉표면에 대해서만 작용하지 않기 위해, 여하튼 침투적이다. 다시 말해 그것은 겉표면에서 내부의 상당히 멀리까지 뻗친다.[※]

곧 그것을 매개로 해서 하나의 고체 물체가 다른 물체와 (침투적으로) 응집하는 하나의 유동체가 있어야만 한다. 그러나 그 자체로는 계량할 수 없는 그러한 유동체는 우리가 오직 열소에서 인식하는 것과 같은 것이다. 그렇게 해서 매개적으로 서로 접합하는 물질들의 계량할 수 있는 것에까지 이르는 하나의 단계적인 전체가 있을 수 있고, 그 단계는 동일한 질량의 고체에까지 이른다. 예컨대 발레리우스는, 태워져 나중에 분해되고 자갈 섞인 (그 사이에 분명 점토〔粘土〕가 섞여 있지 않은) 모래와 혼합된 소석회〔消石灰〕가 그토록 단단한 회반죽을 제공할 수 있다는 것에 놀란다.[7] 소화〔消和〕할 때 대기에서 들어온 혼합된 탄소를 가진 석회토는 계량 가능한 유동체를 함유하는바, 이것이 자갈들에 운동력들의 연속성의 연결고리를 제공하며, 덩이

XXI513

[※] 凝集은 或은 表面的이고 或은 層位的이다. **표면응집**과 **성층적** 응집.

의 내부에서 효력을 내는 진동의 단계적 잇따름을 통해 응집의 강도를 높인다.

금속들에 대하여

그 물질이 충격과 충격에서의 마찰에 의해 파열될 수 있고(脆性的이고), 형상의 변화에 유연(柔軟)하되, 소재는 잘 부서지는(破碎的인) 물체들이 있으며, 또 다른 물체들은 분리될 적에 **늘여 펼 수 있고**(伸張的), 다시 말해 점차적으로 가늘어지고, (실을 끌어당기거나 망치질을 하면) 확대된 겉표면을 함유한다. 전자의 물체들은 가루로 나뉘고(粉末이 되고), 이런 모양에서 그것들은 희다. ― 후자의 물체들은 물질의 분류에서 그 무게감에서나 빛깔의 면에서는 그 겉표면을 반영하는 종[種]의 현저한 도약을 하며, 분해되어서도 자기의 색깔을 보존한다. 이런 것들이 **금속**이다. 이러한 물체들은 화학적인 또는 기계적인 과정을 거쳐 하나에다 다른 것을 단단히 붙여 씌울 수 있다. 얇은 금속판으로서의 은도금, 금도금 같은 것. 이런 것들에 대해 사람들은, 이것들은 덧씌워진 금속의 겉표면에서 떼어내면 떼어내지고, 그때 극히 얇은 하나의 층을 남길 것이라 생각할 수 있다. 왜냐하면, 그것들은 접촉에서 덧씌워진 금속으로서 덧씌우는 금속과 더 강력하게 응집하기 때문이다.

동질적인 탄성 물질들의 압축에서만 밀도를 이야기할 수 있다.

무거움의 정량[定量]은 밀도의 도[度]와 한가지가 아니다. 무릇 그것은 원자론적일 터이니 말이다. 原子들과 虛空

表面的 凝集. 層位的 凝集. **표면응집. 성층적** 응집.

뉴턴이 다른 투명한 것들에 비해 큰 굴절력에 의거해 대담하게 시도했고,

7) 앞의 XXI331 · 332 참조.

나중에 뉴턴의 인력 및 **중력이론**과 같이 **입증**(檢證)된 금강석의 가연성〔可燃 性〕에 대하여.

제5묶음, 전지3, 2면

그 매끈한 겉표면에서 저절로 나오는 광채는 한낱 외부에서 그 겉표면에 비추어져 굴절된 빛의 색깔들 중 하나의 반영이 아니라, 오히려 자기의 고유한 빛을 발사할 수 있고, 그래서 흡사 열 없이도 온갖 색깔을 내면서(청색, 황색, 홍색 등등의 빛으로) 불타는 듯이 보이는 섬유와 금속판들이 그 외부의 빛에 자극되어 **내적**으로 운동한 결과이다. 즉 그 외부의 빛의 촉진으로 계량할 수 있는 것의 응집과 함께 또한 그것의 팽창을 일으키는, 물질의 부분들에 침투하여 운동하는 **열소**의 하나의 변양이다.

물질의 무거움이 응집성에 정비례하지 않음(예컨대 납과 철, 구리와 주석 등등)은 어쩌면 열소(에테르)의 역학적인 〔잠〕세력 아래에 있는 **광소**〔光素〕와 **화소**〔火素〕의 상이한 합성에서 유래할지도 모른다. 그러나 우리는 저것들의 차이에 대해서 충분하게 알 수는 없다. 왜냐하면, 그것들은 어쩌면 전기 중에 통합되었다가 파열할 때 분리되는 물질들로서, 기류〔氣類〕/기체적인 것들이 그것들의 요소들을 공간상에서 분리하여 분산시키기 위해 그 안에 용해되는 것들이기 때문이다.

*　　　*

부서지기 쉽고 교착되어 있지 않지만 응결된 물질들은, 만약 그것들이 (예컨대 차가운 철제 바늘로 그 위에 금들을 그은 가열된 유리판처럼) 분리되어 있다면, 서로 접하여 밀쳐진 아주 많은 유리 줄무늬를 만든다. 그것들은 깨질 때 완전히 서로 맞닿으면서도 단지 전혀 서로 끌어당기지 않을 뿐만 아니라, 오히려 서로 밀쳐내 더 큰 표면공간을 차지한다. 똑같은 매끄러운 판들은, 그것들이 제아무리 완전하게 포개어져 서로 맞닿아 있고, 이 접촉에서 서로 끌어당길지라도, 밀쳐냄을 통해 더 큰 공간을 차지한다. 사람들이 뉴턴의 실험에 의해, 서로 압박된 볼록 유리(렌즈)들은 빛을 한 특정한 공간에서는 직선으로 통과시키되, 다소간의 압력이 있은 다음에는, 둥글게 반사한다는 것을 아는 바처럼 말이다. ― 그렇게 해서 완전히 평평한 유리판들도 서로에 대해 약한 인력을 행사할 터이지만, 외부의 강한 압력에 의해 접촉의 연속성을 증명할 터이다.

곤충들 금속 색깔들[※]8)

제5묶음, 전지3, 3면

마찰에 대하여

강체적인 서로 완전히 한 표면 안에서 접촉하고 있는 물질들은 그럼에도 변위에서는 서로 저항한다. 그 표면이 극도로 평평한 주사위는 마찬가지로 아주 매끄러운 받침대 위에서, 만약 이 받침대가 경사지게 놓일 때, 경사도가 아주 작다면 미끄러지지 않을 것이다. 마찰이라고 일컬어지는 그 방해를 극복하기 위해서는 중력에 의해 저 표면과 평행하게 운동하는 힘의 일정한 정도가 필요하다. 그에 반해 유동 물체들은 그 교절[交切]면들의 완전한 접촉에서 유동체 특유의 징표인 변위 가능성으로 인해 이런 경우 아무

※ 금속들은 녹일 수 있는 물체들로서, 다른 모든 물체들에 비해 더 큰 비중을 갖는데, 이것이 금속의 가장 주요한 성격을 이룬다. 망치질해서 늘릴 수 있음과 실로 늘려 뺄 수 있음은 둘째로 중요한 성격으로서, 그로 인해 이것들을 용기(容器)로 만들고 특정한 형태로 인각[印刻]할 수 있다. 셋째는 특수하고 영롱한 색깔인데, 이것은 신기하게도 여러 가지 곤충들의 색깔과 합치하거니와, 이러한 합치는 금속의 본성에 대해 그것들의 내적 성질을 규명하는 하나의 수단을 제공하는 것으로 보인다.

---

8) 칸트 원문에는 여기에 원주 ※표시가 없으나, 아래 원주 내용으로 볼 때 이 구절과 연관이 있다 하겠다.

런 방해도 받지 않는다.

여기서 또, 물체들의 완전한 매끄러움에서도 물체들은 서로 닿는 그것들의 표면운동에서 **마모**되는 일이 일어난다. 비록 이것을 (마치 이것들이 앞서는 거칠었던 것처럼 그린) 연마〔研磨〕라고까지 말할 수는 없다 하더라도 말이다.※

매끈하게 닦인 물체에서 유동 물질이 이탈하는 것, 이 물질이 그 물체로부터 끌어당겨짐에도 계량할 수 없는 물질로서 그 계량할 수 있는 실체를 넘어서 어느 정도 멀리까지 퍼져나가는 것은 금속 오목거울의 새로운 연마를, 광학 기술자(예컨대 허셜[10])의 견해에도 불구하고, 앞서 이를 이미 지나갔던 단지 짧은 시간에 감소시키는 이점들에 의해 허용된다. 무릇 침투 운동하는 물질은 증가된 팽창력을 얻어서, 짧은 간격을 벗어나, 흡사 흐르는 물처럼 마찰 소재가 만든 모든 지각할 수 없는 균열과 골들을 넘어 퍼지고, 이것들을 메우는바, 이런 일은 유동적인 실체만이 할 수 있는 것이니 말이다. ― 아주 매끄러운 물체들의 서로 간의 마찰은 자극된 열소의 작용결과로 볼 수밖에 없거니와, 열소 자신이 겉표면의 계량 가능한 물질을 하나의 탄성적인, 빛을 반사할 수 있는 상태로 전환시키지만, 이 물질은 바로 그 소재에 의해 손실 없이 다시금 흡수된다.

균일한 유동체에서 응고된 물체의 자기 겉표면에서의 **연마**는 (분말화한

※ 제아무리 경미하다고 하더라도 우리가 사용하는 물체들 또는 축을 중심으로 돌거나 흔들리는 바퀴나 추들의 마찰에 의한 점진적인 소모는 또한 그토록 자주 헛되이 구하는 永久 機關[9]의 제거될 수 없는 방해이다. ― 대리석과 금속의 성상〔聖像〕의 입술과 발가락을 누르는 입맞춤이 그것들을 불가불 닳게 했다.

---

9) Perpetuum Mobile.
10) Friedrich Wilhelm Herschel(1738~1822)을 지칭하는 것으로 보인다. Herschel은 Hannover 태생으로 독일-영국의 음악가, 광학·천문학자이다. 망원경에 조예가 깊었고, 천체 관측에서 여러 성과를 내 당대에 명성이 높았다.

소재의) 고체적인 물체 부분들에 의해 그것을 **할퀴는 것**이 아니다. 그것이
투시(透視)되는 또는 투명(透明)한 물체의 것, 그러므로 유리나 수정을 통해
서(광학적)이든, 매끈하게 닦인 반사하는, 빛을 통과시키지 않고 격퇴하는
물체의 것(반사광학적)이든 간에 말이다. — 무릇 그때 이러한 생채기 금들
은 띠보다 더 크게 확대되어 나타날 터이고, 겉표면에서 이탈한 진짜 유동
체에 의한 것과 같이 인위적인 간접적인 그러나 확대된 시각의 도구들을 제
공하지 않는다. 오히려 서로 쌍방적인 접촉에서 밀쳐내는 두 방식의 연마된
표면들이 하나의 유동 물질을 이탈하게 한다. 만약 예컨대 여러 가지 금들
로 부서진 유리판들이 서로 밀쳐지면서도 서로 접하여 놓인다면, 더 큰 공
간을 차지할 수밖에 없고, 연마된 금속들 또한 그러할 것이다.

제5묶음, 전지3, 4면

제4절
물질의 힘들에 의한
운동의 양태에 대하여

§

그 아래에서 물질의 운동력이 표상되는 범주는 여기서 필연성의 범주이
며, 그것은 하나의 감관대상에서 그 운동력의 항존적인 지속이다. (永久性은
現象體 必然性이다.)

§

운동의 절대적 최초의 시작에 대해서는 전혀 아무런 작용 원인도 제시될
수 없다. 第一 可動體[11]는 단지 그것의 수동적 질의 면에서 명명된 것이다.

---

11) 원어: primum mobile.

그러나 물질의 운동을 최초로 개시하는 第一 運動體[12]는 이러한 자기의 운동력들에 의해 파악될 수 없고, 오히려 열소의 실존을 통해 요청되어야 할 것이다. 그러나 최상부에서 운동을 개시하는 예지자로서의 최초의 **운동자**

(第一 運動者[13])를 끌어오고자 하는 것은 하나의 초험적인, 무엇에 의해서도 입증되지 않는 미봉책으로, 그것은 물리학에서는 받아들일 수가 없다. 왜냐하면, 그것은 전적으로 물리학의 권역 바깥에 놓여 있기 때문이다. 그러므로 그 쉼 없는 영속적인 촉진과 관련한 운동력들의 소진 불가능성[消盡不可能性]의 원리는 한낱 소극적인 것이다. 왜냐하면, 곧 그것의 감소의 그리고 최종적인 종료의 원인이 주어져 있지 않기 때문이다.

그러나 (사람들이 열소에서 그러한 것을 생각하듯이) 하나의 언제나 균일하게 지속하는 운동에 대해 그 작용들의 하나의 전체가 생각될 수 있으며, 이에 대해 이제 물을 수 있는 것은, 무엇이 고정불변적으로 그리고 **필연적으로**, 물론 그것들의 시작에 따라서나 그것의 지속에 따라서가 아니라, 이 힘들의 소진이나 전혀 소멸 없이, 언제나 스스로 다시금 복원하고 유지하게 [하는가]이다.

§

그것의 부분들이 서로 간에 교호적으로 촉진하는 운동 중에 있는 물질의 **집합**에는 물론 반작용들이 있을 수 있고, 그로 인해 그 물질, 요소원소가 마침내 정지하게 된다. 그러나 **세계체계**[우주계]의 하나의 절대적 전체에서는 이러한 염려(絶滅의 恐怖)가 전혀 생기지 않는다. 무릇 여기서 이 운동의 단적인 최초의 시작은 가능한 경험의 객관이 아니므로, 운동의 끝, 있었던 운동의 부재도 생각될 수 없다. 왜냐하면, 그것 자체를 위해 다시금 운동력들의 하나의 작용이, 그러니까 경험이 요구되고, 또 세계의 끝과 함께 죽음

---

12) 원어: primum movens.
13) 원어: primus motor.

의 고요에 도달한, 이미 오래 전에 마친 운동이 그것 자체를 위해서 운동력들이 필요한 주관의 경험 중에 있어야만 하는데, 이는 자기모순이기 때문이다.

이제 세계전체 바깥에는 사람들이 시작과 끝 사이의 기간을 대조해볼 수 있는 아무것도 없기 때문에, 그러니까 그런 것은 크기 없는 대상일 터이기 때문에, 이러한 침몰 또는 단지 침몰로의 점차적인 접근도 대상 없는 하나의 직관적 표상이다. 기본〔요소〕체계는, 그 가변적인 형식들에 주목하지 않고, 그 원소, 곧 그 운동력들과 그 운동의 정량에 관해서 보자면, 전체적으로 끊임없이 지속하지 않을 수 없는 것이다. 이것은 곧 그것의 중단 없는 지속이 **필연적**임을 말하는 것이다.

XXI520

맺음말

우주〔론〕적 소견들이 가르쳐주는바, 1. 우리에게 알려져 있는 모든 행성들의 위성들은 행성들의 주위를 공전하는 시간 내에서 그리고 우리의 위성에서 매우 경탄스러울 만큼 정확한 시간에 회전한다. 2. 모든 행성들은 원심적 궤도들을 갖고 있다. 3. 그것들의 거리가 크면 클수록 이 행렬을 형성하는 점점 더 큰 수효가 있다. — 가령 모든 유기적 물체들이 오직 양성〔兩性〕에 의해서만 번식하고, 그렇게 해서만 그 유를 영원하게 만들 듯이 말이다. — 사람들은 이러한 유비들에 대한 아무런 근거도 통찰하지 못하지만, 그럼에도 이 모든 것이 우연적인 유희가 아니라, 오히려 **필연성**인 것으로 보인다.(가령 사람들이 목적이론에 따라서, 달은 더 빠른 회전을 통해 에테르를 자기 노선의 한 부분에서 더 강한 운동을 하게 하기 때문에 하나의 근지점〔近地點〕을 갖는다고 생각을 하고, 새로운 형성들을 위해서는 아무런 에테르도 산출하지 않는 것처럼 말이다.) 그러나 전망의 그러한 확장들은 결코 참된 통찰을 제공할 수 없다.

필연성의 범주와 상호작용[상호성]의 범주는 장소에 따라 한낱 수학적으로가 아니라 역학적으로 결합되어 있다.

일정한 우주[론]적 운동들이 있다. 예컨대 모든 물체들은 원심적으로 운동하고, 모든 위성들은 동일한 면을 돌린 채로 운동한다.

빛을 통한 상호작용 및 체계들 내에서의 인력

제5묶음, 전지4, 1면

열에 의한
물질들 상호 간의 관계에 대하여

열은 언제나 한낱 내속적[속성적]인 것으로, 그러나 열소는 자존적[실체적]인 어떤 것으로 여겨진다. 그러나 만약 사람들이 어떤 원소[소재]를 한낱 탄성적인 것으로 상정한다면, 열은 다시금 그로부터 가스를 만드는 일이 필요하다. ― 그러나 이 원소[소재]가 다른 모든 물질에서 분리되어 독자적으로 빈 공간에 놓이고, 하나의 형상을 취하며, 모든 물질처럼 독자적으로 혼자서 하나의 물체를 형성할 수 있다는 것을 생각하기는 어려운 일이다. 특히 사람들은, 열소가 모든 물체들에 예외 없이 침투하고, 어떠한 물체도 온전히 열에서 벗어나 있음을 생각할 수 없다고 상정하니 말이다. 열의 원인성은, 그것이 모든 물체를 팽창시키고, 그것들의 응집을 약화하며, 유동하게 만드는 것이다. 즉 그것은 모든 탄성의 원인으로서, 그러므로 그 모든 각각이 최초에는 이 열에서 도출된 것이지만, 그 자신이 탄성적이라고 불리는 것은 적절하지 않다. 왜냐하면, 그러기 위해서는 그것이 또한 또 다른 열을 필요로 할 것이기 때문이다. 그리고 열은 저지될 수 없으므로, 또한 그 물질적 내용이 어떠한 무게로 측정될 수 없다. ― 어떻게 사람들이 그것을 하나의 유동체라고 부를 수 있는지 알 수가 없다. 무릇 탄성적인 유동체이기 위해서는 그 자신이 열을 필요로 하고, 다른 물체들에 의해 흡수되는 것이기 위해서는 그것은 자기 자신과 다른 물질들과의 응집을 필요로 하니 말이다.

어떠한 방울지는 유동체도
모든 물질에 침투하는 하나의 원소[소재]의 활력들 없이는
가능하지 않다

1.) 접촉에서의 끌어당김[인력]은 아무런 운동도 만들어내지 않는다. 무릇 물질은 접촉의 방향에서 끌어당겨지는 물체 부분들에 저항하거니와, 이것이 저것에 의해 당겨지는 꼭 그만큼 하니 말이다. 그러므로 물, 수은 등은 자기 자신의 힘으로는 아무런 방울도 형성하지 못하겠다. — 또한 이것은 압력에 의해서도, 그러니까 도무지 어떤 사력에 의해서 일어날 수 없다. XXI522 그것은 오직, 물줄기를 전체로 특정한 한 방향에서 움직이는 것이 아니라, 모든 부분들에서 모든 방향으로 쉼 없이 搏動으로써 움직이는 충격력에 의해서 일어날 수 있다. 그러나 이렇게 해서 이해할 수 있는 바는, 유동체는 이러한 원소[소재]들에, 부분들 상호 간의 접촉이 최대가 되고, 빈 공간과의 접촉이 최소가 될 때까지 순종하지 않을 수 없다는 점이다. 왜냐하면, 그때에야 비로소 저항이 운동력들과 똑같고, 그 물줄기가 영구적인 상태에 있기 때문이다.

사람들은 이 물질을 우리가 열소라고 부르고, 탄성적 소재로서의 이것의 운동을 열이라고 일컫는 바로 그 물질로 본다.

모세관들에서의 물의 상승은 유리의 더 큰 인력의 작용결과이자, 유동체와 유리의 접촉으로 인해 유동체 부분들 상호 간의 더 커진 척력의 작용결과이다. 그러니까 그것은 그로 인해 유동체가 더 가벼워지고 그렇게 해서 올려지는 이 내적 진동들에 의한 그 유동체의 희박화의 결과이다. — 수은이 수선[水線] 아래로 하강함은 수은의 부분들 자신의 상호 간의 더 큰 인력과 용기(유리)와의 더 적은 접촉에서 도출될 수 있다.

그것의 일정량이 진동에 의해 유동 물질의 종들을 서로 혼합했던 열소가 또는 열소 부분이 흩어질 때, 바로 이 상이한 종류의, 그러면서도 교호적으로 서로에 의해 용해된 요소원소[기본소재]들의 진동이 계층화(成層)를, 다시 말해 하나의 내부구조[직조]를 만든다. 이 내부구조[직조]에서 서로 맞지 않는 것(실올, 판막)들의 진동들이 서로 부합하는, 그래서 그 부분들이 유동체가 그러할 수밖에 없는 것과는 다르게, 모든 방면에서 저항 없이는 변위될 수 없음으로 해서, 그 위치의 변화에 저항하는 섬유속[纖維束]을 형성하는 것들과 구별한다.

XXI523   이것이 강체[고체]성의 원인인 것은 실올, 판, 토막들의 내부구조[직조]에서 그러하다. 이 내부구조[직조], 결정화하는 돌들을 심지어는 정지 중에도 형성되는 금속들에서도 배치조직으로서 알아챌 수 있는바, 이것에서 열물질은 그것의 진동하는 속성에 의해 말하자면 형성을 주도한다. ― 오일러의 에테르의 박동들은 여기서 단지 빛에 대해서뿐만 아니라 또한 열운동에 대해서도 적용될 수 있다.[14] ― 금속 특유의 광휘[발광] ― 금속을 두들김은 순간에 그 부분들의 용해와 섬유 조성을 만들어낸다.

열의 증대가 없는 열소의 증가는 잠재적 열인 것이다.

열은 어디에나 있다. 빈 공간에도 꽉 찬 공간에도 똑같이 있다. 저지할 수 없고 계량할 수 없는 것은 본래 탄성적이지 않다. 바로 그것은 저지할 수 없는 것이기 때문이다. 그것은 오직 퍼져나감에서 지체가 있을 뿐, 거기에서 완전히 방해받지는 않는다. 이것이 하나의 유동체인가?

고체성의 개념은 여기서, 정지 상태에서의 하나의 유동 물질이 온전한 유동성에서 고체적인 상태로 스스로 이행해가고, 그때 어떤 형태를 얻는 것으로 이해된다.

---

14) Euler는 뉴턴의 빛의 입자설에 맞서 파동설을 발전시켰다. 그에 따르면 광선은 에테르의 박동들 내지 진동들이다. *L. Euleri opuscula varii argumenti*, vol.1, Berlin 1746, S. 169~244, §22: "Nova theoria lucis & colorum" 참조.

맨 먼저 주시해야 할 바는, 열은 정도의 면에서 크든 작든 모든 세계
〔우주〕물질의 보편적 진동상태를 의미하며, 저 세계〔우주〕물질은 바로 그렇
기 때문에 유동적이라는 점이다.

왜 열물질이 탄성적인가 하는 근거는 여전히 설명될 수 없다.

앞서 모든 것을 뒤섞었던 열의 점진적인 감퇴에서 유동체의 여러 가지
요소들의 **계층화**(성층)

———————

이러한 혼합 물질들의 하나에 다른 것에 속하는 것보다 더 많은 열소가
속하는 것은, 그것을 유동적인 것으로 유지하기 위해서이고, 그래서 열은
여러 가지로 잠재적이며, 그 전체는 **따뜻함**에도 불구하고 **굳어 있다**.

제5묶음, 전지4, 2면 XXI524

머리말

모든 철학적 작업내용들은, 만약 그것들이 하나의 체계 안에서 결합되어
있는 것으로 제시되지 않으면, 학문으로서의 철학의 이름에 상당하지 못한
다. 단편〔斷片〕적으로 철학함은 단지 이성으로 사유하면서 시도들을 해봄을
말한다. 이러한 시도들은, 그 시도들에 아직 전체의 구분을 통해 그것들의
특정한 위치와 다른 것들과의 친화성을 지정해줄 수 없는 한에서, 거의 신
뢰성을 갖지 못한다. 왜냐하면, 이 학문은 한낱 이로써 xxx 때문이다.

자연과학(自然哲學)은 구별되는 부분에 따라 두 원리로 이루어져 있다. 그
중 첫째 부분은 공간상에서 운동할 수 있는 것(물질)을 선험적 개념들에 따
라 운동법칙들 아래에서 그려내며, 그 체계는 **자연과학의 형이상학적 기초
원리들**이라는 제호로써 작성된다. 그러나 둘째 부분은 경험적 원리들에서
전개하는 것으로서, 만약 사람들이 그것을 감행하고자 한다면, **물리학**이라
일컬어질 터이다.

그러나 나의 계획에 그리고 말하자면 나의 본성적인 직분에 있는 바는, 철학에 관한 한, 선험적으로 인식될 수 있는 것의 한계들 안에 머물러 있으면서, 가능한 한 그 분야를 헤아리고, 그것을 단순하고 통일된 하나의 원 (圓) 안에서, 다시 말해 자의적으로 생각해낸 것이 아니라 순수 이성에 의해 제시된 하나의 체계 안에서 서술하는 일이다. 이러한 체계는 단지 단편적으로 모은 것으로서 아무런 완벽성의 확신을 기대할 수 없는, 인식의 경험적 요소들을 수집함으로써는 생길 수가 없겠다. ― 그러므로 물리학은, 비록 저 형이상학적 선[先]개념/기본개념들이 경험의 대상들에 대한 적용에서 겨냥해야 하는 목표이기는 하지만, 여기서는 그 작업을 다른 이의 손에 남겨 둘 것이다.

그럼에도 불구하고 자연과학 일반의 거론한 두 부분이, 전자가 후자에

대해 고려하지 않을 수 없고, 또 후자가 전자에 눈길을 주지 않을 수 없을 만큼 서로 매우 근친적이므로, 이월이라는 개념은 자연과학 일반의 요소론에서 선험적으로 주어지는 하나의 개념으로서, 그것은 하나의 특수한 분과를 독자적으로 요구한다.

물리학은 곧 경험을 통해 인식될 수 있는 자연적인 운동력들과 물질의 작용들을 함유하거니와, 이것들은 그 법칙들과 더불어 객관적으로 보아서는 한낱 경험적이지만, 주관적으로는 선험적으로 주어진 것으로 사용될 수 있고 사용되어야만 하는 것들이다. 왜냐하면, 이것들과 관계맺음 없이는 물리학을 위한 어떠한 경험도 이루어질 수 없기 때문이다. 물리학자는 저 법칙들을 선험적으로 주어진 것처럼 여타의 경험들의 기초에 놓지 않을 수 없다. 무릇 그는 달리는 형이상학적 기초원리들을 물리학적 원리들과 연관 지을 수 없으니 말이다. ― 한 영역에서 다른 영역으로의 이월은 보행이 아니라 비약일 터이다. [보행으로] 움직이는 자는 그가 한 발 다음에 다른 발을 딛기 전에 두 발이 확고하게 서 있다는 것을 먼저 느껴야 한다.

근원적으로//유동적인 것, 즉 열물질은 隱蔽된 質[15], 現象體 因果性이다.

312

여기서는 내속성〔속성〕이 자존성〔실체〕으로 간주되고, 이는 언제나 순환적으로 추론된다. 열소, 열의 바탕이 팽창되기 위해서는 열을 필요로 한다. 그것은 중량 없는 물질이고, 위치에서 움직여질 수 없지만 모든 물질을 내적으로 움직이며, 물질들을 탄성적으로 만들면서도 응집하게 만들고, 그럼에도 중량이 없다. 〔그것은〕 전체 세계공간〔우주〕에 퍼져 있다. 그러나 세계는 그에서 그것이 운동할 수 있는 장소를 가지고 있지 않다. ─ 그것이 물체들에 영향을 미침에서 영구적으로//탄성적이고 가변적〔이다.〕

제5묶음, 전지4, 3면

한 학문에서 다른 학문으로의 이행은 한쪽에 주어지고 다른 쪽에 적용되는 일정한 매개개념들을 가져야만 한다. 이 매개개념들은 한 영역에뿐만 아니라 다른 한 영역에도 속하는바, 그렇지 않으면 이 전진은 합법칙적인 이행이 아니라 하나의 비약으로서, 이런 비약에서 사람들은 자기가 어디로 XXI526 가는지를 알지 못하며, 되돌아볼 때 자기가 어디서 왔는지도 이해하지 못한다.

사람들은 자연과학의 형이상학적 기초원리들에서 물리학으로의 이행이 아무런 다리를 필요로 하지 않을 것이라고 생각할 터이다. 무릇 후자를 형성하는, 선험적 개념들의 체계인 전자가, 후자가 오로지 거기에 적용될 수 있을 경험의 영토에 바로 경계를 접하고 있으니 말이다. 그러나 바로 이 적용이 의혹을 일으키고, 전자와 구별되는 특수한 체계로서의 물리학을 곤경에 처하게 할 수도 있는 난점들을 함유하고 있다. 무릇 흔히 보통 일어나듯이 하나를 다른 하나에 혼합하거나 삽입하는 일은, 세련미에 위해가 된다고까지는 말하고 싶지 않지만, 철저성에는 위해가 되는 일이다. 왜냐하면, 선험적 원리들과 경험적 원리들이 서로 소통을 하거나 서로에 대항해서 주

---

15) 원어: qualitas occulta.

장을 펼 수 있을 것이니 말이다.[16]

형이상학적 자연이론에서 물질은 선험적으로 규정될 수 있는 바와 같이 순전히 공간상에서 운동할 수 있는 것이었고, 물리학에서 운동력들은 경험이 가르쳐주는 바와 같이 된다. 그러나 형이상학에서 물리학으로의 이행에서 자기의 운동력을 가진 운동할 수 있는 것은 자연의 한 체계 내에 있는 것으로 세워진다. 이러한 요소들로부터 그러한 체계의 형식이 경험법칙들에 맞게 보편적으로 구축될 수 있는 정도에서 말이다. 무릇 그 건축설계도는 아직 건축비 견적서를 포함하고 있지 않다. 비록 건축에 필요한 본질적인 재료들은 자연히 고려되어 있지만 말이다. 그럼에도 생활필수품을 위해 얼마가 필요한지, 장식품과 아늑함을 위해 얼마를 지출해야 할지, 이런 것이 건축주의 유복한 삶에는 중요한 것이다.

XXI527　　미리 정초된 형이상학적 기초원리들 없이 한낱 가령 수학만으로 채비하여 물리학의 철학적 체계를 성취하고자 바라는 것은 보통의 망상에 맞는 일이기는 하지만, 그 결과가 보여주는 바는, 이런 방식으로는 모든 것이 단편[斷片]적으로 다루어지고, 이런 것으로부터는 결코 물리학의 하나의 충분한 전체가 기획안으로도 나올 수 없다는 것이다. 형이상학적 선개념[기본개념]들과 수학을 가지고서, 또한 관찰과 실험의 풍부한 자료들을 가지고서 그것으로써 이미 하나의 체계로서의 물리학의 구축에 착수할 수 있다는 것 역시, 만약 형이상학이 전체를 위한 기획안을 내놓지 않았다면, 못지않게 망상에 사로잡힌 일이다. ― 자연과학의 형이상학적 기초원리들에서 물리학으로의 이행을 준비하는 일은 자연과학(自然哲學)의 하나의 특수한 부분이 아니라면, 하나의 특수한 임무이다. 왜냐하면, 그렇지 않으면 다량으로 주어지는 객관들에서 빠져나와 그것을 구분하고 그 내용을 충분하게 서술할 실마리를 결여할 터이기 때문이다.

---

16) 그런데 이렇게 하려면, "물리학은 그 실재성이 확실하지도 않고, 그 가능성에 대해서조차 선험적 원리들에서의 하나의 연역이 필요한, 가설적 개념들을 입양하도록 강요당한다." (XXI526, 하단 편자의 각주 참조)

제5묶음, 전지4, 4면

　운동의 경험법칙들에 종속하는 운동력들을 가진 물질이 물리학의 대상이다. ― 그러나 운동은 공간상의 장소관계들 일반의 변화로서 또한 선험적 원리들에 종속해 있기 때문에, 물질의 운동력들 또한 범주의 순서에 맞춰 형이상학에 의해 미리 그려지는 그 기능들의 분류에 따라 제시되는 것이, 그것들을 합성의 형식에 따라서 경험적 원리들의 체계 자체의 하나의 전체 안에 수렴하기에 가장 좋다.

　그리하여 형이상학은 물질의 운동력들의 1) **양**, 2 **질**, 3.) **관계**, 4) **양태**의 개념들을 갖추고서, 물리학으로의 발견여행을 할 것이나, 그것은 거기에서 　XXI528
정주하기 위한 것이 아니라, 단지 거기까지 이행하면서 정착 장소들을 눈여겨보기 위한 것이다. ― 그것은 새로운 취득이나 점유의 확대가 아니지만, 그럼에도 선점의 필수절차로서 만약의 점유에서 안전을 대비하는 일이다.

　1) 물질의 내적 운동력들 또는 외적 운동력들의 차이

　2) 기계적//운동력들의 ― 운동력이 만들어내는 하나의 운동이 전제되거나 또는 그 역[逆]이기 때문이다. 移動力과 內的 原動力.

　자연과학의 수학적 기초원리들은 운동에서 기인하는 운동력들의 법칙들이다. 물리[학]적 기초원리들은 그로부터 운동이 생기는 [운동력들의] 법칙들이다. 우리는 여기서 전자들을 다룬다. ― 형이상학이 그리로의 추세를 가지고 있는 물리학은 하나의 체계 안에서의 운동력들의 법칙들의 총괄이거니와, 이 체계의 형식은 선험적으로 선행해야 하는 것으로, 그것은 단편[斷片]적으로 집합된 것이 아니라 하나의 전체 이념 안에서 통일된 운동력들을 함유해야만 한다.

　移動力에는 관계로서의 응집력도 속한다.

제5묶음, 전지5, 1면

자연과학의 형이상학적 기초원리들의 체계는 하나의 다른 체계로의, 곧 자연법칙들의 하나의 경험이론이라고 하는 물리학으로의 자연스러운 추세를 갖거니와, 이 자연법칙들이 단편[斷片]적으로 작성된 것이 아니라, 그 자신이 다시금 하나의 체계 안에서 (건축술적으로) 선험적인 원리들에 따라 정리된 것이어야 하는 한에서 그렇다.

그러나 하나에서 다른 하나로의 이월은 직접적으로 일어날 수 없다. 오히려 선험적으로 파악된 전자의 개념들과 경험적 개념들 사이에 그를 매개로 전자가 후자에 연계되어야 하는 매개개념들이 놓여 있으며, 이것들이 전자가 후자와 함께하는 이행을 학적으로 가능하게 만들고, ─ 물체적 자연의 하나의 경험체계의 가능성의 조건들을 그리고 그것의 운동력들에─ 그렇게 해서 하나의 물리학을 정초할 수 있다. ─ 무릇 이러한 학문의 이념은 자기 자신 안에서 결합된 그리고 완성된 하나의 전체 표상을 함유한다. 이러한 전체가 없으면 학문은 하나의 참된 체계이지 못하고, 순전한 짜맞추기일 것이라, 그로부터는 사람들은 자연연구에서 그런 것을 어디로 그리고 얼마만큼 끌고 가도 되는지를 예측할 수가 없다. 그러나 후자의 원리들이 여기서 사고 일반의 순서를 그려 보이는 논리적이고 형식적인 것일 리는 없고, 발생적으로 객관들(인식의 재료들)에 관계되는 것으로, 이에 의해 자연과학은 경험인식에서 확장된다.

무릇 사람들이 스스로 선험적으로 창출하는 개념들이 있다. 그런데 사람들은 이 개념들을 다른 한편으로는 다른 표상들, 곧 경험적인 표상들과 결합시키기 위해서 자연대상들에 대한 경험의 전체에 덧붙이지 않으면 안된다. 그것은 하나의 물리학을 선험적 원리들에 따라 세계로서 성립시키기 위한 것이다. 이 개념들이 자연과학의 형이상학적 기초원리들에서의 이행을 이룩하는 바로 그 개념들이다. 이것들은 순전한 경험이론으로 물리학에 속하는 어떠한 것(예컨대 화학적 용해)도 자기의 원리들 아래에 채택하지 않

316

기 때문이다. 사람들은 이 중간[매개]체계를 一般 自然學이라고도 부를 수 있겠는데, 그런 경우에 특수 자연[과]학에는 물리학이라는 이름을 붙이겠다. 전자는 측량된 한계(知識 世界)를 갖는다. 후자는 언제나 특수한 자연력들과 이것들의 언제나 새로운 발견들을 기대할 수 있게 하는 학적 **자연연구**만을 허용한다.

무게로 인해 부러지거나 휘지 않는 하나의 지레를 생각해보는 것은 하나의 순수하게 수학적인 개념이다. — 여기서 또한 하나의 응집력과 그 정도에서는 평행 방향에서 지레가 자기 무게로 인해 끊어지는 어떤 두께가 생각된다.

대립은 물질의 운동력들에서는 +a와 −a 같은 것이다. 다시 말해 그것 XXI530
은 한낱 논리적인 것이 아니라 실재적인 것으로, 순전히 자기 자신의 중량에 의해 움직여지는 지레에서 똑같은 지렛대들의 경우 평형 상태에서 그러하다.

휘지 않는 지레는 그 자체로 계량할 수 있고 동시에 자기 길이의 직선상에서 자신을 끌어당기는 것으로서 사라지는 두께에 의해 표상되어야 하고, 그 두께에 대해 중력의 방향은 수직이며, 거기에서 분리를 위해 충분한 평행 방향에서의 무게를 찾아야 한다.

3) 무게와 똑같은 표면인력. 덩이로 응집.

열물질은 유동성과 용해의 원인이자 고체성과 결정[結晶]의 원인이다. 마른 것의 것이든 젖은 것의 것이든.

열물질은 압축될 수 없고 고갈되지 않는다. — 모든 운동력들이 결합하는 힘이라면, 열물질은 보편적인 결합 및 용해 매체이다.

만약 지레의 두께가 없어져 가고 있으면, 응집력은 이미 지레의 개념 중에 있는 것이다.

물질의 특수한 운동력들은 오직 경험을 통해서만 인식될 수 있으며, 물리학으로의 추세를 가지고 있다. 그러나 이것이 성취되려면 자연연구의 원리들(방법과 관련해서 주관과 상관되는 논리적 원리들이 아니라, 객관에 관한 요소〔기본〕개념들)이 선행해야 한다. 이행을 위해서는 체계로서의 하나의 물리학의 가능성을 위해 요구되는 특정한 경험적 표상들에 대한 예취〔선취〕가 필요하다.

제5묶음, 전지5, 2면

사람들은 자연에 부수하는 물질의 운동력들을 선험적으로 특정한 활동적 규정들(機能들)에 따라 변양된 것으로 생각할 수 있다. 이 규정들에 따라 운동력들은, 과연 그것들을 실제로 세계에서 마주칠 수 있느냐는 차치하고, 공간상에서 운동하는 것이며, 하나의 논리적 구분 안에 세워질 수 있는데, 마찬가지로 과연 그 구분이 완벽한지 어떤지는 미결로 두고라도 그러하다. 이에 속하는 것이 미정적으로 서로 대립해 있는 다음의 판단들이다: 하나의 주어진 물질은

양의 면에서	계량 가능하다 또는	계량 불가능하다	
질의 —	저지 가능하다 — —	저지 불가능하다	
관계의 —	응집(合着) 가능(可能)하다 — —		
	응집(合着) 불가능(不可能)하다		
양태의 —	소진 가능하다 — —	소진 불가능하다	

표면인력은 무게와 똑같기 때문이다. 온전히 강체〔고체〕적인 물체들에서만 측량될 수 있다.

범주들에 따른 자연연구의 모든 미정적인 예취〔선취〕들

그러나 이 판단들은 운동력들 곧 A와 A 아님의 개념들의 논리적 대당만을 함유한다. — 이 힘들의 실재적 대당은 +a −a=0의 대당이다. 이 힘들은 하나의 충돌, 그것들의 교호적인 반작용을 표현한다. 운동력들의 하나의 체계 안에서 사람들은 이것들을 서로에 대한 후자의 적극적인 관계에서 고찰한다. 그때 이 힘들의 상충으로 인한 작용들의 결여의 소극적〔부정적〕 관계는 그것의 귀결이지 않을 수 없다.

사람들은 자연 형이상학에서의 이행을 매개하는, 예비학적(예행연습의) 개념들을 위해 다음과 같은 운동의 **형식적** 규정들을 운동력들 일반의 상호 관계로부터 선험적으로 열거할 수 있다.

1. 방향의 면에서. 인력과 척력 (또한 진동)

2. 장소의 면에서의 변화. 물질은 순전히 독자적으로 움직이거나 그것이 움직여짐으로써만 다른 것을 움직이므로. 내적인 것 및 외적인 것.

3. 부피의 면에서 표면력 또는 실체에서의 침투력(다른 것이 동시에 차지 XXI532 하고 있는 자리 안으로 전이(轉移)함으로써)

4. 범위의 면에서 (모든 공간을 통해) 광범위한 또는 반작용에 의해 제한된 힘

그러므로 자연과학의 형이상학적 기초원리들과 물리학 사이에는 일반 자연과학(一般 自然學)의 한 단계가 함유되어 있고, 이것은 전자의 후자로의 추세와 **자연연구**의 선험적 원리들을 보여주고 있다. 모두가 경험적으로만 주어질 수 있는 물질의 운동력들은 그럼에도 하나의 체계를 위한 그것들의 연결과 완벽한 구분의 하나의 선험적 원리에 종속하여 있거니와, 이를 서술하는 것이 지금 우리의 과업이다.

이것은 두 논고로 제시될 것이다. 한 논고는 물질의 운동력들의 체계의 부분들에서 전체로, 다른 한 논고는 전체에서 부분들로 나아간다.

지레에는 지렛목[17]의 척력과 지렛대의 인력이 필연적으로 통합되어 있다. 전자는 지레의 방향에 수직적으로 서 있고, 후자는 그것과 평행해 있다. ― 지레의 버팀목이 요청된다.

---

17) 원어: Hypomochlion.

제5묶음, 전지5, 3면

주해

1.) 물질의 모든 운동력은 사력이거나 활력이다. **첫째**는 운동하려고 애쓰는(힘쓰는, 努力하는) 힘(예컨대 저울판 안에 놓인 그리고 또 저울판이 매여 있는 줄에서 아래로 당기는 무게), 그러므로 압박이나 견인의 힘이다. 2) **둘째**의 힘은 충격(衝擊)이나 파쇄(破碎)의 힘이다. 3) **셋째**의 활력은 진동(振動)의 힘, 즉 물질의 내적 부분들 상호 간의 일련의 잇따르는 충격과 반격들. 여기서 이 충격들이 똑같은 시간 간격으로 잇따르면, 그것들은 박동(搏動)들이다. 그러나 그 바뀌는 운동들이 저 타격들의 물질이 차지하는 공간의 확장과 결합되어 있으면, 그것들은 동요(振動, 搖動, 波動)들이라 불린다.

(추의 동요와 같이) 충격을 통해 그 동요를 스스로 계속하는 물질의 파동운동은 전진하는 운동과 대비되며, 전위하는 힘(移動力)으로서 한 물질의 내적인 운동력(內的 原動力)과 대비된다. 그와 같은 것, 예컨대 사접(斜接)들[18]은 전자와는 구별된다.

달아봄에 의한 물질의 기계적 계량 가능성에 대하여
제1부 물질의 운동력들의 기본[요소]체계에 대하여
제2부 운동력들에 의한 세계체계[우주계]에 대하여

---

18) 원어: Gährungen.

제5묶음, 전지5, 4면

일반 자연학적 운동이론

제1부
물질의 운동력들의
기본[요소]체계에 대하여

§1.

구분은 다른 것이 아니라 범주들의 순서에 따라서 하는 것이 적합하다. 왜냐하면, 그것은 잡다한 것이 개념들에 따라서 통일성을 함유하기 위해 필요한 하나의 체계를 현시해야 하기 때문이다. — 그러므로 물질의 운동력들은 그것의 양, 질, 관계, 양태에 따라서 그 각각의 서로 다른 절에서 검토될 것이다.

§2.
제1절
물질의
양에 대하여

이 양의 측정은 물질의 한 속성, 즉 **달아볼 수 있음/계량 가능성**(計量可能性)에 의거하며, 이것 자신은 다시금 우리 세계물체[천체]가 그것의 중심점에서 똑같은 거리에 있는 모든 물체들에게 행사하는 인력, 다시 말해 중력의 인력[만유인력]에 의거한다. 이에 의한 가속의 운동량이 **중력**(重力)이며, 추의 최소의 흔들림의 수에 의해서 발견된다. 중력이 물질의 양에 미친 산물이 **무게**(重量)이다. 그에 의해 달아봄[계량함]으로써 물질의 양이 조사될 수 있는 물질의 속성을 **달아볼 수 있음/계량 가능성**(計量可能性)이라고 일컫는다. 물체의 똑같은 용적에서의 무게의 크기가 **무거움**(重量性)이다. 지렛대 위의 물체의 확대된 격차로 인해 더 큰 정도로 무게가 나감이 **하중**〔荷重〕인데, 이것은 단지 상대적으로 더 큰 무게이다.

§3

그러나 물질의 양을 저울질해서 조사하는 도구에서 드러나는 바는, 중력 외에도, 이것이 함께 작용하지 않으면 달아봄/계량은 일어나지 못하는, 물질의 또 다른 하나의 운동력이 함께 활동하는 것이 틀림없다는 것이다. 곧 저울대 자신의 부분들의 서로 간의 인력 말이다. 이로 인해 저울대는 그 끝에 하중이 실리면 휘거나 부러지는 것에 저항한다.

XXI535 과연 지레가 그로 인해 지렛목에서 부서지는 지레의 길이와 두께에 의해 무게가 결정될 수 있는지. 그로 인해 지레가 자기의 부분들에서 끊어지는.

쐐기의 平滑

저울대는 무게를 달기 위해서는, 하나의 강체〔고체〕물체로서, 다시 말해 인력뿐만 아니라 변위성에 대한 저항력을 함께 가진 것으로 받아들이지 않으면 안 된다. 이 두 가지를 요청하지 않을 수 없다. 케스트너.[19]

제5묶음, 전지6, 1면

무릇 물질은, 만약 이것이 어떠한 공간도 채워 있지 않을(비어 있을) 수 없는 데서 하나의 경험의 가능성에 합치해야 한다면, 감관들에 대한 작용 없이도 (지각 가능하든 불가능하든) 운동력들을 갖는 공간상의 것으로 **실제로**

---

19) Kästner는 일찍이 그의 *Progr. Vectis et compositionis virium theoria evidentius exposita* (Leipzig 1753)에서 순수 수학적인 지레 이론을 폈고, 이를 Gehler는 *Physikalisches Wörterbuch*에서 "Zusammensetzung der Kräfte und Bewegungen"이라는 제목 아래 상세히 서술하고 있다. 칸트는 아래 XXI607 이하와 XXII228 이하에서 이를 다시 논하고 있다.

있는 것이다. 비록 이 물질이 이 객관에 대한 아무런 감지할 수 있는 감관감각을 실제로 만들어내지 않는다 해도 말이다. 왜냐하면, 그렇지 않으면 진실로 전혀 가능한 경험의 대상이 아닌 것에 대한 어떠한 경험도 일어나지 않을 것이기 때문이다.

그러므로 전체 세계공간〔우주〕을 채우는 물질의 운동력들의 실존을 전제하지 않을 수 없다. 설령 오직 하나의 전체가 상정된다 해도 말이다. 무릇 그렇지 않으면 빈 공간이 경험 가능성의 하나의 객관일 터이니 말이다.

그러므로 모든 공간들은 그것들 안에서 운동하는 것(물질)으로 채워져 있다. 절대적으로//빈 공간은 없다. 그러나 물질은 또한 그 운동의 항구적인 작용 중에서 파악되어야 한다. 그 작용에서 물질의 운동력들의 척력과 그것의 부분들의 인력은 균일하게 그리고 항구적으로 내적으로는 그 자리 XXI536를 바꾸면서, 그리고 그렇게 함으로써 외적으로는 스스로 운동하는 것이다. 무릇 그렇지 않다면 그것은 가능한 경험의 대상이 아니겠고, 반대의 경우에 공간은 역학적으로 빈 것으로 가능한 경험의 대상이 아닐 터이니 말이다.

그러나 운동력들은 하나가 다른 하나의 운동의 기계인 한에서 서로 종속해 있기 때문에, 하나의 원초적으로//운동하는 물질이 있어야만 하거니와, 그것은 모든 물체들에 침투하면서 시원적으로 그리고 고정불변적으로 운동하는 것으로서, 사람들이 그것을 열소라고 불러도 무방하다.

그러나 물질(충전된 것)과 빈 공간의 합성된 하나의 전체로서의 세계공간〔우주〕은 그럼에도 가능한 경험의 한 대상이다. 비록 물질에 의해 한계 지어진 그것의 부분들(빈 사이공간〔틈새〕들)이 그 자체만으로는 그렇게 있지 않고, 바로 이 경험(그에 속하는 지각들과 관련한 것)을 가능하게 만든 물질의 운동력들이 별도로 그 자체만으로는 그렇게 있지 않다고 하더라도 말이다.

사람들은 이것을 **간접적**(추리된) **경험들**이라고 부를 수 있거니와, 그것들의 기초에는 공간을 채우는 실재적인, 가설적이 아닌 소재〔원소〕가 가능한 지각들을 위한 토대로 놓여 있다. 운동력들의 하나의 지속적인 전진 없이는 물질의 그리고 그것의 운동력들의 결합의 어떠한 통일도 하나의 경험에서 생기지 못하고, 한낱 격리되어 있는 표상들이 무법칙적인 집합으로서 그로부터 생길 터이기 때문이다.

낱말의 엄격한 의미에서 요소[기본]원소[20]는 인력과 척력을 통한 물질의 내적 운동의 능동적인 원리, 다시 말해 공간이 운동을 통해 채워지는 것을 매개로 **시발하는 것**의 개념을 함유한다. 저 근원적인 두 운동력들에 대응해 있는, 원자론적인 것이 아닌 것으로 생각된, 모든 방향에서의 운동은 하나의 격리된, 공간을 채우는 원소의 운동이다. 이 원소는 순전히 가능한 경험의 대상으로서 공간의 빈 것[허공]을 채우고, 거기에서 모든 운동력들의 토대를 형성하며, 무매개적으로 하나의 어쨌거나 간접적인 경험의 대상이다. 나의 주장은 이러하다: 이제 에테르 또는 열소라고 일컬어지는, 이 [요소]원소는 하나의 가설적 기초원소[21]가 아니라, 경험에 주어지는 (지각 불가능한) 기초원소로서, 이것은 가령 특정의 현상들을 설명하는 데 유익하게 상정한 것이 아니라, (비록 단지 간접적으로, 다시 말해 매개적으로이기는 하지만) 경험에서 입증되는 것이다. 그것도 그것 없이는 특정한 객관에 관한 아무런 경험도 생기지 못할 조건의 전제와 결합해 있는, 그러한 경험//개념 자체의 동일성의 원리[동일률]에 따라서 선험적으로 말이다.

독자적으로 세계공간[우주]에서 하나의 전체를 형성하며, 운동력에 의해 모든 공간들을 원초적으로 채우는 하나의 물질이 있지 않을 수 없다. 무릇 빈 것[허공]은 연관성[응집]과 연속성을 방해하니 말이다.

공간과 시간의 모든 위치들에는 가능한 경험의 하나의 객관이, 따라서

---

20) 원어: Elementarstoff.
21) 원어: Grundstoff.

또한 운동력이 있지 않을 수 없거니와, 이것은 감관의 어떤 다른 객관에 의해 몰아내지지 않고 무력화되지도 않는 것인 열소이다.

무릇 만약 공간상의 대상으로부터 나에게 운동력의 작용결과로서의 하나의 감각이 그 지점에서 나의 감관에 전혀 작용하지 않는다면, 나는 그런 것이 현재하고 있음에 대해 전혀 알지 못하게 될 터이다.

제5묶음, 전지6, 2면

주해

감관들의 한 대상의 그리고 하나의 순전히 가능한 경험의 객관의 실존을, 이것이 모든 곳에 퍼져 있는 열소를 가정하는 경우처럼, 선험적으로 증명하고자 하는 것이 아예 불가능한 것으로 보이는 것은 기이한 일이다. 열소에 대해 여기서 주장되는 바는, 열소를 한낱 가설적인 원소로 생각해서는 안 된다는 것이다. 무릇 경험적으로(지각을 통해) 이것이, 지각 불가능한 것으로서, 증명될 수는 없다. 적어도 이것의 주장이 모두가 현실성과 함께 동시에 명제의 필연성을 동반하는 선험적 원리들에서 생겨나올 수는 없을 터이다.

그러나 그 방식에서 유일한 이 경우가 등장하니, **하나의 경험을 하는** 주관적 가능성이, 그것이 이제 객관과 그것의 실존에 관해 긍정적이든 부정적이든 간에, 동시에 경험법칙 자체의 근거일 때는 말이다.

무릇 사람들은 빈 (또한 부분적으로는 빈, 부분적으로는 가득 찬) 공간에서는, 단지 그 공간이 물질로 채워진 공간이고, 그러므로 이것이 순전한 사념물이 아니라 가능한 경험의 실존하는 객관으로서 표상 바깥에 실제로 있는 한에서 외에는 어떠한 경험도 할 수가 없다. ― 그러나 모든 경험들은 서로 연결되어 있고, 그 경험들의 객관이 질료〔물질〕를 형성하므로 모든 통합된 가능한 경험의 하나의 객관이다. ― 그러므로 동일성의 규칙에 따라 그리고 선험적으로 순전한 개념들에 의해 어떠한 가설을 기초에 두지 않고서 모든 외적 감관표상들의, 다시 말해 모든 것을 채우는 원소의 토대가 물질의 모든 가능한 운동력들을 위한 대상으로 주어져 있다.

인력과 척력은 물질의 기본력[요소 힘][22]들이거니와, 이것들 각각은 독자적인 것으로만 생각하면 빈 공간을 넘겨줄 터이다. 무릇 전자만으로써는 모든 물질이 한 점에 수렴하여 빈 것[허공]=0을, 후자만으로써는 무한히 분해되어 흩어져 마찬가지로 빈 공간=0을, 다시 말해 모든 물질 없는 운동력, 다시 말해 무[無]를 현시하되, 하나의 공간과 하나의 시간이 관념상에는 남아 있으나, 가능한 경험의 아무런 대상도 아닐 것이기 때문이다.

그러나 공간과 시간의 순수 직관에는 또한 물질의, 다시 말해 운동할 수 있고 운동하는 원소의 일관적인 결합의 **통일** 개념이 선험적으로 함유되어 있다. 이 개념이 물질의 운동력들의 **기본[요소]체계**를 필연적으로, 그러나 단지 이념상에서, 현시하거니와, 이 체계가 가능한 경험의 한 대상이고, 이 체계 안에서 그 운동력들이 운동의 작용 중에, 다시 말해 **촉진하는 것**(실제로 움직이는 것)으로 있다. 무릇 이런 것이 없으면 운동력들은 가능한 경험의 대상이지 못할 터이니 말이다. 왜냐하면, 운동력들은 외감들에는 전혀 작용하지 않을 것이기 때문이다. 주관적으로는, 다시 말해 외감들에는 세계 안에 단적으로 빈 공간(과 그와 같은 빈 시간)이, 양자가 물질과 그 운동력들로써 채워지지 않은 채로, 있을 수 없다. [이는] 그 증명을 어떠한 경험에서 차용하지 않고, 동일성의 원리[동일률]에 따라 이미 하나의 시발/촉진하는 원소로서의 물질 개념 안에 함유되어 있는 명제이다. ―

물음은, 과연 저 명제가 분석적으로 또는 종합적으로 최종적인 것인가, 그러하되 단지 간접적인 것인가 하는 것이다.

---

22) 원어: Elementarkraft.

제5묶음, 전지6, 3면

무릇 (공간 또는 시간의) 빈 것[허공]은 자체로는 가능한 경험의 객관이 아니다. 비존재/부재[不在]/무[無]는 지각될 수 없으며, 오히려 존재가 단적으로 지각될 수 없는 곳, 거기에서 공간과 시간은 비어 있다. 다시 말해 [그것은] (주관 안의 순수 직관의) 감관객관이기는 하지만, 가능한 경험의 대상은 아니다.

그러므로 물질의 운동력들의 **기본[요소]체계**는 그 객관들의 전체 안에서 그 운동력들이 하나의 가능한 경험의 조건들과 필연적으로 합치하는 원리를 위해 가득 찬 것 사이의 공간상에서 일체의 빈 것을 배제하는 가정 (가설)을 그리고 가설적인 — 다시 말해, 특정한 현상들을 설명하기 위해 고안해낸 — 것이 아니라, 경험의 가능성을 위해 직접적으로 주어진 원소로서의 충전된 공간 연속체의 개념을 함유한다. 지정할 수 있는 시작과 끝을 갖지 않은 채 끊임없이 교호적인 끌어당김[인력]과 밀쳐냄[척력]을 통해 모든 운동력들의 토대인 이 원소의 촉진이 없으면, 이 토대가 없으면 세계공간 [우주]의 한 부분이 또는 공간과 시간상의 외적 내지 내적 직관의 전체 객관 또한 **있기**는 할 터이나 가능한 경험의 대상이지는 못할 터이다.

모든 것에 침투하고 내적으로 전반적으로 운동하는 그러한 물질의 실존에 대한 이러한 증명은 단지 **간접적으로**, 곧 경험 일반의 가능성을 위해 요구되는 것으로서, 그러면서도 선험적 원리들에 맞춰, 다시 말해 그것들의 내적 필연성을 의식하면서 수행될 수 있다. — 그러므로 경험**으로부터**가 아니라, 그러나 경험적 원리들을 전제하는 하나의 감관대상을 입증하기 위해서가 아니라, 오히려 감관표상들의 종합적 인식의 대상으로서의 이성 자신의 개념을 xxx. 즉 그 방식에서 유일한 하나의 증명방식은, 다루어진 객관이 바로 그런 경우이듯이, 다른 것이 아니라 공간과 시간 그 자체 내의 운동력들의 전체 개념을 지향해 있다.

모든 가능한 경험의 전체 내에서 물질의 모든 운동력들의 결합의 토대로 쓰이는 원리는 세계공간(우주)에 균일하게 퍼져 그것의 토대로 쓰이고, 모든 물체들에 깊숙이 침투하는 하나의 원소의 상정(가정/수용)이다. 무릇 이것을 통해서만 운동력들은 하나의 체계를, 다시 말해 객관적으로 하나의 그러한 전체를 세울 수 있을 것이고, 이는 주관적으로는 하나의 종합적으로 보편적인 경험의 가능성에 부합하는 것으로, 그것도 선험적으로 그러한 것으로 (곧 형식의 면에서) 주어질 수 있으니 말이다. 왜냐하면, 이 체계 안에서만 하나의 경험을 위한 전체의 통일성을 위해 모든 촉진하는 힘들은, 수집된 지각들에서가 아니라 이것의 분석적 통일의 형식적 원리에서 교호적으로 그리고 일관되게 서로 합치하거니와, 이러한 일은 그러한 물질과 이것의 그러한 운동력이 없으면 가능한 것이 아닐 터이기 때문이다. ─ 가득 찬 것과 빈 것의, 이질적인 것과 동질적인 것의 합성은 전체의 덩어리를 그것들의 상충을 넘어 정지에 이르게 한다.(물질의 특정한 부류들에 있어서) 예컨대 흙과 물. 만약 보편적으로 퍼져 있는, 동일한 종류의 하나의 물질이 먼저 공간을 이미 채우고 그것을 유지하고 있지 않다면 말이다.

유기적 **물체들**은 한낱 **생장하는**[23](식물성의) 물체이거나 **생명 있는**[24](동물성의) 물체이며, 그 나라는 식물계이거나 동물계이고, 의사(의지)가 없거나 의사(의지)를 갖추고 있는 것으로, 후자들은 위치변화하는 것이다.

※[25] 시간에서의 시초, 공간에서의 한계가 양편에서 무한계적인 것으로 표상되는 객관의 수학적 표상이다.

---

23) 원어: vegetierend.
24) 원어: lebend.
25) 본문 중에서 이 원주 표시 ※에 상응하는 표시를 발견할 수 없다.

제5묶음, 전지6, 4면

×————————×

나는 **실체**의 현존을 원리로 만드는 가설을 제1위의 **가설**(第一 假說)이라고 부르고, 단지 실체의 우유성들을 원리로 만드는 가설을 부속 가설(第二 假說)이라고 일컫는다. ― 기본[요소]체계에 필요한, 하나의 특정한 물질의 운동력들의 토대로서, 특정한 원소의 실존을 **상정함**[가정함/수용함]은 형식상 직접적이거나 간접적이다.

XXI542

공간은 선험적 직관의 한 대상이니, 그런 한에서 형식적인 것으로서 그리고 그 형식의 주관적인 것으로서 주관에 소속된다. 그러나 바로 그 동일한 공간은 또한 우리 바깥에서 표상에 주어지는 것으로, 다시 말해 객관적인 실존하는 운동할 수 있는 어떤 것으로, 즉 물질로, 그렇게 그러나 가능한 경험의 대상으로 표상되며, 그리하여 공간은 인력과 척력의 운동력들로 채워져 있는 것으로 생각된다. 이 두 연속적으로 물질을 촉진하는(다시 말해 실제로 움직이는) 힘들이 없다면 공간은 지각될 수 있는 것이 아니고, 가능한 경험의 대상이지 못할 터이다.

동일한 용적의 물질의 양의 상이성을 생각 가능한 것으로 만들기 위한 가설로서, 가득 찬 것과 빈 것의 합성을 통해 공간 충전의 차이에 대해서 원자론적으로 기계적으로 표상하는 방식은 거부되지 않을 수 없다. 무릇 빈 것은 가능한 경험의 대상이 아니며, 절대적으로 분할 불가한 물질이나 그것의 절대적으로//분할 불가한 부분은 자기 모순적인 개념이다.

그러므로 물질은 빈 공간과 경계를 맞대고 있을 수도 없고, 빈 공간을 자기 안에 포함할 수도 없다. 모든 공간들은 물질에 의해 채워져 있을 수밖에 없고, 그것도 **시원적인** (원초적인 그리고 균일하게 지속적인) 운동력들에 의해 그러한 것이다. 왜냐하면, 그렇지 않다면 이것들이 공간과 시간상의 **빈 것**에 의해 다소간에 제한되어 있을 터인데, 빈 것은 도무지 가능한 경험의 대상이 아니고, 그러니까 (감관객관 일반과 관련해) **아무것도 아닌 것**[無]

이기 때문이다.

XXI543   그러므로 우리는, 물질의 촉진하는 힘들의 유희는 하나의 주어진 현상이므로, 그것의 대상이 모든 가능한 경험의 전체인, 다시 말해 모든 것에 침투해서 모든 것에 퍼져 있고 모든 것을 움직이는 세계원소[우주소재]인 하나의 물질을 상정[가정/수용]하지 않으면 안 된다. 이 세계원소[우주소재]는 **직접적으로** 고찰하면 (가령 사람들이 그것에 열소라는 이름을 붙이고 있듯이) 한낱 하나의 **가설적 원소**[소재]이기는 하다. 무릇 이것의 상정이 경험에 기초하고 있지는 않다 하더라도, 그래도 특정한 현상들의 설명 원리로 임의로 이용되지는 않으니 말이다. 그러나 **간접적으로**는 이것은 경험 일반의 전체의 가능성의 형식적 원리로서 운동력의 체계를 위해 **필연적으로** 그러니까 선험적으로 주어진 원소[소재]이다. 이 원소[소재]는 물질의 기본[요소]체계에서 물질의 모든 운동력들의 **바탕**으로 쓰인다.

    공간은 감성적 지각의 대상이 아니지만, 저것의 형식을 이루는 물질일 수는 있다. 그러나 공간대상이 경험적 표상이기 위해서는 공간표상에 따라 확산되는 어떤 것이 도처에 확산되어 있어야만 한다.

    두 가지 가설이 있다: 1. 무엇이 현존하는지 또는 현존하지 않는지를 결정하기 위한 것. 2. 어떤 원리에 따라서 객관을 탐구해야만 하는지 하는 것. — 질료적인 것과 형식적인 것. 직접적으로 또는 간접적으로 가설적인 것. 선험적으로 객관을 탐구하는 것이 가장 고귀하다.

    전체의 가능한 경험의 객관적 통일성은 이 경험 또는 저 경험의 가능성을 염두에 두고 있는 통일성과는 구별되어야 한다. 실존의 증명 — 직접적 또는 간접적 증명.

    증명은 경험에서 이끌어지지 않는다. 무릇 그러면 그 명제는 경험적일 터이다. 도리어 가능한 경험의 통일성이, 그러한 통일성을 곧 세우는 또는 오히려 이 통일성에 따라 현상들을 결합하는 가능한 경험의 통일성이 이해를 위해 필요하기 때문이다.

이러한 진동의 강세의 통일성과 균일성이 진동을 언제나 그 촉진에서
고정불변적이도록 하는 것이다. — 이 명제의 증명이 **하나의** 경험에 합치하 XXI544
는 유일 가능한 방식이다.

물질의 기본〔요소〕체계의 질에 대하여. 질은 여기서 이 체계의 양의 원리
들과 만난다. — 우리는 이 객관(즉 열소)에 관해 판단하려고 생각〔공상〕하
면서, 실제로는 단지 이것의 기본체제에 대한 경험 가능성의 조건들만을 염
두에 둔다. 形式이 事物에게 本質/存在를 附與한다. 열소는 가공〔架空〕의 것
이지만, 이에 대한 자기가 만들어낸〔自作〕 개념과 관련해서는 그럼에도 그
러한 체계의 경험 가능성의 조건들의 원리들을 제공한다. 또한 **자기로부터**
시작하는 것은 이러한 방식으로 불변적으로 그리고 영원히 실존한다.

자기로부터 시작하는 하나의 운동(시간상의 운동의 시작)은 필시 또한 끊
임없이 한결같게 지속하며, 그것은 자신의 힘에서 생겨날 것이므로, 물질은
인력과 척력 중에서 끊임없이 운동하고 있을 수밖에 없다. 원소들의 이 이
론은 〔이처럼〕 순전히 선험적 개념들에 자리 잡고 있다.

경험에 의한 하나의 직접적 증명이 아니다. 무릇 그와 같은 것은 선험적
으로 있지 않고, 오히려 모든 물질에 대해 총괄적으로 타당한 경험의 가능
성의 원리에 의한 그리고 경험을 위한 하나의 간접적 증명이 있다.

순수 철학은 도덕〔학〕이다. 자연에 적용되는 것은 이미 경험적으로//조건
지어진 것이다.

물질은 빈 공간과 경계를 맞대고 있을 수도 없고, 빈 공간을 자기 안에
포함할 수도 없다.

빈 공간은 가능한 경험의 객관이 아니다. 그러므로 하나의 물질이 공간
상에 있다면, 그것은 모든 것을 채우며, 그것도 경험 가능성의 원리에 따라
서 그러하다.

또한 이 물질은 공간처럼 모든 물체들 **안에** 있다. 무릇 이 물체들은 저
물질에 의해서만 가능하니 말이다. 왜냐하면, 이 물질이 없으면 모든 것이

비어 있을 것이기 때문이다. 이 물질이 다른 모든 것들의 실존의 바탕[토대]이다. 각각의 물체는 이 물질에 **의해** 충전되어[채워져] 있다.

제5묶음, 전지7, 1면

감관의 모든 대상들(공간·시간상의 모든 실존하는 것), 그러니까 또한 이 물질의 모든 운동력들은 이것들의 운동이 하나의 가능한 경험의 조건들과 합치하는 원리에 따라 그것들의 모든 부분들의 (인력과 척력의) 끊임없는 내적 촉진의 능동적 관계들의 한 체계 안에 있다. 이에 따라 어떠한 공간도 그리고 시간상의 어떠한 변화도 힘없이 있지 않고, 이 물질의 어떠한 부분도 부동적이지 않으며, 그 질(다시 말해 그 방식과 크기의 면)에서 유일하다. 그리고 세계공간[우주] 안의 모든 물체를 근원적으로 충전하면서 그 모든 운동력들의 바탕[토대]을 형성하는, 모든 것에 퍼져 있는 이 물질을 사람들은 보통 열소라고 부른다. 비록 이때 이것의 한 특수한 경험적으로// 그리고 종합적으로 주어진 작용결과로서 열이 생각되지는 않음에도 불구하고, 이에 반해 저 원소[소재]는 선험적으로, 그렇기 때문에 또한 분석적으로, 다시 말해 동일성의 원리[동일률]에 따라서 (이른바 열소라는) 저 개념에서 나오지 않을 수 없다.

그러므로 열소는 가설적 원소[소재]가 아니다. 그러나 이것의 현실성 증명은 하나의 가설적 증명이다. 왜냐하면, 이것의 진리성은 이것이 이것의 대상에 대한 경험의 가능성과 합치한다는 원리에 의거하기 때문이다.

이 증명은 소극적인 근거를 가지고 있다.

자연과학의 형이상학적 원리들에서 물리학으로의
이행에서
반성개념들의 모호성에 대하여

§

열소는 자연에서의 특정한 현상들을 설명하기 위한 하나의 순전히 가설적인 원소[소재]인가, 그러므로 물질 및 이것의 운동력들에 대한 하나의 경험적으로 조건 지어진 인식[내용]인가, 아니면, 열소는 형이상학에서 물리학으로의 이행에 속하는 객관으로 상정하는 것에 대한, 이성에 의해 선험적으로 주어진 하나의 인식[내용]인가? 바꿔 말해 열소는 그 실존이 정언적[단정적]으로 그리고 선험적으로 입증될 수 있는(입증 가능한) 하나의 객관인가?

XXI546

직접적으로 감관객관으로 지각될 수 없는 한 사물의 실존에 대한 증명들을 두 가지 방식으로 이끌어낼 수 있다. 즉 직접적으로 경험의 근거들로부터 또는 간접적으로 이것의 실존의 개념이 순전히 **가능한** 경험의 조건들과 합치하는 원리로부터. 전자의 경우에 증명은 경험적으로 정초되는 것이고, 후자의 경우에 증명은 선험적 개념들에 의지해 있는 것이다.

빈 공간(과 마찬가지로 내용이 빈 시간)은 가능한 경험의 대상들이 아니다. 비존재[무]는 지각될 수 없고, 무지각(知覺不可能性)은 단지 어떤 특정한 감관객관의 실존에 대한 의식을 위해 경험판단들에 받아들여질 수 있을 뿐이다. ― 그러나 지각 불가능성은 또한 **객관적으로** (어떤 특정한 대상에 대한 모든 지각의 불가능성으로서) 또는 또한 한낱 주관적으로 (어떤 객관 및 그것의 상황과의 특정한 관계들에) 있을 수 있거니와, 후자 경우의 이 비교적인 감지 불가능성은 한낱 경험적인 판정에 속하는 것으로서 여기서는 전혀 문젯거리가 아니다.

가능한 경험의 전체와(分離된 모두가 아니라 습해진 모두와)의 합치.

자연의 모든 물체들을 관통하는 (또한 전체 세계공간[우주]) 원소[소재]에 관한 하나의 직접적 증명을 해나가는 것은 물리학의 사안이겠다. 무릇 이에는 경험을 통한 관찰들이 속할[필요할] 것이니 말이다. 그러므로 이 과제는 전체적으로 선험적으로 모든 경험의 가능성의 원리에 속한다.

제5묶음, 전지7, 2면

§
원칙

사람들이 생각해보는 모종의 원소〔소재〕의 실존은 그에 대한 개념이 »그에 대한 경험의 가능성의 조건들과《 일치한다는 소극적 원리 아래에 있다.

무릇 **빈** 공간은 가능한 경험의 대상이 아니므로, — 설령 실제로 빈 공간들이 있다 해도, 이것들은 경험들의 한 체계로서의 물리학과 필연적으로 관계를 맺고 있는, 가능한 경험들의 대상들이 아니므로, — 내가 말하는 바는 세계공간〔우주〕은 하나의 원소〔소재〕로 **충전된** 것으로 생각될 수밖에 없다는 것이다. 아무런 빈 공간이 없기 위해서 사람들이 상정하지 않을 수 없는 한에서만, 빈 공간에서는 물질이 전혀 가능한 경험의 대상일 수가 없는 한에서, 그러니까 전혀 감관객관일 수가 없는 한에서만, 이 원소〔소재〕는, 바로 그러한 만큼 공간을 충전하고 다른 물질을 그것의 자리에서 밀어낸다. 이는 이 원소〔소재〕에 의한 공간 충전의 양(정도)에 대한 생각에 의해서가 아니라, 모든 물체에 대해 침투하면서, 오직 스스로 자기 자신의 힘들을 통해 자신을 제한하면서 운동하는 요소원소로서의 이 원소〔소재〕의 질에 대한 생각에 의해서, 기계적으로 하나의 물질을 침투하는 것에 대해 차단함으로써가 아니라 오직 역학적으로 가능한 것으로서 생각될 수 있다.

하나의 물질이 모든 경험의 가능성의 원리의 기초에 놓여 있는 그러한 것으로서 상정되지 않으면 안 된다. 그것은 항상 균일하게 세계공간〔우주〕에 퍼져서 모든 공간들을, 모든 물체들의 공간들까지도 내밀하게 관통하는 하나의 전체로서, 곧 동시에 하나의 보편적인 세계〔우주〕원소이며, 그것의 끌어당기고 밀치는 근원적인 운동(촉진)력들에 모든 물체의 모든 형성(형상과 직조)이 의거해 있는 하나의 요소원소를 그리고 그에서 파생된 다른 모든 것들의 **바탕**〔토대〕을 이룬다.

이 원소〔소재〕에 대해, 이것은 물질의 운동력들의 현상들을 설명하기 위한 순전히 **가설적인 원소**〔소재〕이므로 하나의 순전한 사념물〔생각한 것〕이라고 말할 수는 없다. 무릇 만약 사람들이 **열소**를, 곧 그것의 **하나의 본질속성**이 열인 모종의 물질을 이런 지위에 올려놓는다면, 그것은 너무 조급히 이 원소〔소재〕에 대해 박탈 판정을 내린 것일 터이니 말이다. 왜냐하면, 그것은 똑같은 목적으로 또 다른 가설을 (補助 假說에 依해) 꾸며내기 위해 하나의 가설을 내놓는 것일 터이기 때문이다. 이러한 일은 논리학이 상기시키듯이, 첫 번째 것에서 모든 효력을 빼앗는 것이다.

제5묶음, 전지7, 3면

열소로서 a.) 공간 차지/점령(空間 占領)과 b.) 공간 채움/충전(空間 充塡)을 본질속성으로 갖는 요소원소의 실존은 **직접적으로** 증명될 수 없다. 무릇 그런 것은 경험을 통해 일어나야만 할 터이니 말이다. 그러나 이 경험은 단지 현상들만을 제공할 뿐으로, 이의 설명근거들 자체가 단지 가설로서만 타당할 수 있다. 그러므로 이것의 실존은 어떤 식으로든 가능한 한 단지 **간접적으로** 경험 **가능성**의 **주관적** 원리를 경험 자체의 가능성의 객관적 XXI549 원리 대신에 기초로 놓고서 증명을 해나갈 수 있다. 곧 이 대상에 관한 경험을 갖는 능력 일반을 증명근거로 세우고서 해나갈 수 있다. 그리고 이것에서 자기의 **객관**에 대한 개념을 도출하고, 선험적으로 이성에 의해 객관의 현실성의 개념에 대한 인식 가능성의 조건들을 (객관의 저 규정들 아래에서) 서술할 수 있다. — 확장 판단을 통해 종합적으로가 아니라, 설명 판단을 통해, 다시 말해 동일성의 원리〔동일률〕에 따라서 분석적으로: 이것은 본래 대상을 탐구하고 그것을 주관을 위해 규정하는 방식과 관련하여 주관에 대해 적합한 것으로서, 객관과 그것의 내적 성질에 대해 적합한 것이 아니다. — 이에 대상(즉 열소)은 가설적이지 않으며, 오히려 가설이 그 원리들을 가지고서 대상을 이룬다.

이에 저 원소[소재]는 충분히 물질의 운동력들의 실제 바탕[토대]으로 간주될 수도 있다.

§

빈 공간은 그리고 또한 빈 시간은 가능한 경험의 대상이 아니다; — 지각의 객관의 비존재/부재는 지각될 수 없다.

물질의 한 체계 안에서 모든 것을 관통하고 모든 것을 움직이는 한 요소 원소의 실존 증명은, 만약 그것이 선험적 원리들에서 유추되어야 한다면, 모든 경험은 자기의 모든 객관들을 포괄하는 '하나의' 경험 안에 함유되어 있는 것으로 생각되어야만 하며, 만약 경험'들'이 이야기된다면, 이것들은 하나의 종합적//보편적 경험의 부분들과 집합들 이상의 것이 아니다. 가능한 경험의 대상일 조건과 상충하는 것은 실존하는 객관이 아니다.

그래서 빈 공간은 (가득 찬 공간에 둘러싸인 것이든 그것을 둘러싸고 있는 것이든) 가능한 경험의 대상이 아니다. — 무릇 지각의 대상의 부재[不在]/비존재는 표상에서 그 자신 하나의 지각 가능한 대상일 수가 없다. 그러므로 빈 공간이 **객관**으로 **실존하지는 않으며**, 공간은 순전히 (사고가 아니라, 순수한 외적 직관의) 일정한 형식에서 하나의 외적 대상을, 그것이 **있는** 바대로가 아니라, 주관에 필연적으로 현상하고, 그리하여 주관이 저 대상에 의해 촉발되는 한에서, 선험적으로 주어지는 바대로 표상하는 **주관**에게 그 권한이 있는 하나의 표상방식이다.

그러므로 감관객관에 대한 하나의 부정적 경험은 만들어질 수 없다. 그럼에도 그것은 각 사물의 실존이 이미 그것의 개념 안에 동반하고 있는 일관된 규정을 요구한다. 즉 부정징표들이 비록 주관의 표상력을 위한 요소와 원소[소재]로서 가능한 경험의 조건들에 속하지는 않지만, 객관에서 가능한 경험의 조건들에는 포함되어야 함을 요구한다.

1. 공간 차지/점령(空間 占領)은 오직 공간적인 어떤 것의 실존에 관계된다.

2. 공간 채움/충전(空間 充塡)은 **빈** 것을 저지하기 위해 공간상 물질의 끌어당기고 밀쳐내는 운동력에 관계된다.

경험적으로 주어진 공간과 선험적으로 (순수 직관에) 주어진 공간의 차이: 그러나 이 공간 또한 나 바깥에 주어진 객관이 아니다. 왜냐하면, 그것은 감관들의 대상이 아니라, 감성의 대상이기 때문이다.

공간 자체는 직관의 순전한 형식이지, 직관의 한 객관이 아니다. — 빈 공간은 形容矛盾이다.

공간상에서 모든 입자에게 각자의 장소가 정해질 수 있기에 앞서, 먼저 공간을 채우면서, 자기 스스로 촉진하는 힘들을 통해 (인력과 척력을 통해) 부단히 운동하는 물질이 있지 않으면 안 된다. 이것이 가능한 경험의 대상으로서의 각각의 물질의 바탕〔토대〕이다. 무릇 이 바탕〔토대〕이 비로소 경험 XXI551 을 가능하게 한다. 만약 이 물질이 앞서 감성적인 공간을 자발성에서〔자발적으로〕 채우지 않았다면, 이 공간은 물체들에 의해 채워질 수가 없다. 무릇 공간은 먼저 경험객관이어야만 한다. 그렇지 않으면 그에게 아무런 위치도 지정될 수가 없다. 모든 것에 침투하는 열소가 모든 외적 경험의 가능성의 제일 조건이다. — **빈** 공간은 **실존하지** 않는다.

제5묶음, 전지7, 4면

물질의 촉진하는 힘들은, 우리의 감관도구들 또한 물질적이기 때문에, 또한 가능한 경험의 대상들이자 원인들이다.

§

무릇 물질의 운동력들은 하나의 외적 경험에서 대상들의 표상의 보편적 작용 원인이고, 세계공간〔우주〕에는 하나의 보편적으로 내적으로 또한 외적으로 그리고 항구적으로 퍼져 있는 원소〔소재〕가 실존하며, 이 원소〔소재〕의 촉진하는 힘들이 모든 빈 것을 배제하면서 모든 가능한 경험의 전체의 통일성을 이미 자신의 개념 안에 동일성의 원칙〔동일률〕에, 그러니까 하나의 선험적인 원리에 따라서 동반한다. ― 이 물질은 가설적인, 어떤 현상들의 설명을 위해 지어낸 것이 아니라, 주어진 요소원소로서 공간적인 연장에서도 시간적인 지속에서도 한계를 모른다. ― 한마디로 말해 열소의 상정은 [이 낱말에 부속하는 특수한 종류의 작용(곧 열을 내게 하는)을 도외시한다면] 자연과학의 형이상학적 원리들에서 물리학으로의 이행에 필연적으로 속하는 하나의 원리이며, 그것의 실존은 증명될 수 있다.

주해

이 증명은 간접적인 것으로, 만약 사람들이 그 반대를 상정하면 자기모순에 빠지게 되는 그러한 방식의 것이다. ― 동시에 실존하는 외적 감관객관들의 하나의 전체가 주어져 있다. (만약 사람들이 여기서는 논의거리가 아닌, 그 주장하는 바가 철학의 다른 분과에 속하는 관념론을 채용하지 않으려 한다면 말이다.) ― 모든 지각들은 경험 가능성의 조건들과 합치한다는 원리는 모든 빈 것을 배제한다. 왜냐하면, 빈 것은 가능한 경험의 대상이 아니기 때문이다. ― 그러나 외적 사물들에 대한 경험은 그 질료적인 것에 관련해 감관객관들의 직관하는 주관에 대한 작용결과로서만 생각될 수 있다. ― 그러므로 이 명제의 보편성 때문에 (객관적으로) 경험 자신이 증명될 수 있는 것이 아니라, 경험 일반의 가능성의 조건이 (다시 말해, 주관적으로 인식능력에 대해) 증명될 수밖에 없으므로 그 또한 단지 간접적으로 그러한 보편적으로 퍼져 있는 세계〔우주〕원소의 실존을, 그것도 선험적인 원리에 따라서 증명한다. 그래서 또한 이 증명은 그 방식이 유일한 것이다. 왜냐하면, 모든 가능한 경험의 분배적 통일의 이념이 여기서 집합적 통일과 하나의 개념 안에 겹쳐 있기 때문이다.

*   *

물질의 운동력들의 기본〔요소〕체계에 대한 사고(思考)는 그것들에 대한

338

지각(知覺)에 선행하며, 그것들의 이 요소부분들을 하나의 전체 안에서 결합하는 주관적 원리로서 선험적으로 주관 안에 주어져 있다(形式이 事物에게 本質/存在를 附與한다). — 가능한 경험의 대상인 전체, 그것은 그러므로 빈 것과 가득 찬 것의 합성으로써 원자론적으로 생기는 것이 아니고, 그러므로 **기계적**으로가 아니라, 외면적으로 교호적으로 서로 촉진하는 힘들의 결합으로서 (전반적으로 균일하게 퍼져 있는 요소원소를 원초적으로 서로 끌어당기고 밀쳐냄으로써 모든 운동을 비로소 개시하고, 그리하여 무한히 한결같게 계속하는 것으로서) **역학적**으로 생기는 것이다. — 이 명제 역시 '하나의' 가능한 경험의 전체에 관한 자연과학의 형이상학적 기초원리들에 속한다. 무릇 **경험들**은 전체가 하나의 원리에 따라 통일된 경험의 부분들로서 합해서 생각될 수 있을 뿐이니 말이다.

XXI553

이제 이 원리는 주관적으로 세계관망자(세계통찰자)를 위한 것이다. 즉 이념상에서 모든 통일된, 전체 세계공간[우주]의 물질을 운동하게 하는 힘들의 **바탕**[토대]이다. 그러나 이것이 (사람들이 모든 것에 침투하여 고정불변적으로 운동하게 하는 열소라고 부르는 것인) 그러한 원소[소재]의 실존을 증명하지는 않는다. 그것은 그러한 한에서는 하나의 가설적 원소[요소]이다. 그럼에도 이러한 것의 이념은 공간 자체를 간접적으로이기는 하지만 비로소 지각 가능하고 무조건적으로//전체적인 어떤 것으로 표상하므로, 이 물질은 제1운동자(第一 可動體 乃至 運動體)로서 주관적으로 하나의 경험 체계를 위한 물질의 최초의 운동력들에 대한 이론의 바탕[토대]으로 상정[수용]될 수 있다.

열소는 입자들의 집합으로서가 아니라, 오직 하나의 체계 안에서 실존하는 것으로 생각될 수 있는, 공간상에 퍼져 있는 물질이다. 이것의 내적 촉진[시발]이 모든 운동의 시작과 지속을 자신 안에 함유한다.

감각될 수 있는 것의 운동력들 — 그리고 객관들에서 사고될 수 있는 것의 운동력들, 자연과 자유 사이의 유비 — 양자를 위한 원소[소재]

만약 사람들이 하나의 원소[소재]를 여타의 모든, 공간을 충전하는 물질의 운동력들의 바탕[토대]이라고 생각한다면, 그것이 이른바 열소이다. ― 그리하여 열소는 만약 사람들이 공간적으로 운동할 수 있는 모든 것을 제거한다 해도 여전히 똑같은 자리에 그대로 남아 있을 것으로, 그러니까 모든 것에 침투하되 자기 자신 안에서 움직여지고 동시에 인력과 척력을 통해 운동하며 작용하는 것으로 생각된다. 우리는 그러한 대상의 현존을 선험적으로 입증할 수는 없지만, 대상들 일반에 대한 경험의 가능성의 최상의 조건은 능히 입증할 수 있다.

제5묶음, 전지8, 1면

서론
선험적 원리들에 기초한
자연과학 일반에 대하여

제1절
방법[26]의 형식적 구분

뉴턴은 『自然哲學의 **數學的** 原理들』이라는 제목의 그의 불멸의 저작에서 필연적으로 반대되는 다른 또 하나의 자연과학을 염두에 두었음이 틀림없다. 그러나 이것이 '自然哲學의 哲學的 原理들'이라는 제목을 가질 수는 없었다. 무릇 그런 경우에 그는 **동어반복**에 빠질 터이니 말이다. ― 그는 자연과학, 곧 自然 **科學**이라는 상위 개념에서 출발해야만 했다. 그다음에 이것은 수학적이거나 철학적일 수 있을 것이다. ― 그러나 그는 이와 함께 다시

---

26) 이하 제5묶음, 전지8, 9, 10의 구절은 표현방식과 어구에 약간의 차이가 있기는 하지만, 제12묶음(XXII543이하)에 중복 수록되어 있다. 예컨대 이 대목의 "방법"이 아래(XXII543)에서는 "이행의 방법"으로 표현되는 등 미세한 차이가 있을 뿐이다. 이에 대해서는 편자도 서문(XXI, VI)에서 밝히고 있다.

또 다른 절벽에, 곧 자기 자신과의 **모순**에 빠졌다.

  곧 자연과학의 수학적 기초원리들이 없음은 수학의 철학적 기초원리들이 없는 것과 마찬가지이다. 양자는 건너갈 수 없는 협곡에 의해 서로 갈라져 있고, 비록 두 학문이 선험적 원리들에서 출발하기는 하지만, 전자는 선험적 **직관들**과 후자는 선험적 **개념들**과 상관하는 차이가 있고, 그 차이는 사람들이 동일한 **이성**—무릇 이것은 선험적 인식을 의미하거니와—을 통해 하나에서 다른 하나로 이행함에서 전혀 다른 세계들로 옮겨지는 것처럼 그렇게 크다. 철학의 분야에서 수학에 의해 진보하고자 하는 것이 그러하듯이 수학의 객관들의 분야에서 철학함※이란 부질없고 이치에 맞지가 않 XXI555
다. 그 **목적**과 관련해서뿐 아니라 양자에 요구되는 **재능**과 관련※※해서도

※ 수학의 대상들(기하학적)에 관해 논변적으로 그러나 물론 결실 없이 추리하는 일이 충분히 일어남 직하다. 적어도 이러한 일이 철학설과 수학설의 차이를 밝히려는 의도에서 시도될 수 있다. — 한 평면 위에서 일관적으로 동일한 곡률의 (그것의 동일한 부분들 또한 서로 합동이 되는) 하나의 곡선이, 만약 계속되게 되면 왜 자기 자신으로 복귀하는지 그리고 원으로서 하나의 면적을 둘러싸는지; — 또 왜 이 원으로 둘러싸인 면적 안에서는 그 원주의 다른 모든 점에서 똑같은 거리에 있는 하나의 점이 있는지; — 또는 가령 또 선에 대해 하나의 직선이 어찌됐든 다른 직선에 대한 하나의 직선과의 똑같은 관계로 선험적으로 주어질 수 있는지 하는 과제 등등. — 이러한 것을 수학의 대상들에 관해 철학함이라고 일컬을 터이나, 이것은 이 학문을 위해 아무런 참된 소득도 얻어주지 못한다.[27]

※※ 달랑베르는 백과사전의 앞에 쓴 그의 서문에서 철학자와 견주어 수학자의 높고 정당한 주장에도 불구하고 수학자의 오만한 목소리를 사뭇 낮추는 의견을 보인다. 즉 수학이 현재 느끼게 하는 중요성은, (수학이 아직은 발전 중이나 완성을 향해 아주 급히 가고 있으므로) 이내 곧 그것도 그냥, 그럼에도 인간의 정신이 하는 일 없이 있지는 않기 때문에, 철학에 더 많은 자리를 내주기 위해서, 매우 감소할 수도 있겠다는 것이다. — 곧 그것의 정복이 무량한 공간에서 세계[우주]관찰에 점차 불충분하게 되어가는 도구들에서, 만약 수학적 분석이 그 충만에 거의 도달했다면, 지금 이미 그에 이른 것처럼 보이는 천문학이 그런 일을 야기할 것이라 한다. 그때 쉼 없는 이성은 저 학문으로부터 이성학문의 또 다른 가지인 **철학**
으로 관심을 돌릴 것인바, 언제나 오직 이성의 **기술적 사용**을 위한 도구였던 저 XXI556
학문이 **궁극목적의 학문**인 지혜론에 수학을 훼손하지 않은 채로도 관심을 기울

이지 않을 수 없다는 것이다.

그런데 이 시기에 대해 케스트너 씨는 이제까지 이른바 철학자들이 추진해왔던 방식에 대한 경험에서 이러한 시기가 결코 오지는 않을 것이며, 그것도 그들의 지금의 두 가지 강변(強辯) 현상에서 그럴 것이라 추론한다. 즉 **첫째로** 철학자들은 자기들의 체계를 세우기 위해서 언제나 다시 **처음에서** 시작해야만 하고, 그로 인해 언제나 되돌아갈 수밖에 없게 되는 학문은 아무런 참된 발전과 목표에 이를 것을 기대할 수 없기 때문이고, **둘째로** 상대방의 비난들이 있을 때 그들은 언제나 "저 사람들은 자기를 이해하지 못할 것이다."라는 핑계를 준비해놓고 있는데, 그때 이런 일은 물론 그들이 어쩌면 자기 자신을 이해하고 싶어 하지 않는다는 혐의를 정당화해주기 때문이라는 것이다.[28] — 그런데 이성 자체에 대한 비판 없이 자기의 초년에 **수학적 방법에 따라** 형태화된 권수 많은 (볼프의) 철학의 의견을 위한 이러한 트집들에는 저 철학 안에서 늙은 수학자에게 그것이 여전히 남아 있을 수 있다. 그것이 그에게 신랄한 기지로 가득 찬 시적 기분으로 인해 들뜨고, 그와 함께 철학자 역할을 할 계기를 제공하니 말이다. 이러한 역할이 늙어가는 데 그의 역할을 일조하고 있다.

이로부터 실천적인 것과 관련해서 철학과 비견되는 수학의 절대적인 가치가 판정될 수 있다. 수학의 가치는 **기술적 실천적**//이성(임의의 목적들을 위한 수단들을 발견하는 숙련성)의 가치이고, 철학의 가치는 **도덕적**//**실천적** 이성의 가치로서, 단적으로(정언적으로) 지시명령하는, 곧 현상들에서 개선된 인간을 창출하려는 **궁극목적**에 지향해 있다.

무릇 수학을 통한 재능의 개발은 후자를 위해서는 최소한의 것도 하는 바가 없다. 사람들은 자기 분야에서 **위대**할 수 있지만, 동시에 음흉하고, 시기하며, 적의를 갖는다. 그런 경우 사람들이 모든 관계에서 **선한 인간**일 수는 없다. 그럼에도 불구하고 주관 안에 있는 그를 위한 근원적인 소질을 개발하는 철학이 그쪽으로 똑바른 안내를 한다. 그러므로 설령 전자로의 그의 성향의 재능이 훨씬 반짝거릴지라도, 인간의 성품의 다툴 수 없는 내적 우선권의 지위에서는 그럼에도 후자가 전자의 다음에 위치한다. 왜냐하면, 부분적으로는 이것은 (사람들이 그때 어떤 궁극의도를 갖든 간에) 매우 크게 사용되는 도구이고, 부분적으로는 매우 완전하게 명증적으로 자기 이론들을 제시할 수 있음으로써 하나의 존경의 대상이며, 사변에 대한 평화로운 경향성—이것은 호의의 유비물이거니와—을 일깨우기 때문이다. 비록 이것이 결코 학식 있는 자로서의 그의 소질들의 혼합에서 하나의 첨가여서는 안 되고, 또 흔히 그렇지 않으며, 오히려 시기와 조소의 버릇이 동일한 주관 안에 자매처럼 함께 거주할 수 있지만 말이다.

XXI557

그러하다. 쌍방은 **이성**에 기초하고(무릇 이것은 선험적 인식을 의미하거니와) XXI556
있으되, 이와 함께 정도에서가 아니라 그 종(種)에 있어서 서로 다른 것이
다. 양자의 이질성을 사람들은 그것들을 취급하는 **주관들**과 그들의 그것에 XXI557
대한 서로 다른 자연소질에서 놀라움 없이는 지각하지 못한다. 그들은 심
지어 이것들의 종적인 과업의 중요성과 가치에 대해 서로 간에 아무것도 아
닌 것으로 다루거나 적의를 가지고 다룬다.

제5묶음, 전지8, 2면

제2절
이 운동력들을 자신 안에 함유하는
자연물체들의
질료적 구분

§

자연물체들은 유기적이거나 비유기[무기]적이다

물질(자연원소/소재)은 유기적이라고도 비유기[무기]적이라고도 일컬어질
수 없다. 이러한 것의 개념은 자기 자신과의 모순(自家撞着[29])이다. 무릇 사 XXI558
람들은 그 개념에서 모든 형식(형상과 직조)을 추상하고, 거기서 온갖 형식
을 취할 수 있는 하나의 소재/원소(構成的 質料[30])만을 생각하는 것이니 말이
다. — 그러므로 사람들이 이러한 술어 중 하나를 덧붙일 수 있는 것은 하

---

27) 이 원주는 앞의 XXI242의 원주와 사실상 같다.
28) Kästner에 관한 여기까지의 내용은 앞의 XXI243의 원주의 그것과 대동소이하다.
29) 원어: syderoxilon.
30) 원어: materia ex qua.

나의 **물체**(自然 物體)뿐이다. 그리고 이러한 구분은 필연적으로 자연과학의 형이상학적 기초원리들에서 물리학 — 결코 하나의 완성된 전체가 될 수 없는, **경험적** 자연과학의 한 체계 — 으로의 이행에 속한다. — 하나의 물질에서 법칙들에 따라 하나의 특정한 구조물을 결과로 갖는, 한 물체의 부분들 가운데에 내적인 운동력들이 있다.

화학적 원소/소재들은, 만약 그것들이 분해되어 있다면, 다시 합성될 수 있다. 유기적인 것들은 이러한 조립이 더 이상 우리의 재량 안에 있지 않은 것들에 있다.

제5묶음, 전지8, 3면

§

사람들은 하나의 유기적 자연물체를, '그것의 **각각의 부분이 나머지 부분들을 위해서** 또한 그 역[逆]으로 현존하는 그러한 물체'라고 정의할 수 있다. — 사람들이 이내 알게 되는 바는, 이 개념은 부분들의 서로에 대한 관계에서 그 부분들의 목적들의 한 체계를 자신 안에 함유하고 있으며, 그러므로 하나의 유기적 물체는 하나의 **고체 물체**로 그리고 (그 내적 목적관계로 인해) **기계**로 생각된다는 점이다. — 그러한 기계 내에서 물질의 운동력들은 그러한 물체들의 한낱 **생장력**이거나 **생명력**이다. 후자의 힘의 산출에는 필연적으로 표상력의 불가분리적 통일성을 갖는 하나의 **비물질적** 원리 (곧 욕구능력)가 요구된다. 무릇 그것의 통일을 위한 결합이 **목적들**에 의거하는 잡다는 (이 원리의 **통일성**이 없는) 물질의 운동력들에서는 나올 수 없으니 말이다. — 그런데 이러한 물체들에는 자기의 **종**[種]을 현전하는 물질에서 번식을 통해 보존[유지]하는 하나의 능력이 또한 부속한다는 것은 저 구분을 위한 하나의 부가명제로서, 학설을 위해 꼭 필요한 것은 아니다.

XXI559

344

§

어떠한 경험을 통해서도 입증될 수 없는
(그러니까 선험적 인식에서 주어지는)
모든 것에 퍼져 있으면서 모든 것에 침투하는
열소의
실존에 대하여

그러한 원소/소재가 모든 외적 경험을 최초로 가능하게 한다. (그러한 물질의 실존에 대한) 저 명제는 그리하여 선험적으로 정초된 것이겠고, 종합적(확장적)인 것이 아니라, 분석적(순전히 논리적//설명적)일 터이며, 동일성의 원칙[동일률]에만 의거하는 것으로 생각되어야 할 터이다. ─ 만약 그러한 물질의 실존이 외적 대상들의 현상들을 설명하기 위해 **상정**[수용]된다면, 이 물질은 하나의 가설적 원소/소재 이상의 어떤 것으로 여겨질 수 없을 터이다. 그러므로 원소/소재가 그런 것 이상의 것으로 여겨지면서도 가능한 경험의 대상이 아니어야 한다면, 어떻게 우리는 그에 대한 이념[관념] 바깥에서 저것의 현실성을 증명할 수 있을까.

에피쿠로스의 **원자론**(입자철학)은 한가지의 용적에서 물체들의 물질적 내용의 차이를 물체들의 물질이 가득 차 있는 것 사이에 빈 것이 섞여 있음에 근거 짓고 있다. 그러나 빈 공간은, 그것이 이제 제아무리 외적으로 또는 내적으로 둘러싸고 있는 것일지라도, 가능한 경험의 대상이 아니며, 가설적 사물(또는 무물[無物])이 아니다. 그러나 그것의 반대, 즉 가득 찬 공간 역시 XXI560 그러한 것이 아니다. 만약 공간을 채우는 물질이 그것의 모든 점에서 촉진되고 촉진하는 것으로 여겨지지 않는다면 말이다. 왜냐하면, 그 물질은 순전히 공간상의 물질의 운동력들을 통해서만 가능한 외적 경험의 대상이 되고, 그러므로 그렇게 해서 이 원소/소재가 그 자체로 무엇이든 간에, 문제의 평결에 있어서 객관적인 것이 아니라, 오직 주관적 원리, 다시 말해 공간상의 대상들에 대한 경험의 가능성만이 조회되기 때문이다.

제5묶음, 전지8, 4면

우리는 이 모든 것에 퍼져 있고 모든 것에 침투하는 세계〔우주〕원소/소재를 당분간(잠정적으로) **열소**라고 부르려 한다. 이것이 그것의 현존을 통해 따뜻함 또는 차가움의 **느낌**〔감정〕에 있는 감각의 원인이라는 것을 보증하지 않은 채로 말이다. 그러한 원소/소재의 현존에 대한 경험의 최초의 시작이 한 주관의 감관과 타자의 감관들과의 최초의 직접적인 상호작용이며, 이것의 각기 서로에 대한 형식이 공간의 형식을 선험적인 직관 중에 그러니까 자기 자신 안에 함유하고, (시간과 관련해서는) 감관표상을 촉진하는 표상을 그것의 연이음 중에 함유한다. 그리하여 경험 자체는 객관들과 관련해서는 한낱 이상〔理想〕이고, 그러나 주관 자신과 관련해서는 실재적 표상이되, 나 바깥의 대상들에 대한 **인식**이 아니라, 단지 형식의 면에서 바깥에 있는 것이다.

공간상에 물질의 운동이 있다. 그러나 어떤 하나의 운동은 **원초적**이지 않을 수 없다. 다시 말해 여느 물질이든 움직이게 되는 것을 단적으로 개시해야만 한다. 이것의 가능성은 물질주의적 원리에 따라서는 이해될 수 없지만, 비물질적인 원인(신)으로부터 도출하는 것은 자연과학의 형이상학적 기초원리들에서 물리학으로의 자연과학의 이행에서는 허용되지 않는다. 왜냐하면, 이러한 이행은 여기서 자기 자신과 모순될 것이기 때문이다.

XXI561 은 좌측 여백에 표기됨

또한 스스로 시작하기에 알맞은 하나의 운동은 그 운동을 균일하게 그리고 영속적으로 계속하는 운동력을 갖지 않을 수 없다. 무릇 그렇지 않을 경우 그 운동을 중지하는 원인이 있어야 할 터인데, 이는 반작용하는 힘이 없다면 생각할 수 없는 것이니 말이다. 그러므로 물체세계의 이 근원소〔원소재〕가 균일하게 그리고 중단없이 운동하고 있는 것이어야 한다면, 모든 원초적인 능동적 운동은 인력과 척력의 촉진/시발로부터 유래하는 것이기 때문에, 이 내적으로 스스로 운동하는 근원소는 하나의 끊임없이 진동하는 운동 중에 내포되어 있는 것으로 생각될 수밖에 없으며, 그렇게 해서만 비록 단지 간접적이기는 하지만 가능한 경험의 하나의 대상일 수 있다.

명목적 친화성과 실재적 친화성의 차이. 곧 유사성과 친화성. **유기적 친화〔친족〕성**과 **화학적 친화〔친족〕성**의 유비. 유기적인, 이미 자존적인 존재자들이 자기의 종〔種〕을 오직 두 이성〔異性〕의 혼합을 통해서 보존하고 번식할 수 있음은 하나의 더 고위의, 곧 우리 지구와 멀리 있는 것과의 유기조직을 알려주는 것처럼 보인다.

사람들은, 모든 종류의 물질들이 각기 전 세계공간〔우주〕에 분배되어 있었고, 오직 침강〔浸降〕/침전[31]의 운동을 보여준다고 상정할 수 있다.

열소는 공간상의 모든 물질의 상호작용/상호성〔공동체〕을 이루며, 그 자체로 파악될 수 있는 실체는 아니다.

우리는 직접적으로 감관들의 객관들의 현존을 의식하는 것이 아니라, 단지 이 현존에 대한 경험을 의식하게 될 수 있는데, 이를 위해서는 순전한 지각들 이상의 것, 만유〔萬有〕와 관계 맺고 있는 하나의 전체가 필요하다.

물질의 운동력들의 종합적으로 보편적인 (모든 것에 퍼져 있는) 바탕〔토대〕이 있지 않을 수 없거니와, 그것은 순전히 공간상의 **현존재**에 대한 경험의 가능성의 근거(感性的〔感覺可能한〕 空間)를 함유하는 것이다.

이것이 그 아래에서 사람들이 열소라고 일컫는 물질을 생각하는 본질속성들이다.

XXI562

만약 우리가 물질 — 그 자체로는 한낱 공간상에서 운동할 수 있는 것 — 의 인력을 취하고, 그것의 부분들의 척력을, (설명될 수 없는) 운동의 시작에서 통합되어 있는 양자를, 그리고 경험의 가능성의 조건들 아래서 물질의

---

31) 원어: praecipitation.

지각을 위한 주관의 수용성을 — 공간상에 빈 것은 있지 않으므로 —, 그럼에도 그에 대한 경험이 직접적으로 그리고 무매개적으로 가능하지 않다는 것을 취하면, 우리는 하나의 감관객관인 에테르를 갖는다. 그러나 그것은 공간 자체가 그렇듯이 감관에 들어오지는 않고, 단지 이성에 들어온다.

그 운동의 시작에서 그 운동의 가장 작은 운동량으로써 촉진[시발]된 운동력들. 現象體 空間 또는 또한 感性的 空間

공간을 채우면서도 (모든 것에 침투하고 그러므로 또한 접촉을 통해 어떠한 기관[機關]에도 작용하지 않기 때문에) 직접적으로는 가능한 경험의 대상이 아닌 것이 열소이다.

감관의 객관으로서는 가능한 경험의 대상이 아닌 것이 모든 것에 침투하고 운동력들을 가지고서 끊임없이 운동하는 하나의 물질, 다시 말해 열소이다.

제5묶음, 전지9, 1면

그러한 물질의 실존과 시간상에서의 그것의 내적 운동에 대해 말한 바는 이제 세계공간[우주]에 대해서도 타당하다. 곧 이 물질은 세계공간[우주]의 모든 부분들에 서로 곁하여 동시에 있으면서 모든 물체적 사물들을 상호작용하도록 하고, 주관을 가장 멀리 떨어져 있는 것조차도 경험할 수 있게 하는 조건 중에 놓는다. 예컨대, 이 물질은 천체들을 감관에 지각될 수 있게, 그리하여 가능한 경험의 대상들로 만든다.

모든 거리에서 직접적으로 잇따라 모여드는 물체들의 중력인력조차도, 만약 그것이 가능한 경험의 한 대상이어야 한다면, 암묵적으로 그것들 사이에 있으며 항구적으로 서로 결합해 있는 공간 부분들 중에 있는 하나의 물질을 전제하고 있다. 무릇 그것에 대해 동시에 반작용하는 하나의 척력이 없으면 한 점에서 함께 모이는 이것은 아무런 물체도 물체의 어떠한 소재도 전혀 이루지 못할 터이다. 무릇 지각들을 통해 감관에 현시될 수 있는

XXI563

348

간격은 사이에 있는 물질을 매개로 해서만 가능한 경험의 대상이 될 수 있고, 그에 대해 절대적으로//빈 공간은 단적으로 아무런 객관이 아니니 말이다. 그리하여 이에 대한 사념조차, 그것은 하나의 공간적 대상의 **실존**을 자기 개념 안에 함유하고 있기 때문에, 불가불 공간을 채우는 물질과 맞닥뜨릴 수밖에 없다.

그러므로 열소는 **경험에** 주어지는 어떤 현상들의 설명을 위해 지어낸 가설적인 원소/소재가 아니라, 선험적 개념들로부터 그러니까 필연적인 것으로 나온, 그러나 모든 것을 포괄하는 경험 일반의 가능성을 위해 정언적〔단정적〕으로 주어지는 원소/소재이다.

주해

앞의 명제의 증명방식은 그 자체로 무엇인가 기이한 점을 가지고 있으며, 그 방식에서 **유일무이**하다. 왜냐하면, 이 같은 객관은 **단일한**[32] 것이기 때문이다. 사실 이 방식에서는 대상의 진리뿐만 아니라 그 반대의 불가능성을 증명하기 위해서도, 단지 간접적으로 진행된다. 곧 이는 저 개념이 '하나의' 모든 것을 포괄하는 경험 일반의 가능성의 조건들과 합치함의 원리에 의해 진행되는데, 이때 이 경험의 대상은 유일한 것으로 요청되고 있는 것이다. ― 자연과학을 위한 이러한 과제에 관한 발언의 중요성을 오해해서는 안 된다. 무릇 이것의 객관의 개념이 세계개념을 지시하는 모든 현상들의 통일을 위한 **바탕**〔토대〕을 함유하고 있으니 말이다. 그러나 그것은 여전히 사실로서 입증될 수 없고, 경험에서 정초될 수 없으며, 이성에서 선험적으로 나온다고 하는 하나의 개념일 뿐이다. 그러나 이제 모든 경험의 가능성의 원리는 하나의 단일한 감관객관으로서의, 다시 말해 경험적 직관으로서의 공간 자신의 실재화이다. ― 그러므로 이 대상에 관한 경험을 세우는

XXI564

---

32) 원어: einzeln.

주관적 원리는 동시에 객관 자체와 그것의 실존에 대해서도, 다시 말해 **객관적으로** 타당하다. — 그것이 없으면 어떠한 경험도 가능하지 않은 물질의 운동력들은 그 형식의 면에서는 '하나의' 대상이라는 표상 중에 통일되어 있으며, 이 대상의 실존의 증명은 선험적으로 경험에 **기초함** 없이, 그러니까 선험적으로 해나갈 수 있다. 왜냐하면, 보편적으로 이성에 의해 연결되어야 하는 지각들로서의 경험의 절대적 통일이 이 경험 전체의 가능성의 조건들을 경험대상으로 만들기 때문이다.

a) 빈 공간은 없다. 무릇 또한 아무런 물질이 없거나(그리하여 외감의 어떤 대상도 실존하지 않거나), 적어도 가능한 경험의 대상이 실존하지 않으니 말이다. 맨 먼저 모든 물체에 침투하는 하나의 물질이 있어야 한다. 왜냐하면, 이 물체는 첫째로 하나의 자리를 가져야만 하는데, 이 자리는 가능한 경험의 하나의 대상이고, 물체 부분들이 그 안으로 들어오는 것이기 때문이다.

이 물질(즉 열소)은 **모든 것에 침투하는** 것이어야 한다. 왜냐하면, 이것과 이것의 팽창 중에 공간을 차지함으로써 이 공간을 가능한 경험의 대상으로 만드는 바로 그것이 있기 때문이다.

注意! (객관적으로 오직 하나인) 경험은 하나의 절대적 통일성/통일체[하나]이며, 경험들이 이야기된다면, 그것은 형식의 이 통일성[하나]을 전제하는, 단지 지각들이다.

경험의 주관적인 것[요소]이 여기서 객관적으로 가능한 경험의, 이것의 바탕[토대]의, 신경소재의 외적 대상으로, 그리하여 공간상의 실체로 퍼져 간다.

§

전체 세계공간〔우주〕을 채우는 요소원소의 (하나의 연속체로서의) 실존에 대한 바로 이 동일한 명제가 동시에 천체들 서로 간의 보편적인 상호작용 〔상호성〕의 가능성의 작용 원인이다. 그 천체들은 빈 공간을 통한 인력의 지각될 수 없는 것이 아니라, 우리가 열소 또는 광소〔光素〕라고 일컬어도 좋은 저 원소/소재를 매개로 지각될 수 있는 것이며, 이것의 잇따르는 교호작용은 최초의 운동에 의존하면서 다른 모든 것들에게 자기의 실존을 고지한다. 이 물질의 운동들은 바로 (이 원소/소재의 장소변화로서의) 방출과 유입일 수가 없고, 오히려 그것들은 각각이 보편적인 세계공간〔우주〕 안의 자기의 장소에서 움직이는 것일 수 있다. 이 운동들이 인력들과 척력들의 바뀜 중에서 저 원소/소재를 균일하게 그리고 항구적으로 활기차게 유지하면서 말이다.

§

첫째 구분
자연물체들의 종별적 차이에 대하여

'자연물체'를 사람들은 형상과 직조에서의 자기의 형식을 자기 자신의 힘들을 통해 고정불변적으로 결정하는 그러한 물체들이라고 이해한다. 그래서 **유동적** 물체는, 비록 그것이 자기 자신의 힘들을 통해 방울들로 형성한다 해도, 그 물체 자체 안에 아무런 **직조** — 이를 위해서는 강체〔고정〕성이 요구된다 — 도 생기지 않기 때문에, 자연물체들에 넣지 않는다.

그런데 자연물체들은 **무기적**〔비유기적〕이거나 **유기적**이다. 무릇 이 구분 역시 자연과학의 형이상학적 기초원리들에서 물리학으로의 이행에 속한다. — 후자는 순전히 **생장하는**〔생장적/식물적〕 물체들이거나 **생명 있는**〔생명적/

동물적] 물체들이고, 이것들의 반대가 **생명 없는**[무생명적] 물체들이다. 생명 있다[살아 있다]가 생명 없게 되는 것이 **죽음**이다. 그래서 사람들은 어떤 물질이 죽는다고 말할 수 없다. 왜냐하면, 물질은 살았던 적도 없고, 생명을 가질 수도 없기 때문이다. 물질은 순전히 무생명적이다. ─ **생명**은 낱말의 엄밀한 의미에서 자기에게 속하는 특정한 표상들에 따라 작용하는 한 물체적 존재자※의 자발성의 능력이다. 이를 위해서는 실체의 단순성[단일성][34]이 요구된다[필요하다]. 무릇 다수의 서로 다른 주관[주체]에 분배된 표상들로부터는 객관 표상의 통일성이 생성되지 않으니 말이다.

모든 세계물체[천체]의 상호작용[상호성]에 대하여

제5묶음, 전지9, 3면

§

유기 물체[유기체]들의
자연체계의 구분

첫째로, 서로 곁에 있는[공존하는] **동반**(聯合的 組合)의 자연체계

둘째로, 이성[異性]에 의해 동일한 유[類]의 서로 잇따르는[승계하는] **번식**(繁殖)의 자연체계

둘째로, 하나가 다른 하나를 위해 현존하는

───────────

※ 물질은 **작용**(作用)**하고**, 동물(예컨대, 거미)은 **행**(行爲)**하며**, 인간은 **실행한다**, 다시 말해 의식적으로 행(作業)한다.[33]

───────────

33) 앞의 XXI18의 표현: "자연은 **작용**(作用)**한다**. 인간은 **행**(行爲)**한다**. 목적의식을 가지고 작용하는 이성적 주체[주관]는 **실행**(作業)**한다**." 참조.

34) 원어: Einfachheit.

상이한 종[種]들의 합목적적 관계에서의
자연체계※

a)

공존

b)

잇따르는 세계시기의 연속에서

이 두 가지가 자연과학의 형이상학적 기초원리들에서
물리학으로의 이행에서
물리학의 하나의 완벽한 체계를 위해 선험적으로
개념들에 따라 어떻게 구분될 수 있는지.

결론

세계체계[우주계]로의
자연체계의 이행의 원리들

하나의 유기체 안에는 생장하는[식물적] 물체의 그러한 형성하는 운동력
이 있다. 그것의 형성의 한 부분만으로도 식물 생[명]의 전체를 (하나의 움직

※ 유기체들의 체계들의 조직화[유기화]는 선험적인 개념들에 따라서 이루어질 수
   있는 구분에서 다시금 그 자체로 자연과학의 형이상학적 기초원리들에서 물리학
   으로의 이행에 속한다. 이 구분에 따른 분류의 질서에서 피조물[생물]의 한 종[種]
   은 **다른 종을 위하여** 현존한다. ― 사람들은 이 조직화를 전진하는 세계조직화
   [우주유기화]라고 부를 수 있겠고, 그것도 목적들의 체계 안에서 그러하다 하겠다.
   이와 함께 사람들은 자연을 최상부에서 배치하는 사고하는 존재자를 유추하여
   표상할 수 있다. 이 존재자는 감각할 수 있을 뿐만 아니라 이성적인 다수의 주체
   [주관]들을 처음에는 일차로 가정[家庭]적인 다수로, 그다음에는 민중의 공동체
   로, 마침내는 국가로 조직한다. ― 모든 형성의 무형식적인 바탕[토대]으로서의

일 수 없는 바탕[토대] 위에서) 재생산하니 말이다. 그러나 생명 있는 물체(즉 동물)의 경우, 일부 사지를 잃은 전체가 복원되지 않는다.

왜 언제나 둘의 혼합을 통해

밀턴의 남성성

빛[35]

xx에서 물리학으로의 이행은 운동력들의 하나의 체계로의 지시이다. 그것도 1) 주관적 체계로, 2) **저** 체계의, 가능한 경험의 원인, 즉 바탕[토대]: 모든 것을 채우는 열소와의 합치 원리의 체계의 객관적 체계로. 그 전체와 함께하는 이것은 a 분배적, b.) 집합적 보편성.

토양은 그를 통해 처음에는 그 형성들의 물질의 하나의 내적 합목적성을 수반하는 식물들로 틀이 잡힌다. **식물계(생장하는** 것들)의 부류는 매우 다양하게 (살아 있는 물체들의) 여러 종의 **동물들**을(예컨대, 동토의 이끼는 순록을) 위해 있다. 끝으로 이 이성 없는 동물 종들은 인간을 위해 있다. ― 이 인간들도 어쩌면 의도적으로 종족들―그들 중 다수는 지금의 자리를 내주는 데 이르기까지 멸망했을지도 모른다―의 특이성을 위해 지정된 것이다: 그래서 린네의 외적 명칭들의 **명목체계**의 기초에 하나의 보편적인 내적 조직화 체계와 그것을 목적으로 하는 하나의 능동적 원리가 놓여 있다. ― ― 마침내 사람들은 심지어는 전 지구 자체를, 살아 있는 물체로는 아닐지라도, 하나의 유기체로 생각할 수도 있겠다: 이것의 진보하는, 혁명들이 사이사이 있으면서도 합목적적인 형성은[이것들이 지금 땅속 깊이 묻혀 있는 다른 형식들(예컨대, 단지 옛적에 실존했던 것으로 보이는 바다의 조개류, 더 큰 다른 모양의 육지 동물들의 뼈들, 채소들 또는 이것들의 각인[刻印]들)의 옛 유기체들의 증거로서 상기하도록 제시하는 바와 같은] ― 이것의 형성은 그 전체에 있어서 하나의 유기조직화의 원리를 제공하는바, 이 전체는 기계적//합목적적으로 형성해가지만, 우리의 지성에 의해서는 그것 이상으로 그 통일성이 조감될 수 없다.

---

35) Milton의 *Paradise Lost*, Bk.VIII, 150: "Male and Femal Light"를 다시 언급하는 것으로 보인다. 앞의 XXI349의 언급과 그에 대한 역주 참조.

제5묶음, 전지9, 4면

§

유기체의 개념과
그 내적 가능성에 대한
상세 규정

사람들은 유기체를 첫째로 》하나의 전체의 내부에서 그것의 각각의[모든] 부분이 다른 부분을 위해 현존하는《 그러한 물체라고 정의할 수 있다. 여 XXI569
기서 이 설명은 분명히 **목적들**(目的因들)에 대한 지시를 함유한다. — 그러나 사람들은 둘째로는 그들의 정의를 다음과 같이 할 수도 있다: '**유기체란 그 것의 전체 이념이** 그 부분들의 운동력들(作用因들)의 견지에서 **그 부분들의 가능성에 앞서가는** 물체'라고.

그러므로 하나의 유기적 자연물체는 **기계**(즉 그 형식의 면에서 **의도적으로** 형성된 물체)로 생각된다. 무릇 **의도**를 갖는다는 것은 물질의 능력일 수가 결코 없으니 말이다. 잡다한 표상들을 '하나의' 의식에서 연결하는 것은 하나의 주관의 절대적 통일[성]이기 때문에, 그러한 물체가 자기의 [유기]조직을 한낱 물질의 운동력들로부터 가질 수는 없다. 하나의 단순한, 그러니까 비물질적인 존재자가, 감성세계의 부분으로든 감성세계 바깥의 이와는 구 XXI570
별되는 운동자로든, 상정되지 않을 수 없다. (무릇 물질은 자기 자신을 조직[유기화]할 수도 없고, 목적들에 따라 작용할 수도 없으니 말이다.) 과연 (흡사 세계영혼과 같은) 이 존재자가 지성을 지니는지, 아니면 한낱 그 작용결과의 면에서 지성과 유사한 하나의 능력을 지고 있는지, 이에 관한 판단은 우리 통찰의 한계 바깥에 있다.

그럼에도 유기체들이라는 명칭은, 그 대상이 우리에게 파악[이해]될 수 있든 없든, 선험적으로 자연과학의 형이상학적 기초원리들에서 물리학으로의 이행에서 그저 밖에 머무를 수는 없는 개념들의 부류에 속한다.[※]

동토 지역의 이끼는 순록을 위해서, 순록은 모피를 위해 … 현존한다.

자연과학의 형이상학적 기초원리들에서 물리학으로의 이행은 바로 열소의 이념을 통해 일어나며, 그렇기 때문에 열소는 한낱 가설적인 것이 아니라, 유일하게 모든 공간 중의 모든 물체들을 합경험적으로 이끌고, 연속적으로 퍼진, **하나의 경험**에서 **연관 짓는** 원소/소재이지 않을 수 없다.

엄지가 전체 인간을 가리키는 것에 대하여.

모두 양성[兩性]을 통해서만 그 종을 보존할 수 있는 유기 생물들에 대하여. 왜?

과연 천체의 전체에서도 그러한지. 밀턴

제5묶음, 전지10, 1면

둘째 구분
물체들 일반을 위한
물질의 종차[種差]에 대하여

만약 특유의 질을 갖는 어떤 물질의 현존에 관해, 과연 그것이 선험적으로 증명될 수 있는지(입증 가능한지), 아니면 단지 경험적으로 증명될 수 있

※ 자연은 물질을 한낱 종[種]에서뿐만 아니라 급[級]의 면에서도 매우 다양하게 조직한다. ― 상기하지 않을 수 없거니와, 지층과 암석층들에 있는 지금은 소멸한 옛적의 동식물류의 표본들이 활발하게 생산하는 지구의 지금은 낯선, 옛날의 산물들의 증거물을 제시할 수 있을 것이다. 오히려 이것의 조직화하는 힘을 서로를 위해 창조된 식물들의 전체도 갖는다. 그리고 ― ― ― ― 동물류들은 그렇게 조직되어, 그것들은, 인간도 예외 없이, 서로 한 연쇄의 항들로서 하나의 원/권역을 형성하거니와, 한낱 그 명목성격(유사성)에서뿐만 아니라 실재성격(인과성)의 면에서 현존을 위해 서로를 필요로 해서 그러하다. 이것은 (미지의 목적들을 위한) 항성계의 세계[우주]조직 자체를 가리킨다.

는지(蓋然的인지) 하는 물음이 제기되면, 우리는 그것에 대한 인식의 가능성의 **주관적** 조건들만을, 다시 말해 그러한 대상에 대한 하나의 **경험**의 가능성의 조건들만을 기대할 수 있다. — 그래서 오직 '하나의' 경험이 있다. 만약 **경험들**이 이야기된다면, 그것은 잡다한 지각들의 **분배적** 통일을 의미하는 것으로, 그것들의 객관의 일관된 규정에서의 **집합적** 통일을 뜻하는 것이 아니다. 그래서 이로부터 나오는 결론은, 만약 우리가 선험적으로 경험 대상들에 관해 판단하고자 한다면, 우리는 단지 대상에 대한 표상의, 그 대상에 대한 경험의 **가능성**의 조건들과의 합치의 원리들만을 요구하고 기대할 수 있다는 것이다.   XXI572

그러나 자연과학의 형이상학적 기초원리들에서 물리학으로의 이행에는 다음과 같은 피할 수 없는 과제가 있다. 곧 과연 세계공간[우주]에 전반적으로 (그러니까 또한 모든 물체들에 침투하여) 퍼져 있는, 사람들이 열소라고 부를 수 있는 — 그럼에도, 그것은 지각으로서 한낱 표상에 있는 주관적인 것과 관련한 것이기 때문에, 따뜻하게 하는 어떤 느낌을 고려해 넣지 않고서 —, 하나의 원소/소재가, 내가 그러한 원소/소재를 물질의 모든 운동력들의 바탕[토대]이라고 말하든 어떻든, 있는지 또는 있지 **않은지**: 또는 그러한 것의 실존은 의심스러울 따름이며, 그러한 것은 한낱 가설적 원소/소재로서 물리학자들에 의해 단지 어떤 현상들을 설명하기 위해 상정되는 것인지. — 이 물음은 체계로서의 자연과학을 위해서는 매우 중요하며, 특히 그것이 자연과학의 기본[요소]체계에서 세계체계[우주계]까지 지시할 경우에는 그렇다.

만약 가능한 경험의 **전체**의 통일성이 (언급한 속성들을 가진) 그러한 원소/소재의 실존에 의거한다는 것을 증명할 수 있으면, 그것의 현실성 또한 경험을 **통해서**는 아닐지라도 선험적으로, 즉 순전히 경험의 순전한 가능성의 조건들로부터 경험을 **위해서** 증명되는 것이다. 무릇 물질의 운동력들은 하나의 가능한 경험에서 지각들의 집합적//보편적 통일에, 오직 그것을 통해 주관이 외적으로 그리고 내적으로 '하나의' 개념 안으로 통일되어 자기 자신을 촉발하는 한에서만, 합치할 수 있으니 말이다.

이제 외적 경험의 전체의 개념은 집합적 통일성에서 결합된 물질의 모든 가능한 운동력들을 전제하며, 그것도 가득 찬 공간에서 그러하다. (무릇 물체들 안이든 밖이든 빈 공간은 가능한 경험의 대상이 아니니 말이다.[※ 36] 그러나 이 전체 개념은 또한 감관대상으로서의 **주관**에 작용하는 모든 물질의 **항구적**인 운동을 전제한다. 무릇 이 운동이 없이는, 다시 말해 저것의 작용결과인 감각기관들의 흥분 없이는 어떤 감관객관에 대한 지각도, 그러니까 또한 오직 저것에 속하는 형식을 함유하는 것인 어떠한 경험도 생기지 않으니 말이다. ─ 그러므로 공간에는 항구적으로 제한 없이 퍼져 있으면서 자기 자신을 촉진하는 특수한 원소/소재가 경험대상으로 (비록 그것의 원리에 대한 경험적 의식은 없지만) 있다. 다시 말해 열소는 **현실적**[실제적]으로 있으며, 한낱 어떤 현상들의 설명을 위해 지어낸 것이 아니라, 오히려 (경험에서가 아니라) 하나의 보편적인 경험원리에서 동일성의 원칙[동일률]에 따라(분석적으로) 입증될 수 있는, 선험적 개념들 자체 안에 주어진 원소/소재이다. ─ 무릇 감관을 움직이는 힘을 통해 주관의 기관들 안에서 xxx 움직인다 xxx

'하나의' 경험의 가능성의 주관적 원리들에서 경험적 개념의 연역, 이 경우 이 경험[의 가능성]은 동일률에 따라(분석적으로) 하나의 선험적 인식을 형성한다.

운동력들의 하나의 집합적 통일성 안에서 지각들의 분배적 통일성. ─ 저 원소/소재가 경험들을 위한 바탕[토대]이다.

외적 경험 자체가 주관 자신을 촉발하는 물질의 운동력들에 의거한다. '하나의' 경험 안에서 이 인상들의 연결의 형식[적 요소].

---

36) 여기에 원주 기호는 있으나, 해당하는 원주 내용을 찾아볼 수 없다. 그리고 바로 앞의 문장을 묶는 괄호 '('에 대응하는 닫는 괄호 ')'도 없다.

제5묶음, 전지10, 2면

주해 1

경험을 위한 소재로서의 외적 지각은 그 자체로는 주관에서의 물질의 촉 진하는 힘들의 작용결과 외의 다른 것일 수 없다. 그러므로 이 힘들은 선험 적으로 전제되지 않을 수 없다. — 그러나 빈 공간은 (감싸인 것이든 휩싸는 것이든) 가능한 경험의 대상이 아니다. 그러므로 가능한 경험의 주관적 분 석적 통일은 동시에 경험의 대상들의 객관적 종합적 통일이다. — 외적 경 험 자신이 (물리적 물체인) 주관을 움직이는 물질들의 힘들에 의거한다. 다 만 이것들에 의해 야기된 주관에 대한 지각들의 분배적 통일이 그를 위해 필요한 운동하는 힘의 집합적 통일로 경험의 전체 안에서 통일/하나(총체 성)의 형식에 따라서 생각이 되고, 그리하여 감관들을 움직이는, 주관적으 로 생각된, 그 소재가 바로 그 때문에 객관적으로도 경험의 대상으로 단적 으로 주어진다.

XXI574

주해 2

앞의 명제의 증명은 그 방식이 **유일무이**한데, 그럼에도 이것이 기이할 것까지는 없다. 왜냐하면, 물질의 운동력들에 대한 개념들이 관계 맺어지고 있는, '하나의' 전체 경험의 객관 자체 또한 **단일한** 것이기 때문이다. 이와 함께 근본적으로는 절차가 간접적으로 진행된다. 다시 말해 명제의 진리가 반대의 불가능성에 의해 밝혀지고 있다. 곧 반대의 경우 빈 공간이 가능한 경험의 대상이 될 터인데, 이것은 모순이기 때문이다.

그러므로 열소는 그 자체로만 그리고 객관적으로 생각하면 하나의 순전 히 가설적인 원소/소재이나, 그 개념은 주관적 실재성을 가지며, 이것이 또 한 선험적 원리로서의 그것의 보편성을 손상하지 않는다. 이념은 가능한 경험의 대상이 아니지만, 그럼에도 그것의 **바탕**[토대]이다. 왜냐하면, 가능한 경험의 전체의 종합적 통일성은, 그 전체의 개념이, 하나의 전체성인 그 (경험들의) 연결을 가능하게 하기 위해서는, 형식적 원리로서, 다시 말해 선험적으로 지성 안에서 모든 경험에 선행함으로써, 객관적 실재성을 갖기 때문이다. 이 바탕[토대]이 주관의 표상능력 안에 있다. 그러나 이 주관은 가능한 경험 일반의 전체의 통일성에 맨 먼저 관계되어 있고, 경험표상들은 다른 것이 아니라 이 형식 안에서 마음 안으로 들어올 수 있는 것이기 때문에, (물질의 운동력들을 통일하는 바탕[토대]으로서의 열소라는) 이 통일체의 개념 또한 객관적 실재성을 갖는다. 무릇 그에 의해 주관이 촉발되는 하나의 감관객관의 표상의 실존조차도 맨 먼저 운동하고 있는 한 물질의 운동력들의 작용결과이니 말이다.

물리적 물체는 오직 경험을 통해서 인식될 수 있는 그러한 물체이다. 수학적 물체는 선험적으로 3차원의 제한된 공간으로서 인식되는 물체이다. 전자는 후자를 전제한다.

물질의 원시적 운동은 場所移動의(장소변화하는) 것이 아니라, 오직 자기 자신의 자리에서 자기의 부분들의 인력과 척력에 의해 운동할 수 있고 운동을 촉진하는 그러한 운동이다. 이로써 운동이 개시된다. 두 운동은 스스로 내적으로 일어나는 하나의 시작을 전제한다. 파생적 운동은 가능한 경험의 하나의 객관인 운동이다. 이 운동이 공간을 외적 감관객관의 바탕[토대] 일반으로 알기 쉽게 만듦으로써 그러하다. 또한 선행하는 운동들이 없으면 빈 시간이다.

보편적으로 퍼져 있고 깊숙이 침투하는 열소를 통한 세계물체[천체]들 서로 간의 상호작용은, 그것들 안에서 아마도 이 열소가 채운 공간이 계량할 수 있는 물질의 공간에 비해 거의 무한하게 클 수 있어서, 빛이 어디든지 통과하고, 실체로 있지 않고, 진동으로 있다.

제5묶음, 전지10, 3면

그것의 운동력이 물체를 형성하는 물질이 있음이 틀림없다. 이제 물음은, 사람들이 이러한 물질이 원초적으로 운동하고 형성적이기 위해서 어떤 성질을 갖는다고 생각하는가이다.

열소에 대하여 XXI576

어디에나 퍼져 있고 모든 것에 침투하며, 세계공간[우주]을 채우고 있는 항상 운동하는 하나의 물질을 상정[수용]하는 것은 하나의 가설이다. 이 가설은 어떠한 경험에 의해서도 입증되지는 않지만, 근거를 갖는다면, 선험적으로 하나의 이념[관념]으로서 이성에서 생겨나오지 않을 수 없다. 어떤 현상들을 **설명하기** 위해서든 ─ 이런 경우에는 저 물질이 순전히 **가설적 원소/소재**로서 단지 **생각되는** 것이다 ─, 이것이 **요청되어야** 하는 것이든 말이다. 왜냐하면, 물질의 운동력들은 어떤 운동으로부터인가 촉진[시발]을 개시해야 하기 때문이다.

사람들이 쉽게 알 수 있는바, 그러한 원소/소재의 실존은 경험의 대상으로서, 경험에서 **도출**[연역]**되는**, 다시 말해 경험적으로 입증될 수 없지만, 그럼에도 가능한 경험의 대상으로 요청되지 않을 수 없다. 또한 이는 조건부로 간접적으로 선험적으로 일어날 수도 있다. 만약 감관객관 일반이 전혀 **가능한** 경험의 대상이 아니라면 말이다. **빈** (감싸는 또는 감싸진) **공간**이 그러한 것일 터이고, 또한 이러한 물질의 운동에 선행하거나, 역시 아무것도 아닌 그 사이에 들어가 있는 절대적 정지에 의해 삽입된 것일 터인 하나의 **빈 시간**도 이러한 것이다.

그러나 객관적으로는 오직 '하나의' 경험이 있고, 만약 **경험들**이 이야기된다면, 이것들은 단지 주관적인 것으로서 **부단한** 일련의 가능한 지각들에서의 사물들의 현존에 대한 연결된 표상들이다. 무릇 이것들 사이에 하나의 빈자리가 있다면, 하나의 틈(間隙)이, 실존의 일 막(幕)에서 다른 막으로의 이월이, 그러니까 경험의 실마리의 통일성이 깨어진 것이겠고, 이를 표상하기 위해서는 이러한 사건에 대해 다시금 경험이 있어야만 할 것이나, 이는 불가능하다. 왜냐하면, 부재(不在)/비존재는 경험대상일 수가 없기 때문이다.

§

그러나 가능한 경험을 위한 외적 **지각들**은 (아직 연결의 형식이 없기는 하지만) 그 자체가 다름 아니라 지각하는 **주관**에 대한 물질의 촉진하는 힘들의 작용결과이다. 그리고 감관들의 어떤 객관들이 경험의 대상들이 될 수 있고 없는지를 아직 묻기도 전에, 단지 그 연결의 형식, 다시 말해 가능한 경험의 **형식적인 것**(요소)이 논의거리이다. 문제는 이 형식에 맞는지 안 맞는지이며(形式이 事物에게 本質/存在를 附與한다), 여기서 다루어지는 것은 경험의 집합적 통일과 그 조건들이다. 객관의 일관적인 규정에서 경험의 통일성이 동시에 그 객관의 현실성이다.

만약 이제 당초에는 어떤 단지 가설적으로 상정된 원소/소재가 가능한 경험의 대상으로 생각된다면, 그것의 부속물들의 부합은, 만약 그것의 개념이 동시에 동일률에 따라 그것의 일관된 규정을 함유한다면, 동시에 그것의 현실성의 하나의 증명이다.(實存은 全體 規定이다.) 이 현실성은 서로 결합된 힘들의 모두에 상관하니, 그 단일성(單一性)인즉, 그것의 각각의 전체는 다른 체계들과의 공간관계에서 이것들과 함께 각각의 물질의 운동력들과 관련하여 경험의 가능한 모든 대상들의 하나의 절대적 전체와 절대적 통일을, 그러나 이로써 동시에 하나의 그러한 전체의 실존을 이루며, 이것의 인식 가능성 그러니까 그러한 것의 현존을 선험적으로(필연적인 것으로) 밝혀낼 가능성이 그것의 귀결이다.

모든 것을 포괄하는 '하나의' 경험의 객관은 자신 안에 주체적으로//운동하며, 그러니까 감성적으로 촉발하면서 지각들을 일으키는 물질의 모든 힘들을 함유하는바, 이것들의 총체를 열소라고 일컬으며, 이것이 보편적인 힘을 야기하는 바탕[토대]인 것이다. 이 바탕[토대]이 모든 (물리적) 물체들 그리고 그와 함께 또한 주관 자체를 촉발하며, 경험적일 수 없는 이에 대한 종합적 의식에서 끌어당기고 밀쳐내면서 감관들을 움직이는 이 힘들의 형식적 조건들이 전개된다.[※]

이제 여기서 과연 하나의 모든 것에 침투하는 운운의 **요소원소/소재**가 있느냐는 물음에서 관건이 되는 것은, 저 원소/소재를 하나의 종합적//보편적 경험의 대상으로 갖는, 감관객관에 대한 수용성의 주관[적인 것]이고, 과연 저 원소/소재가 저러한 본질속성들을 가지고서 **그 자체로** 실존하는지가 아니라, 과연 이것에 대한 경험적 직관이 '하나의' 가능한 경험의 전체에 속하는 것으로서 저 본질속성들을 자기의 개념 안에 이미 (동일률에 따라서) 함유하고 있는지이며, 그것도 단지 인식능력과 **상관해서**, 그것이 이념[관념] 중에 가능한 경험의 전체를 하나의 전체 표상 안에 포함하고 있고, 그래서 선험적으로 주어져 있는 것으로 생각하지 않으면 안 되는 한에서 그렇다는 것이므로, 저 원소/소재는 주관적으로는 '하나의' 경험의 전체에 대한 표상의 바탕[토대]으로서, 또한 객관적으로는 물질의 운동력들의 통일의 한 원리로서 타당하지 않을 수 없다. ― 열소는 실제로 있다[실재한다]. 왜냐하면, (우리가 그것에 부가하는 본질속성들을 가진) 이것의 개념이 경험의 총체를 가능하게 하기 때문이다. 지각된 객관들을 위한, 그것들의 현상들을 **설명하기** 위한 가설로서가 아니라, 직접적으로 경험 자신의 가능성을 정초하기 위해서 열소는 이성에 의해 주어져 있다.[※※]

XXI579

[※] 지성이 스스로 **만든** 것을 통해서만 주관은 자기의 대상을 이해한다. 이것이 '하나의' 가능한 경험에서의 지각들의 총체의 형식[적인 것]이다. ― 빈 공간은 가능한 경험의 대상이 아니다. 그러므로 물질에 의해 일관되게 실체적으로 차지된 공간뿐이다. 빈 시간은, 다시 말해 **운동 없이**, 따라서 (공존과 연이음에 관해) 감관객관이 아닌 한에서의 운동할 수 있는 것 자체의 실존은 마찬가지로 가능한 경험의 대상이 아니다.

그러므로 **가득 찬** 공간(原子)과 빈(空虛한) 공간으로부터는 이제 원자론이 하고 싶어하는 것과 같은 물체들의 종별적 밀도의 차이에 대한 설명이 주어질 수 없다. 왜냐하면, 한편으로는 원자라는 것은 없고—무릇 모든 물체 부분은 언제나 다시금, 무한히 가분[可分]적이다—, 다른 한편으로는 빈 공간은 가능한 경험의 대상이 아니기 때문이다. 그러니까 그러한 구성요소들에 의한 운동력들의 하나의 전체라는 개념은 유지될 수 없는 경험개념이기 때문이다.

그러므로 집합적//보편적 경험의(지각들의 종합적 통일의) 객관은 **주어져** 있다. 그 반면에 주관이 그에 대한 (가능한 경험의 분석적 통일이라는) 하나의 개념을 만드는 분배적//보편적 경험의 객관은 이제 한낱 생각되는 것이다. 왜냐하면, 그것은 한낱 경험의 형식에 속하는 것이기 때문이다.

에테르의 거대한 파동들이 있는 것으로 보이는데, 이 파동들이 도정의 한 부분에서 거대한 속도를 일으키고, 일정한 간격으로 속도를 줄이기 위해, 전기를 일으킨다. 그 안에서 천체들이 운동하는 공간의 크기에 따라 무한히 더 큰 시기들을 형성하는 것은 진동들이다.

천체들의 운동력들에 대하여. 1. 모든 천체들의 달[위성]은 자기의 공전의 시간에 동시에 자전한다. 2. 모든 행성들도 똑같은 속성을 가지고 있다. 3. 그것들 모두 원심성을 가지고 있어야 한다. 4. 더 먼 거리에는 그러한 체

※※ 하나의 사물의 실존에 대한 이러한 간접적 증명방식은 그 방식에서 **유일무이**하고, 그 때문에 기이하기도 하다. 그러나 이러한 것의 대상 또한 **단일**하며, 이 개념이 더 많은 것들과 공유하는 바가 없다는 점을 고려하면, 이 증명방식이 기이하다는 느낌이 줄어들 것이다. 무릇 오직 하나의 공간과 오직 하나의 시간이 (순수 직관의 객관들로서) 있듯이, 외적 사물들의 지각의 인과성 분야에도 오직 하나의 가능한 외적 경험의 대상이 있다. 무릇 모든 이른바 **경험들**은 언제나 단지 모든 것에 펴져 있는 무제한적인 열소에 의한 '**하나의**' 경험의 부분들로서 있으니 말이다. 이 열소는 하나의 체계 안에 결합된 모든 세계물체[천체]들을 교호작용의 상호성[상호관계]에 들여놓는다.

계를 형성하는 것이 점점 더 많다.

가령 모든 유기체들은 자연에서 오직 양성〔兩性〕을 매개로 번식하고 자기들의 유〔類〕를 영구화하는 것처럼.

제5묶음, 전지10, 4면

사람들은 근원적인 인과결합에서 부분들에서 전체로가 아니라, 오히려 거꾸로 전체의 이념에서 부분들로 나갈 수 있다. ― 모든 세계체계〔우주계〕들의 통일성과 그것들의 상호작용〔상호성〕.

많은 경험들이 아니라(한낱 지각들인 것과), 오직 **하나의** 경험.

소극적으로 빈 공간의 부재/비존재를 통해.

───────

그 운동력들이 하나의 주관〔주체〕 안에서 통일되어 모든 경험들에서 '하나의' 총체경험을 만드는 물질은 모든 경험들의 바탕〔토대〕이다. 〔그것이〕 열소이다. 그래서 열소는 모든 것에 침투하고 운운한다.

이 물질은 하나의 직접적인 (객관적) 지각의 대상이 아니다. 바로 왜냐하면, 그것은 모든 것에 침투하지만, 전적으로 주관적인 것인 어떤 느낌〔감정〕의 것이기 때문이다. 이 원소/소재는 그 방식에 있어 단일하다. 모두임.

운동력들의 관계들의 형식은 그것들이 그에 따라 선험적으로 '하나의' 경험을 위해 합치하는 그 형식에 정향된다는 것. 왜냐하면, 이 주관적 법칙성이 경험의 이 객관적 전체를 가능하게 하는 바로 그것이기 때문이다. 그리고 그 속성들이 모든 것에 퍼져 있고, 모든 것에 침투하고, 언제나 운동한다는 열소의 이념〔관념〕이 다름 아니라 '하나의' 경험인 한에서 경험에서 물질의 운동력들의 보편적 바탕〔토대〕이라는 것. XXI581

주해

열소의 실존에 관한 물음에서, 만약에 그 실존이 선험적으로 인식되어야 한다면, 중요한 문제는 어떻게 객관이 아니라, 어떻게 이 객관에 대한 경험이 (그 객관의 집합적 통일성에 따라) 객관에 대한 총체개념으로서, 그러므로 주관적으로 가능한가이다.

이 실존의 증명은 간접적이고, 또한 곧 오직 무엇이 가능한 경험의 대상이 아닌지를(빈 공간과 소재의 운동이 없어서 소재가 비어 있는 시간을) 지적하는 것 외에 다르게는 수행될 수 없다.

제5묶음, 전지11, 1면

과제의 해결에서, 곧 운동력을 갖춘 물질로서의 열소의 실존에 관한 물음의 해결에서, 만약 이에 관해 선험적으로 판단이 내려져야 한다면, 중요한 것은, 어떻게 (質問의) 객관이 아니라, 어떻게 이것의 총체개념으로서의 이것에 대한 경험이 이것의 집합적 통일에서, 곧 '하나의' 경험에서, 그러니까 주관적으로 가능한지를 결정하는 일이다. 무릇 이 개념이 '하나의'의 개념의 (경험의 통일성의) 가능성의 조건들과 합치한다면, 저 대상은 주관적으로 실제적인 것이니 말이다. 무릇 여기서 묻는 것은 주어지는 대상이 아니라, 오직 대상에 대한 우리의 인식이니 말이다. 그리고 이것이 경험에서 개념들이 아니라, 개념들에서 경험을 도출하는 일인 우리의 과제 해결을 위해서는 충분한다.

주해

이 증명은 간접적이다. 그것은 반대 불가능을 통해 명제를 증명하고 있다. 그러나 반대는, 개념들의 논리적 대립, 분석적인 것이 아니고, 서로 반작용하는 힘들의 실재적 대립, 그러니까 경험 가능성에 속하는 것으로 표상되는, 종합적인 것이다.(여기서 서로 대립하고 있는 것은 a와 a 아님이 아니라, a와 −a이다.)

XXI582

예비학

어떤 다른 영역으로의 비약이 아닌, 자연과학의 형이상학적 기초원리들에서 물리학으로의 **이행**은 '하나의' 경험에서의 물질의 운동력들의 잡다를 연결하는 주관적 원리에서 개시하며, 이 총체통일(集合的 全體)의 객관, 즉 운동력들의 전체의 이념이 그 객관에 대한 곧 물질에 대한 모든 가능한 경험개념들의 대상의 모든 부분 부분 일관된 규정(分配的 全體)의 바탕[토대]이다. 무릇 물리학은 표상들 전체의 하나의 체계를 위한 모든 **경험적** 표상들(모든 지각들)의 공동질서[37]에 대한 학문이다. 그런데 이 체계를 위해서는 이 일관된 연결의 형식이 오로지 선험적으로 지성을 통해 주어져 있다.

경계 짓는 것으로서의 물질의 두 전체 사이의 빈 공간과 두 순간 사이의 빈 시간은 가능한 경험의 대상들이 아니다. 무릇 부재/비존재는 지각될 수 없고, 그러니까 이로부터 다음의 명제가 나온다:

모든 지각들의 집합적 전체로서, 다시 말해 **하나의** 모든 것을 포함하는 가능한 경험으로서 외적 경험이 **있다.** 우리 바깥에 하나의 감관객관이 실존하거니와, 이에 대한 **지각**을 위해서는 외적으로 운동하는 물질의 힘들이 요구되며, 이에 대한 하나의 주관에서 결합된 경험적 표상이 경험의 통일성을 함께 이룩하는 모든 현상들의 **바탕**[토대]이다.

XXI583

그런데 무엇인가 어떤 물질에 의한 주관의 감관들의 촉진[시발]이 오로지 외적 지각들을 가능하게 하는 것이고, 이 운동력들은 선험적으로, '하나의' 경험에서 빈틈없이 — 다시 말해, 사이에 섞여 있는 **빈** 것 없이, 이러한

---

37) 원어: Zusammenordnung.

것은 가능한 지각의 대상이 아니니까―, 하나의 절대적 **전체**에서 결합되어 있는 것으로 생각되지 않을 수 없다. 물론 이 전체라는 것 그 자체도 가능한 경험의 대상은 아니다. ― 그러므로 가능한 경험의 대상의 전체의 이 종합적 통일의 원리는 순전히 **주관적**인 것이다.(대상 표상 바깥의 **합성된 것**〔합성체〕의 가능성의 원리가 아니라, **합성함**〔합성작용/합성자〕의 원리이다.) ― 이 객관적 실재성(외적이면서 동시에 전체 포괄적인 경험의 객관이자 운동력들 전체를 함유하는, 공간상의 한 원소/소재의 현존)은 동일률에 따라, **논리적**으로 정초된 것이지, 가설에 의해 특정 현상들을 설명하기 위해 **물리적**으로 정초된 것이 아니다. 무릇 形式的으로 **가능한** 경험 일반의 통일에 필요한 것이 또한 實在的으로 경험 안에 함유되어 있다. 다시 말해 이 원소/소재의 전체는 실제로 있으며, **물리학**의 객관이다.[※]

XXI584   열소는 補助 가설이 아니라 根本的⁴⁰⁾ 가설이다. 그러므로 가언적으로, 다시 말해 조건적으로 주어진 것이 아니라 정언적〔단정적〕으로 주어진 원소/소재이다.

온전히 조밀해서 다른 모든 물질에 대해 침투불가한 물체들 안에는 열소가 없다는 것, 그러나 또한 열을 막을 수 있는 냉〔冷〕도 없다는 것.

※ 가능한 경험의 질료적 원리들(즉 지각들)이 단지 일부가 경험판단들³⁸⁾을 제공하는 경험적 판단들³⁹⁾을 준다. 그러나 형이상학에서 물리학으로의 순전한 이행에서 형식의 면에서의 그 합성의 원리는 따라서 선험적으로 주어져 있지 않으면 안 된다. 물리학의 한 객관을 '하나의' 경험을 위한 운동력들의 모든 결합의 바탕〔토대〕으로서 質料的으로 주관의 표상 안에서 요청하기 위해서는 말이다. 무릇 가능한 경험의 전체의 절대적 통일의 한 객관이기 위해서는 경험의 대상에 대한 경험마저 있고, 이 대상의 규정들의 전체(全體的 規定)로서 대상의 실존이 있으니 말이다.
　무릇 절대적으로 **전체의** 공간을 차지하는 것은 외부로 옮겨질 아무런 자리를 갖지 않는다.

---

38) 원어: Erfahrungsurteile.
39) 원어: empirische Urteile.
40) 원어: originaria.

자연과학의 형이상학적 기초원리들의 물리학으로의 이행. 물리학 즉 그 형식이 선험적으로 주어져 있는 경험적 자연인식의 체계(물질의 운동력들의 체계). 이 학문의 영역은 경험적이다.

첫째 과제는 열소의 개념이다. 가능한 경험의 객관의 전체에서 가능한 경험의 조건의 전체로 나아가게 되니 말이다.

이 물질의 촉진하는 힘들 1. 공간상의 원소/소재의 전체성(종합적 보편성)에서. 인력을 통해 자기 자신을 제한하는. 2) 최초로 개시하는. 3) 끊임없이 계속하는. 무릇 경험은 멈출 수 없고, 빈 시간은 가능한 경험의 대상이 아니니 말이다.

열소의 실존은 하나의 경험의 가능성의 바탕[토대]이다.

제5묶음, 전지11, 2면

§

이 원소/소재의 본질속성들은 ─ 이것은 모든 것을 포함하고, **단일**(單一)하며, (하나의) 경험의 객관을 통찰하기 위한 모든 것의 바탕[토대]이기 때문에 ─ 이제 동일률에 따라 주어져 있다. 곧 이 원소/소재는 **모든 것에 퍼져 있으며, 모든 것에 침투하고, 모든 것을 움직인다.** (그러나 이 원소/소재 자신은 자기의 자리에서 운동할(移動的일)[41] 수 없다. 다시 말해, 장소변화가 없다.) 그리고 이 원소/소재는 그 자체로서 필연[필수]적이다. 다시 말해, 또한 **늘 지속**[恒續]**한다.** 무릇 永遠無窮性은 現象體 必然性이니 말이다.

사람들은 이 원소/소재를 열소라고 부른다. 이렇게 부르는 것은 이 원소/소재가 자기 주위에 **열**을 퍼뜨리기 때문이 아니다. 무릇 열은 이 원소/소재가 작용해 들어가는 물체들과의 관계에서의 모든 에너지에도 불구하고, **표상**의 객관이 아니라 단지 **느낌**[감정]과 주관적으로 관계 맺는 하나의   XXI585

---

41) 칸트 원문에는 닫는 괄호 ')'가 빠져 있다.

작용과 마찬가지로, 전적으로 결여되어 있을 수 있으니 말이다. 오히려 이렇게 부르는 것은, 이 원소/소재의 활동들의 하나가 이러한 열의 상태를 생기게 하는 데에 있기 때문이다. 이 대신에 사람들은 원소/소재가 침투하는 물체들을 확장시키는 능력으로써 이 물질을 더 잘 그 온전한 보편성에서 특징지을 수 있을 터이다. 그래서 사람들이 선험적으로 생각하는 바는, 따뜻한 공간에서는 어떠한 부분도 차가운 채로 있을 수 없으며, 만약에 저 물질 바깥에 이 물질과 공동의 경계를 가진 무엇인가가 있다면, 그 물질은 그 효력을 필연적으로 외부로 전달할 수밖에 없다는 것이다. 여기서는 **접촉**이라는 말이 적합하지 않다. (왜냐하면, 이 말은 이미 자기 개념 안에 하나의 운동력을 함유하고 있으니까.) 그것은 무릇 기하학에서 接角[42]처럼 어떤 물질의 본성규정이 아니라 하나의 순전한 공간규정으로 생각되는 것이어야 할 터이다. 또한 이 물질은 특정한 물체들을 침투하는 것으로 발견되고, 천체들의 물질의 운동력들의 상호작용을 야기하는 **광소**〔光素〕에서 또 다른 명칭을 얻을 터이다. 그러나 이 모든 개념들은 모든 경험들을 하나로 결합하는, 가능한 경험의 통일의 하나의 질료적 원리를 갖는 것을 목표로 하고 있다. 이 통일과 그 형식이 없으면 경험의 연관된 전체는 생기지 않고, 그런 경우 경험은 단지 지각들의 **집합**으로서, 체계로서의 경험은 없을 터이다.

그러므로 하나의 열소가 (열이라는 주관적 속성은 별도로 하고) 실존한다. 다시 말해, 우리는, 그 대상들의 감관표상들을 일으키는, 우리 안에서 물질의 운동력들에 의해서만, 경험의 주관적 통일에 이를 수 있다. 다름 아니라 그 원소/소재를 '하나의' 가능한 경험 안에서 그 운동력들의 결합을 위해 약동시키는, 운동력들의 실존을 통해서 말이다. 이 연결이 저것의 실존의 **가설**이 아니며, 오히려 운동력들의 통일로서의 경험이 이미 자기 개념 안에 동일률에 따라 함유하는 현실성이다.

---

42) 원어: angulus contactus.

370

주해

이 **간접적** 증명은 그 방식에서 **유일무이**한데, 이를 기이하게 볼 것까지
는 없다. 이 증명은, 논리적인 것이 아니라 실재적인 **보편성**을 수반하는
단일한 대상에 관한 것이니 말이다. — 여기서 눈앞에 있는 것은, 한낱 논리
적인 것으로 객관의 실존을 도외시하는 **분배될 수 있는** 총체통일(分配的 全
體) 대신에, **하나의** 경험의 대상들의 **총체통일**(集合的 全體)이다. 이 총체통일
과 합치하는 것은 **실제적**[**현실적**]으로 있는 것이다.(존재론에서 일컫는바, 實存
은 全體的 規定이다.) 그러나 이러한 일관적 규정을 **경험적**으로 (형이상학적 기
초원리들에서 **물리학**으로의 이행에서 의도되듯이) 성취하는 일은 단적으로 불
가능하다. 그러나 아마도 가능한 경험 일반의 절대적 통일과 관련해서는,
이 개념의 객관이 외적 감관객관들의 '하나이자 모두'[43]인 한에서, 가능할
것이다. 운동력들의 저러한 체계의 바탕[토대]으로서의 열소의 연역은 하나
의 선험적 원리, 곧 '하나의' 경험의 가능성의 총체개념에서 필연적 통일의
기초에 놓여 있는 원리를 가지고 있다. 이 필연적 통일이 동시에 이 객관의
현실성을 자기동일적으로, 그러므로 종합적으로가 아니라 분석적으로, 그
러니까 선험적 원리의 귀결로서 동반한다. —

    관건은, 어떤 객관들이 우리에게 경험을 위해 주어지는가를 결정하는 일
이 아니라, 이러한 객관들을 제시하기 위해서는 경험들이 어떠한 성질을 가
져야만 하는가를 결정하는 일이다.

    '하나의' 보편적 외적 경험의 대상은 세계공간[우주]에 퍼져 있고 모든 것 XXI587
을 움직이는[늘 운동하는] 하나의 자연원소/소재이지 않을 수 없다. 그리고
이를 위한 기초는 그에 적합하게 되어 있는 한에서의 감각기관이다.

---

43) 원어: Eines und Alles. Lessing에서 발단한 범신론 논쟁(스피노자 논쟁)의 화두 "hen
    kai pan"을 칸트도 여기서 그대로 사용하고 있다.

경험은 주관을 시발하는 운동력들에 의거해 있다.

제5묶음, 전지11, 3면

이 전체에 속하는 하나의 원소/소재는 한낱 특정한 현상들의 설명을 위해 적합할 가설적 원소/소재가 아니다. 무릇 그렇다면 그것은 하나의 경험적 학문인 물리학에 속할 터이다. 그러나 이 원소/소재는 자연과학의 형이상학적 기초원리들에서 물리학으로의 **이행**을 위해서만 쓰여야 할 것이므로 이러한 견지에서 자연지식[학] 일반의 하나의 선험적으로 생각된 체계이다. 이것의 전체를 **경험적으로** 파악하고 하나의 물리학의 절대적 완벽성에 이르는 것은 모든 가능한 경험을 넘어서며, 오직 이것의 형식적 통일만을 원리로 남기는데, 그래서 자연과학의 형이상학적 기초원리들에서 물리학으로 전진하는 이행에서만 마주친다.

자신과 격리되어 언제든 방울의 형상을 취하거나 하나의 연속체로서의 그것의 부분들이 어떤 힘에 대해서도 변위될 수 있는 한 물체—그 때문에 물질 일반이 아닌—는 유동적[액체적]이다. — 팽창적 또는 견인적//유동적. 전자는 모든 유동체를 낳고, 동시에 自身에 依해 팽창적인 것.

물질의 양태는 例컨대 금이나 열소의 **불변성/불전환성**이다

관계는 깨지기 쉬운 응집 또는 신축적인 응집이다

열소는 移動的이 아니라는 것. 모세관들에서의 예

모든 외적 경험은 주관이 외적으로 물질의 운동력에 의해 촉발되는 데 의거한다. (무릇 지각의 종합적 통일이 사람들이 경험이라고 부르는 것이다.) 그러나 저 운동력들의 외적 실존은 이 자기의 작용결과에 의해 증명되는 것이다.

XXI588 외적 지각들, 그러니까 또한 그러한 경험들은 물질의 운동력들의 주관과 그 통일에 대한 영향 아래에 있다.

'하나의' **모든 것을 포괄하는** 경험의 가능성의 주관적 근거가 동시에 이 경험 자신의 대상의 현실성의 객관적 근거이다.

제5묶음, 전지11, 4면

기계적 그리고 **화학적** 〔잠〕**세력들**에 대해

공간 일반은 한낱 선험적인, 그러니까 빈 것과 가득 찬 것도 아닌 한에서의, 순수한 외적 직관의 형식의 주관적인 것〔요소〕이다. ― 그러므로 공간이 빈 것인지 가득 찬 것인지를 말하기 위해서는 이미 하나의 물질이 경험적 직관의 하나의 외적 객관으로 전제되어야만 한다. 그러나 공간이 빈 것이든 가득 찬 것이든 이러한 경험을 하기 위해서는 언제나 공간을 차지하고 있는 물질이 전제되어야만 한다. 그러므로 한 공간은 단지 비교적으로 비어 있는 것으로만 생각될 수 있다. 무릇 부재/비존재는 지각될 수 없으니 말이다.

물리학은 '하나의' 가능한 경험의 전체에서, 즉 그 분배적 통일에서가 아니라 집합적 통일에서, 자연에 대한 경험적 인식의 하나의 체계이거니와, 자연과학의 형이상학적 기초원리들에서 이러한 물리학으로의 이행에는 **열소**라고 지칭되는 모든 것에 퍼져 있고, 모든 것에 침투하며, 모든 것을 움직이는 하나의 물질의 실존이 있다. 느낌에서 기관을 주관적으로(내적으로) 촉발해서 그렇게 지칭되는 것이 아니라, 외적 감관객관인 물질의 모든 운동력들의 바탕〔토대〕이자 통일체로서, 한갓 집합(分散的)으로가 아니라, '하나의' 경험의 전체에서 하나의 체계 안에서(結合的으로) 생각되는 형이상학에서 물리학으로의 이행의 원리이다.

(저러한 본질속성들을 갖는) 하나의 독자적으로 자존하는 요소원소/소재가 **실존한다.** 이 요소원소/소재는 시발/촉진(근원적으로 운동)하되 장소변화 (移動)는 하지 않고, 내적으로 운동(內的 原動)하며, 자기 위치로부터 운동할 수 없는 것이지만, 이러한 운동을 통해 공간은 비로소 가능한 경험의 대상

XXI589

이 된다.

열소는 한낱 가설적인 원소/소재가 아니다.

이미 자기 개념 안에 가능한 경험의 통일의 원리 — 예컨대, 모든 것에 침투한다 운운 — 를 함유하는 물질이 동시에 가능한 경험의 모든 대상들의 바탕〔토대〕이며, 경험의 통일을 가능하게 그리고 필연적으로 만든다.

경험의 총체통일(集合的 全體)은 가능한 경험의 모든 대상들로 인한 하나의 외적 작용 원인을 객관적으로 운동력들로부터 만드는 것이 아니라, 지성이 주관적으로 그러한 통일을 위해 자기 자신으로부터 만드는 것으로서, 그 위에 모든 가능한 지각들의 모든 특수한 경험(分配的 全體)이 의거해 있는 바탕〔토대〕이다.

제5묶음, 전지12, 1면

물리학적//우주론적
원칙

모든 세계〔우주〕물질의
기본〔요소〕체계에 대하여

§

사람들은, **경험적 직관**의 대상인 것으로 그리고 '하나의' 경험적 직관에서의 무한한 다량의 가능한 지각들의 총괄인 것으로, 객관 즉 공간상의 물질에서 출발할 수는 없다. — 무릇 그것은 이미 경험의 하나의 체계인 물리학으로 이월한 것일 터이니 말이다. 오히려 주관 안의 지성개념에서, 이 주관이 물질의 운동력들의 하나의 전체를 **사고하는** 한에서, 출발할 수 있다. 무릇 종합적 인식의 선험적 원리들이 문제인 곳에서는 한 객관에 대한 지각들의 잡다에 대한 체계적 서술의 **형식적인 것**〔요소〕이 하나의 전체로 정돈

374

(整頓)하는 데 그 기초에 놓여 있어야 하니 말이다.

여기서 공간 자체는 비록 간접적으로, 매개개념을 통해서이기는 하지
만, 경험대상(知覺可能한 空間)으로 표상될 수밖에 없다. 3차원적인 자기 자
신의 몸을 만져봄, 또 선들을 긋고, 그것들을 점들을 통해 한계 짓고, 한계
들로서의 평면에 대해, 마침내 또한 하나의 물체적 공간에 대해 경험적으
로 표상을 하는 손운동을 통해서이기는 하지만 말이다. 이렇게 해서 사람
들은 무엇인가 공간적인 것이 실존하고, 그것이 필연적으로 결합된 지각들
의 통일을 위한 전체로서 가능한 경험의 하나의 대상이라고 말할 수 있는
것이다.

한낱 외적 감관대상으로서의 물질이 도외시될 뿐만 아니라 이것이 전적
으로 배제되어 있는 하나의 절대적으로 빈 공간은, (이런 공간이 이제 **포함되어**
있는 것이든, 물질에 **둘러싸여** 있는 것이든 간에) 가능한 경험의 대상이 아니며,
물질의 운동력들의 체계 안에서 거론될 수 없다. ─ 그러므로 원자론, 다시
말해 동일한 용적에서 물질의 양의 상이한 관계들에 따른 가득 찬 것과 빈
것의 물체합성의 가능성에 대한 이론체계(입자철학)는 물체들의 가능성의
원리를 함유하고 있지 않다. 무릇 한편으로는 어떠한 물체도, 아니 한 물체
의 어떠한 부분도 불가분적이지 않고, 다른 한편으로는 빈 것은 지각의 대
상이 아닌 ─ 무릇 부재/비존재는 지각될 수 없다 ─, 어떤 실존하는 공간
적인 것이니 말이다.

1.) 서설. 기본〔요소〕체계의 형식적 **주관적**인 것〔요소〕에 관하여.

2. 이행의 객관들의 질료적인 것〔요소〕

기계적 및 화학적 〔잠〕세력들에 대해.

모든 악의 창시자라는 세계창조주, 세계형성자에 대하여

제5묶음, 전지12, 2면

물질의 운동력들의
기본[요소]체계의
최상의 원리

》**열소**라는 명칭으로, **모든 것에 퍼져 있고, 모든 것에 침투하며, 내적으
로 완전 운동하면서**(자기의 모든 부분들에서 자기 자신을 촉진하면서), 이러한
촉진 중에 **영속한다**는 본질속성들을 가진 하나의 물질이 실존한다.《

이 명제는 경험에 기초할 수 없다. 무릇 이처럼 보편적인 것에 귀착하는
하나의 경험은 불가능하니 말이다.

촉진(추진운동)은 스스로 반복하는 운동이다.

이 과제에 자연스럽게 제2의 과제가 결합된다: 》만약 그 현존이 인용되
면, 이 물질은 단지 특정한 현상들의 설명을 위해 **상정된**, 한낱 **가설적** 원
소/소재인가, 또는 그 자체로 경험의 대상으로서 **주어진 원소/소재**인가?《
이러한 (곧 열소라는) 명칭에도 불구하고 사람들이 꼭 **열**의 원인이라는 속성
에 구속될 필요는 없다. 무릇 이러한 성질은 단지 그 물질의 작용들과 변양
들의 하나일 뿐으로, 본래적으로 물어지는 것, 곧 하나의 특수한 실체가 아
니니 말이다.

정립[定立]

'**하나의**' 오로지 가능한 **경험**의 대상에 외감들의 하나의 보편적 객관이
실존한다. 만약 (複數의) **경험들**이 이야기된다면, 이 경험들이란 **지각들**의
하나의 집합 이상의 것을 의미하지 않는다. 이 지각들은 하나의 이성개념에
의해(따라서 선험적으로) 그것들의 잡다를 '하나의' 경험으로 통일하는 형식
적 원리에 따른 하나의 경험의 전체로, 즉 일관되게 서로 결합된 것으로서

생각되거니와, 그렇듯이 주어진 표상들의(물질 일반의 운동력들의) 결합의 형식적인 것의 주관적 원리가 질료적인 것(이 힘들 자체)에 선행한다.

객관적으로 오직 '하나의' 경험이 있으며, 모든 지각들은 이것들 전체의 지어낸 것이 아니라 주어진 하나의 체계 안에 있다. 다시 말해, 》물질의 운동력들의 체계로서 하나의 절대적//전체가 실존한다. 무릇 그러한 체계의 개념은 객관적으로 하나의 경험개념이며, 그러니까 그러한 하나의 대상은 **현실적으로**[실제로] 있다.《 (여기서, 그러나 또한 오직 이 유일한 경우에만, 말할 수 있는바, 可能에서 存在로의 推論이 妥當하다.) 이 개념은 그 방식에서 **유일무이**(唯一無二)하다. 바로 그것의 객관이 또한 **단일하기**(單一 槪念이기) 때문이다. 무릇 물질의 **모두**는 모든 가능한 경험의 절대적 통일에 속하는 개념들의 하나의 분배적 보편성이 아니라, 집합적 보편성의 특징을 가지니 말이다.

제5묶음, 전지12, 3면

외적 감관객관으로서의 물질의 하나의 전체가 **주어져** 있다. 이것이 없다면 외부사물들에 대한 경험은 전혀 없을 터이다. 무릇 모든 이른바 경험들은 '하나의' 가능한 경험에 속해 있는 것으로서만 표상될 수 있으니 말이다. ― 그러나 이 경험 자신은 **직접적**이고 무매개적인 것이 아니라, 단지 **간접적**인, (反對 否定에 依한) 하나의 추론을 매개로 한 것이다.

만약 우리가 그러한 원소/소재의 실존을 전제하지 않고, 隱然中에 우리의 경험에 대한 개념의 기초에 두지 않는다면, 즉 만약 작용 원인 자신으로서의 물질의 운동력들의 한 체계가 暗暗裡에 저 작용들에 대한 경험 가능성의 근거에 놓여 있지 않다면, 우리는 외적 경험의 통일성을 전혀 갖지 못할 터이다.

이 명제는 하나의 종합적(확장적)이고 경험적 원리들에서 유래하는 명제가 아니라, 순전히 분석적(설명적)인 명제이다. 다시 말해 동일률에 기초해 있고, 선험적으로 인식될 수 있는 것이다. 왜냐하면, 이 명제가 없으면 전혀 아무런 외적 경험도 없을 터이기 때문이다. 그러한 모든 경험들은 '하나의' 경험 안에서만 가능한 것으로 생각되는 것이니 말이다.

§

그러므로 물질의 운동력들의 기본[요소]체계는 (여하간 열소라고 불리는) 한 **원소/소재**의 실존에 의지해 있다. 이 **원소/소재**가 물질의 모든 운동력들의 **바탕**[토대](원초적 운동력)을 이루며, 이에 대해 하나의 (가설로서가 아니라) 요청으로서 다음과 같이 말들 한다:

》**모든 것에 퍼져 있고, 모든 것에 침투하며,** 자기가 **차지**(占)하고 있는 또는 밀쳐내면서 채우고(充塡하고) 있는 공간 안에서 자기 자신을 자기의 모든 부분들에서 균일하게 **촉진하며,** 이러한 운동 중에서 끝없이 **존속해가는** 물질이 실존한다: ※ ─ (특정 현상들을 설명하기 위한) **가설적** 원소/소재로서가

XXI594 아니라, 자연 안에 기초해 있는 **원소/소재**로서. 이 원소/소재는 (열이라는 것

※ 앞서 열거한 물질의 이러한 본질속성들은 (선험적 원리들에 따른 하나의 구분에서는 반드시 그래야만 하듯이) 그 순서가 양, 질, 관계 및 양태의 범주들의 체계대로 된 것이다. ─ 마지막 것 곧 **필연성**의 개념에 있는 것은 지속적인 존속의 개념에 있는 것이다.(永久性은 現象體 必然性이다.) ─ 운동의 모든 작용 원인들은 **작용한**[44]다. 그러나 그것이 한낱 운동의 **계기**(압박), 다시 말해 사력일 뿐만 아니라, **가속하면서** 활력을 **움직이는** 것으로 표상된다면, 그것은 **촉진하는**[45] 것이다. ─ 공간을 채우는 원시 물질(다시 말해, 아직 물체를 형성하고 있지 않은 물질)은 **감지될 수 있는** 공간(知覺可能한 空間)이라고, 이에 대한 비경험적 직관은 **생각될 수 있는** 공간(思考可能한 空間)이라고 일컬어질 수 있다.

XXI594 　무릇 비록 공간이 외적 대상들의 주관적 표상방식으로서 직관의 형식적인 것을 함유하고 있고, (그때 공간이 빈 것으로도 가득 찬 것으로도 생각되지 않고, 두 가지 것을 도외시하고 있으므로) 그러므로 객관적으로 **경험적**이지 않지만, 우리는 우리를, 우리 자신의 신체[물체]를 건드리든 우리 자신 주위의 공간 안에서 손 운동을 하든, 운동을 통해 경험대상으로 만들 수 있다. 그것도 선험적으로, 그것의 실존을 지각에서 차용하지 않고서 말이다. 그러한 것은 하나의 전체라는 이러한 형식에는 불충분하고, 오히려 이러한 대상을 위한 바탕[토대]을 이루는 개념들에 속하는 것이다.

이 물체들 사이의 접촉에서 운동을 일관적으로 전달하는 성질이기 때문에,) 과연 저 바탕[토대]이 하나의 특수한 운동할 수 있는 실체인지 아니면 단지 그러한 실체의 하나의 변양인지는 보증하지 않은 채, 유비적으로 **열소**라고 일컬어짐 직하다.《

*　　　*

그러나 열소의 실존 주장은 자연과학의 형이상학적 기초원리들에 속하지 않고, 물리학에도 속하지 않으며, 순전히 자연과학의 형이상학적 기초원리들에서 물리학으로의 **이행**에 속한다.

제5묶음, 전지12, 4면

자연과학의 형이상학적 기초원리들에서 물리학으로의
이행의 최상 원리로서의
열소의 실존 증명

§

오직 '**하나의**' 공간이 있듯이, 주관의 감관들을 움직이고 그 안에서 경험적 직관들 — 의식과 결합된 지각들이라 일컬어지는바 — 을 일으키는 물질의 운동력들인 외적 대상들에 대해서도 오직 '하나의' 경험이 있다. 그러므로 **경험들**을 이야기한다면, 그 말은 단지 함께 요소들로서 하나의 경험에 속하지만, 아직 하나의 경험을 이루지는 않는 **지각들**의 한 집합을 뜻한다. — 이 모든 가능한 지각들의, 그러니까 하나의 경험을 위한 이것들의 통일의 형식 원리 아래에 있는, 이를 위해 감관들을 움직이는 물질의 힘들의 총체통일(集合的 全體)이 이제 객관적으로 기본[요소]체계이다. 그러나 이 기본

XXI595

---

44) 원어: agi[e]rend.
45) 원어: agiti[e]rend.

〔요소〕체계는 그를 위한 질료(원소/소재)를 오직 그것이 움직이는 표상하는 힘들의 하나의 전체를 자신에 함유하고 있음으로써, 그리고 하나의 경험의 가능성을 위해 통일되어 생각되는 소재/원소를 이 체계의 **바탕**〔토대〕으로서 〔함유하고 있음으로써 그러하다〕. 그리고 객관으로서의 운동력들을 가진 물질의 전체 대신에 우리는 하나의 가능한 경험을 위한 소재/원소를 이루는 감관표상의 전체를 xxx 할 수 있다. 가능한 경험 일반의 필연적 통일을 위해 필수적인 한에서, 주관의 지각들의 잡다는 있다〔xxx하다.〕

이제 가능한 경험의 절대적 통일은 동시에 총체적인 원소/소재의 통일, 그러니까 또한 외감들을 움직이는 물질들의 힘들의 통일이다. 그러므로 이미 경험의 통일 개념에는 선험적으로(즉 지각들의 집합인 모든 경험적인 것에 앞서) 물질의 촉진/시발하는 힘들의 하나의 체계라는 개념이 경험 안에 필연적으로 속하는 것으로서 놓여 있다. 그러나 실존하는 것에 무조건적으로 필연적으로 (대상들의 순전한 개념에 의해) 속하는 것은 그 자체로 현실적으로 〔실제로〕 있다. — 그러므로 총체적 물질의 운동력들의 '하나의' 기본〔요소〕 체계가 모든 운동력들의 바탕〔토대〕으로서 실존한다

그러므로 이 원소/소재의 실존은 여기서 경험에서 추론되어 있지 않고, 가능한 경험의 통일 개념을 위해 선험적으로 주어져 있다

가능한 경험의 절대적 통일에 속하는, 물질의 운동력들의 전체

'하나의' 가능한 경험의 대상으로서의 외적 감관객관들의 하나의 전체가 모든 공간을 채우는 것이다. 무릇 빈 공간은 가능한 지각들의 대상이 아니니 말이다

주해

만약에 사람들이 》우리는 **경험들**을 가지고 있다.《고 말하려 한다면, 그것은 올바르게 이야기하는 것이 아니다. 무릇 감관표상들의 주관에 대해서는 오직 하나의 경험이 있으니 말이다. 감관객관들의 경험적 잡다는 모

두 가능한 경험의 절대적 전체와 관련되어 있는 다량의 **지각들**을 함유하고 있다. 그러나 단편[斷片]적으로 포착된 지각들에서는 체계로서의 경험이 합성되는 것이 안 된다. 무릇 하나의 경험법칙은 법칙으로서 보편성을 함유하고, 그러니까 술어들의 단편적인 집적[集積]이 아니니 말이다. 무릇 하나의 감관객관에 대한 지각들은 덧붙여지는 술어들을 통해 개념의 전체를 규정하지 못하니 말이다. — '하나의' 경험의 전체의 인식에 이르기 위해 지각들을 단편적으로 합성함은 자기 자신과의 모순이다. 그것은 마치 사람들이 원자론적으로 공간을 가득 찬 것과 빈 것으로 (바깥 주변에서 감싸거나 빈 것에 의해 안으로 감싸진 것으로) 구성하는 것처럼 말이다. 그런 경우 빈 것이 가능한 경험의 한 객관일 터인데, 그것은 자기모순이다. XXI597

'하나의' 경험의 전체를 한낱 생각된 것으로가 아니라, 운동력들의 전체의 바탕[토대]으로 주어진 것으로서 표상하기 위해서, 사람은 물질의 운동력들인 지각들의 하나의 집합에서 시작해서 하나의 경험 안에서의 그 지각들의 하나의 체계로 갈 수는 없고, 오히려 경험의 통일에서 지각들의 하나의 체계의 이념에서 시작하여, 지각들의 하나의 체계에서 시작해야만 한다. 그러나 경험에 주어진 것으로 표상되고, 필연적으로 그러한 것으로 생각되어야만 하는 것, 그것에 대해 나는 그 객관이 실존하는 것으로 생각한다. 그러므로 그러한 원소/소재가 물질의 운동력들의 바탕[토대]으로 실존한다. 그리고 그것의 실존은 동일성의 원리[동일률]에 따라 분석적으로 가능한 경험의 통일성[하나임] 안에 함유되어 있으며, 종합적으로 경험에 매여 있는 것으로 인식되지 않는다. 자연과학의 형이상학적 기초원리들의 이행은 이 경험에서 법칙들을 빌려서는 안 되고, 오히려 이 법칙들을 저 경험에 원리들에 따라 부가해야 한다.

제5묶음, 전지13, 1면

물질의 운동력들의 개념들이
자연과학의 형이상학적 기초원리들의 **물리학으로의** 추세를
함유하는 한에서,
물질의 운동력들의
설명과 구분

정의

§1.

운동력은 **장소변화하는** 것(移動力)이거나 **내적으로**//**운동하는** 것(內的 原 動力)이며, 끌어당김에 의한 것이거나 자기 부분들의 밀쳐냄에 의한 것이다. 이것이 정지로 밀고 가면 **압력**(壓力)이지만, 이런 일이 자기 자신의 실제 운 동에 의해 일어나면 충격력(衝擊力)이라 불린다.

물질의 내부에서 서로 장소변화 없이 **촉진하는** 힘들의 운동(그러므로 똑 같은 간격으로 연속적으로 변전(變轉)하는 것)을 **동요**(振動)라 일컫고, 이 동요 가 변전하는 충격과 반격들에 의해 일어나면, 이것들은 **박동**(搏動)**들**이라 일 컬어지는데, 이것들이 세는 것이 불가능할 정도 빠르게 서로 잇따르면, 이 는 **진동**(振動 運動, 波動, 內的 搖動)이라고 일컬을 수 있다. 연속적으로 변전하 는 물질의 충격과 반격에 의해, 정지 중에 차지하는 것보다 더 큰 공간 안 에서 늘어나는 하나의 팽창력을 나누어주는 운동들.

§2.

압박에 의한 한 물체의 운동은 하나의 사력(死力)이고, 충격에 의한 운동 은 하나의 활력이다. 곧 만약 두 물체가 **덩이**(질량)로 움직여진다고 상정된 다면 말이다. 그러나 한 물체가 **흐름**(액상/유동)으로 움직여진다면, 다시 말

382

해, 그래서 그 물체의 최소 부분들이 맞서 있는 표면에 수직으로 부딪치면서 운동하거나 그 운동에 저항하면서 — 예컨대, 노 젓는 배의 물받이판에서 보듯 — 작용하면, 그 운동력은 단지 하나의 사력이다.

활력은 사력에 비해 **무한**하다.

만약 낙하의 반대 방향에서 하나의 모래알이 낙하의 순간에 전체 지구에 부딪친다면, (그 모래알 자신의 중력인력은 도외시하고) 저 큰 물체가 어느 정도 상승하게 될 터이다.

하나의 무한히 미세한 물질의 내적 충격과 반격들은 이런 식으로 하나의 유한한 팽창력 — 예컨대, 공기가 가지고 있는 것과 같은 — 을 일으킬 수 있을 터이다. XXI599

자기 부분들에서 응집하고 있는 절대적으로//부서지기 쉬운(전혀 가연성이 없는) 하나의 물체는, 그것이 실린더로서 자기 자신의 무게에 의해 **파괴**될 수 있는 유리로 이루어져 있다면, 얼마이든 간에 하나의 긴 길이를 가지고 있을 터인데, 그것은 적당한 **가격**[加擊]에 의해 부서진다. 또한 우리는 하나의 묶는 끈을, 손에 감아서 뒤로 잡아당기기 위해 휘두르고, 이때 주먹 무게의 사력 대신에 유한한 속도를 가진 운동의 활력을 이용하면, 쉽게 끊을 수 있다.

제5묶음, 전지13, 2면

§3

움직여진 주체[실체]에 대한 물질의 운동력들의 효과적인 관계에 대해 말하자면, 문제성이 있기는 하지만 그래도 다음과 같은 양식으로 하나의 체계로 제시할 수 있다. — 물질은 자기의 운동력에서

a.) **파악할 수**(감지할 수) **있다** 또는 **파악할 수 없다**. 또한 이것은 지각 가능하다 또는 지각 불가능하다고 표현될 수 있다.

b.) **저지할 수**(차단할 수) **있다** 또는 **저지할 수**(차단할 수) **없다**. 이때 모든

물체가 그 물질에게는 침투[삼투] 가능한 것이기 때문이다.

c.) 물체들로서 **응집할 수 있다.** 즉 수직 방향에서 서로 접촉하는 두 표면의 분리에 저항한다. 또는 **응집할 수 없다.**

d) **소진될 수 있다** 또는 **소진될 수 없다.** 이 후자는, 만약 소멸하는 물질이 연속적으로 그리고 균일하게 똑같은 종류의 다른 물질에 의해 보충된다면, 영구적이라고 불릴 수 있다.

자연과학의 형이상학적 기초원리들의

물리학으로의 이행의

최상 원리로서의

열소의 실존

무릇 함께 '**하나의**' 가능한 경험의 실재적 원리를 이루는 모든 운동력들의 바탕[토대]으로서의 그러한 원소/소재가 없이는 우리는 오로지 지각들만을 가질 터이고, 운동력들에 의한 경험의 전체(全體)를 규정하지는 못할 터이다.

§

모든 것에 퍼져 있고, 모든 것에 침투하며, 내적으로 **완전 운동하고**(촉진/시발하고), 이러한 촉진/시발에서 균일하게 **고정불변적인**(영구적인), **열소**라고 불리는 요소원소가 실존한다.[그러나 이 명칭은 (따뜻하게 한다는) 느낌의 주관적 변양을 의미하는 것이 아니라, 서로 접촉하는 물체들을 따뜻하게 하는 감각들을 전달한다는 단지 하나의 유비를 뜻하는 것으로서, 이 원소/소재의 저 본질속성들에서 아무런 몫도 차지하는 바가 없다.] **촉진**[시발]이라는 개념 아래서 사람들은 자기가 차지하는 공간 내부에서 자기 자신을 자기의 부분들에서 끌어당기고 밀쳐내는, 그러므로 **장소변화**(移動) 없이 **내적으로 운동**(內的 原動)하는 하나의 물질을 이해한다.

제5묶음, 전지13, 3면

§

이 명제는 여기서 공리로, 다시 말해 아무런 증명이 필요 없고 또한 그런 것을 할 수도 없는, 종합적이 아니라 분석적인, 하나의 개념에서 전개될 수 있는, 동일률에 의거해 있는 명제로 제시된다. 그러므로 이 명제는 선험적으로 주장하는 바로, 경험적인(즉 경험에서 도출되는) 판단이 아니고, 그러니까 **확장적인** 판단이 아니고, 단지 **설명적인** 판단이다.

그러나 그러한 명제는, 만약 그것이 경험**에서** 도출되지 않고, 외적 감관 대상들 일반에 대한 경험의 가능성을 **위하여** 생각된 것이면, 가능하고, 그러한 한에서 또한 증명될 수 있다.   XXI601

§
열소의 실존 증명

공간상의 대상들에 대해, 오직 '하나의' 공간이 있듯이, 또한 오직 '하나의' 경험이 가능하다. 그리고 **경험들**에 대해 이야기한다면, 이것들은 **지각들**과 다른 것이 아니니, 지각들의 연결은 하나의 형식적인, 선험적으로 주어진 원리 아래서 단편[斷片]적인 방식으로 아마도 물리학을 위한 하나의 집합을 만들어내기는 한다. 그러나 이것이 결코 완벽하게 될 수는 없다. 그 자료들이 경험적이기 때문에, 자연과학의 형이상학적 기초원리들에서 지각들의 하나의 체계로서의 물리학으로의 진보의 종점을 기대할 수가 없다.

그럼에도 이 체계의 이념은 **주관적으로** 필연적인 과제로, 곧 운동력들의 주관에 대한 작용결과인 지각들을 '**하나의**' 경험에서 결합하는 과제로 불가불 주어져 있다. 이제 오직 하나일 수 있는 경험에 그것의 규정근거로서 속하는 것 또한 **객관적으로**, 다시 말해 **실제로**[현실적으로] 주어져 있다. 그러므로 저러한 본질속성들을 가진 하나의 물질이 그것의 운동력들의 바탕

[토대]으로서, 그것들이 운동하고 있는 한에서, 하나의 절대적 전체로서 **실존한다.**

이제 저 지각들은, **주관적으로 볼 때,** 물질의 운동력들의 작용결과들 — 곧 경험적 표상들로서의 — 이며, 그 자체로서 **가능한** 경험의 총체통일에 속한다. 그러나 운동력들의 총체통일은 객관적으로는 요소원소/소재의 절대적 전체의 작용결과이다. 즉 [그 총체통일은] 앞서(§3에서) 말한 본질속성들대로 공간을 균일하게 차지하는 물질 — 무릇 둘러싸인 또는 둘러싸는 빈 공간은 가능한 경험의 대상이 아니다 — 의, 그러므로 주관의 표상력에 대한 그것의 영향이 그 표상의 작용 원인이자 의식과 결합된 지각의 작용 원인이라 일컬어지는 하나의 물질의 작용결과이다. — 그러므로 앞의 본질속성대로 촉진하는 힘들의 작용결과들의 주관적인 것[요소], 다시 말해 지각들의 전체가 동시에 앞서 말한 물질의 **현시**이다. 그러므로 즉 객관적인 것[요소]과 동일하다. 다시 말해, 이 요소원소가 하나의 주어진 전체로서 물질의 모든 힘들을 경험의 통일성으로 통일하는 **바탕**[토대]이다. — 이제 가능한 경험의 절대적 통일에 속하는 것은 실제로[현실적으로] 있다. 그러므로 그러한 원소/소재는 한낱 분배적//보편적일 뿐만 아니라 또한 동시에 집합적//보편적 세계[우주]원소/소재로서 실제로[현실적으로] 있다.

이 원소/소재를 이제 열소라고 부른다. 마치 그것이 종[種]적으로 열을 일으키는 것에 속하는 것처럼이 아니라, 단지 이것(열나게 함)이 차단될 수 없고, 접촉함에서 다른 물질에게 순전한 운동으로서 전달되는 데서 존립하는 이 물질의 한 작용과의 유비 때문에 [그렇게 불린다].

이 통일된 힘들의 **바탕**[토대]을 이루는 xxx. — 그러므로 열소 또한, 객관적으로 볼 때, 모든 가능한 경험의 전체의 통일에 속한다. 그러나 그러한 전체에 속하는 것, 그에 대한 개념 자신은 경험개념이다. 다시 말해, (열소라는) 그러한 대상이 **실존하며,** 실제로[현실적으로] 있다.

주해 I

하나의 외적 감관대상의 실존을 증명하는 이러한 방식은 그 방식에서 **유일무이**한 것(예가 없는 것)으로 눈에 띈다. 그럼에도 이것이 이상할 것은 없다. 왜냐하면, 그 대상 또한 그 자체로 특수해서, **단일**하고, (선험적 개념들에 의한 다른 표상들처럼) 한낱 **분배적** 보편성이 아닌, **집합적** 보편성을 자신 안에 함유하고 있기 때문이다. ― '**實存**은 全般的 規定이다'[46]라고 크리스티안 볼프는 말한다.[47] 그리고 똑같이 타당한 개념들의 관계로서 거꾸로 '全般的인 規定이 實存이다.' 그러나 이 **생각된** 일관적 규정은 **주어질 수** 없다. 무릇 이 규정은 경험적 규정들의 무한으로 들어서니 말이다. 오직 어떠한 경험에서도 도출되지 않고, 오히려 경험 자신을 가능하게 만드는, **가능한 경험**의 '하나의' 객관 개념에서만 저것[외적 감관대상]에 객관적 실재성이 종합적으로가 아니라, 분석적으로 동일률에 따라서, 이 全般的 規定이 필연적으로 시인된다. 왜냐하면, 그 자체로 단일한 것은 또한 유일무이한 것으로서, 여러 방식으로 규정될 수 없고, 경험을 **위해서** 규정[특정]되어 있기 때문이다.

제5묶음, 전지13, 4면

주해 II

직접적인 (입증의) 증명방식이 충분히 선명하지 않은 이는 이와 함께 간접적인 (간접증명의) 증명방식을 사용할 수 있다.

---

46) 원문: **Existentia** est omnimoda determinatio.

47) 이는 아마도 Chr. Wolff, *Philosophia prima sive ontologia*(Frankfurt · Leipzig 1730), §226: "Quicquid existit vel actu est, id omnimodo determinatum est.(실존하는 또는 실제로 있는 것은 무엇이나 전반적으로 규정된 것이다.)"를 염두에 둔 것으로 보인다.

무릇 만약 우리가 열소를 한낱 (특정 현상들의 설명을 위해 상정된) 하나의 가설적 원소/소재로 간주한다면, 즉 만약 자연이 그 자신 감성적 주관과 운동력들에 대한 그것의 의식에 미치는 영향을 통해서, 하나의 체계를 정초할 수 있는 어떤 영향력을 행사하지 않는다면, 우리는 감각들과 그것들에 대응하는 지각들을 외적 힘들에 의해 제공되는 그대로 아무런 형식 없이 (흩어져 있는 채로) 가질 터이다. 이 형식은 이것들의 결합에 전적으로 우리 자신이 부여하지 않으면 안 된다. 그러나 하나의 단편[斷片]적인 집합은 '하나의' 경험으로 경험적 표상들(즉 지각들)을 연결함에 있어서 아무런 형식 원리를 가지고 있지 않겠고, 이것들의 전체에 대한 하나의 개념을 갖기 위한 규칙이 전적으로 누락되어 있겠다. 그러나 이러한 일은 하나의 체계 구축을 위해서는 결함일 뿐만 아니라, 경험의 통일성이 자기 자신과 모순적이고 위법적인 일이 되겠다. ― 경험적으로//잡다하되 그 편성이 가능한 경험의 통일에 격을 갖추지 못한 것은 실존하는 객관이 아니다. 즉 그것은 아무것도 아니다.

빈 공간은 가능한 경험의 대상이 아니다. (부재/비존재는 지각될 수 없다.) 만약 운동력들의 표제 아래서 (중력에 대해 이야기할 때처럼) 원거리 물체들의 **빈 공간을 통한 인력**에 대해 언급하는 일이 일어난다면, 이것은, 서로 떨어져 있는 물체들이 서로에 대한 인력을 통해 사이에 놓여 있는 어떤 물질의 **매개 없이** ― 실제로는 그러한 물질이 그것들 사이에 놓여 있지만 ―, 그러므로 직접적으로 서로 접촉함이 없이 서로에 대해 작용할 수 있다는 것을 의미할 뿐, (절대로 가능한 경험의 대상이 아닌) 빈 공간이 외적 감관객관들의 합성에 그리고 '하나의' 가능한 경험의 대상들 중 하나로 함께 들어 있음을 의미하지 않는다.

열소라는 개념은 경험적으로//규정할 수 있는 공간 일반이라는 개념에서 나오는 것으로, 그런 한에서 하나의 선험적 개념이다. ― 공간상의 한 실체로서의 열소의 앞서 말한 본질속성들은 단지 또한 선험적으로 완벽하게 열거될 수 있는, 능동적 운동의 여러 가지 기능들에 따른 운동력들([잠]세

388

력들)로 생각된 것이고, 그런 한에서 하나의 순전한 사유물을 형성한다. 그 XXI605
러나 가능성에서 현실성으로의 걸음은 그것이 '하나의' 가능한 경험의 대상
임으로써 확실하게 내딛어진다. 그것은 개체라는 개념에 속하는 규정들의
전체성으로 인해 하나의 경험대상이며, 이는 그것의 주장이 하나의 경험명
제라고 말하는 것과 똑같다.

사람들은 **열소**를 물질의 모든 운동력들의 **바탕/토대**(제일 원인)라고도 부
른다. 무릇 그것은 직접적으로 운동하고 있는 **근원소**(第一 質料〔物質〕)로 생
각되니 말이다. 그에 반해 저것에 의해 비로소 움직여져야만 하는 다른 원
소/소재들(예컨대, 산소, 수소 등등)은 **아**〔亞〕**원소**[48](第二 質料〔物質〕)로 운동하
며, (예컨대, 빛은) 단지 저 〔근〕원소의 양태들이다. 그리고 종적으로//상이한
요소들에 의한 물체형성이 이제 합성된 형식들을 만들어내는데, 그러나 이
형식들은 '하나의' 경험의 가능성의 원리에 동반되어 있는 것이 아니라, 종
속되어 있어야 한다.

경험의 가능성의 원리는 원리로서의 경험이 아니다.

유기적 물체와 그것의 표상력에 대한 영향력 또한 물질의 운동력들의 하
나이며, 이것이 외적으로는 한낱 운동의 현상들을 주지만 내적으로는 직관
들을 위한 소재를 준다. 선험적으로 표상된 그것의 전체에서의 가능한 경
험의 통일성은, 그것의 통일된 힘들의 바탕〔토대〕을 함유하고, 종합적으로
가 아니라, 동일률에 따라 분석적으로 경험의 통일성〔하나임〕의 개념에 생
겨나오는 하나의 개념이다.

---

48) 원어: Nachstoff.

제5묶음, 전지14, 1면

자연과학의 형이상학적 기초원리들에서
물리학으로의
이행의 객관적 원리에 따른

물질의 운동력들의
기본[요소]체계의
구분

　선험적 원리들에 따른 이 구분은 다른 것이 아니라 범주들의 체계에 맞춰, 그러니까 자기의 운동력들에 대한 물질의 양, 질, 관계 및 양태와 관련하여 적절하게 이루어질 수 있다.

제1절
물질의 양에 대하여

§

　모든 물질이 동종적이고 똑같은 공간상에서 똑같이 배분되어 있다면, 그것이 차지하고 있는 공간의 측량을 통해 크기를 측정하는 하나의 **기계적인** 수단이 있겠다. 그러나 이러한 것을 상정할 수는 없으므로, 사람들은 하나의 **역학적인** 수단, 다시 말해 운동력들— 지구의 중심점에서 똑같은 거리에서 똑같은 시작속도로 낙하하려는 것의 중량은 동일하다 —을 통해 물질의 양을 제시하는 수단, 그러니까 **저울**이라 불리는 하나의 기계를 이를 위해 이용하지 않을 수 없다.[※]

　그러므로 계량할 수 있음(計量可能性)은 물질의 하나의 본질적 속성이며, 단적으로(다시 말해, 빈 공간에서) 아무런 무게가 나가지 않는(絕對的으로 計量不可能한) 물질이란 하나의 자기 자신과 모순되는 것이다. 곧 일체의 양이 없는 하나의 물질이다. — 무게의 크기(重量性)가 **무거움**[49]이며, 다른 것보다 더 큰 지렛대의 길이로 인해 나가는 무게의 각각의 크기가 **육중함**[50]이다.

그러나 열소는 **계량 불가능하다.** 왜냐하면, 그것은 우주를 채우고 있고, 전체로 어떠한 방향으로도 낙하하려고 할 수 없기 때문이다. 그러나 이것 전체의 한 부분으로서의 이것의 한 정량에 관해 말하자면, 전제되는 이것의 동질성에서 말할 수 있는바, 固有한 場所에서의 元素들은 무게가 나가지 않는다.

§

그러나 이제 드러나는바, 계량성은 물질의 양의 측정의 이 기계적 수단을 위해 전적으로 하나의 역학적 수단을, 곧 저울대가 부동의 지점(支點)에 의해 받쳐지는 한에서 그 저울대와 그 가로대의 부분들의 응집력을 필요로 한다. 만약 저울대가 순전히 이상적인(순수 수학적인) 것이 아니라, 하나의 물리학적인 지레여야 한다면 말이다.

제5묶음, 전지14, 2면

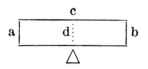

예컨대 〔옆 그림과〕 같이, 그 두께가 cd이고, 가로대 a와 b에 똑같은 무게의 것이 실려 있는 하나의 막대 ab가 있다 하자. 이 지레는 만약 방향 ad와 bd에서 그 물질의 충분한 인력이 저 하중에 대응하여 작용하지 않는다면, 단면 cd에서 이 매달려 있는 것이나 자기 자신의 무게

※ 저울의 대용물로서 용수철은 지레를 대신하는 조악한 임시 대용품으로, 확실한 측량을 제공하지 못하는데, 한편으로는 그것의 여러 부분들에서의 똑같지 않은 탄력 때문이고, 다른 한편으로는 열로 인해 차이가 나기 때문이다.

에 의해 부러질 것이다. ─ 지레 이론을, 케스트너 씨도 아주 훌륭하게 발전시켰듯이,[51] 사람들이 지레를 한낱 하나의 휘어지지 않는 직선으로 **상정함**으로써, 한낱 **수학적으로** 설명할 수는 없다. 무릇 저러한 상정은 **물리[학]적으로** 불가능하니 말이다. 왜냐하면, 만약 가로대 db가 cd 선상에서(또는 평면상에서) 하나의 특수한 (인력의) 힘에 의해 cd상에서의 저 분리에 저항하지 않는다면, 또는 만약 특정한 두께의 막대기 ab 대신에 내가 지레를 (막대기의 두께가 사라져) 하나의 순전한 선분으로 변화시킨다면, 나는 휘어지는 것에 반대 작용해야 하는 두 가로대의 인력을 헛되이 요청하는 것이기 때문이다. 왜냐하면, 이를 위해서는 하나의 역학적으로//작용하는 원인이 필요하고, 지레는 만약 연약한 실이 될 때까지 얇아지면 양쪽의 자기 자신의 무게에 의해 아래쪽으로 매달릴 터이고, 그리하여 또 다른 종류의 기계를 위해, 곧 끈과 통나무에 의한 도르래(滑車와 卷揚機)의 운동을 위해 하나의 기구를 제공할 터이기 때문이다.

XXI608

나사의 나머지 두 가지와 쐐기─이것의 경사면은 지반을 함유하거니와 ─ 역시 사정은 마찬가지이다. ─ ─ 역학적으로 운동하는 힘들은 모든 기계적으로//운동하는 힘들의 가능성의 최상의 근거들이다. 전자를 다루는 철학은 순전한 수학만 가지고서는 진행해서 물리학에 이를 수 없다.

제2절
물질의 질에 대하여

§

물질은 **유동적[액체적]**인, 다시 말해 그것의 겉표면 내부에 있는 모든 부분들이 최소한의 힘에 의해 변위될 수 있는 물질이거나, 일정한 양식을 **고집**

---

49) 원어: Gewichtigkeit.
50) 원어: Wucht.
51) 앞의 XXI294 참조.

하는 형식으로, 내적으로(형상과 직조의 면에서) 자연본성에 의해 형성된 **물체**, 다시 말해 **고체적**이다.

어떤 물질은 종적으로 **하나의 유동체**라고 불리지 않음에도 불구하고, **유동적**이라고 일컬을 수 있다. 무릇 후자는 물질의 **양식**을, 그러나 전자는 물질의 **상태**를 뜻하기 때문이다. 그래서 물은 여름에는 유동적이고, 겨울에는 (흔히) **고체적**이다. 그러나 공기는 양식상 하나의 유동체이다. 무릇 공기는 (사람들이 아는 한) 결코 이러한 속성을 빼앗길 수 없다.

제5묶음, 전지14, 3면

§

물질의 운동력들은 유동적임의 상태를 곧 열을 통해 만들어낼 수 있다. 그러나 열소는 상호작용의 관계에 있는 물질들의 바탕〔토대〕으로서 하나의 동질적인, 근원적으로 움직여지고 움직이는 원소/소재로서, 이 보편적 근원소에서 이런저런 형성을 위해 변양되는, 상이한 제2의 원소/소재들에 따라 유동성을 일으키는 작용을 하기도 하고 고체성(固體性)을 일으키는 작용을 하기도 한다. ― 이것은 고체와 유동체의 정의에서 나오는 당연한 귀결들이다.

§

양자의 운동 법칙들에 관해 말하자면, 자연과학의 형이상학적 기초원리들에서 물리학의 분야로 넘어가지 않고서는, 사람들이 이것들에 대해 그것들의 부정적인 요소 외에는 아무것도 직접적으로 제시할 수 없다. 왜냐하면, 그것은 여기서(즉 이행에서) 논의거리인, 선험적 원리들은 하나도 함유하지 않은 경험명제들일 터이기 때문이다. 그러나 간접적으로는(歸謬法에 依해) 이에 대한 하나의 제한된 이론이 제시될 수 있다. ― 종합적으로 그리고 선험적으로 외적 감관객관들 자체를 그 질〔質〕의 면에서 규정하는 일은 ― 오직 경험을 통해서 일어날 수 있는 일이니 — 자기 자신과 모순되는 일이다.

방울지는 유동체는 만약 갑작스레 방울로 응고되면 톨〔낱알〕로 형성된다. 빙점 이하의 추위에서의 물의 증기는 공간의 3차원에 따라 바늘 모양으로, 판형으로 그리고 토막으로, 모두에서 외적으로는 하나의 형상이 나타나며, 내적으로는 하나의 직조가 나타나는데, 응고될 수 있는 유동 물질들(물, 소금, 돌과 금속들)은 이렇게 형성된다. 유동체에서 고체로의 이행이, 그것이 방해받지 않고 일어나는 곳에서는, 항상 종별적으로 자기 형성하는 물질에서는 있다. 이런 경우 물질의 이질성이 고체로 결합하는 원인이다. 열물질은 계량할 수 있는 원소/소재들과는 혼합되지 않고, 오히려 모든 것에 침투하며, 자기의 진동 운동에 의해 그것들을 내적 운동력들을 통해 자기의 종별적인 형상과 직조를 얻는 물체들로 형성되도록 분리한다.

§.

유동체의 고체와의
응집과 배척에 대하여

여기서 논의거리는 화학에 속하는 혼합(용해)에 의한 물질의 인력이나 척력이 아니라, 표면에서의 접촉이다. 하나의 고체 물질은 하나의 유동 물질에 대해 그리고 그 역으로 하나의 유동 물질은 하나의 고체 물질에 대해 접촉하는 물체의(용기의) 부분들의 응집을 폐기하는 작용을 하니 말이다.

여기서 좁은 관들 안에 있는 또는 모서리에서 서로 접근해 있는 평면들에 있는 방울지는 유동체(물 또는 수은)를 가지고 하는 실험은 그를 통해 접촉하는 방울지는 유동체에 영향을 미치고 있는, 보편적으로 퍼져 있는 열물질이 발견되는 바로 그것이다. 무릇 이 용기 안에 들어 있는 유동체가 이것들 안에서 상승하는 것은, 그것이 모세관 안에서 순전히 이것의 진동에 의해, 순전히 열소의 매개로 종적으로 더 가벼워지고(희박화하고), 유리의 내부 표면의 **인력**이 아니라 오히려 항상 활발한 열소에 의한 진동의 **척력**이

394

이러한 현상을 일으킨다는 것을 증명하니 말이다.[※]

질량적으로 무한히 얇은 하나의 층은 무한히 작을 터인 가속의 운동량에 의해 똑같을 터이다. 이런 일을 열소가 하는 것이 틀림없겠다.

그러나 인력이 침투적이라면 xxx

3) 열물질은 주관에 대해서는 **지각되지 않고**, 객관에 대해서는 (발레리우스의 모래와 섞이는 석회가 보여주었던 바⁵³⁾대로) **혼합되지 않으며**(齊一하며), 끝까지 소진되지 않는다. 失禮를 무릅쓰고 말하자면, 이질성이 지각 가능성 을 만들어낸다.

XXI611

겉표면의 인력과 비교되는 접촉에서의 침투하는 인력에 대하여. ― 금속들의 광채에 대하여. 마찰

중심운동에서의 중력에 의해 자연에서의 모든 것은 스스로 영속적으로 유지하는 회전운동 중에 있다.

원거리의 인력을 통해 측정되는 물질의 양은 그것이 작용하는 공간상에 현재하지, 실체에 현재하지 않는다(기계적이 아니라 역학적이다).

역학적 잠재력[세력]들

저지 불가능한

형이상학도 물리학도 아니고, 물리학으로의 이행만이 선험적으로 정초되어 있어야 하는 이 이론을 충족시킨다.

열은 운동 중의 열소의 과중[過重]인 것처럼 보인다.

※ 주해를 보라.⁵²⁾

---

52) 그러나 칸트 원문 중에 이에 해당하는 주해는 없다.
53) 앞의 XXI331 · 332 참조.

제5묶음, 전지14, 4면

제3절
고체 물질의
자신의 운동력들과의
관계에 대하여

§

강체〔고체〕의 응집력이 자기의 부분들의 분리에 저항한다. ─ 상부에 하나의 단추로 고정된 실린더가 자유로이 드리워져 있다고 생각해보면, 이 실린더가 충분히 길면, 이것은 어떤 위치에서 자기 자신의 무게에 의해 끊어질 것이다. 그리고 (만약 실린더를 이루고 있는 물질이 동질적이면) 같은 소재로 이루어진 모든 실린더는 똑같은 길이에서, 그것이 가늘든 굵든 간에, 끊XXI612 어질 것이다. 왜냐하면, 다른 것(의 뒤가 아니라) 옆에 있는 훨씬 더 가는 섬유속〔束〕보다 더 굵은 것이 무게로써 언제나 당기고 있기 때문이다. ─ 동일한 소재의 머리카락 두께의 꼰실은 굵은 토막과 동일한 길이에서 끊어진다. 그러나 여기서 이것의 물질〔질료〕이 완전히 부서지기 쉬우며(脆性的이며), 가연성과 강인함(伸脹性)이 없다는 것이 전제된다. 왜냐하면, 후자의 경우에는 당김에 의해 그 부분들이 동일한 단면에서 분리되지 않을 터이기 때문이다.

뉴턴의 인력체계 ─ 자동/유기체계〔조직〕─ 와 브라운[54]의 치료체계 및 ─지성적인 또는 초감성적인 영혼성 체계 사이의 유비.

---

54) John Brown(1735~1788). 칸트 당대 스코틀랜드의 신학자이자 의학자. Einburgh에서의 강의록에 기초해 *Elementa medicinae*(1780)를 펴냈으며, 그의 '생명의 운동력들의 체계' 이론은 독일에도 익히 알려져 있었다.

활력[55]과 생명력[56]의 차이에 대하여. ─ 후자인 **브라운**의 유기적 **물체들**의 생명력의 체계와의 유비. 무릇 유기적 물질은 아무것도 아니다.

───────────

무게 있는 유동적인 물질에서의 응집력은 할 수 있을 만큼 강할 수 있다. **변위 가능성**도 전적으로 그와 똑같다.

투명하게 그리고 투시적으로, 透明하게 또 透視的으로 형상을 인식하기

───────────

55) 원어: lebendige Kraft.
56) 원어: Lebenskraft.

제6묶음

제6묶음, 전지1, 1면

완벽성의 원리 없는, 하나의 체계로의 편집 — 이를 위해서는 물질의 운동력 개념들의 합일의 필연성이 필요하거니와 — 없는, 물질의 운동력들의 개념들의 하나의 순전한 수집(複合)은 혼합물〔잡동사니〕이지 학문(知識 世界)이 아니다.

한편에 선험적인 순정한 원리들에서 나오는 자연과학의 형이상학적 기초원리들 그리고 물질의 운동력들의 경험체계인 물리학, 이 둘은 특수한 학문들로서, 전자는 후자로의 필연적이고 자연스러운 하나의 **추세**를 갖는다. 이제 물어야 할 바는, 과연 전자의 후자로의 하나의 직접적 이행이 동일한 유의 인식들에서 당해 학문의 순전한 확장에 의한 것으로서의 진보에 의해 일어나는지, 아니면 과연 오히려 그것들 사이에 제3의 영역이 놓여 있는 두 영역이 있지 않은지, 이때 한 영역에서 다른 영역으로 직접 건너가는 것은 하나의 **비약**(체계에 어긋남)으로, 하나의 연속적인 **이월**(전진)이 아닐 것인지이다.

선행하는 운동에서 발생하는 운동력(印加力[1])은 물질에 고유한 것이며,

---

1) 원어: vis impressa. '찍혀 가해진 힘'. 이에 대해서는 위의 XXI355 참조.

이로부터 운동이 뒤따른 것이다. xxx

자연과학의 수학적 기초원리들에 대하여

물질의 운동력들의 구분

서론. 전적으로 선험적 원리들에 의거하는 자연과학의 **형이상학적** 기초원리들은 그 대상으로 **공간**상에서 **운동할 수 있는 것**을 가졌다. 그러나 이 순수 자연이론은 물질의 운동법칙들의 경험적 원리들 또한 자기 안에 포함하는 하나의 자연과학의 건설로의 자연스러운 추세, 다시 말해 물리학으로의 지시와 지도를 가지고 있으며, 그 대상으로 물질의 **운동력들**을 갖는다.

무릇 이에는 두 가지 종류가 있다. 곧 1. 실제 운동에서 뒤따라오는 것, 예컨대 원으로 회전하는 물체들의 중심력들, 또는 2. 원인으로서 운동에 선행하는 것들. — 전자는 (뉴턴의 불멸의 저작 『自然哲學의 數學的 原理들』처럼) 수학적 원리들을 함유하고, 후자는 자연과학의 물리학적 원리들을 함유한다. 전자의 대상들이 **찍혀 가해진** 힘들(印加力들)이고,[2] 후자의 대상들이 물질의 본성에 속하는 힘들(本有力들)이다. 만약 후자들, 예컨대 중력의 운동력으로서의 인력 또는 빛, 소리, 유동체 일반을 움직이는 힘이 주어져 있다면, 그것들에 적용된 수학은 객관들로서의 운동력들에 대한 자연과학의 한 특수한 부분이 아니라, 그것들을 학적으로 취급하는 하나의 특수한 방법[3]이다.

그러나 그러함에도 형이상학적 기초원리들과 물리학을, 즉 선험적 원리들과 후자의 경험적 원리들을 연결시키고, 전자에서 하나의 체계로서의 후자로 건너 이끄는 매개개념들을 함유하는, 하나의 고유한 부분이 있지 않으면 안 된다. 이 부분이 선험적으로 생각할 수 있는 운동력들 즉 인력과 척력 및 이것들의 변양들의 체계적 총괄이며, 이것이 물리학의 실질내용으로서, 이 내용을 하나의 체계의 형식으로 서술하는 것이 물리학 자신을 형

---

2) Newton, *Principia*, Def. IV 참조.

3) 원어: Lehrart.

성할 터이고, 그래서 자연의 형이상학에서 물리학으로의 이행이라는, 즉 한 영역에서 다른 영역으로 건너게 해주는 ─ 협곡 위를 비약을 통해 이동하는 것이 아니라 ─ 하나의 다리라는 이름을 갖는다.

2) 운동력을 갖는 한에서 공간상에서 운동할 수 있는 것: 그런데 이것은 운동력을 1.) 그 자신이 운동하게 되는 한에서만, 다시 말해 운동이 선행하고, 운동력이 그로부터 나오는 한에서만 갖는다. 예컨대 회전에 들어선 투석기의 중심력들에서처럼. 2. 물질에 고유한, 그로부터 운동이 유래하는 원인으로서의 운동력을 갖는다. 전자의 근거에 의한 운동의 법칙들의 기초원리들은 수학적이고(뉴턴), 후자의 근거에 의한 기초원리들은 물리학적이다

우리는 여기서 자연과학(自然哲學)의 철학적 기초원리들에 대해 다룬다. 무릇 수학적 기초원리들은 철학의 한 부분을 이루지 않고, 단지 대상들에 대한 적용만을 함유하니 말이다. 그러나 자연과학의 형이상학적 기초원리들은 물리학으로의, 곧 저것에서 이것으로 **이월하는**, 다시 말해 운동력들의 하나의 경험체계를 성립시키는, 자연스러운 추세를 자신 안에 갖는다. 무릇 그것이 자연이론으로서의 이 철학의 목표이니 말이다. 그러나 한 영역에서 다른 영역으로의 이 이월은, 양 분야가 서로 연관–연속성의 법칙[4]에 따라 서로 접촉함을 필연적으로 만든다. 이 법칙이 없으면 이행은 하나의 비약일 터이고, 하나의 보편적 원리에 따라 양자를 통일하는 매개개념이 없을 터이다.

그러므로 자연과학의 형이상학적 기초원리들의 이행은 자체로 하나의 특수한 체계, 곧 물질의 운동력들의 체계를 이룬다. 이 체계는 위로는 자연 형이상학과 아래로는 물리학과, 전망 중에서 (이성적인 원리가 경험적인 원리와) 결합되어 하나의 협곡(間隙) 위에 하나의 다리를 놓는다. 이 다리가 없으면 저 추세[나아감]는 아무런 성공도 거두지 못할 터이다. 그러므로 자연 형이상학의 물리학으로의 이행을 가능하게 하기 위해서는, 물질의 운동력들이

XXI618

---

4) 원어: Gesetz der Stetigkeit.

선험적으로 하나의 체계 안에서 낱낱이 그리고 전수[全數] 제시되지 않으면 안 된다. 모든 물체는 각각이 자체로 운동력들의 하나의 완벽한 체계이므로, 객관적으로 자연연구가에게 문제인 것도 주관적으로는 경험에 그 자체로 넘겨질 수 있다.

　'奮發하다'는 거의 '激勵하다'와 같다.(詩人들을 奮發시키다.) 그래서 努力에로 奮發하다, 세네카.[5]
　오비디우스는 라틴어 어원의 '베스타'[6]를 만들어냈다.(『축제』, VI. 299)[7] 이름은 굳건하게 서 있는 것에서 온다.
　물질이 움직여지고 있는 한에서, 물질의 운동력들에 대한 자연과학의 數學的 原理들

제6묶음, 전지1, 2면

물질의 운동력들의
구분

A. 공간관계에 따라

1. 방향의 면에서: 인력 또는 척력
2. 속도의 면에서: 그것의 운동량 또는 유한한 속도를 가진 실제 운동
3. 물체에 대한 영향의 면에서: (외적 접촉의) 표면력 또는 (그것의 모든 부분들의 내면에 대해 직접적으로 작용하는) 침투력

---

5) Seneca, *De Beneficiis*, III, XI.1: "sollicitandi ad hunc laborem[이 노력으로 분발시켜야 한다]"을 염두에 둔 것 같다. 위의 XXI176 참조.
6) Vesta.
7) Ovidius는 *Fasti*, VI, 299에서 Vesta가 "vi stando"[힘있게 서 있다]에서 유래한다고 말한다. 곧 'Vista'에서 'Vesta'가 유래한다는 것이다. 칸트는 이를 아예 "a Ve et stando"라고 적은 바 있다. 위의 XXI176 참조.

4.) 시간의 면에서 영구적 永久的 또는 **변전적**〔變轉的〕 일시적

B 그 작용의 면에서 물질의 모든 운동력은 서로 대립 관계에 있으며, 그
것도 A와 A 아님과 같은 논리적 대립 관계가 아니라, +A의 −A에 대한 것
처럼 그 원인의 관계에서 보는바 실재적인 대립 관계에 있다. 그것은 접촉
의 순간에 행사되며, 만약 그것이 물질이 차지하는 자리를 변화시킴이 없이   XXI619
일련의 충격과 반격을 취하면 **진동운동**(振動) xxx

a.) 사력 또는 활력으로서. ─ 전자는 운동하려 **힘씀**(努力, 勞苦)의 힘이다.
압박에 의한 것이든 **견인**에 의한 것이든(저울받침이 받는 압력 또는 저울받침
이 매여 있는 끈이 받는 견인력 및 운동의 운동량) 간에 말이다.

b.) 후자 곧 활력은 打擊이라고 일컫는 **충격**(衝擊)의 힘으로, 실제로는 접
촉의 순간에 배당된 운동이다. 그러나 동일한 공간 안에서의 이의 충격들
과 반격들은 **박동**(搏動)**들**이라고 불리며, 만약 이것들이 동일한 위치의 추
의 파상운동이나 동요들과 같이 동시에 그리고 밀어내치는 것으로 생각이
되면, 또한 波動, 振動이라고 일컬어지고, 이 충격의 바뀜이 빠르면 搖動이
라고도 일컬어진다. 이때 물질은 전체적인 그것의 자리에서 변동하지 않고,
같은 자리에서 빠르게 왔다 갔다 움직이지만, 동시에 정지해 있을 때 차지
한 것보다는 조금 더 큰 공간을 차지하고 채운다. 그러한 운동력은 **장소변
경의 힘**(移動力)이 아니라, 내적으로 움직이는 힘(內的 原動力)이라고 지칭된다.

이제 물질의 운동력들에 대한 교설체계(自然哲學)는 학적이며, 한갓된 경
험질료에서 길어낸 한낱 단편〔斷片〕적인 집합이 아니려면 선험적 원리들에
기초해 있어야만 한다. 저러한 집합으로서는 아무런 참된 자연//**과학**도, 최   XXI620
소한의 자연//**연구**를 위한 규정〔規程〕도 제공할 수가 없다. 왜냐하면, 사람
들은 저러한 원리들 없이는 어떻게 어디에서 이성적으로 **추구해야**만 하는
지를 결코 알지 못하기 때문이다.

계량할 수 있음〔계량 가능성〕

저지할 수 있음〔저지 가능성〕

침투할 수 있음〔침투 가능성〕 — 투과할 수 있음〔투과 가능성〕

추진할 수 있음〔추진 가능성〕

힘〔力〕이란 무엇인가?

하나의 가속적인 힘 또는 비가속적인 힘. 운동의 하나의 유한한 운동량은 오직 활력을 통해서 일으킬 수 있다.

자연과학의 형이상학적 기초원리들과 이것이 그것으로의 추세를 가지고 있고, 그것을 形式的으로 예취하는 물리학 사이에는 하나의 협곡(間隙)이 있다. 이것은 하나의 다리인 물질의 운동력들의 체계적인 열거를 통해 한 영역에서 다른 영역으로 통해야 하고, 저것을 하나의 체계 안에 있는 것으로 서술하는 예비학적 자연학이 형이상학과 물리학 사이 한가운데에 서 있어서, 그리하여 사람들은 실로 체계를 위한 하나의 비약을 통해서가 아니라, 경험적이되 선험적인, 하나의 전체를 위한 결합에서 하나의 체계의 형식을 함유하는 것으로서, 그 간격을 메우는 재료들을 매개로 한 발걸음을 통해 이것에 〔이른다.〕

a) 自然 形而上學

b) 豫備學的 自然學

c) 物理學 — 저 豫備學은 운동력들을 체계적으로 열거함으로써, 그러나 아직 물리학의 체계 없이, 물리학으로의 추세를 함유한다. 一般 自然學은 물리학과는 아직 구별되지만, 물리학으로의 하나의 전망(추세)을 가지고 있다.

移動力 - 內的 原動力

제6묶음, 전지1, 3면

자연과학의 형이상학적 기초원리들은 **공간상에서 운동할 수 있는 것**이라는 **물질**의 개념을 그 기초에 두었다. 그에 따라서 또한 물질 일반을 위한 **운동법칙들**이 제시될 수 있었고, 선험적으로 하나의 체계 안에서 완벽하게 서술될 수 있었다.

그러나 자연과학(自然哲學)의 이 첫째 부분은 경험적 자연지식들의 한 체계로서의 물리학으로의 자연스러운 추세와 오직 경험을 통해서 인식될 수 있는 그러한 것들의 법칙들의 총괄을 가진다. 다시 말해, 사람들은 어떠한 자연 형이상학의 작업도 하지 않을 터이니, 만약 그러한 자연 형이상학의 지도에 따라 자연연구에서 (물리학이라 일컫는) 그러한 것의 체계에 이르고, 학적 자연과학의 **형식적인 것**〔요소〕을 개진하는 저것〔물리학〕을 위해 또한 경험적 개념들에서 나오는 그 **질료적인 것**〔요소〕을 하나의 학설체계 안에서 (건축술적으로) 서술하고자 하는 목표로 삼지 않는다면 말이다.

이러한 일은 물질에 대한 개념의 상세한 규정을 통해 일어난다. 내가 물질을 공간상에서 운동할 수 있는 것으로 생각하고, 그것이 **운동력을 갖는 것**으로서, 이제 이 운동력들을, 그것들을 선험적으로 생각할 수 있고, 그로부터 세워질 수 있는 하나의 체계를 위해 구분할 수 있는 한에서, 완벽하게 현시할 때 말이다.

운동력들에 대한 이 이론은 경험의 대상들일 수 〔있다〕. — 무릇 그러한 것들이 있고, 그것들이 어떤 종류의 것들인지는 지각이 가르쳐주어야 할 것이니 말이다. 그러나 하나의 체계 안에서 그것들의 서로에 대한 관계들의 형식적인 것〔요소〕은 하나의 선험적 원리를 가질 수밖에 없다. 그러나 이 이론이, 만약 그것이 물질의 운동력들의 하나의 경험**체계**인 하나의 물리학을 정초해야 한다면— 무릇 이 개념 안에 그러한 추세가 함유되어 있듯이 —, 이러한 관점에서 경험에서, 이리저리 더듬어가며, 나갈 수는 없고, 모든 물체가 각각 하나의 구성분〔構成分〕인 자연체계를 순전한 집합으로, 그러니까 단편〔斷片〕적으로 파악할 수는 없다. 무릇 그렇게 다루어서는 하나의 참된 교설체계가 성취되지 못할 것이니 말이다. 만약 체계의 형식이 앞서 이미 기초에 놓여 있지 않으면, 누구도 자신이 심지어 어디서 어떻게 탐구해야 할지를 알지 못하고, **자연연구**는 주먹구구로 되어갈 것이기 때문이다.

이에 따라 우리는 일반 자연철학의 세 부분을 배열할 수 있을 것이다.

XXI622

1.) 선험적 개념들에 따른, 자연과학의 **형이상학적**, 다시 말해 순전히 형식적인 기초원리들: 2.) 물리학으로의 이행 단계 위에 있는, 하나의 체계 안에서의 물질의 운동력들에 대한 경험적 개념들의 **자연연구**의 선험적 원리들에 따른, 자연과학의 질료적 기초원리들, 3. 물리학의 자연인식의 하나의 체계 안에서의 경험적 자연인식의 통일 원리인, 자연과학의 **물리학적** 기초원리들

그러나 사람들은 이에 더하여 네 번째 종류의 자연과학의 기초원리들, 곧 (뉴턴이 그의 불멸의 저작에서 거론했듯이) **수학적인** 것들에 대해 이야기하는 바를 듣고 있다. 그러나 이것은, 사람들이 이내 알아차린바, 수학을 통해 특수한 힘들의 개시원천이 이해되지 않은 채, 물질의 운동이 수학적으로 취급될 수 있는 한에서, 물질의 특정한 운동력들의 명칭의 한갓된 어구〔일 따름이다.〕물체들의 회전에서의 중심력, 빛운동과 소리운동 같은 것들은 수학을 통해 측량될 수 있다. 그러나 **물질에 고유한** 단 하나의 힘도 그를 통해서는 그 체계 안으로 들일 수가 없고, 그로써 그 수가 증가할 수가 없다. 그래서 자연과학의 수학적 기초원리들이란 문자 그대로 이해한다면 무물〔無物〕이다/아무것도 아니다. 왜냐하면, 이것들을 통해서 자연에는 자신(자연)에게 고유한 힘들의 단 하나도 증가되지 않기 때문이다.

XXI623

그러나 다른 유의 개념들로의 이행(異種轉移)은 간접적으로 매개개념들을 통해서 그리고 허용되거나, 직접적으로 그리고 허용되지 않는다. 전자는 보행(步行)을 통한 것이고, 후자는 비약(飛躍)을 통한 것이겠다. 이 후자는 형이상학에서 물리학으로, 그러므로 단편〔斷片〕적으로 (물리학과 같은) 하나의 체계로 이행해가는 데서 일어난다. 예컨대 먼저 종별화되었어야 할 물질의 운동력들을 물질로서 선험적 개념들을 통해 합성하는 형식적 조건들 아래에 두지 않은 채로 자연 형이상학에서 화학으로 이행하는 것 말이다. 이러한 일은 **합법칙적 자연연구**의 한 체계인 물리학으로의 추세와, 그러니까 형이상학적 기초원리들의 의도와 상충하는 것이다. ― 요소개념들의 완벽성을 정리하기도 전에 체계로서의 물리학으로 떠돌아 들어가는, 자연과학

408

일반(自然哲學)의 방법의 이 결함은 또는 객관들에 대한 개념들의 잡다에서 통일의 형식적 원리들 없이 이 요소개념들을 재료로 대충 모아놓은 것이기도 하다. 이것들을 제한하는 체계적인 정돈 없는 이러한 것들의 집합은 물질의 운동력들에 대한 개념들이 그 실재성을 오직 경험적으로 취득할 수 있는 데서 초래된다.

3) 상호 교호적인 운동력들에 있어서 한 물질과 그것 바깥의 다른 물질과의 관계. 상호성[상호작용]의 범주. 이 상호성으로 인해 물질의 동일한 방향에서 서로 종속된 일련의(서로 연달아 **의존하고 있는**) 힘들이 단 하나의 총괄된 운동하는 표면력과 똑같게 된다. 응집력. 이것이 질량[덩이]으로 移動하는 能力으로서의 모든 것을 움직인다.

한 질량[덩이]의 운동력으로서의 응집력에는 그 역시 (충격력으로서가 아니라) 순전히 압력으로서 작용하는 흐름[액상/유동]에서의 물질의 운동력이 맞서 있고, 전자처럼 무게와 같다. 비록 여기서 물질의 무한히 작은 양의 충격들이 물질의 일련의 무한히 작은 잇따르는 충격들 중에 있기는 하지만 말이다. XXI624

여기서 문제인 것은 물질의 운동력들의 기본[요소]체계이다. 그것은 可能性으로서의 물리학으로의 이행으로서, 이에서 사람들은 물리학 자체로 떠돌아 들어가지 않도록 매우 조심해야 한다. 왜냐하면, 거기에는 순정하게 자의적인 원리들이 몰래 숨어 들어가 있을 것이고, 아무런 체계도 아니기 때문이다.

응집력이 있으면, 하나의 밧줄이나 더 강한 밧줄이 그것을 유지하고 있다면, 이 밧줄이 스스로 끊어질 수 있지 않고서는, 어떠한 무게도 밧줄을 끊을 수 없다.

운동력은 무한히 나아간다.

제6묶음, 전지1, 4면

그러나 물질에 대한 개념들은, 체계로서의 물리학으로의 추세를 갖는 한에서, 선험적으로 주어져 있지 않으면 안 된다. 무릇 이러한 질에서만 그것들은 그러한 주장을 할 수 있으니 말이다. 그러나 바로 똑같은 것들이 물질의 운동력들에 대한 지식이어야 한다면, 경험적으로도 주어지지 않으면 안 된다. 무릇 경험 없이는, 물질이 하나의 운동력을 가지며, 어떻게 갖는지, 그러한 원인과 결과의 관계의 가능성조차 받아들일 수 없으니 말이다. 이제 그럼에도 불구하고 그러한 것이 주어져 있으므로, 자연과학 일반(自然哲學) 안에서 선험적 기초원리들에서 출발하는, 설립되어야 할 하나의 체계로서의 물리학으로의 **이행**이 구성되어 있는 것으로 보아야만 한다. 그리고 자연과학의 두 영역들 사이에는 중간[매개] 영역이 있어야만 하고, 그래서 사람들이 전자에서 후자로 직접적으로 그냥 전진해서는 안 되며, 오히려 그 사이에 물질 일반의 운동력들의 하나의 체계를 세워야 할 것이다. 그렇지 않으면 이런 일은 하나의 영역에서 또 다른 영역으로 넘어가는 보행(步行)이 아니라 하나의 비약(飛躍)을 감행하는 것일 터이고, 이는 모든 자연철학을 신뢰할 수 없게 만드는 것이겠다.

이제 내가 자연과학의 형이상학적 기초원리들에서 물리학으로의 이행에 대해 이야기하면, 그때 내가 이행으로써 의미하는 바는 이행이라는 활동이 아니라, 이행의 영역, 즉 물질의 운동력들의 요소개념들의 전체이다. 이 전체가, 분류된 이 힘들을 하나의 체계 안에서 서술하기 위한, 선험적 원리들에 따른 자연연구의 한 대상인 한에서 말이다.

이 교수법적인, 다시 말해 교설체계에서 이 운동력들은 경험의 대상들이기는 하지만, 자연과학의 별도의 한 부분을 위한 이것들의 결합은 하나의 선험적 원리에 의거해 있다. 그리고 이것의 제일 법칙은 이를 세움이 경험적 자연지식[학]의 체계로서의 물리학 안으로 뛰어넘어 들어가지 않는다는 것이다. 왜냐하면, 그런 경우 그것은 자기 (운동력들의 요소개념들의) 영역을

410

넘어가버리는 것이기 때문이다. — 그래서 이 학설체계 안에는 용해와 침전 그리고 이것들에 속하는 운동력들에 관한 것은 아무것도 나타날 수 없다. 이러한 것은 물리학의 한 부분인 화학의 분야에 속하고, 그리하여 자연과학의 경험체계에 속한다. 이에 반해 자연과학의 형이상학적 기초원리들에서 물리학으로의 이행은 이에 관심을 두지 않으며, 선험적으로 생각될 수 있는 요소개념들의 결합에 있어서, 오직 물질의 근원적인 운동력들을 그 자체로 그리고 서로에 대한 관계에서 완벽하게 서술하기 위해 하나의 체계 안에 머물러 있다.

xxx한 근원적 운동에 대하여

견고성은 강체[고체]에서 다공[多孔]성과 비교될 수 있다.

진짜로 빈 것은 어디에도 없다. 무릇 만약 열의 충격들이 반대 작용을 하지 않는다면, 모든 것은 융합할 터이다.

라플라스의 세계체계[우주계][8]

모든 운동력들에서 인력은 필연적으로 척력과 결합되어 있으며, 고체성 XXI626
과 유체성에서도 그러하다. — 하나의 무게와 똑같은 응집력은 (표면에서) 접촉하는 물질의 동일한 양의 물질의 모든 힘에 대해 무한히 우월함

4) 영구성과 동시에 연속적인 변화 또는 운동의 바뀜

注意! 이 논고의 사명은 순수 자연이론에서 그리고 일반적으로 선험적 원리들에 의한 체계에서 아직 빈틈으로 남아 있는 것을 채우고, 그리하여 나의 형이상학적 작업을 완벽하게 처리하는 것이다.

粗惡한 或은 適合한 凝集力

3. 活力 及 死力

---

8) Pierre-Simon Laplace(1749~1827), *Exposition du système du monde*(Paris 1796) 참조. Laplace는 칸트가 초기에 가졌던 견해(*Allgemeine Naturgeschichte und Theorie des Himmels*, 1755 참조)와 유사한 견해를 피력했다.

4. 生氣力 及 永久性(現象體 必然性) 무게의 凝集可能性

固體의 及 流體의 凝集可能性.

凝集된 것들의 反撥 破裂. 물질의 强固한 응집, 그때 부분들의 변위는 동시에 부분들의 분리이다. — 만약 분리에 대한 저항이 모든 방면으로 똑같지 않으면서도 규칙적이면, 물체는 〔내부〕**구조**를 갖는다.

1) 내부에 대한 물질의 직접적인 작용 능력

2) 외부 물체들에 대한: 표면력 그것의 척도: 찢기를 위해 똑같이 두꺼운 프리즘 자신의 무게.

운동력들의 구분

1.

인력과 척력

2.

표면력 또는 침투력인 두 힘

곧 물질의 침투

중력은 침투력이지만, 물체들에 침투하는 물질의 힘은 아니다.

계량 가능성과 차단 가능성은 하나가 다른 하나를 전제한다.

사력과 활력, 그러나 사력의 원인은 現象으로서 활력 중에 있을 수 있다.

제6묶음, 전지2, 1면

물질의 운동력들을 그것의 운동에서, 예컨대 중심력들을, 도출하는 원리들은 **수학적**이다. 그러나 운동력들에서 운동을 도출하는 원리들은 **자연학적**이다. 예컨대 중력을 통한 인력의 도출. — 이제 무엇이 형이상학에서 물리학으로의 이행에 속하는 시원적 원리들인가?

그것들에 대한 선험적 개념들에 그것들에 대한 경험의 가능성이(그러한 것을 세울 수 있도록), 다시 말해 **자연연구**가 걸려 있는 운동력들은 **주관적**

원리들이다. 즉 1.) 접촉 없는 물체적 인력의 원리, 移動 能力, 다시 말해 (그것이 침투적이기 때문에) 접촉 없는 **계량 가능성** 또는 척력, 다시 말해 2.) 열 물질의 **차단 가능성**의 원리, 3 그러므로 동시에 밀쳐내면서, 물질의 모든 부분들에서 자기 자신을 제한하는, 접촉에서의 표면인력의 원리, 다시 말해 물체부분들의 **응집력**(강고성). 4) 물질의 운동력들에 의한 운동의 소진되지 않음(**영속성**).

질료의 면에서 경험적으로 주어져 있는 것에 대한, 형식의 면에서 선험적인 인식의 **객관적** 원리들. 이것은 이성적 자연학(一般 自然學)[일] 수 있으며, 물질의 운동력들을, 비록 아직 하나의 자연체계 안에서는 아니지만, 하나의 학설체계 안에서 총괄한다.

모든 물체는 각각이 객관적으로 물질의 운동력들의 하나의 체계이다. 그러나 이 체계를 그 자체로 인식하는 것, 다시 말해 물리학에게 우리가 그에 대해 가지고 있는 인식은 이 이념에 대한 적합성에서 무한히 멀리 떨어져 있다. 그러함에도 불구하고 모든 물리학은 그 원리상 하나의 체계의 건립을 그리고 그러한 체계를 구축할 가능성을 지향해 있지 않으면 안된다. 이때 사람들은 단편(斷片)적으로 그리고 경험적으로 집합들에 의해 그러한 인식에 이르기를 희망할 수는 없고, 오히려 이때 모은 지각들의 올바름을 유일하게 보증할 수 있는 것으로서 체계의 형식을 xxx

물질의 운동력들에 의한 운동들을 경험에 내놓기 위해서 사람들은 외적으로 기계들이 필요하다. 그러나 이 도구들 자신이 그를 매개로 해서 기계적으로 작용할 수 있는 또 다른 내적 운동력들을 필요로 한다. 지레의 강고성 — 이에는 용수철의 역압(逆壓)도 속한다 —, 짐을 움직이는 판과 끈의 당김을 이용하는 기계에 있어서 끈의 강인성, 작은 힘으로 짐을 들어 올리기 위해 밀치기를 이용하는 경사면의 밑받침의 견고성 등등은 그 자신이 물질의 내적 운동력들이며, 이런 것들이 없으면 그와 같은 물질조차도 아무런 운동하는 수단[매체]을 제공하지 못할 터이다.

그러므로 자연과학의 형이상학적 기초원리들 뒤에 또 하나의 특수한 학문, 즉 물리학으로의 이행이 있다. 이 이행은 아직 물리학은 아니지만, 하나의 특수한 체계로서, 물리학의 기초에 선험적으로 놓이는 것이다. 이제 어떻게 하나의 경험적 인식이 그와 같은 것, 물질의 운동력들의 인식이며, 그러면서도 선험적으로 그 인식의 기초에 놓일 수 있고 놓여야만 하는지가 xxx될 수 있다.

2) 물질은 촘촘하거나 횅하다.

유동적인 것과 강고한 것이 이 위치에 놓일 수는 없다.

기계적인 밀도가 상이한 종류의 물질들의 연속성을 방해하지는 않는다.

제6묶음, 전지2, 2면

선험적으로 생각될 수 있는 운동 일반의 형식적인 것〔요소〕에 따라서 물질의 운동력들 또한 그러한 것의 질료적인 것〔요소〕으로서 하나의 체계 안에서 표상〔가시화〕될 수 있고, 완벽하게 구분될 수 있으며, 그리하여 공간과 시간상에서 이것들의 관계들에 따라 **일반**※ 자연학(一般 自然學)이 xxx될 수 있다. 이제 운동력들은 그 실재성의 면에서 경험의 대상들로 주어져 있을 뿐이나, 그것들의 수와 하나의 체계로서의 그것들 서로의 관계에서의 위치는 그 체계 안에서 직접적인 또는 간접적인 작용 및 반작용 등등의 이러한 힘들의 상이한 방향에 따라서 완벽하게 그리고 선험적으로 구분될 수 있다. 이러한 관계들에 대한 개념들이 경험적임에도 불구하고 말이다. 왜냐하면, 이러한 구분은 선험적 개념들에 정초될 수 있는※※, 운동의 형식적인 것〔요소〕을 바탕〔토대〕으로 가지고 있기 때문이다.

※ 따라서 보편적(普遍的[9])으로가 아니라 일반적(一般的[10])으로 타당한 명제는 그것의 반대가 단지 규칙의 예외로 생각되며, 여하튼 논리적 형식의 면에서는 아니라도 내용의 면에서 가언적 명제이다.

만약에 단지 저 운동력들을 경험의 하나의 완벽한 체계에 넣으려 하는 경험적 원리들에 기초해 있는, 물리학으로의 이행이 일어났다면, 물리학은 다시금 일반 물리학(一般 物理學) 즉 물질 일반의 힘이론과 특수 물리학(特殊 物理學) 즉 물체론으로 구분될 수 있다. 하나의 물리적 물체를 사람들은 자기의 운동력들에 의해 하나의 특정한 형상을 취하는, 물질의 하나의 분리된 전체로 이해하며, 거기에는 무기적 물체들과 유기적 물체들의 하나의 자연과학이 있다. 전자는 그것들의 그리고 그것들 **안의** 각각의 부분이 작용 원인으로서의 타자에 **의해서**가 아니라 **타자를 위해서**(他者에 依해서가 아니라 他者를 爲해) 현존하는 존재자들이다. 예를 들면 동물계에서 엄지손가락은 손을 위해 손은 팔을 위해 등등, 또는 식물계에서 나무의 껍질은 수액피질(樹液皮質)을 위해, 수액피질은 잎들과 씨들을 위해 등등이 현존하며, 실로 인간도 그중 하나인 여러 가지 동물들도 하나가 다른 하나를 위해 현존한다. 여기서 그때 단계적인 전진이 가령 무한정에 빠지지 않고, 비약을 통해 초감성적인 것으로(異種轉移에 依해) 이행하며, 물질의 운동력들은 더 이상 자기를 위한 자리를 발견하지 못한다. 사람들은 전자의 자연을 물질을 형성하는 힘이 기술적인 그런 것이라 부를 수 있겠고, 반면에 다른 것은 이 힘이 건축술적인 그런 것이라 하겠다. ― 전자의 형식들을 위해서는 운동의 법칙들이 선험적으로 주어질 수 있고, 후자의 형식들을 위해서는 경험만이 그것들을 제공한다. 왜냐하면, 산출하는 원인은 모든 가능한 경험을 넘어서 있기 때문이다.

XXI630

※※ 스콜라적 표현으로는 다음과 같겠다: 저 명제들은 端的으로가 아니라, 어떤 面에서 선험적 명제들이고, 다른 한편 端的으로가 아니라, 어떤 面에서 경험적이다.

---

9) 원어: universaliter.
10) 원어: generaliter.

제6묶음, 전지2, 3면

IV

자연과학(自然哲學)의 형이상학적 기초원리들은 그 자체로 하나의 체계를 이룬다. 그러나 이 체계는 다시금 경험적 자연지식[학]의 한 체계인 **물리학**으로의 자연스러운 **추세**를 갖는다. 다시 말해, 이 체계는 선험적으로 형이상학의 경험의 대상들에 대한 지시를 문제로서 함유하고 있는데, 이 문제를 해결하는 일이 이성에 의해 형이상학에게 부과되어 있으며, 이것이 전자의 목적을 이룬다. 그러나 이 대상들은 모든 물체에 대한 지각이 파악해 보이고, 그것의 하나의 경험적인 집합으로 제시하는, 물질의 운동력들로서, 이 집합 자신이 다시금 그 자체로서 개념들의 한 체계를 형성해야만 하는 것이다. 왜냐하면, 모든 개개 물체는 이미 그 자체로 물질의 운동력들의 한 체계이고, 그러한 것들의 한 체계의 형식과 원리들이 없이는 학문(물리학)을 위한, 객관에서의 잡다의 통일이 달성될 수 없다.

물질의 운동력들의 체계로서의 자연이론은, 그것이 선험적으로 편성되어 있는 한에서, 이제 물리학을 위한 예비학이며, 일반 힘이론(一般 力學)이라고 또는 예비학적 자연학이라고도 부를 수 있다. 그러나 형이상학적 기초원리들의 물리학으로의 — 그 자체에 어떤 주관적인 것, 곧 힘들의 총괄이 아니라, 물질의 운동력들에 대한 개념들을 하나의 체계 안에서 연결하는 마음의 활동을 표상하는 — 추세 때문에 이 이론을 형이상학에서 물리학으로의 한 이행으로 표상하는 것이 자연이론의 체계에 더 알맞으며, xxx

경험적 개념들의 하나의 체계의 과제로서의, 형이상학적 기초원리들에서 물리학으로의 바로 이 추세에 왜 선험적 원리에 따른 이것들의 편성이 그 자체로 이 개념들의 체계로가 아니라, 단지 또 다른 하나의 문제성 있는 체계 곧 물리학으로의 **이행**으로 진술되는지 그 이유가 있다. 이것이 개념들의 위치론에 곧 하나의 논리적 장소에 여태 없었지만, 그에 다가설 준비를 할, 그리고 객관(운동력들) 대신에 판단하는 주관의 순전히 형식적인 원리들 —

사람들이 알고 있는 하나의 체계에서 사람들이 아직 알지 못하는 다른 하나의 체계로의 이행―을 거론할 계기를 유발한다. ― 그러나 하나의 체계에서 다른 체계로의 이행의 이념은, 후자의 내용이 무엇이 됐든, 그것이 물리학으로의 이행이고, 이제 비로소 이 내용이 탐구되어야 하는 것이라면, 경험적으로 조건 지어진 자연과학 안에서 단 하나의, 객관에 알맞은 연구의 **방법**이자, 사람들이 다른 영역에 정주하기 전에 비록 명목으로서 세우는 것이지만 먼저 분간되어 있는, 한 영역에서 다른 영역으로 보행하는 형식이다. 바로 자연 형이상학에서 물리학으로의 방법적 이행의 원리들에 의해서 물질의 운동력들은, 그것들이 선험적으로 현시될 수 있는 바 그대로, 발견 XXI632
될 수 있고 체계적으로 정리될 수 있다.

(결과로서의) 무엇인가의 **원인**인 한 사물의 성질은 힘이며, 이 관계를 일컬어 '작용(作用)하다'라고 한다. ― **근거**는 행위 없이도 특정한 규정들의 무엇일 수 있는데, 이것은 하나의 불활성의 관계이다.

고약한 사건이 쉽게 더욱더 나쁘게 결말이 날 수도 있었다는 기묘한 위안에 대하여. 타인들은 더 고약한 상태에 있다는, 변화될 수 없는 것에 대한 부정적 만족

제6묶음, 전지2, 4면

구분[11]

그런데 왜 이 책의 저자는, 그 내용의 질료적인 것[요소]이 아니라 오히려 그 과업의 형식적인 것[요소]을 표시하는, 즉 한낱 자연과학의 한 부분(형이상학적 기초원리들)의 다른 부분(물리학)으로의 추세만을 표시하는 그러한 제

---

11) 이 낱말("Einteilung")은 '서론'("Einleitung")을 잘못 쓴 것이 아닌가 하는 의견이 있다.

목을 사용하는가, 이 공간을 채우는 소재, 곧 물질의 운동력들은 논함이 없이 한낱 전자에서 후자로의 이행을 고지하는 제목으로 사용하는 것인가? — 그 대답은, 만약 이 저작 자신 안에서 비로소 앞으로 찾아내야 할 것이 예취되어서는 안 된다면, 곧 물질의 운동력들을 이 체계 안에서 맨 처음으로 등장시키기 위해서는, 이런 일이 일어나야만 했다는 것이다. — — 무릇 물질의 운동력들을 오직 자연과학의 형이상학적 기초원리들에서 그것들이 XXI633 선험적으로 그에 대한 추세를 가진 물리학으로의 이행의 원리들에 의해 찾을 수 있고, 하나의 체계 안에서 서술할 수 있으니 말이다.[※]

그러나 특히 유념해야 할 바는, 순전히 하나의 물리학의 **정초**를 위해 필요한 것이 (주어진 개개의 물체마다 함유하고 있는 바와 같은) 운동력들의 경험적 체계로서의 물리학에서 취해지고, 그리하여 하나의 後次的인 것이 先次的인 것과 섞여 짜여서, 물리학 자체 안으로, 예컨대 용해와 침전들과 함께 화학으로 물려 들어가지 않게 하는 일이다. 왜냐하면, 이 과업에서 문제가 되는 것은 단지 한낱 물질 일반의 운동력들과 관련한, 물리학으로의 이행 뿐이고, 그것도 그 운동력들이 선험적으로 매거[枚擧]되고, 그것들의 전체가 원리들에 따라 구분되어야 하는 한에서 그런 것이기 때문이다. 이러한 일에 있어서 그 원칙들은 본래적인 것(本來 原理들[12])이어야지 외래적인 것(外來 原理들[13])이어서는 안 된다. 후자로의 순전한 이행의 원리들에 있어서는 오직 물질 일반의 운동력들이 문제가 되고, 이 체계의 형식적인 것[요소]

※ 하나의 전체에 대한 표상[관념]을 곧 직관에 의한 것으로 산출하기 위해서 맨 먼저 생각해야 하는 것은 **합성된 것**(合成體)이 아니라, **합성함**[합성작용]이다.(形式이 事物에게 本質/存在를 附與한다.) 선행해야 하는 것은 이 활동[행위]의 개념이다. 하나의 전체는 자체로는 직관될 수 없고, 사고되어야 하며, 합성된 것[합성체]에 대한 개념이 **성립**되기 위해서는 표상의 질료적인 것이 대상의 인식을 위한 형식에 종속되어야만 한다.

---

12) 원어: principia domestica.
13) 원어: principia peregrina.

은 단지 이것들에만 맞춰져 있으니 말이다.

　분리 없이 변위될 수 없는 물질은 견고하다[고체적이다]. 견고성(堅固性)은 절대적 응집성이다. 여전히 유연성을 허용하며, 유동성과 친화적인 가설적 물질은 이러한 응집성과 양립할 수 있다.

　絕對的 凝集性은 無制限的이지 않다.

　1.) 객관적 계량 가능성과 주관적 계량 가능성 등에 대하여　　　　XXI634
　지레에 의한 계량에는 기계로서의 한 물체의 **탄력**이 대치될 수 있다. 그러나 가속의 운동량에 대한 보편적 척도는 없다. 왜냐하면, 탄성적 힘들로서의 그것의 두께와 강도에 대해서 모든 것에 타당한 척도가 주어질 수 없기 때문이다. 그러나 추[錘]의 길이에 대해서는 능히 주어질 수 있다.

　2.) 모든 물질은 객관적으로 저지될 수 있다. 무릇 모든 물질은 자기 자신의 중력인력에 의해 물질의 한 정량을 하나의 일정한 공간 안에 가두고, 하나의 물체 안에 스스로 제한되어야 하니 말이다. 그러나 주관적으로, 다시 말해 특정한 차단하는 물질과의 관계에서의 물질은, 예컨대 열물질은 저지될 수 있다.

　3.) 모든 강고한 물질은 한갓된 접촉에서도 침투에서도 응집될 수 있다 (부서지기 쉬운 또는 가연적인 응집, 脆性的인 또는 可延的인). 전자의 부분들은 순정하게 작은 전체들이 되며, 합해서 하나의 더 큰 공간을 차지한다.

　3) 침투 불가능한 인력은 분리 후에 척력으로 변환되는 것이다. 단지 내적인, 외적이지 않은 응집력. ― 침투하지 않는 인력은 응집력이다. 표면인력(무한소). 하나의 유동체는 침투하는 인력을 갖는다. ― 태운 석회의 응집 불가능성. 그러함에도 강고한 물질. 열에 의해 유동적으로 되는 한에서의 강고한 물체들.

　열소는 하나의 탄성적 유동체이다. 그런데 무엇이 열소 자신을 탄성적으로 만드는가?

2) 질의 면에서 모든 물질은 유동적이거나 강고하다(밀쳐내면서 흐르거나 끌어당기면서 흐른다). 강고한 물질 脆性的인 또는 可延的인: 전자는 다시 동일한 공간으로 보내질 수 없다(부서지기 쉬운). 소석회는 응집력 없이도 강고하다.

3.) 한낱 하나의 물질이 다른 물질을 끌어당기는 것이 아니라, 접촉에서의 물질이 하나의 물체를 끌어당기므로, 거기에서 곧 인력들은 원거리의 접촉 인력에서 서로 종속되어 있다. 덩이에서의 응집 가능성. 일련의 서로 종속하는 표면인력들. 活力.

한낱 역학적인 응집과 비교되는 입자//응집에 대하여. 후자[14]에서 물질은, 그 부분들이 분리되면, 자기의 형상을 바꾸지 않으며, 전자에서 각각의 부분은 하나의 비슷한 물체를 형성한다.

제6묶음, 전지3, 1면

서론

만약 한 학문이 다른 한 학문의 원리들을 함유하고 있다면, — 자연과학(自然哲學) 일반이 다른 학문의 원리들을 함유하고 있듯이, 그 안에는 후자로의 추세가 들어 있다. 다시 말해 저것에서 이것으로의 **이행**에 대한 주장과 요구가 들어 있다. 예컨대 자연과학의 형이상학적 원리들에서 경험적 자연지식들의 한 체계인 물리학으로 전진하고, 저 학문을 이 학문과 연결하는 중간자를 **제시하고**, 그러나 이 이행과 그 개념을 그것이 어디에서 존립하는지를 지적하지 않은 채로, 그에 의해 자연과학의 내용(질료적인 것)에는 관여하지 않으면서, 오직 하나의 체계 일반의 형식적인 것만이 제시되는 하나의 특수한 학문으로 호칭할 주장과 요구 같은 것이 들어 있다. 예컨대,

---

14) 한국어 번역문의 어순상 이 대목의 '전자', '후자'는 칸트 원문의 표현과는 뒤바뀜.

자연과학의 **형이상학적** 기초원리들의 것, 저것이 그것으로의 추세를 가지고 있는 **물리학**의 원리들, 그래서 전자에서 후자로의 **이행**을 하나의 특수한 학문으로 세우고자 하는 것은 낯설다. 무릇 이 이행은 방금 떠난 하나의 상태에 속하면서 등장하는 다른 상태에 동시에 속하는 동일한 시점에서의 하나의 변화이니, 따라서 그것은 그 위에 하나의 고유한 학문이 이를테면 정주하고 상주할 수 있는 영역을 갖지 않는 순전한 한계규정인 것이니 말이다. — 한순간에 **아직 있지 않고**, 그러나 바로 그 순간에 **더 이상 있지 않은** 한 상태는 하나의 학문이 자리를 찾을 법한 범위를 갖지 못한다.

그러나 저 물질의 운동력들의 한 **체계**로서의 물리학으로의 저러한 자연 XXI636
스러운 추세는 그것의 형식적인 원리들에 따르는 특수한 학문으로서의 그것에게 하나의 범위를 제공한다. 이 형식적인 원리들은, 물리학의 질료적인 경험적인 것들 안으로 넘어 들어가, 단지 **자연연구** 위에서 그러나 결코 본래적인 자연과학(본래적인 체계)으로 완성될 수 없는 경험적인(결코 완벽하게 작성될 수 없는) 학문으로서의 물리학에 개입함이 없이, 선험적으로 세워질 수 있고, 명확하게 열거될 수 있는 것이다.

자연과학의 **형이상학적** 기초원리들은 공간상에서 **운동할 수 있는 것**으로서의 물질에 상관한다. 그러나 저것들에서 물리학으로의 이행은 물질의 **운동력들**과 함께(하는데,) 이것들에 대한 최초의 인식은 경험적 근원을 가지지만, 그 운동은 (모든 운동 일반과 같이) 선험적인 형식적 원리들에 힘입을 수 있다. 예컨대 중력의 운동력은 비록 경험적 법칙들에 따라서 그에서 수학적으로 전개될 수 있는 결과들을 갖지만, 그 상호 간의 결합과 그것들의 경험체계인 물리학과의 관계는 선험적인 형식적 원리들에 힘입을 수 있고, 물리학 안으로 이월하지 않고서도 하나의 물리학을 정초하기 위해서는 그러한 원리들을 필요로 한다.

그러므로 물질의 운동력들을 체계적으로 서술해야 하는 하나의 학문을 위해서는 자연과학의 형이상학적 기초원리들에서 물리학으로의 **이행**이라는 명칭 외에 다른 것이 있을 수 없다. 왜냐하면, 주관적인 규정근거로서의,

전자에서 후자로의 자연스러운 추세가 즉 물질의 운동력들에 대한 지식으로 안내하는 것이기 때문이다. 이 운동력들이 하나의 체계 안에서 공존할 수 있는 한에서 말이다.

그러나 이제 이 논고에서 자연과학은 **세 분과**로, 그만큼의 특수 학문들로 구분된다. 그것들 중에 자연 형이상학과 물리학이 중간 대신에 바깥의 위치들을 차지하고 있지만, 다만 첫째의 것에서 셋째의 것으로 이끌어지는 이행이, 그러니까 의도적으로, 여전히 메워져야 할 하나의 빈틈으로 남겨져 있다.

방법에서의 이 낯섦(역설)은, 물리학으로의 이행이 자연과학 안의 경험적인 것〔요소〕이 그것의 일반적 규칙 아래 포섭됨으로써만, 그러니까 물질의 운동력들 — 무릇 물리학이란 이것들의 체계에 대한 이론이니 — 에 대한 지각을 통해서만 일어날 수 있으므로, xxx를 함유한다는 사실에서 저절로 생긴다.

물리학의 反對便의 點[15]을 멀리함, 그러면서도 물질의 운동력들에 대한 개념들을 매개로 그것으로의 추세를 가짐.

形式이 事物에게 本質/存在를 附與한다. 다시 말해, 합성〔함〕의 선험적 원리들이 합성된 것〔합성체〕의 경험적 개념들에 선행한다. 합성된 것은 오직 저것들에 의해서 하나의 일정한 객관(사물/사태)이 되는 것이다.

물질의 기계적//운동력들과 역학적//운동력들의 모호성. 전자들은 오직 후자들을 전제함으로써 가능하다. — (공간상에서 운동할 수 있는 것의) 형식적인 것〔요소〕이 질료적인 것(운동력들)에 선험적 원리로서 선행한다.

한 상태에서 다른 상태로의 이행은 사물의 실존하는 방식에서의 하나의 변화이다. 그것은 곧 한 시점에서 더 이상 있지 않고, 이어지는 시점에서는 아직 있지 않으니 말이다. 그리고 저 이행은 잇따르는 두 시점에서 공동의

---

15) 원어: punctum flexus contrarii.

경계를 이루는 하나의 활동이다.

그러나 이행은 언제나 하나의 시간을 요구한다. 무릇 두 순간들은 직접적으로 잇따를 수가 없고, 이 시간은 언제나 일정 정도의 성장을 전제하니 말이다.

제6묶음, 전지3, 2면

서론

만약 하나의 학문이, 그것의 **형이상학적 기초원리들**과의 관계에서 **자연과학 일반**(自然哲學)의 경우가 그러하듯이, 그에 종속하는 다른 학문을 위한 원리들을 함유한다면, 그것은 하나의 특수한 체계 안에서 논구되었다.※ 다만 그것은 하나의 다른 체계 곧 **물리학**의 체계의 견지에서 작성된 것으로서, 그것은 그를 위한 필수적인 전제들을 함유하고 있다. 그래서 사람들은 그것에 대해, 그것이 후자로의 **추세**(이행에 대한 요구)를 가지고 있다고 말한다.

XXI638

I. 자연과학 일반의 대상은 **물질**이다. ― 자연과학의 **형이상학적 기초원리들**에 속하는 그 부분에 물질에 대한 개념이 있다. **공간상에서 운동할 수 있는** 것과 그 운동의 법칙들은 전적으로 선험적으로 정초되어 있다.

II. 저 자연 형이상학이 동반하는 물리학으로의 추세의 관점에서 물질은 **공간상에서 운동할 수 있는 것**이되, **이것이 독자적으로**, 다시 말해 (가령 회전하게 된 투석기의 원심력과 같은) 가해진[印加的] 운동에 의해서가 아닌, **운동력**

※ 이것의 제1판.[16]

---

16) *Metaphysische Anfangsgründe der Naturwissenschaft* [*MAN*] (Riga 1786)를 지칭한다. 이 『자연과학의 형이상학적 기초원리』는 칸트 생전에 제2판(Riga 1787)과 제3판(Leipzig 1800)이 더 출간되었다.

을 갖는 한에서 그러하다. ─ 물질 개념의 이러한 규정이 그 개념을 이미 **경험적**이게 만든다. 다시 말해 감관에 대한 작용결과인 지각에 의존하게 만든다. 그래서 자연과학의 원리들은, 만약 사람들이 운동력들을 분리해 일반적인 것(예컨대 열, 응집, 중량)으로 생각하고, 이것들의 사용을 가능한 경험을 위해, 그러니까 선험적으로 자연과학의 질료[적인 것으]로서 일반적으로 특정한 법칙들에 종속시킨다면, **자연학적**이라고 부를 수 있다.

XXI639   III. 물리학 자체의 관점에서 물질은 (한갓된 집합이 아니라) 하나의 체계 안에 있는, 그러므로 그것들의 결합이 원리들에 따르는 것으로서의 운동력들의 전체이다. **물질의 운동력들의** 하나의 **체계** 안에 있는 것으로서의 물리학은 물체론으로 표상된다.

자연이론의 세 부분 모두에서 잡다의 결합의 형식[적인 것]은, 잡다가 나중에 경험적으로 주어질 수 있도록, 선험적으로 생각되어 있다. 이 부분들이 그로써 말하고자 했던 바는, 합성된 것 그 자체에 대한 경험적인 인식에 앞서 지성에서 선험적으로 나오는 합성[함]의 개념이 선행하며, 그에 의해서만 객관은 규정된다는 것이다.

사람들은 질료[적인 것]를 어떻게 찾아야 하는지를 알기 위해서 형식[적인 것]에서 시작하지 않을 수 없다.

하나의 체계 안에서 선험적으로 표상되는 운동력들, 다시 말해 물리학. 이제 이행은 이것의 이념이 이 운동력들 자체를 하나의 체계 안에서 완벽하게 헤아릴 지침을 주는 것이다. ─ 그러므로 물리학으로의 이행은 운동력들의 체계로의 지도의 원리이며, 代充 그리고 경험적으로 수집된 운동력들이 형식의 면에서 보자면 물리학으로 안내하는 것이 아니다. 그렇지 않으면

※※[17] 옛 형이상학의 명제: 形式이 事物에게 本質/存在를 附與한다.

---

17) 본문 중에서 원주의 표시 "※※"가 어디에도 없어, 이 원주를 본문의 어느 특정 대목과 관련시킬 수 없다.

사람들은 물리학에 개입〔침해〕하는 것이다.

제6묶음, 전지3, 3면

II. 자연과학의 **자연학적** 기초원리들, 이것들은 질료〔적인 것〕 곧 물질의 운동력들을 경험적 인식의 객관으로, 그러나 이것들의 하나의 체계 즉 물리학을 위해, 다시 말해 전자의 후자로의 **추세**를 함유한다.

III. 그 형식적 조건들에 따르는, 자연과학의 형이상학적 기초원리들에서 물리학으로의 **이행**, 그러므로 이것은 선험적 원리들에 의거하고, 물리학 자체에 개입하지 않으며, (자연연구의) 하나의 주관적 체계로서의 물리학에 원칙들을 xxx

＊   ＊

이제 후자에 의해 순수 자연과학(純粹 自然哲學)의 체계 안의 빈틈이 메워지고, 자연의 선험적 인식에 속하는 모든 것의 원이 닫힌다. ― 다만 아직 대답해야 할 다음의 물음이 남아 있다: 왜 물질의 운동력들의 체계를 형식의 면에서 세우는, 자연과학의 이 부분의 이론이 거기에서 다루어지는 객관들(즉 운동력들)을 거론하는 대신에 주관 곧 이론가의 방법절차를, 즉 어떻게 어떤 걸음을 거쳐 그가 학문의 한 부분에서 다른 부분으로 이행해야 하는지, 〔그렇게 하는 것이〕 제목에 더 적합하고 필수적이라고 보는바, 왜 물질의 운동력들의 질료적인 것에서 경험적으로 출발하여, 지각에서 주어진 자연학적//잡다로서의 이것들의 결합을 **객관적으로** 앞세우는 대신에, 오히려 여기서 합성에서의 결합의 형식〔적인 것〕에서 **주관적으로** 출발해야만 하는지.[18]

---

18) 이 문단의 "합성에서의 결합의 〔…〕 주관적으로 출발해야만 하는지"라는 문구는 칸트 원문에서는 아래 제6묶음, 전지3, 4면의 첫 대목이지만, 한국어 어순상 부득이 앞면으로 올려 포함시킨다.

제6묶음, 전지3, 4면

경험적 자료들을, 그것들이 (자연연구의) 자연학적 자연연구에서 언제나 발견됨 직한 대로, 물리학의 한 체계의 완벽성을 위해 하나의 원리에 따라 정리하기 위해서 말이다. 그리고 왜 자연과학의 둘째 부분이 탐구되어 편성되어야 할, **물질의 운동력들의 총괄**로서 물리학으로의 추세에서 앞서가지 않고, 오히려 그 대신에 둘째 부분이 한낱 자연과학의 수학적[19] 기초원리들에서 물리학으로의 **이행**이라 호칭되는지. 이런 일은 필연적으로 낯설지 않을 수 없다. 왜냐하면, 그런 경우 그 구분은 이질적인 부분들로써, ─객관적으로// 및 주관적으로//생각된 것으로써─ 합성되어 있는 것으로 보이기 때문이다. 그러나 이 둘째 부분의 칭호는 규칙상 완전하며, 다르게 주어질 수 없는 것이다.

무릇: 우리는 물질의 운동력들의 취합으로부터 그것들의 하나의 학설체계인 물리학으로 접근하지 않고, 오히려 거꾸로 후자로의 추세를 통해 운동력들을 그것들의 수와 정도 및 그것들 상호 간의 관계들의 면에서 찾게끔 지도받는다. 무릇 자연지식의 (한갓된 집합이 아니라) 하나의 **체계**여야 할 하나의 물리학의 형식[적인 것]은, 그것들 없이 (한낱 수집 작업으로) 물리학에 접근할 수 없는 선험적 원리들을 요구하니 말이다. 그러므로 자연과학의 형이상학적 기초원리들에서 물리학으로의 이행과 이것의 원리※가 물질의 운동력들을 완벽하게 **찾아내는** 실마리이지, 거꾸로 단편[斷片]적으로 찾아낸 운동력들을 통해 그것들의 하나의 체계인 물리학으로 접근하는 실마

※ 스콜라학파의 격언: 잡다를 하나의 원리 아래서 결합하는 방식으로서의 형식이 사물/사태의 본질[적인 것]을 이루며(形式이 事物에게 本質/存在를 附與한다), 저 개념에 경험적으로 종속함 직한 모든 질료[적인 것](경험적인 것)에 선행한다.

---

19) 일단 원문: "math."[수학적]대로 이렇게 옮긴다. 그러나 이는 "met."[형이상학적]로 고쳐 읽어야 할 것 같다.

리를 자아내고자 할 수는 없다.

한 영역에서 다른 영역으로의(즉 형이상학에서 물리학으로의) 이행이라는 이름, 이 이행은 이를테면 하나의 협곡 위를 비약(飛躍)하는 것도 아니고, 이어진 길에서 한 걸음(步行) 더 내딛는 것도 아니며, 하나의 다리를 매개로 한 이월/건너감이거니와, 이 다리는 한 영역에서 다른 영역으로 가기 위해 (교각을 세우고 이음판을 붙이는) 하나의 특별한 증축을 필요로 하며, 자기의 고유한 배치로 독자적인 하나의 전체를 이룩한다.

자연과학의 형이상학적 기초원리들에서 운동력들의 체계인 물리학으로의 보행이 직접적으로 일어날 수는 없다. 무릇 그를 위해서는 인식의 하나의 전체를 위해 이 개념들을 결합하는 형식적 조건들이 필요하며, 이 결합은, 비록 이 체계의 질료[적인 것]가 경험적 원리들에 의거해 있다 해도, 선험적 원리들에 따라서만 성취될 수 있으니 말이다. — 그러함에도 형이상학적 기초원리들에는 물리학으로의 자연스러운 추세, 그러므로 하나의 이행이 있으니, 이 이행은 이성에 의해 자연과학을 위해 요청되는 것이다.

이제 물어야 할 바는 다음과 같다: 과연 나는, 사람들이 한낱 대충 수집된 집합으로서 일반 자연학이라고 부를 수도 있을 것인 자연철학의 이 둘째 부분을, 그렇게 해서 자연과학의 세 부분과 그만큼의 영역들,(즉 1) 형이상학적 기초원리들, 2. 자연학적 힘이론, 3. 물질의 운동력들의 체계로서의 물리학) 을 공동의 지반 위에서 경계표시를 하고, 둘째 부분의 명칭을 그 질료[적인 것], 다시 말해 내용(즉 운동력들) 또는 그 형식[적인 것] 즉 형이상학에서 물리학 일반으로의 이행에서 가져와야 하는가? 자연 형이상학에서 물리학으로의 이행과 같이 한 이론에서 다른 이론으로의 이행이 외견상 그러하듯이 연속적인 진보의 순전한 관계개념으로서 특정한 범위와 한계를 갖는 하나의 특수한 학문을 형성해야 한다는 것을 사람들은 설명할 수가 없다. 만약 사람들이 양자 사이에 중간자를 통해 메워지는 하나의 빈틈이 있다는 것을 생각하지 못한다면 말이다. 그것이 운동력들이 하나의 원리에 따라 (共同으로)

함께 모아져 정렬되는 한에서의 물질의 운동력들에 대한 이론이다. 무릇 그것들의 발견이 경험적 근원을 갖는 이러한 힘들을 통해서만 사람들은 물질의 운동력들의 체계 이론(즉 물리학)에 이를 수 있다. — 이제 그것으로의 추세를 통해 이러한 힘들을 경험적으로 탐색하는 자연과학이 제시되기 때문에, 자연과학의 형이상학적 기초원리들에서 물리학으로의 **이행**이라는 칭호를 사용하는 것은 다루고 있는 이 학문의 과업에 대한 적절한 명명이다. 왜냐하면, 운동력들은 오직 그러한 **체계**의 견지에서 발견되되, 앞서 찾아지지 않으며, 기초에 놓인 체계 없이 주워 모아서(蒐集해서)는 성취되지 않기 때문이다.

XXI643

(하나의 운동을 전제하고, 자연과학의 수학적 기초원리들을 형성하는 것들이 아닌) 물질의 내적 운동력들은 형식의 면에서 인력과 척력이다. — 이 둘은 저지될 수 있거나 저지될 수 없는 물질의 것이다. — a. 물질의 계량 가능성은 물질의 양의 측정을 가능하게 한다. — b) (중력의 인력에서처럼) 힘뿐만 아니라 (열소) 물질의 저지 불가능성
응집은 표면인력에서의 (동시에 원거리 척력과 결합된) 유착의 응집이거나 하나의 물질이 다른 물질을 일정 거리에서 교호적으로 투과하는 응고의 응집이다. 그때 언제나 파괴된 부분들은 하나의 공간크기를 제공한다.
　　　표[※20]
발걸음/보행(步行)
걸음/행보(行步)
이행(移行)
한 영역에서 다른 영역으로, 형이상학적 기초원리들에서 물리학으로
+ - 관계들로의 운동의 구분
形式이 事物에게 本質/存在를 附與한다.

---

20) 이 원주 표시에 상응하는 주해는 없다.

1. 운동력
2. 활력
3. 생명력

과연 어머니로서 지상에 유기 존재자들의 자연 안에 오직 하나의 생명력이 있는지

제6묶음, 전지4, 1면

자연과학의 형이상학에서 물리학으로의 이행은 — 거꾸로 경험적인 인식에서 선험적 인식으로의 이행이 아니라, — 정돈할 때 주관적인 것(질료적인 것)을 객관적인 것(형식적인 것)과 혼동하여 물리학에 개입하고, 그리하여 그 XXI644 개념이 경험적인 기계적//운동력들을 설명하기 위해 암암리에 역학적 운동력들의 기저에 두고, 이것들을 무조건적으로(無料로) 요청하는, 운동력들의 체계에서의 모호성을 방지하는 하나의 원리를 함유하고 있다. 예컨대 (하나의 하물〔荷物〕인) 물질의 운동에서 기계로서의 지레에 의해 직선상의 그것의 부분들의 내적 인력(강고한 응집력)이 암암리에 상정(요청)되면, 밑에 놓인 받침대 위에서 휘거나 부러지는 것에 저항하는 하나의 힘이 상정되지 않을 수 없고, 그러고 나면 그것의 하나의 기계적//운동력이 정초되거니와, 이것은 (강고한 응집력의) 하나의 역학적 운동력을 전제하는데, 사람들은, 그들이 지레를 한낱 직선으로 본다면, 이 역학적 힘을 도외시하고, 지레의 강고성을 역학적으로 운동하는 것으로 요청한다.

물리적 지레는, 만약 그것이 휘거나 부러지는 것에 저항하기 위해, 일정한 두께를 그리고 이와 결합된 견고한 응집력의 강도를 갖추고 있지 않다면, 기계로 생각할 수가 없다. — 수학적 지레는 이러한 부속물 없이 생각된다. 마치 이러한 것 없이도 하나의 지레가 있을 수 있는 것처럼은 아니고, 오히려 그것을 통해서만 기계적 운동력이 가능한 그것의 부분들의 역학적//운동력이 전제(요청)되되, 이 지렛대의 없어지는 두께에서 무한할 터인 그 힘

의 정도가 도외시된다. ─ 이러한 사정은 모두 근원력으로서의 역학적 〔잠〕세력들을 전제하는 여타의 기계적 〔잠〕세력들※에 대해서도 마찬가지이다.

역학적 운동력을 기초에 가지고 있는 첫째 기계적 운동력은 강고성으로서의 지레(견고성)이다.

둘째의 것은 유동성이다. 그 안에 있는 기계적인 것은, 흘러감에서 무한히 작은 모든 부분들에서 운동 중인 물질은 언제나 한낱 운동의 한 운동량과 무한히 작은 힘을 가진, 그러면서도 하나의 무게와 똑같은 하나의 충격을 운동시키고 있다는 점이다. 이러한 힘의 기초에는 하나의 물질이 놓여 있으며, 그것은 비록 기계적으로 부딪치지는 않는다 해도, 역학적으로 운동하는 힘을 갖는다. 열

계량 가능성의 주관적 원리

3. 물질의 무한히 작은 부분의 역학적 힘(도금), 이것은 한 무게의 기계적 힘과 똑같다

4. 모든 것에 침투하고, 질량이 저지될 수 없는 곳에서 하나의 통일성을 이루는 에테르의 힘

※ (기계학자들이 그러한 것으로 때로는 다섯을 때로는 여섯을 호명하는) 후자[21]들은 단순하게 셋, 즉 지레, 도르래, 쐐기(경사면)로 환원될 수 있다. 이 가운데 첫째는 **압력**을 통해, 둘째는 **견인력**(밧줄)을 통해, 셋째는 **추진력**(다른 두 물체들 사이에 내리눌러 끼어듦)을 통해 운동한다. 그때 운동의(힘의) 운동량에서 움직여진 물체가 지나가는 공간에서 소비되는 만큼이 절약되며, 그렇게 해서 힘과 하중이 평형을 이루게 된다. ─ 여기서 **도르래**(滑車)라는 말은 오해에 방치되어 있다. 도르래는 밧줄이 그것을 둘러쌀 때 자신 또한 돌아야만 하는 하나의 물체라고 이해될 수 있기 때문이다. (그러나 이런 일은 기계 안에 하나의 기계를 내놓는 것이겠다. 그 대신에 단단한 막대기를 둘러싸고 있는 밧줄은, 만약 저것에나 이것에나 마찰이 방지되기만 하면, 밧줄과 통나무는 전혀 아무런 도르래도 필요로 하지 않는다.)

---

21) 원문에서는 "전자"이지만, 한국어 번역문에서는 어순이 바뀐 탓에 고쳐서 옮긴다.

〖유작〗I.2 찾아보기

일러두기

1. 편찬 체제

☞ 이 찾아보기의 편찬 체제는 다음의 방식에 따른다.

> **표제어[대체어]** 원어
>
>   ¶ 용례 면수

☞ [유작]의 면수는 베를린 학술원판 칸트전집 XXI권(1936)의 본문 면수이다.

2. 약호 목록

■   = 개념의 정의나 풀이

¶   용례

▶   용례가 많은 경우 의미에 따른 구분

→   다음 표제어나 면수를 참조하라

↔   반대말이나 대조되는 말

인물(학파) 찾아보기

개념 찾아보기

가설/假說 Hypothese/hypothesis

¶ 가설 XXI541, XXI543 ¶ 가정(가설) XXI540 ¶ 순전한 가설 XXI392 ¶ 불가피한 가설 XXI346, XXI378 ¶ 대담한 가설 XXI390 ▶¶ 제1위의 가설(第一 假說)과 부속 가설(第二 假說) XXI541 ▶¶ 根本的 가설과 補助 가설 XXI584, XXI548 ¶ 가설적인 증명 XXI545 ¶ 가설과 요청 XXI593

감각/感覺 Empfindung

¶ 감각 XXI410, XXI456, XXI600, XXI603 ■ =한 사물의 질이 실재성이며, 이것에 대응하는 것이 감각이다 XXI459 ¶ 모든 감각은 그리고 감각에 대응하는 객관의 실재성은 하나의 도〔度〕를 갖는다 XXI456 ¶ 운동력의 작용결과로서의 하나의 감각 XXI536 ¶ 감각(실재성) XXI459 ¶ 물리적 감각 XXI446 ¶ 외적 감각 XXI452 ¶ 감관감각 XXI535 ¶ 감각의 원인 XXI560

감각기관/感覺機關 Sinnenorgan

¶ 감각기관 XXI573, XXI587

감관〔감각기능 · 감성〕/感官〔感覺機能 · 感性〕 Sinn/sensus

¶ 감관 XXI420, XXI454, XXI545, XXI560, XXI594 ¶ 감관과 직관 XXI454, ¶ 감관표상 XXI501, XXI538, XXI540, XXI560, XXI585, XXI595 ¶ 감관객관 XXI535, XXI542, XXI546, XXI552, XXI564, XXI575, XXI588 ¶ 감관대상 XXI471, XXI518, XXI540, XXI573, XXI590, XXI601, XXI604 ¶ 내감 및 외감 XXI406, XXI416, XXI418, XXI539, XXI564, XXI591, XXI595 ¶ 감성존재자 XXI471 ↔ 예

지적 존재자 XXI471 ¶ 감성세계 XXI570

감성〔感性〕 Sinnlichkeit

¶ 감성적 주관 XXI603 ¶ 감성의 주관적인 것 XXI351 ¶ 감성적 동기들 XXI470 ¶ 감성적 규정근거 XXI471 ¶ 감성적 의사〔자의〕 XXI471 ¶ 감성의 대상 XXI550 ¶ 비감성적 원리 XXI346 ¶ 비감성적 대상 XXI420 ¶ 초감성적인 것 XXI420, XXI630 ¶ 초감성적인 객관 XXI471 ¶ 감성세계(→감관)

개념/槪念 Begriff/conceptus

¶ 개념 XXI358 ▶¶ 주어진 개념(所與的 槪念)과 만들어진 개념(人爲的 槪念) XXI358 ¶ 생각된 개념 XXI358 ¶ 선험적 개념 XXI362, XXI366, XXI456, XXI475, XXI476, XXI563, XXI573, XXI603, XXI622, XXI627 ¶ 사람들이 선험적으로 창출하는 개념 XXI529 ¶ 자기가 만들어낸〔自作〕 개념 XXI544 ¶ 지성개념 XXI420, XXI455, XXI589 ¶ 이성개념 XXI591 ¶ 경험개념 / 경험적 개념 XXI366, XXI367, XXI387, XXI455, XXI476, XXI510, XXI573, XXI581, XXI603, XXI622, XXI631, XXI637 ¶ 매개〔수단〕개념 XXI361, XXI475, XXI486, XXI525, XXI590, XXI616, XXI623 ¶ 선〔先〕개념 XXI524, XXI527 ¶ 요소〔기본〕개념 XXI530, XXI623, XXI625 ¶ 한편으로는 선험적으로 사고되면서 다른 한편으로는 경험적으로 주어져야만 하는 개념 XXI366/367 ¶ 이론적 개념 XXI421 ¶ 반성개념 XXI460, XXI545 ¶ 물리〔학〕적 개념 XXI486 ¶ 객관 개념 XXI603

객관·객체〔客觀·客體〕 Objekt

¶ 객관 XXI407, XXI456, XXI458, XXI581, XXI582, XXI630, XXI637 ▶¶ 감관들의 객관과 상상의 객관 XXI458 ¶ 가능한 경험의 객관/대상 XXI439, XXI519, XXI535, XXI537, XXI538, XXI539, XXI544, XXI584, XXI603 ¶ 가능한 경험의 실존하는 객관 XXI538 ¶ 경험 가능성의 하나의 객관/대상 XXI535, XXI536 ¶ 경험의 객관 XXI551, XXI574, XXI578, XXI579, XXI584 ¶ 지각의 객관 XXI491, XXI549 ¶ 직관의 객관 XXI550, XXI579 ¶ 초감성적인 객관 XXI471 ¶ 표상의 객관 XXI585 ¶ 개념의 객관 XXI586 ▶¶ 수학의 객관 XXI554 ¶ 물리학의 객관 XXI583 ▶¶ 객관 표상 XXI566 ¶ 객관의 현실성 XXI577, XXI586 ¶ 외적 객관 XXI588 ¶ 보편적 객관 XXI591

경험〔經驗〕 Erfahrung

¶ 경험 XXI337, XXI358, XXI456, XXI541, XXI544 ■ =지각의 종합적 통일이 사람들이 경험이라고 부르는 것이다 XXI587 ¶ 경험은 하나의 절대적 하나〔통일체〕이다 XXI564, XXI571 ¶ 객관적으로 오직 '하나의' 경험이 있으며, 모든 지각들은 이것

들 전체의 지어낸 것이 아니라 주어진 하나의 체계 안에 있다 XXI592, XXI595 ¶ 간접적(추리된) 경험 XXI536, XXI537 ¶ 부정적 경험 XXI550 ¶ 외적 경험 XXI559, XXI560, XXI572, XXI574, XXI579, XXI582, XXI587 ¶ 경험은 하나의 절대적 하나[통일체]이다 XXI564, XXI571 ¶ 무릇 오직 하나의 공간과 오직 하나의 시간이 (순수 직관의 객관들로서) 있듯이, 외적 사물들의 지각의 인과성 분야에도 오직 하나의 가능한 외적 경험의 대상이 있다 XXI579 ¶ 총체경험 XXI580 ▶¶ 보편적 경험 XXI541, XXI578 ¶ 종합적//보편적 경험 XXI578 ¶ 집합적//보편적 경험 XXI579 ¶ 분배적//보편적 경험 XXI579 ▶¶ 경험의 통일 XXI589, XXI596 ¶ 경험의 주관적 통일 XXI585 ¶ 경험의 총체통일 XXI601 ¶ 경험 일반의 절대적 통일 XXI586, XXI592, XXI595 ¶ 경험 일반의 필연적 통일 XXI595 ¶ 경험의 통일성 XXI543, XXI564, XXI572, XXI575, XXI597, XXI603, XXI605 ¶ 경험의 가능성 XXI535, XXI540, XXI543, XXI546, XXI563 ¶ 경험[의] 체계 XXI359, XXI474, XXI529, XXI553 ¶ 단지 지각들의 집합으로서의 경험과 체계로서의 경험 XXI585 ▶¶ 경험의 객관/대상 XXI376, XXI378, XXI407, XXI420 (→객관 · 객체) ¶ 모든 물질은 경험을 통해서만 그러한 것으로 (그것도 공간상의 하나의 양[量]적인 것으로) 인식될 수 있다 XXI387 ▶¶ 경험(일반)의 원리 XXI411, XXI478, XXI573

경험적[經驗的] empirisch

¶ 경험적 XXI358, XXI360, XXI596, XXI601, XXI623 ■ =경험적으로 곧 지각을 통해 XXI538 ■ =지각들의 집합인 모든 경험적인 것 XXI596 ■ =경험적 표상들(즉 지각들) XXI604 ¶ 경험적 의식 XXI458, XXI573 ¶ 경험적 표상 XXI359, XXI363, XXI530, XXI582 ¶ 경험적 원리 XXI403, XXI487, XXI524, XXI526, XXI540, XXI593, XXI616, XXI617, XXI629, XXI642 ↔선험적 원리, 이성적 원리 ¶ 경험적 실재적 원리 XXI600 ¶ 합경험적 XXI571 ¶ 경험적이되 선험적인 XXI620, XXI629 (→개념 →경험적 개념, →인식 →경험적 인식)

고체[강체]/固體[剛體] Festigkeit[Starrigkeit]/rigiditas

¶ 고체/강체 XXI342, XXI364, XXI401, XXI428, XXI465, XXI469/470, XXI486, XXI608, XXI611 ■ =강체[고체] 물체란 그것의 한 부분이 특정한 방향에서의 충격에 의해, 그것의 모든 부분들이 같은 방향에서 동시에 움직일 수밖에 없는 물체를 말한다 XXI401 ■ =자기의 무게를 통해 자기의 형상을 변화시키지 않는 물체 XXI428 ■ =그것의 한 부분이 움직여지면, 여타 모든 부분들이 동시에 움직여질 수밖에 없는 물질 XXI342 ■ =자기의 변화된 형태를 스스로 변화시키지 않는 물질 XXI380 ▶¶ 수학적 固體는 3차원 공간의 정량적인 것 XXI342 ¶ 역학적 固體는 이 3차원

에 따라 움직여진 것 XXI342   ¶ 고체[강체]성 XXI338, XXI373, XXI382, XXI391, XXI523, XXI609 ■ =그 부분들의 변위에 저항하는 하나의 물질의 성질 XXI382   ¶ 고체[강체]화 XXI385, XXI398/399, XXI418, XXI428, XXI453, XXI465 ■ =고체화는 결정화(結晶化)이다. 그것은 물질이 응고되고, 변위 가능성이 중단되거나 감소되고, 하나의 구조[직조]를 산출함이다 XXI392   ¶ 고체화는 오직 하나의 혼합된 고체(강체)에서만 발견될 수 있다 XXI393   ¶ 유동체에서 고체로의 이행은 이질적 물질의 혼합 탓이다 XXI609   ¶ 응고 XXI382, XXI477, XXI503 ■ =응고[凝固], 굳어짐은 유동체의 강체 물체로의 변화(일정한 형태들로의 결정[結晶])이다 XXI382 ■ =응고(凝結)는 한 유동[액체] 물질이 일정한 형상을, 즉 겉표면을 갖는 하나의 물질인 강체적 물체로의 변화이다 XXI395/396   ¶ 응결[凝結] XXI452

공간/空間 Raum/spatium

¶ 공간 XXI351, XXI392, XXI550, XXI588   ¶ 공간의 관념성 XXI351 ■ =공간 일반은 한낱 선험적인, 그러니까 빈 것과 가득 찬 것도 아닌 한에서의, 순수한 외적 직관의 형식의 주관적인 것[요소]이다 XXI588 ▶¶ 수학적–물체적 공간 XXI405 ¶ 물체적 공간 XXI469, XXI502, XXI590   ¶ 절대(적) 공간 XXI415, XXI438, XXI444, XXI445 ↔ 상대적 공간 XXI444, XXI445 ▶¶ 순수 직관으로서의 공간 XXI539 ¶ 공간 자체는 직관의 순전한 형식이지, 직관의 한 객관이 아니다 XXI550 ¶ 선험적 직관의 대상으로서의 공간 XXI542 ■ =외적 감관객관의 바탕[토대] XXI575 ▶ ¶ 빈 공간은 가능한 경험의 대상이 아니다 XXI547, XXI549, XXI572/573, XXI578, XXI579, XXI581, XXI604 ¶ 빈 공간은 形容矛盾이다 XXI550, XXI574 ¶ 절대적으로 빈 공간은 단적으로 아무런 객관이 아니다 XXI563 ¶ 자연 공간 XXI425 ¶ 감성적 공간 XXI551 ¶ 感性的[感覺可能한] 空間 XXI561 ¶ 경험적 직관으로서의 공간 자신의 실재화 XXI564 ¶ 공간 자체는 비록 간접적으로, 매개개념을 통해서이기는 하지만, 경험대상(知覺可能한 空間)으로 표상될 수밖에 없다 XXI590 ¶ 知覺 可能한 空間 XXI593 ↔ 思考 可能한 空間 XXI593

궁극목적[窮極目的] Endzweck

¶ 궁극목적 XXI346, XXI492, XXI556 ¶ 궁극목적의 학문 곧 지혜론 XXI556 ¶ 철학의 가치는 도덕적-실천적 이성의 가치로서 현상들에서 개선된 인간을 창출하려는 궁극목적에 지향해 있다 XXI556

기계/機械 Maschine/mechanica

¶ 기계 XXI187, XXI197, XXI536, XXI558 ■ =그 형식의 면에서 의도적으로 형성된 물체 XXI569

기계적〔機械的〕 mechanisch

¶ 기계적 XXI338, XXI474, XXI542, XXI552, XXI588, XXI611 ¶ 기계적 설명근거 XXI339 ¶ 기계적 설명방식 XXI442 ¶ 기계적 원리 XXI509 ¶ 기계적 기초원리 XXI354 ¶ 기계적 필연성 XXI374 ¶ 기계적 결합 XXI388 ¶ 기계적 운동력 XXI479, XXI511, XXI527, XXI608, XXI637, XXI644, XXI645 ↔ 역학적 운동력, 유기적 운동력 XXI511 ¶ 기계적 수단 XXI606, XXI607 ↔ 역학적 수단 XXI606, XXI607 ¶ 기계적//물리적인 것과 물리적으로 기계적인 것 XXI488 ¶ 기계적 형성 XXI510 ↔ 유기적 형성 XXI510, ¶ 기계적-합목적적 XXI511

기계학/機械學 Mechanik/mechanica

¶ 기계학적 XXI338, XXI460 ¶ 기계학〔역학〕적 XXI472 ¶ 기계학자 XXI644

기체〔氣體〕 Luft · das Luftartige · das Dunstförmige

¶ 기체 XXI380, XXI481 ■ =외적 원인 없이 그 자체로 유동적인, 자기 부분들의 접촉에서의 열에 의해 정립된 물질 XXI380 ¶ 기체//(또는 증기//)류 XXI376 ¶ 기류적〔氣類的〕 XXI491, XXI515

〔ㄷ~ㅂ〕

도식〔圖式〕 · 도식성〔圖式性〕 Schema · Schematismus

¶ 도식 XXI367, XXI369, XXI485 ¶ 판단력의 도식성의 주관적 원리 XXI363

망상〔妄想〕 Wahn

¶ 망상 XXI527

목적인/目的因 Endursache/causa finalis

¶ 目的因 XXI569

물리학/物理學 Physik/physica

¶ 물리학 XXI360, XXI463, XXI465, XXI558, XXI606 ■ =하나의 경험적 자연과학, 다시 말해 경험의//자연이론의 한 체계 XXI486 ■ =경험적 자연지식〔학〕의 한 체계 XXI630, XXI635 ¶ 운동의 경험법칙들에 종속하는 운동력들을 가진 물질이 물리학의 대상이다 XXI527 ■ =물질의 운동력들의 법칙들에 대한 이론 XXI476 ■ =물질의 운동력들의 하나의 경험 체계 XXI478, XXI615, XXI635, XXI642 ■ =하나의 체계 안에서의 운동력들의 법칙들의 총괄 XXI528 ■ =보편적 법칙들에 따르는 물질들 상호 간의 영향에 대한 학문 XXI406 ■ =선험적으로 생각할 수 있는 운동력들 즉 인력과 척력 및 이것들의 변양들의 체계적 총괄 XXI616 ■ =물리학은 표상들 전

체의 하나의 체계를 위한 모든 경험적 표상들(모든 지각들)의 공동질서에 대한 학문이다 XXI582 ■ ='하나의' 가능한 경험의 전체에서, 즉 그 분배적 통일에서가 아니라 집합적 통일에서, 자연에 대한 경험적 인식의 하나의 체계 XXI588 ■ =합법칙적 자연연구의 한 체계 XXI623 ¶ 물체론으로서의 물리학 XXI458, XXI474 ¶ 물질의 운동력들의 하나의 체계 안에 있는 것으로서의 물리학은 물체론으로 표상된다 XXI639 ■ =법칙들에 따라 규정되는 형태의 물질에 대한 이론 XXI474 ▶¶ 一般 物理學과 特殊 物理學 XXI406, XXI474, XXI512, XXI629 ■ =경험의 외적 대상들에서의 물질의 속성들만을 개진하는 물리 일반이론(一般 物理學), 그리고 저 물질에서 특수한 방식으로 꼴이 갖춰진 물체들을 주목하고, 이 물체들에 대한 하나의 체계를 세우는 것(特殊 物理學) XXI407 ¶ 一般 物理學(물질의 기계적 형성의 물리학)과 물질의 유기적 형성의 물리학(特別 物理學) XXI510, XXI512 ¶ 무기적 물질의 물리학 XXI487 ▶¶ 자연의 하나의 (유기적이 아닌) 기계적 체계로서의 물리학 XXI507 ¶ 물리학적-역학적 기초원리 XXI352, XXI475 ¶ 자연과학의 물리학적 기초원리 XXI622 ¶ 물리학을 위한 예비학 XXI631 ▶¶ 초물리학 XXI405

물질(질료)/物質(質料) Materie/materia

¶ 물질 XXI337, XXI347, XXI352, XXI355, XXI364, XXI367, XXI373, XXI377, XXI380, XXI483, XXI489, XXI518, XXI538, XXI557, XXI566, XXI598, XXI606, XXI617 ¶ 물질(可動體) XXI341 ■ =공간상에서 (그리고 시간상에서) 운동할 수 있는 것 XXI347, XXI483, XXI488, XXI491, XXI524, XXI532이하, XXI621 ■ =공간상에서 독자적으로 운동하는 것 XXI337, XXI638 ■ =물질(질료)을 두 가지 방식으로, 곧 공간의 연장의 방식과 시간상에서의 그것의 운동의 방식으로 정의할 수 있다. — 물질은 공간을 충전하는(채우는) 것이다, 또는 공간에서 운동할 수 있는 것(운동체)이다 XXI340 ¶ 물질에서 운동하는 것, 運動體는 반발의 운동이나 견인의 운동을 하는 것이다 XXI341 ¶ 물질은 내적으로 모든 부분들이 내적으로 서로를 밀쳐내는 膨脹力과 이에 대립하는 내적 (견)인력을 속성으로 갖는다 XXI343 ¶ 인력과 척력은 물질의 기본력(요소 힘)들 XXI538 ¶ 하나의 다른 물체를 그것의 장소에서 몰아내는 한 물체의 운동력(즉 移動力)의 도는 물질의 양과 질량으로서 운동한 것의 크기를 증명한다 XXI348 ¶ 하나의 물질은 자기 자신의 인력에 의해 또는 다른 물질의 압력에 의해 압축되어 있다 XXI425 ▶¶ 물질의 양, 질, 관계 및 양태 XXI606 ¶ 물질의 양 XXI534, XXI606 ¶ 물질의 양의 개념은 그 모두가 지구를 끌어당김으로써 중력에 의해 똑같은 가속을 갖는 다른 물질들과의 비교를 통한 이 물질의 계량 가능성에 의거한다 XXI359, XXI363, XXI403 ¶ 물질의 양은 오직 그 물체에 침투하

는 힘인 다른 물체의 인력에 의한 그 물질의 모든 부분들의 加速力으로만[/加速力을 통해서만] 인식될 수 있다 XXI405 ¶ 물질의 질 XXI544, XXI608 ¶ 물질은 유동 [액체]적이거나 고체적 내지는 강체적이다 XXI364, XXI608 ¶ 한 물질과 그것 바깥의 다른 물질과의 관계 XXI623 ▶¶ 물질의 보편적 종합적 속성들 XXI376 ¶ 물질의 정량[定量] XXI412 ¶ 물질의 밀도 XXI425, XXI466 ¶ 물질의 종차 XXI571 ▶ (→열소) ¶ 중간[매개]물질 XXI467 ¶ 세계물질[우주질료] XXI476, XXI523 ¶ 중량 없는 물질 XXI525 ¶ 원시 물질(다시 말해, 아직 물체를 형성하고 있지 않은 물질) XXI594 ¶ 물질의 전체 체계 XXI425 ¶ 물질의 힘들의 총체통일(집합적 전체) XXI595 ¶ 총체적 물질의 운동력들의 '하나의' 기본[요소]체계가 모든 운동력들의 바탕[토대]으로서 실존한다 XXI596 ▶¶ 물질성 XXI466 ¶ 물질적 XXI551 ¶ 물질주의적 원리 XXI560 ¶ 비물질적인 원인(신) XXI560 ¶ 비물질적 존재자 XXI569

물체/物體 Körper/corpus

¶ 물체 XXI341, XXI347, XXI405, XXI558, XXI571, XXI630 ■ =하나의 한계 지어진 덩이[질량] XXI341 ■ =질량[덩이]이 일정한 형태를 갖는 한에서, 다시 말해 그 겉표면에서 한계 지어져 있는 한에서, 그것은 물체라고 일컬어진다 XXI341 ■ =물체는 질량[덩이]으로 운동하고, 다시 말해 하나의 수학적//물체적 공간을 차지하는 그것의 모든 부분들이 똑같은 속도로 그리고 동일한 순간에(동시에) 운동//능력을 갖는, 특정한 형태(형상)의 물질의 한 양이다 XXI405 ¶ 물질의 부분들 상호 간의 척력[밀쳐냄]과 인력[끌어당김]은 그것들의 최초의 기능들로서, 이를 통해 물체들이 형성된다 XXI484 ¶ 모든 물체는 각각이 객관적으로 물질의 운동력들의 하나의 체계이다 XXI627, XXI630 ¶ 물체는 다른 물질을 외부에서 움직이는 移動力을 속성으로 갖는다 XXI343 ¶ 물체 세계에서 기적은 일어나지 않는다 XXI439 ▶¶ 암흑의 물체 XXI339 ¶ 수학적 물체 XXI575 ¶ 물리적 물체 XXI369, XXI378, XXI476, XXI573, XXI575, XXI577 ■ =운동력을 갖는 한에서 하나의 전체로 간주되는 물질 XXI510 ■ =자기의 운동력들에 의해 하나의 특정한 형상을 취하는, 물질의 하나의 분리된 전체 XXI629 ¶ 자연물체 XXI557, XXI558, XXI565 ■ =형상과 직조에서의 자기의 형식을 자기 자신의 힘들을 통해 고정불변적으로 결정하는 그러한 물체 XXI565 ¶ 물체적 자연 XXI465 ¶ 물체세계 XXI561 ▶¶ 생장하는[생장적/식물적] 물체와 생명 있는[생명적/동물적] 물체 및 이것들의 반대인 생명 없는[무생명적] 물체 XXI565, XXI566~569 → 유기 물체

방법론〔方法論〕 Methodenlehre

¶ 방법론 XXI386, XXI387 ■ =요소론(→)과 함께 한 학문의 최상위 구분으로서 하나의 학문 전체를 정초하기 위한 개념들의 배열을 제시하는 부문 XXI386 ¶ 방법론은 자연과학의 형이상학적 기초원리들에서 물리학으로, 즉 선험적으로 주어지는 자연의 개념들에서 경험인식을 제공하는 경험적 개념들로 이월하기를 지시명령한다 XXI387

〔ㅅ〕

사고/思考 Denken/cogito

¶ 사고 XXI459, XXI529, XXI550, XXI552 ¶ 선험적 사고 XXI366/367, XXI486

사력/死力 to〔d〕te Kraft/vis mortua

¶ 사력/死力 XXI343, XXI355, XXI379, XXI435, XXI594 ■ =사력은 밀쳐냄〔척력〕에 대립 작용하는 압박(壓迫)의 힘이거나 부분들의 끌어당김〔인력〕에 대립 작용하는 당김(牽引)의 힘이다 XXI357, XXI368, XXI403, XXI496, XXI507 ¶ 사력과 활력 XXI357, XXI368, XXI489, XXI598, XXI599, XXI619, XXI626, XXI627 ¶ 물질의 모든 운동력은 사력이거나 활력이다 XXI532 ¶ 그러나 사력의 원인은 現象으로서 활력 중에 있을 수 있다 XXI627

사물/事物 Ding/res

¶ 사물 XXI378, XXI411, XXI419, XXI454, XXI457, XXI458, XXI459, XXI545, XXI576, XXI632, XXI637, XXI641 ¶ 사물이란 자연지각들 중에 있다 XXI419 ¶ 사물들은 경험에서는 오직 공간·시간상에서 그것들의 잡다에 대한 포착의 조건들과 선험적 개념들에 의거하는 그것들의 결합의 통일의 조건들에 따라서 인식될 수 있다 XXI456 ¶ (결과로서의) 무엇인가의 원인인 한 사물의 성질은 힘이며, 이 관계를 일컬어 '작용(作用)하다'라고 한다 XXI632 ¶ 사물 자체 XXI416 ¶ 사물 그 자체 XXI351, XXI440, XXI492 ¶ 물체적 사물 XXI361, XXI562 ¶ 자연사물 XXI484 ¶ 외적 사물 XXI552, XXI579 ¶ 사물의 가능성 XXI454 ¶ 가설적 사물(또는 무물〔無物〕) XXI560 ¶ 사물〔어떤 것〕 XXI454 ↔ 무물〔無物〕〔아무것도 아닌 것〕

생〔생명〕/生〔生命〕·생명력/生命力 Leben/vita·Lebenskraft/vis vitalis

¶ 생명 XXI349, XXI541, XXI565, XXI566, XXI568 ■ =생명은 낱말의 엄밀한 의미에서 자기에게 속하는 특정한 표상들에 따라 작용하는 한 물체적 존재자의 자발성의 능력이다 XXI566 ¶ 생명의 힘/생명력 XXI349, XXI376, XXI488, XXI558, XXI643 ■ =주체가 갖는 표상들에 의한 운동의 원리를 본래적 생명력이라 일컫는다

444

XXI488 ¶ 활력과 생명력의 차이 XXI612 ▶¶ 生氣力 XXI488 ¶ 생장력 XXI558

선험적〔先驗的〕 a priori

¶ 선험적 XXI337, XXI338, XXI350, XXI356, XXI367, XXI375, XXI387, XXI392, XXI394, XXI402, XXI407, XXI421, XXI452, XXI456, XXI475, XXI483, XXI487, XXI490, XXI528, XXI539, XXI588, XXI611, XXI628, XXI631, XXI638 ■ =선험적으로(즉 지각들의 집합인 모든 경험적인 것에 앞서) XXI596 ¶ 선험적으로(필연적인 것으로) XXI578 ¶ 선험적〔선차적〕 XXI345 ¶ 선험적 원리 XXI352, XXI360, XXI363, XXI369, XXI403, XXI407, XXI458, XXI482, XXI487, XXI492, XXI505, XXI526, XXI529, XXI538, XXI551, XXI554, XXI574, XXI586, XXI609, XXI616, XXI619, XXI637, XXI641 ¶ 선험적인 형식적 원리 XXI636 ¶ 선험적인 법칙수립〔입법〕의 원리 XXI462 ¶ 선험적 법칙들의 원리 XXI474 ¶ 선험적 인식 XXI444, XXI492 ¶ 선험적 크기〔양〕 XXI454 ¶ 선험적 개념(→) ¶ 선험적 직관(→) ¶ 선험적 형식(→) ▶¶ 선험적 종합 명제 XXI337, XXI351 ¶ 실천적인 선험적 종합 명제 XXI417

세계/世界 Welt/mundus

¶ 세계 XXI344, XXI421, XXI439, XXI440, XXI519, XXI530, XXI539, XXI556 ¶ 세계개념 XXI563 ¶ 세계영혼 XXI570 ¶ 세계관망자(세계통찰자) XXI553 ¶ 세계창조주 XXI590 ¶ 세계형성자 XXI590

세계체계〔우주계〕/世界體系〔宇宙系〕 Weltsystem

¶ 세계체계〔우주계〕 XXI359, XXI511, XXI519, XXI533, XXI572, XXI625

수용성〔受容性〕 Empfängkichkeit · Rezeptivität

¶ 수용성 XXI500, XXI562, XXI578

수학/數學 Mathematik/mathematica

¶ 수학 XXI492, XXI527, XXI555, XXI556, XXI608, XXI616, XXI622 ¶ 수학은 순전히 선험적 직관들, 다시 말해 현상들에만 상관하고, 사물들 그 자체와는 상관이 없으므로, 순전히 학문의 탁월한 도구일 뿐, 인간의 궁극목적의, 그러니까 지혜의 도구는 아니다 XXI492 ▶¶ 수학과 철학의 가치 XXI556 ▶¶ 수학적, 형이상학적, 물리학적 원리 XXI354 ¶ 수학적 원리 XXI352, XXI355, XXI366, XXI616 ¶ 수학적 기초원리 XXI356, XXI359, XXI475, XXI479, XXI482, XXI528, XXI554, XXI615, XXI617, XXI622, XXI643 ¶ 수학적 기능 XXI479 ¶ 수학적 개념 XXI529 ¶ 수학적 방법 XXI556 ¶ 수학의 대상/객관 XXI488, XXI554

시간/時間 Zeit/tempus

¶ 시간 XXI344, XXI351, XXI404, XXI416, XXI455, XXI457, XXI458, XXI537, XXI541, XXI637 ¶ 시간의 관념성 XXI351 ■ =내감의 형식으로서의 시간 XXI416 ■ =순수 직관으로서의 시간 XXI539 ¶ 순수 직관의 객관 XXI579 ▶¶ 시간조건 XXI346 ¶ 시간관계 XXI416

시작〔시초〕 Anfang

¶ 시작 XXI359, XXI377, XXI378, XXI389, XXI394, XXI562, XXI575, XXI597, XXI639 ¶ 제일의 시작〔시초〕 XXI430 ¶ 최초의 시작 XXI560 ¶ 절대적 최초의 시작 XXI518 ¶ 단적인 최초의 시작 XXI519 ¶ 자기로부터 시작 XXI544, XXI561 ¶ 시작과 끝 XXI520, XXI540

신/神 Gott/deus · theos

¶ 신 XXI344, XXI455, XXI511 ¶ 전체 자연이 인간 이성에게 소리쳐 알리는바, 하나의 신이 있다. 다시 말해 세계를 창조했고 그 세계를 합목적적으로 규칙들에 따라 질서 짓는 하나의 최고의 권세가 있다 XXI344 ¶ 生産하는 自然으로서의 신 XXI344 ¶ 비물질적인 원인(신) XXI560 ¶ 신성〔神性〕 XXI346, XXI420

신학/神學 Theologie/theologia

¶ 신학 XXI458 ¶ 초월적 신학 XXI459

실재성/實在性 Realität/realitas

¶ 실재성 XXI376, XXI394, XXI420, XXI421, XXI422, XXI455, XXI458, XXI459, XXI499, XXI508, XXI623, XXI629 ■ =한 사물의 질이 실재성이며, 이것에 대응하는 것이 감각이다 XXI459 ¶ 감각(실재성) XXI459 ¶ 실재성의 크기〔양〕 개념과의 결합이 밀도이다 XXI459 ▶¶ 객관적 실재성 XXI358, XXI420, XXI421, XXI457, XXI460, XXI574, XXI575, XXI603 ¶ 객관적 실재성(외적이면서 동시에 전체 포괄적인 경험의 객관이자 운동력들 전체를 함유하는, 공간상의 한 원소/소재의 현존) XXI583 ¶ 객관의 실재성 XXI456 ¶ 자연실재성 XXI422 ¶ 주관적 실재성 XXI574 ¶ 실천적 실재성 XXI421

실체/實體 Substanz/substantia

¶ 실체 XXI338, XXI347, XXI420, XXI443, XXI445, XXI510, XXI540, XXI566, XXI575, XXI594 ¶ 고정불변적/실체적 XXI345, XXI476 ¶ 물질은 실체로서 소멸하지 않으며, 다른 물질을 운동하게 하고, 다른 물질과 결합한다 XXI350 ▶¶ 실체와 우유성〔偶有性〕 XXI338, XXI541 ¶ 偶有性은 實體들에서 實體들로 移住한다 XXI351 ¶ 자존성과 내속성〔內屬性〕 XXI357, XXI359, XXI521, XXI525 ▶¶ 물체

의 실체 XXI480 ¶ 공간상의 실체 XXI564, XXI604

[ㅇ]

액체 · 유동체(유체)/液體 · 流動體(流體) Flüßigkeit(das Flüßige)/fluidum(liquidum)

¶ 액체/유동체 XXI338, XXI342, XXI344, XXI364, XXI377, XXI380, XXI395, XXI427, XXI453, XXI466, XXI495, XXI499, XXI502, XXI512, XXI608 ■ =그것의 운동이 오직 잇따르는 무한히 작은 부분들(그것들의 연속적인 충격)에 의한 그것의 한 표면의 연이은 접촉을 통해서 일어나는 물질 XXI342 ¶ 유동체의 힘은 그 유동체의 부분들이 잇따라 한 물체의 표면에 가하는 충격(력)이다 XXI342 ■ =액체/유동체란 자기 겉표면의 부분들의 가장 큰 접촉에 따라서 저절로 자기의 형태를 취하는 물질이다 XXI380 ■ =액체/유동체는 그것의 겉표면 내부에 있는 모든 부분들이 최소한의 힘에 의해 변위될 수 있는 물질이다 XXI608 ¶ 팽창적//유동적 또는 견인적(수축적)//유동적 XXI364, XXI410, XXI419, XXI587 ▶¶ 유동성 XXI337, XXI374, XXI395, XXI486, XXI645 ■ =그것의 모든 부분들이 접촉에서 변위될 수 있는 물질의 성질 XXI337 ▶¶ 유동화(액체화) XXI342, XXI382, XXI394 ¶ 유동체(액체)의 결정(結晶) XXI396, XXI404 ¶ 유동체의 고체화 XXI465 ¶ 응고(凝結)는 한 유동(액체) 물질이 일정한 형상을, 다시 말해 겉표면을 갖는 하나의 물질인 강체적 물체로의 변화이다 XXI395/396 ¶ 유동체의 희박화 XXI522 ▶¶ 근원적으로//유동적인 것 XXI525 → 열소/에테르

에테르 Aether

→열소 ¶ 열소(에테르) XXI515 ¶ 에테르 XXI340, XXI374, XXI381, XXI383, XXI562 ■ =根源的으로 膨脹的인 물질 XXI378 ■ =세계공간(우주)을 채우는 모든 물질의 바탕 XXI380 ¶ 에테르 또는 열소라고 일컬어지는 (요소)원소는 하나의 가설적 기초원소가 아니라, 경험에 주어지는 (지각 불가능한) 기초원소로서, 이것은 가령 특정의 현상들을 설명하는 데 유익하게 상정한 것이 아니라, (비록 단지 간접적으로이기는 하지만) 경험에서 입증되는 것이다. 그것도 그것 없이는 특정한 객관에 관한 아무런 경험도 생기지 못할 조건의 전제와 결합해 있는, 그러한 경험//개념 자체의 동일률에 따라서 선험적으로 말이다 XXI537 ¶ 모든 것에 침투하고, 질량이 저지될 수 없는 곳에서 하나의 통일성을 이루는 에테르의 힘 XXI645

역학(동역학)/力學(動力學) Dynamik/dynamica

¶ (동)역학 XXI457 ¶ 一般力學 XXI366, XXI510, XXI631 ¶ (동)역학적 XXI338, XXI339, XXI342, XXI358, XXI466, XXI479, XXI485, XXI500, XXI511, XXI515,

XXI520, XXI536, XXI547, XXI553, XXI606, XXI608, XXI611, XXI634, XXI644, XXI645 ¶ 물리〔학적〕//역학적 XXI352, XXI442, XXI477

열〔熱〕Wärme

→열물질 ¶ 열 XXI337, XXI339, XXI347, XXI348, XXI378, XXI382, XXI391, XXI397, XXI418, XXI423, XXI430, XXI464, XXI466, XXI480, XXI498, XXI510, XXI521, XXI645 ¶ 열은 독자적으로 존립하는 팽창체〔膨脹體〕가 아니라, 다른 물질들을 팽창할 수 있게 하는 매체이다 XXI381 ¶ 침투력으로서의 척력이 열이다 XXI391 ¶ 열은 어디에나 있다. 빈 공간에도 꽉 찬 공간에도 똑같이 있다 XXI523 ¶ 열은 응집해 있는 모든 부분들의 변위를 가능하게 하는, 내밀하게 전면적인 진동이다 XXI392 ¶ 모든 물질들은 근원적으로 열요소 안에서 용해되어 있었다 XXI418 ¶ 열은 물체들 사이의 접촉에서 운동을 일관적으로 전달하는 성질이 있다 XXI594 ¶ 열(용해열과 기화열) XXI480 ¶ 자유로운 열 XXI480 ▶¶ 열과 빛 XXI338, XXI340, XXI344, XXI381, XXI383, XXI410, XXI503 ¶ 빛은 또한 동시에 열이다 XXI381 ¶ 불은 빛이 동반해 있는 열이다 XXI480 ▶¶ 열〔기〕 또는 냉〔기〕 XXI373, XXI375, XXI376, XXI395, XXI396, XXI428, XXI467

열물질〔熱物質〕Wärmematerie · Materie der Wärme

→열 ¶ 열물질 XXI338, XXI358, XXI364, XXI380, XXI382, XXI388, XXI400, XXI424, XXI452, XXI499, XXI503, XXI509, XXI530 ¶ 열은 강체〔고체〕를 유동화할 뿐만 아니라, 유동체〔액체〕 자신을 공중에 증발시킨다. 그래서 열물질 자체를 유동체라고 부를 수는 없다 XXI382/383 ¶ 열물질은 독자적으로는 실존할 수 없다 XXI503 ¶ 열물질은 隱蔽된 質, 現象體 因果性이다 XXI525 ¶ 열물질은 유동성과 용해의 원인이자 고체성과 결정〔結晶〕의 원인이다 XXI530 ¶ 모든 운동력들이 결합하는 힘이라면, 열물질은 보편적인 결합 및 용해 매체이다 XXI530

열소〔熱素〕Wärmestoff

→에테르 ¶ 열소 XXI355, XXI364, XXI380, XXI489, XXI513, XXI538, XXI543, XXI548, XXI553, XXI559, XXI562, XXI568, XXI574, XXI576, XXI580, XXI584, XXI587, XXI591, XXI593, XXI594, XXI601, XXI643 ¶ 열소(에테르) XXI515, XXI518, XXI521, XXI537 ¶ 열소는 단지 광소〔光素〕에 부착해 있는 속성처럼 보이고, 따라서 자체로는 아무런 특수한 원소〔소재〕가 아니라, 오히려 광소의 물체들에 대한 한 관계〔로 보인다.〕이 광소가 에테르로서 그 작용들에서 나뉘어, 곧 직선적인 유출(빛)로 그리고 물체들에 의해 흡수되면 열로 나뉜다 XXI381 ¶ 열은 언제나 한낱 내속적〔속성적〕인 것으로, 그러나 열소는 자존적〔실체적〕인 어떤 것으로 여겨진다

XXI521 ¶ 열소를 상정함은 순전한 가설이다 XXI392 ¶ 열소는 가설적 원소[소재]가 아니다. 그러나 이것의 현실성 증명은 하나의 가설적 증명이다. 왜냐하면, 이것의 진리성은 이것이 이것의 대상에 대한 경험의 가능성과 합치한다는 원리에 의거하기 때문이다 XXI545 ¶ 중력인력은 열소 운동의 원근거이다 XXI513 ¶ 운동력들은 하나가 다른 하나의 운동의 기계인 한에서 서로 종속해 있기 때문에, 하나의 원초적으로//운동하는 물질이 있어야만 하거니와, 그것은 모든 물체들에 침투하면서 시원적으로 그리고 고정불변적으로 운동하는 것으로서, 사람들이 그것을 열소라고 불러도 무방하다 XXI536 ¶ 열소는 입자들의 집합으로서가 아니라, 오직 하나의 체계 안에서 실존하는 것으로 생각될 수 있는, 공간상에 퍼져 있는 물질이다. 이것의 내적 촉진[시발]이 모든 운동의 시작과 지속을 자신 안에 함유한다 XXI553 ■ =항구적으로 제한 없이 퍼져 있으면서 자기 자신을 촉진하는 특수한 원소/소재 XXI573 ¶ 물질의 운동력들의 기본[요소]체계의 최상의 원리 XXI591 ¶ 물질의 운동력들의 기본[요소]체계는 (여하간 열소라고 불리는) 한 원소/소재의 실존에 의지해 있다. 이 원소/소재가 물질의 모든 운동력들의 바탕[토대](원초적 운동력)을 이룬다 XXI593 ■ =물질의 운동력들의 종합적으로 보편적인 (모든 것에 퍼져 있는) 바탕[토대] XXI561 ■ =물질의 운동력들을 통일하는 바탕[토대] XXI575 ■ =그 운동력들이 하나의 주관[주체] 안에서 통일되어 모든 경험들에서 '하나의' 총체경험을 만드는 물질은 모든 경험들의 바탕[토대]이다. [그것이] 열소이다 XXI580 ¶ 운동력들의 저러한 체계의 바탕[토대]으로서의 열소의 연역은 하나의 선험적 원리, 곧 '하나의' 경험의 가능성의 총체개념에서 필연적 통일의 기초에 놓여 있는 원리를 가지고 있다. 이 필연적 통일이 동시에 이 객관의 현실성을 자기동일적으로, 그러므로 종합적으로가 아니라 분석적으로, 그러니까 선험적 원리의 귀결로서 동반한다 XXI586 ■ =자기 개념 안에 가능한 경험의 통일의 원리―예컨대, 모든 것에 침투한다 운운 ―를 함유하는 물질로서 동시에 가능한 경험의 모든 대상들의 바탕[토대]이며, 경험의 통일을 가능하게 그리고 필연적으로 만드는 것 XXI589 ■ = 열소라는 명칭으로써, 모든 것에 퍼져 있고, 모든 것에 침투하며, 내적으로 완전 운동하면서(자기의 모든 부분들에서 자기 자신을 촉진하면서), 이러한 촉진 중에 영속한다는 본질속성들을 가진 하나의 물질이 실존한다 XXI591 ■ =모든 것에 퍼져 있고, 모든 것에 침투하며, 내적으로 완전 운동하고(촉진/시발하고), 이러한 촉진/시발에서 균일하게 고정불변적인 (영구적인), 열소라고 불리는 요소원소가 실존한다 XXI600 ¶ 열소는 가공[架空]의 것이지만, 체계의 경험 가능성의 조건들의 원리들을 제공한다. 또한 자기로부터 시작하는 것은 이러한 방식으로 불변적으로 그리고 영원히 실존한다. 자기로부터 시작하

는 하나의 운동(시간상의 운동의 시작)은 필시 또한 끊임없이 한결같게 지속하며, 그
것은 자신의 힘에서 생겨날 터이므로, 물질은 인력과 척력 중에서 끊임없이 운동하
고 있을 수밖에 없다. 원소들의 이 이론은 순전히 선험적 개념들에 자리 잡고 있다.
XXI544 ¶ 열소가 모든 외적 경험의 가능성의 제일의 조건이다 XXI551 ¶ 열소는
경험에 주어지는 어떤 현상들의 설명을 위해 지어낸 가설적인 원소/소재가 아니라,
선험적 개념들로부터 그러니까 필연적인 것으로 나온, 그러나 모든 것을 포괄하는 경
험 일반의 가능성을 위해 정언적[단정적]으로 주어지는 원소/소재이다 XXI563 ¶ 지
각된 객관들을 위한, 그것들의 현상들을 설명하기 위한 가설로서가 아니라, 직접적으
로 경험 자신의 가능성을 정초하기 위해서 열소는 이성에 의해 주어져 있다 XXI579
¶ 이 요소원소가 하나의 주어진 전체로서 물질의 모든 힘들을 경험의 통일성으로 통
일하는 바탕[토대]이다. ― 이제 가능한 경험의 절대적 통일에 속하는 것은 실제로
[현실적으로] 있다. 그러므로 그러한 원소/소재는 한낱 분배적//보편적일 뿐만 아니
라 또한 동시에 집합적//보편적 세계[우주]원소/소재로서 실제로[현실적으로] 있다
XXI602 ¶ 열소라는 개념은 경험적으로//규정할 수 있는 공간 일반이라는 개념에서
나오는 것으로, 그런 한에서 하나의 선험적 개념이다 XXI604 ¶ 근원소(第一 質料[物
質]) XXI605 ↔ 아[亞]원소(第二 質料[物質]) XXI605 ▶¶ 이행의 교량으로서의 열소
XXI571, XXI594, XXI600 ¶ 한마디로 말해 열소의 상정은 자연과학의 형이상학적
원리들에서 물리학으로의 이행에 필연적으로 속하는 하나의 원리이며, 그것의 실존
은 증명될 수 있다 XXI551 ¶ 자연과학의 형이상학적 기초원리들에서 물리학으로의
이행은 바로 열소의 이념을 통해 일어나며, 그렇기 때문에 열소는 한낱 가설적인 것
이 아니라, 유일하게 모든 공간 중의 모든 물체들을 합경험적으로 이끌고, 연속적으
로 퍼진, 하나의 경험에서 연관 짓는 원소/소재이지 않을 수 없다 XXI571

예지체/叡智體 Noumen[on]/noumenon

¶ 예지체 XXI418, XXI419, XXI470, XXI471 ↔ 현상체[現象體] XXI419 ¶ 예지자
XXI471, XXI519 ¶ 예지적 존재자 XXI471

요소론[要素論] Elementarlehre

¶ 요소론[기본이론] XXI386, XXI406, XXI525 ■ =방법론(→)과 함께 한 학문
의 최상위 구분으로서 하나의 학문 전체를 정초하기 위한 개념들을 제시하는 부문
XXI386 ¶ 이월이라는 개념은 자연과학 일반의 요소론에서 선험적으로 주어지는 하
나의 개념으로서, 그것은 하나의 특수한 분과를 독자적으로 요구한다 XXI525

우주(세계공간 · 세계건축물)/宇宙 Weltraum · Weltgebäude/universum

¶ 세계공간[우주] XXI339, XXI352, XXI378, XXI388, XXI393, XXI490, XXI503,

XXI535, XXI537, XXI540, XXI546, XXI551, XXI561, XXI565, XXI576, XXI587, XXI607 ■ =물질(충전된 것)과 빈 공간의 합성된 하나의 전체 XXI536

우주론/宇宙論 Kosmologie/cosmologia

¶ 우주론 XXI458 ¶ 우주론적 XXI589

운동/運動 Bewegung/motus

¶ 운동 XXI337, XXI340, XXI350, XXI378, XXI387, XXI395, XXI419, XXI431, XXI433, XXI436, XXI443, XXI452, XXI478, XXI482, XXI527, XXI642 ¶ 운동할 수 있음(가동성) XXI337 ¶ 可動體 XXI518, XXI553, XXI593 ¶ 운동체/運動體 XXI341, XXI518, XXI553 ¶ 運動者 XXI518, XXI553 ▶¶ 파동[진동]적 운동 또는 전진적 운동 XXI357, XXI533, XXI619 ¶ 덩이[질량]로의 운동 또는 흐름[액상/유동]으로의 운동 XXI509 ¶ 자유 운동 XXI359 ¶ 장소변화 또는 내적 운동 XXI380, XXI589 ¶ 진상 운동과 가상 운동 XXI419, XXI444, XXI445, XXI598 ▶¶ 운동인 XXI342 ▶¶ 운동이론 XXI533

운동량/運動量 Moment/momentum

¶ 운동량 XXI337, XXI338, XXI340, XXI343, XXI344, XXI354, XXI356, XXI363, XXI381, XXI404, XXI409, XXI426, XXI431, XXI432, XXI443, XXI447, XXI466 ■ =다른 물체에 대해 오직 그 부분들이 서로 잇따라 똑같은 방향으로 움직임으로써만 작용하는 물질을 유동[액체]적이라고 일컫고, 그 힘을 運動量이라 일컫는다 XXI343

운동력(운동하는 힘)/運動力 bewegende Kraft/vis movens

¶ 운동력 XXI343, XXI348, XXI352, XXI355, XXI356, XXI363, XXI364, XXI367, XXI373, XXI451, XXI476, XXI486, XXI543, XXI557, XXI597, XXI615, XXI618, XXI626, XXI632/633 ¶ 오직 경험을 통해 알려질 수 있는 (그러므로 형이상학적 기초원리들에 속하지 않는) 물질의 운동력들은, 그럼에도 물질 일반의 하나의 전체 안에서의 그것들 서로의 교호적인 관계맺음들에 관해서 보자면, 선험적 개념들에 (그러니까 또한 형이상학에) 속한다 XXI475 ¶ 우리는 운동력들을 선험적으로 개념들에 의해 구분할 수 있고, 물질의 속성들을 경험에 앞서 완벽하게 열거할 수 있다 XXI477 ¶ 자연의 이러한 운동력들을 경험에서 탐색하는 개념과 원리들 일반은 形式上으로는 先驗的 原理들이고 質料上으로는 경험적 원리들이다 XXI487 ¶ 운동력의 4범주 XXI490, XXI527 ¶ 물질의 운동력들의 체계가 물질 일반의 기본[요소]체계이며, 그것이 세계체계[우주계]를 이룬다 XXI510/511, XXI533, XXI539, XXI552, XXI591, XXI599 ▶¶ 근원적//운동력 또는 파생적//운동력 XXI356, XXI490 ¶ 移動的/외

적 운동력과 內的 운동력(原動力) XXI509, XXI528, XXI533, XXI597, XXI619　¶
기계적 운동력과 역학적 운동력(印加的 運動力과 本有的 運動力) XXI479, XXI615,
XXI636, XXI644, XXI645　¶ 모든 운동력은 사력이거나 활력이다 XXI532, XXI598
¶ 운동력들은 두 가지 종류로, 곧 척력과 인력으로 환원될 수 있다. 이 둘은 (접촉에
서의) 표면력이거나 침투력이다 XXI506, XXI510　¶ 기계적//, 역학적//, 유기적//운
동력 XXI511　▶¶ 동력(動力)과 운동력(運動力)의 구별 XXI508

운동(의) 법칙(運動法則) Bewegungsgesetz · Gesetz der Bewegung

¶ 운동의 법칙 XXI352, XXI402, XXI609　¶ 운동법칙 XXI363, XXI366, XXI478
¶ 운동력들의 법칙 XXI528

운동성(運動性)/운동하는 것 Beweglichkeit

¶ 운동성 XXI361, XXI373, XXI417

운동학(運動學) Phoronomie

¶ 운동학 XXI415　¶ 운동학적 XXI352　¶ 운동학적, 〔동〕역학적, 기계학적 XXI338

원소/소재(原素/素材) Stoff

¶ 원소〔소재〕 XXI381, XXI383, XXI520, XXI521, XXI539, XXI542, XXI547,
XXI550, XXI559, XXI584, XXI594, XXI609　■ =물질의 운동력들의 바탕〔토대〕
XXI571　¶ 소재/원소(構成的 質料) XXI558　¶ 실재적 원소 XXI536　¶ 가설적 원소
XXI536, XXI538, XXI543, XXI545, XXI548, XXI553, XXI559, XXI563, XXI572,
XXI574, XXI576, XXI587, XXI591　¶ 근원소(第一 質料〔物質〕) XXI561, XXI605,
XXI609　¶ 세계원소〔우주소재〕 XXI388, XXI503, XXI543, XXI548, XXI552,
XXI560, XXI602　¶ 요소원소〔기본소재〕 XXI519, XXI522, XXI537, XXI547,
XXI548, XXI549, XXI551, XXI565, XXI578, XXI588, XXI600　¶ 요소〔기본〕원소
는 인력과 척력을 통한 물질의 내적 운동의 능동적인 원리, 다시 말해 공간이 운동
을 통해 채워지는 것을 매개로 시발하는 것의 개념을 함유한다 XXI537　¶ 기초원소
XXI537　¶ 자연원소 XXI557, XXI587

원자론(原子論) Atomism

¶ 원자론(입자철학) XXI559, XXI579, XXI590　¶ 원자론적 XXI514, XXI536,
XXI542, XXI552, XXI596　¶ 절대적으로 분할 불가한 물질이나 그것의 절대적으
로//분할 불가한 부분은 자기 모순적인 개념이다 XXI542

유기적(有機的) · 유기적 물체/유기체(有機體)

organisch · organischer/organisierter Körper

¶ 유기적 XXI349, XXI357, XXI407, XXI474, XXI507, XXI511, XXI557, XXI570,

XXI571 ▶¶ 유기[적] 물체/유기체 XXI407, XXI520, XXI541, XXI558, XXI565, XXI566, XXI568, XXI580, XXI605, XXI612, XXI629 ■ =유기체란 '하나의 전체의 내부에서 그것의 각각의[모든] 부분이 다른 부분을 위해 현존하는 그러한 물체'이다 XXI568/569 ■ ='유기체란 그것의 전체 이념이 그 부분들의 운동력들(作用因들)의 견지에서 그 부분들의 가능성에 앞서가는 물체'이다 XXI569 ¶ 유기적 물체는 하나의 고체 물체로 그리고 (그 내적 목적관계로 인해) 기계로 생각된다 XXI558 ¶ 유기적 자연물체는 기계(즉 그 형식의 면에서 의도적으로 형성된 물체)로 생각된다 XXI569 ¶ 유기적 자연 XXI388, XXI403 ■ =유기적 자연물체란 '그것의 각각의 부분이 나머지 부분들을 위해서 또한 그 역[逆]으로 현존하는 그러한 물체'이다 XXI558 ¶ 유기적 원리 XXI488 ¶ 유기적/조형적 힘 XXI488 ¶ 유기적 친화[친족]성 XXI561 ▶¶ 유기조직된/유기[조직]화 XXI346, XXI444, XXI453, XXI570 ¶ 유기조직화의 원리 XXI567/568 ¶ 유기[적] 존재자 XXI346, XXI376, XXI404, XXI643 ¶ 유기체계 XXI612

응집[-성, -력]/凝集[-性, -力] Zusammenhang/cohaesio

¶ 응집 XXI338, XXI344, XXI357, XXI365, XXI373, XXI376, XXI379, XXI398, XXI404, XXI411, XXI417, XXI427, XXI430, XXI431, XXI443, XXI610 ■ =응집은 한 물질이, 접촉에서 어떤 하나의 무게가 똑같은 다른 물질을 끌어당김이다 XXI377 ¶ 직접적 응집과 간접적 응집 XXI373 ¶ 표면응집과 성층적 응집 XXI513, XXI514 ¶ 脆性的 응집 또는 可延的 응집 XXI634 ¶ 역학적인 응집과 입자//응집 XXI634/635 ▶¶ 응집성 XXI337, XXI633 ▶¶ 응집력 XXI338, XXI340, XXI347, XXI375, XXI390, XXI623, XXI644 ■ =순전한 표면력으로서의 정지에서의 인력이 응집력이다 XXI342 ¶ 응집력은 유동 물질의 사력으로서, 고체성과는 달리 변위 가능성을 갖는다 XXI396 ¶ 응집력은 그 운동량이 유한한 인력이다 XXI467 ¶ 침투하지 않는 인력은 응집력이다 XXI634

의식[意識] Bewußtsein

¶ 의식 XXI484, XXI546, XXI595, XXI601, XXI603 ¶ 하나의 의식 XXI569 ¶ 자기의식 XXI422 ¶ 의식의 종합적 통일 XXI457 ¶ 종합적 의식 XXI578 ¶ 경험적 의식 XXI458, XXI573 ¶ 선험적으로 의식 XXI491

의지/意志 Wille/voluntas

¶ 의지 XXI470 ¶ 순수[한] 의지 XXI421, XXI422 ¶ 의욕[의지/하고자 함] XXI421 ¶ 의사[意思] XXI470 ¶ 의사[의지] XXI541

이념(理念) Idee

¶ 이념 XXI344, XXI345, XXI404, XXI407, XXI419, XXI420, XXI431, XXI459, XXI477, XXI485, XXI528, XXI552, XXI553, XXI569, XXI571, XXI578, XXI582, XXI597, XXI601, XXI631, XXI639

이상(理想) Ideal

¶ 이상 XXI560

이성/理性 Vernunft/ratio

¶ 이성 XXI344, XXI345, XXI349, XXI358, XXI388, XXI404, XXI420, XXI422, XXI524, XXI540, XXI546, XXI549, XXI554, XXI555, XXI564, XXI576, XXI591, XXI617, XXI630 ¶ 순수 이성 XXI524 ▶¶ 실천이성 XXI416, XXI420, XXI421 ¶ 기술적//실천적 이성(임의의 목적들을 위한 수단들을 발견하는 숙련성)과 도덕적// 실천적 이성: 단적으로(정언적으로) 지시명령하는, 곧 현상들에서 개선된 인간을 창출하려는 궁극목적에 지향해 있는 가치 XXI556 ¶ 사변 이성 XXI419 ¶ 이성학문 XXI474, XXI555

이성(적)존재자/理性(的)存在者 Vernunftwesen · Gedankending/ens rationis

¶ 이성존재자 XXI345

이월(移越) Übertritt

→이행 ¶ 이월 XXI363, XXI367, XXI387, XXI388, XXI404, XXI407, XXI408, XXI505, XXI512, XXI525, XXI576, XXI589, XXI615, XXI617, XXI636 ¶ 이월(移行) XXI407 ¶ 물체적 자연의 형이상학에서 물리학으로의 이월 XXI465 ¶ 이월/건너감 XXI641

이행/移行 Übergang/transitus

→이월 ¶ 이행 XXI357, XXI360, XXI388, XXI396, XXI403, XXI407, XXI476, XXI477, XXI481, XXI483, XXI487, XXI508, XXI523, XXI528, XXI558, XXI590, XXI609, XXI623, XXI631, XXI632, XXI633, XXI635, XXI637, XXI639, XXI643 ¶ 이행(異種轉移) XXI623 ¶ 추세(이행에 대한 요구) XXI638 ■ =이행이란, 공동의 한계선에서 접촉하는 양자의 교대를 뜻하지 않는다. 즉 거기서 하나가 끝나고 동시에 다른 하나가 시작하며, 후자가 전자로부터 내용과 원리들을 넘겨받는 것을 뜻하는 것이 아니라, 자기의 고유한 영역을 가지면서 두 학문을 연결하는 하나의 특수한 학문을 의미한다 XXI509 ¶ 한편으로는 선험적으로 사고되면서 다른 한편으로는 경험적으로 주어져야만 하는 개념들에 의한 다리 XXI366/367 ¶ 한 영역에서 다른 영역으로의(즉 형이상학에서 물리학으로의) 이행이라는 이름, 이 이행은 이를테면 하나

의 협곡 위를 비약(飛躍)하는 것도 아니고, 이어진 길에서 한 걸음(步行) 더 내딛는 것도 아니며, 하나의 다리를 매개로 한 이월/건너감이거니와, 이 다리는 한 영역에서 다른 영역으로 가기 위해 (교각을 세우고 이음판을 붙이는) 하나의 특별한 증축을 필요로 하며, 자기의 고유한 배치로 독자적인 하나의 전체를 이룩한다 XXI641 ¶ 인식의 한 방식에서 다른 한 방식으로의 이행(移行)은 보행(步行)이어야 하고, 비약(飛躍)이어서는 안 된다 XXI387 ¶ 한 학문에서 다른 학문으로의 이행은 한쪽에 주어지고 다른 쪽에 적용되는 일정한 매개개념들을 가져야만 한다. 이 매개개념들은 한 영역에뿐만 아니라 다른 한 영역에도 속하는바, 그렇지 않으면 이 전진은 합법칙적인 이행이 아니라 하나의 비약으로서, 이런 비약에서 사람들은 자기가 어디로 가는지를 알지 못하면, 되돌아볼 때 자기가 어디서 왔는지를 분간하지 못한다 XXI525/526 ¶ 이 이행은, 선험적으로 결합의 형식을 제공하며, 동시에 인식의 질료와 관련해 경험에서 자기의 실재성을 명시하는, 자연법칙들의 개념들과 원리들을 통해서 외에는 달리 진행될 수 없다 XXI508 ¶ 그러므로 자연과학의 형이상학적 기초원리들의 이행은 자체로 하나의 특수한 체계, 곧 물질의 운동력들의 체계를 이룬다 XXI617 ▶¶ 자연과학의 형이상학적 기초원리들에서 물리학으로의 이행 XXI362, XXI373, XXI475, XXI477, XXI486, XXI487, XXI492, XXI504, XXI505, XXI509, XXI526, XXI527, XXI529, XXI545, XXI551, XXI560/561, XXI565, XXI567이하, XXI570, XXI572, XXI584, XXI586, XXI587, XXI594, XXI606, XXI625, XXI635, XXI642 ¶ 자연과학의 형이상학적 기초원리들에서 물리학으로의 이행은 바로 열소의 이념을 통해 일어난다 XXI571, XXI588, XXI594, XXI600, XXI639, XXI641 ¶ 자연과학의 형이상학적 기초원리들에서 물리학으로의 이행은 '하나의' 경험에서의 물질의 운동력들의 잡다의 연결의 주관적 원리에서 개시하며, 이 총체통일(集合的 全體)의 객관, 즉 운동력들의 전체의 이념이 그 객관 곧 물질에 대한 모든 가능한 경험개념들의 대상의 모든 부분부분 일관된 규정(分配的 全體)의 바탕〔토대〕이다 XXI582 ¶ 자연과학의 형이상학적 기초원리들에서 물리학으로의 이행에서 이행이 의미하는 바는 이행이라는 활동이 아니라, 이행의 영역, 즉 물질의 운동력들의 요소개념들의 전체이다 XXI624/625 ¶ 그러므로 자연과학의 형이상학적 기초원리들 뒤에 또 하나의 특수한 학문, 즉 물리학으로의 이행이 있다. 이 이행은 아직 물리학은 아니지만, 하나의 특수한 체계로서, 물리학의 기초에 선험적으로 놓이는 것이다 XXI628 ¶ 유기체들의 체계들의 조직화〔유기화〕는 선험적인 개념들에 따라서 이루어질 수 있는 구분에서 다시금 그 자체로 자연과학의 형이상학적 기초원리들에서 물리학으로의 이행에 속한다 XXI566 ¶ 형이상학에서 물리학으로의 이행 XXI369, XXI476, XXI478, XXI482,

XXI507, XXI512, XXI526, XXI546, XXI588, XXI627, XXI631, XXI641, XXI642 ■ =물질 일반에 대한 개념에서 운동력들의 체계로의 이행 XXI478 ¶ 자연 형이상학에서 물리학으로의 이행 XXI463, XXI492, XXI508, XXI510, XXI583, XXI617, XXI618 ¶ 자연 형이상학에서 물리학으로의 방법적 이행의 원리들 XXI631 ¶ 자연과학의 형이상학에서 물리학으로의 이행 XXI643 ¶ 예비하는 자연과학(豫備學的 自然學) XXI510 ▶¶ 일반 자연이론의 물리학으로의 이행 XXI359 ¶ 물리학에서 형이상학으로의 이행 XXI489

인간/人間 Mensch/homo

¶ 인간 XXI346, XXI349, XXI388, XXI404, XXI462, XXI463, XXI470, XXI471, XXI492, XXI557, XXI567, XXI571, XXI630 ■ =인간은 이미 지금 그가 되어야 할 것을 내다보고 있는 그러한 존재자 XXI346 ¶ 인간은 자기의 성품에 대해 자신에게 갈채를 보낼 수 있을 때가 아니면 행복할 수가 없다. 그런데 인간은 그가 도덕성에 절대적 가치를 둘 때에만 이렇게 할 수 있다 XXI446 ▶¶ 인류 XXI345 ¶ 인간성 XXI462 ¶ 인간임[인간성] XXI471

인격/人格 Person/persona

¶ 인격 XXI462, XXI471

인력[끌어당김]/引力[牽引] Anziehung[Anziehungskraft]/attractio

¶ 인력[끌어당김] XXI337, XXI340, XXI342, XXI344, XXI352, XXI356, XXI367, XXI378, XXI387, XXI399, XXI411, XXI426, XXI430, XXI435, XXI454, XXI475, XXI502, XXI507, XXI536, XXI545, XXI610, XXI618, XXI626 ↔ 척력(→) ¶ 물질의 부분들 상호 간의 척력[밀쳐냄]과 인력[끌어당김]은 그것들의 최초의 기능들로서, 이를 통해 물체들이 형성된다 XXI484 ¶ 인력은 자기 자신을 규정하는, 곧 응집력에서 스스로 규정하는 한계를 가지며, 하나의 표면력이다 XXI347 ¶ 접촉에서의 인력은 사력인 응집력이다 XXI411 ¶ 접촉인력 XXI495, XXI501 ¶ 견인력 XXI342, XXI405, XXI435, XXI497 ▶¶ 내적 인력 XXI347, XXI365, XXI406, XXI495 ¶ 부분들의 내적 인력(강고한 응집력) XXI643 ¶ 내면적 인력 XXI337 ¶ 표면인력과 침투하는 인력 XXI344, XXI364, XXI490, XXI512, XXI531, XXI611, XXI634 ▶ ¶ 원거리 인력 XXI399, XXI444, XXI510 ¶ 원거리 인력(세계[우주]인력) XXI404, XXI611 ¶ 세계[우주]인력 XXI352, XXI382, XXI403, XXI444 ¶ 중력[의] 인력 XXI354, XXI356, XXI390, XXI513, XXI534, XXI562 ¶ 보편적 인력[만유인력] XXI340, XXI354, XXI364, XXI378, XXI387, XXI393, XXI404, XXI430, XXI450 ¶ 보편적 세계인력[만유인력](중력) XXI501 ¶ 선택인력 XXI391 ¶ 근원적 인력과 파

생적 인력 XXI352, XXI422, XXI428

인식/認識 Erkenntnis/cognitio

¶ 인식 XXI387, XXI402, XXI476, XXI492, XXI524, XXI540, XXI549, XXI560, XXI589, XXI636 ¶ 자연인식 XXI360, XXI485, XXI487, XXI584, XXI621, XXI622 ¶ 경험[적]인식 XXI387, XXI402, XXI492, XXI588, XXI628, XXI639, XXI643 ¶ 선험적 인식 XXI411, XXI444, XXI492, XXI554, XXI556, XXI559, XXI573, XXI581, XXI627, XXI640, XXI643 ¶ 객관의 인식의 통일을 위해 결합하는 원리 XXI455 ¶ 인식의 질료/재료 XXI478, XXI508, XXI529 ¶ 인식능력 XXI552, XXI578

[ㅈ]

자발성(자기활동성)/自發性(自己活動性) Spontaneität(Selbsttätigkeit)/spontaneitas

¶ 자발성 XXI470, XXI551, XXI566

자연/自然 Natur/natura

¶ 자연 XXI345, XXI346, XXI349, XXI388, XXI404, XXI544, XXI553, XXI566, XXI570, XXI580, XXI603, XXI622, XXI640, XXI643 ¶ 자연본성 XXI608 ▶¶ 기계적 자연과 유기적 자연 XXI388, XXI403 ¶ 기예로서의 자연 XXI404 ¶ 물체적 자연 XXI465, XXI529 ¶ 질료적[물질적] 자연 XXI482, XXI492 ¶ 객관으로서의 자연 XXI506 ▶¶ 生産하는 自然과 生産된 自然 XXI405 ▶¶ 자연소질 XXI345, XXI557 ¶ 자연존재자 XXI361, XXI404, XXI485 ¶ 자연물체 XXI557, XXI565, XXI569 ■ =자연물체란 형상과 직조에서의 자기의 형식을 자기 자신의 힘들을 통해 고정불변적으로 결정하는 그러한 물체이다 XXI565 ¶ 자연산물 XXI407 ¶ 자연체계 XXI566, XXI568, XXI622

자연과학/自然科學 Naturwissenschaft/scientia naturalis

¶ 자연과학(自然科學) XXI354, XXI360, XXI366, XXI440, XXI474, XXI486, XXI488, XXI510, XXI529, XXI554, XXI558, XXI572, XXI616, XXI625, XXI629, XXI636, XXI642 ¶ 자연과학의 형식적인 것과 질료적인 것 XXI621, XXI635, XXI636, XXI638 ¶ 자연과학 [일반](自然哲學) XXI360, XXI402, XXI407, XXI474, XXI505, XXI506, XXI524, XXI527, XXI617, XXI621, XXI623, XXI630, XXI635, XXI637 ¶ 순수 자연과학(純粹 自然哲學) XXI640 ■ =경험적 자연이론 일반의 한 체계 XXI474 ¶ 자연과학은 1. 자연사물과 그것들에 있는 운동력의 개념들, 2. 자연존재자들의 개요(자연학) 및 상세한 묘사로써 이루어진다 XXI485 ▶¶ 자연과학의 수학적 [기초]원리 XXI352, XXI356, XXI359, XXI475, XXI479, XXI482, XXI484,

XXI528, XXI615, XXI618, XXI622 ¶ 자연과학의 물리학적 〔기초〕원리 XXI616, XXI622, XXI643 ¶ 자연과학의 역학적 기초원리 XXI354 ¶ 자연과학의 형이상학적 기초원리 XXI360, XXI362, XXI373, XXI387, XXI408, XXI475, XXI477, XXI481, XXI484, XXI486, XXI487, XXI492, XXI504, XXI505, XXI509, XXI524, XXI526, XXI527, XXI529, XXI545, XXI551, XXI560/561, XXI565, XXI567이하, XXI570, XXI572, XXI584, XXI586, XXI587, XXI594, XXI606, XXI621, XXI625, XXI635, XXI636, XXI642

자연철학/自然哲學 Naturphilosophie/philosophia naturalis

¶ 자연철학(自然哲學) XXI360, XXI366, XXI474, XXI482, XXI485, XXI488, XXI505, XXI621, XXI624, XXI642 ¶ 철학적 자연과학(自然哲學) XXI481 ¶ 자연철학은 자연의 형이상학 ─ (자연의 운동력을 위한) 위치론과 물리학(경험에 의한 이것의 자연인식의 하나의 체계와의 연관)으로써 이루어진다 XXI485 ¶ 일반 自然哲學은 세 부분, 즉 a) 自然 形而上學, b) 豫備學的 自然學, c) 物理學으로 이루어진다 XXI620 → 형이상학 → 자연(의) 형이상학

자연학/自然學 Physiologie/physiologia

¶ 자연학 XXI360, XXI366, XXI483, XXI485, XXI507, XXI620, XXI631, XXI642 ¶ 선험적 원리들에 의한 경험 대상들에 대한 (형이상학적) 자연학 XXI458 ¶ 이성적 자연학(一般 自然學) XXI627, XXI629

자유/自由 Freiheit/libertas

¶ 자유 XXI386, XXI416, XXI417, XXI462, XXI470, XXI471, XXI492, XXI553 ¶ 자유는 본유적 권리로서, 모든 다른 본유적 권리들이 그것에 기초하고 있으며, 근본적으로는 그것과 한가지인 그러한 본유의 권리이다. 무릇 모든 불법〔불의/부당〕은 바로, 누구와의 자유와도 공존할 수 있는 이 자유가 훼손되는 데에 있기 때문이다 XXI462 ¶ 자유는 예지체로서의 인간의 속성이다 XXI470 ▶¶ 現象體 自由와 叡智體 自由 XXI470 ¶ 자유의사 또는 의사의 자유 XXI346, XXI470, XXI472 ▶¶ 자유의 인과성〔원인성〕 XXI420, XXI421 ¶ 자유의 법칙 XXI421

작용 원인〔작용인〕/作用因 wirkende Ursache/causa efficientis

¶ 작용〔하는〕 원인(作用因) XXI346, XXI352, XXI368, XXI387, XXI490, XXI507/508, XXI518, XXI551, XXI565, XXI592, XXI593, XXI601, XXI602, XXI629 ¶ 외적 작용 원인 XXI589 ¶ 역학적으로//작용하는 원인 XXI608

정신/精神 Geist/mens

¶ 정신(精神) XXI344, XXI555

주관 · 주체(主觀 · 主體) Subjekt

¶ 주관/주체 XXI337, XXI471, XXI519, XXI530, XXI539, XXI541, XXI549, XXI550, XXI552, XXI557, XXI560, XXI562, XXI566, XXI567, XXI572, XXI573, XXI575, XXI577, XXI578, XXI579, XXI580, XXI582, XXI583, XXI587, XXI588, XXI589, XXI595, XXI596, XXI601, XXI603, XXI610, XXI631   ¶ (물리적 물체인) 주관 XXI574   ▶¶ 주관적인 것 XXI337, XXI351, XXI361, XXI542, XXI564, XXI572, XXI576, XXI580, XXI583, XXI588, XXI590, XXI602, XXI631, XXI643   ¶ 주관적 원리 XXI363, XXI548, XXI552, XXI560, XXI564, XXI573, XXI582, XXI592, XXI627, XXI645   ¶ 주관적 가능성 XXI538   ¶ 주관적 실재성 XXI574   ¶ 주관적 체계 XXI568, XXI640   ¶ 주관적 조건 XXI571   ¶ 주관적 속성 XXI585   ¶ 주관적 법칙성 XXI580

중량(무게)/重量 Gewicht · Schwere/pondus

¶ 중량(무게) XXI343, XXI353, XXI387, XXI396, XXI417, XXI425, XXI438, XXI464, XXI525, XXI530, XXI638   ■ =압박(압력)이 전체 질량으로써 연속적이면, 그것이 중량(무게)이다 XXI343   ■ =중력이 물질의 양에 미친 산물이 무게(重量)이다 XXI534   ¶ 무거움(重量性)은 물질의 운동의 도(度)이며, 한 운동량에서는 무게(重量)이다 XXI348

중력/重力 Gravitation · Schwere/gravitatio · gravitas

¶ 중력 XXI354, XXI359, XXI378, XXI387, XXI394, XXI432, XXI446, XXI451, XXI459, XXI534   ¶ 중력의 운동량의 크기는 끌어당기는 물체와의 거리의 제곱에 비례한다 XXI405   ¶ 중력은 침투력이지만, 물체들에 침투하는 물질의 힘은 아니다 XXI626   ▶¶ 보편적 중력(만유인력) →인력

지각/知覺 Wahrnehmung/perceptio

¶ 지각(知覺) XXI394, XXI402, XXI419, XXI455, XXI456, XXI459, XXI487, XXI491, XXI510, XXI536, XXI541, XXI543, XXI549, XXI550, XXI552, XXI561, XXI562, XXI564, XXI571, XXI572, XXI576, XXI577, XXI580, XXI582, XXI587, XXI589, XXI591, XXI594, XXI601, XXI602, XXI604, XXI621, XXI627, XXI630, XXI638, XXI640   ¶ 경험적으로(지각을 통해) XXI538   ¶ 경험적 표상들(즉 지각들) XXI604   ¶ 경험을 위한 소재로서의 외적 지각은 그 자체로는 주관에서의 물질의 촉진하는 힘들의 작용결과 외의 다른 것일 수 없다 XXI573/574, XXI577   ¶ 지각들은, 주관적으로 볼 때, 물질의 운동력들의 작용결과들 — 곧 경험적 표상들로서의 — 이다 XXI601   ¶ 집합적//보편적 경험의(지각들의 종합적 통일의) 객관 XXI579   ▶¶ 원초

적 지각 XXI367 ¶ 물리적 지각 XXI360, XXI369 ¶ 자연지각 XXI419 ▶¶ 지각의
질료 XXI359 ¶ 가능한 경험의 질료적 원리들(즉 지각들) XXI583 ▶¶ 지각들의 체
계 XXI597, XXI601 ¶ 지각들의 연결 XXI601 → 경험

지성¹/知性 Verstand/intellectus

¶ 지성 XXI344, XXI345, XXI349, XXI453, XXI456, XXI458, XXI477, XXI568,
XXI570, XXI574, XXI582, XXI589 ¶ 지성이 스스로 만든 것을 통해서만 주관은
자기의 대상을 이해한다 XXI578 ¶ 합성된 것 그 자체에 대한 경험적인 인식에 앞서
지성에서 선험적으로 나오는 합성〔함〕의 개념이 선행하며, 그에 의해서만 객관은 규
정된다는 것이다 XXI635

지성²〔예지자〕/知性〔叡智者〕 Intelligenz/intelligentia〔intellegens〕

¶ 지성〔예지자〕 XXI420

지혜/智慧 Weisheit/sophia · sapientia

¶ 지혜 XXI346, XXI492

직관/直觀 Anschauung/intuitus

¶ 직관 XXI337, XXI417, XXI420, XXI454, XXI456, XXI605, XXI633 ■ =형식의
면에서 한낱 주관적인 것, 다시 말해 주관이 촉발되는 방식 XXI337 ¶ 직관은 우리
에서 오직 감관에 의해서만 가능하다 XXI454 ¶ 직관한다 XXI346 ▶¶ 감성적 직
관 XXI346, XXI420, XXI421 ¶ 선험적 직관 XXI455, XXI457, XXI492, XXI541,
XXI554 ¶ 순수 직관 XXI539, XXI550, XXI579 ¶ 경험적 직관 XXI457, XXI564,
XXI578, XXI588, XXI589, XXI595 ¶ 비경험적 직관 XXI593 ¶ 외적 내지 내적
직관 XXI540, XXI550 ¶ 공허한 직관 XXI458 ¶ 대상 없는 하나의 직관적 표상
XXI520 ▶¶ 직관의 조건 XXI458 ¶ 직관의 형식 XXI458, XXI550, XXI594 ¶ 공
간 일반은 한낱 선험적인, 그러니까 빈 것과 가득 찬 것도 아닌 한에서의, 순수한 외
적 직관의 형식의 주관적인 것〔요소〕이다 XXI588

진보/進步 Fortschritt〔Fortschreiten〕/progressus

¶ 진보 XXI345, XXI346, XXI386, XXI404, XXI408, XXI615, XXI642 ▶¶ 자연
과학의 형이상학적 기초원리들에서 지각들의 하나의 체계로서의 물리학으로의 진보
XXI601

질량〔덩이〕/質量 Masse/massa

¶ 질량 XXI339, XXI340, XXI347, XXI353, XXI355, XXI379, XXI403, XXI435,
XXI441, XXI451, XXI489, XXI509 ■ =물질 전체는, 물질의 모든 부분들이 동시에
운동하는 한에서 질량〔덩이〕이다 XXI343 ■ =한 물체에서의 물질의 양이 질량, 다

시 말해 다수의 결합되어 있는 운동할 수 있는 것의 통일체이다 XXI347 ¶ 물질 전체는, 물질의 모든 부분들이 동시에 운동하는 한에서 질량〔덩이〕이다 XXI343 ¶ 질량은 오직 (서로 바깥에서) 운동할 수 있는 것의 수량을 통해서 하나의 크기를 갖는다 XXI451

[ㅊ]

척력〔밀쳐냄/배척/반발〕/斥力〔排斥/反撥〕 Abstoßung/repulsio

¶ 척력 XXI337, XXI341, XXI356, XXI363, XXI367, XXI377, XXI387, XXI391, XXI410, XXI422, XXI441, XXI449, XXI475, XXI483, XXI507, XXI510, XXI512, XXI537, XXI550, XXI561, XXI565, XXI610, XXI616, XXI618, XXI626 ↔ 인력 ¶ 인력과 척력은 물질의 기본력〔요소 힘〕이다 XXI538 ¶ 물질의 내적 운동력들은 형식의 면에서 인력과 척력이다 XXI642 ¶ 물질을 공간을 충전하는〔채우는〕 것이라고 정의함은 물질의 일정한 공간의 한계에서의 척력을 표시한다 XXI340 ¶ 물질의 공간 충전(척력) XXI476 ¶ 반발〔척력〕 XXI415 ¶ 반발력 XXI339, XXI348, XXI380, XXI409, XXI415 ¶ 밀쳐냄/밀침〔척력〕 XXI368, XXI473, XXI483, XXI540 ¶ 밀쳐내는 힘〔척력〕 XXI489 ¶ 배척력 XXI445, XXI507 ▶¶ 표면력으로서의 외적 척력과 내적 척력(탄성과 진동의 활력) XXI476, XXI477 ¶ 표면 척력과 침투하는 척력 XXI490 ▶¶ 원거리 척력 XXI390, XXI643 ¶ 근원적 또는 파생적 척력 XXI410, XXI422

철학/哲學 Philosophie/philosophia

¶ 철학 XXI355, XXI402, XXI407, XXI475, XXI483, XXI524, XXI552, XXI554, XXI556, XXI608, XXI617 ■ =지혜에 대한 사랑(철학) XXI492 ¶ 학문으로서의 철학 XXI524 ¶ 철학은 순전히 선험적 인식만을 다룬다. 그러나 역으로 선험적 인식들이 언제나 철학이지는 않다 XXI492 ¶ 순수 철학은 도덕〔학〕이다. 자연에 적용되는 것은 이미 경험적으로//조건 지어진 것이다 XXI544 ¶ 궁극목적의 학문인 지혜론 XXI556

체계〔체제〕/體系〔體制〕 System/sytema

¶ 체계 XXI359, XXI360, XXI366, XXI403, XXI407, XXI425, XXI474, XXI477, XXI482, XXI483, XXI487, XXI507, XXI510, XXI524, XXI567, XXI584 ¶ 체계성 XXI407 ▶¶ 경험의 한 체계/하나의 경험체계 XXI359, XXI474, XXI508, XXI529, XXI553 ¶ 하나의 선험적으로 생각된 체계 XXI587 ▶¶ 기본〔요소〕체계 XXI359, XXI507, XXI510, XXI511, XXI520, XXI533, XXI539, XXI541, XXI543, XXI544,

XXI552, XXI572 ¶ 세계체계[우주계] XXI359, XXI483, XXI511, XXI519, XXI568, XXI572, XXI580 ▶¶ 목적들의 한 체계 XXI558, XXI566 ¶ 자연체계 XXI566 ▶ ¶ 범주들의 체계 XXI483 ¶ 정리[定理]체계 XXI507 ¶ 이론체계 XXI483 ¶ 명목체계 XXI567 ¶ 중간[매개]체계 XXI529 ¶ 주관적 체계 XXI568 ¶ 객관적 체계 XXI568

초감성적[超感性的] übersinnlich

¶ 초감성적인 것 XXI420, XXI630 ¶ 초감성적인 객관 XXI471 ¶ 지성적인 또는 초감성적인 영혼성 체계 XXI612

초월적/超越的 transzendental/transcendentalis

¶ 초월적 신학 XXI459 ¶ 초월적 정의 XXI460

초월철학/超越哲學 Transzendental-Philosophie/philosophia transcendentalis

¶ 초월철학 또는 존재[존재본질]론에 선험적 원리들에 의한 경험 대상들에 대한 (형이상학적) 자연학, 즉 물체론[물리학]과 영혼론[심리학]이 뒤따른다. [그리고] 그것에 우주론과 신학이 [뒤따른다.] XXI458

초절적[超絕的] überschwenglich

¶ 초절적 XXI420

초험적/超驗的 tanszendent/transscendent

¶ 초험적 XXI455, XXI519 ¶ 具體的으로 적용관계를 갖지 않는 한 정의[定義]는 초험적이다(의미가 없다) XXI455

침투[삼투]력/浸透[滲透]力 durchdringende Kraft

¶ 침투[삼투]력 XXI340, XXI347, XXI356, XXI387, XXI390, XXI409, XXI491 ¶ 침투력들은 각기 원거리에서의 끌어당김을 통한 보편적 세계[우주]견인력[만유인력]이다 XXI340 ¶ 침투력과 표면력 XXI367, XXI381, XXI489, XXI506, XXI510, XXI532, XXI618, XXI626 → 표면력

[ㅌ~ㅎ]

통각/統覺 Apperzeption/apperceptio

¶ 통각 XXI455 ¶ 경험적 통각 XXI456

통일/통일성/통일체 Einheit

¶ 통일 XXI411, XXI455, XXI456, XXI536, XXI539, XXI558, XXI583, XXI585, XXI586, XXI588, XXI589, XXI590, XXI595, XXI596, XXI597, XXI602, XXI623,

XXI630 ¶ 통일/하나(총체성) XXI574 ¶ 총체통일 XXI601 ¶ 〔하나의〕 총체통일 (集合的 全體) XXI582, XXI586, XXI589, XXI595 ¶ 〔분배될 수 있는〕 총체통일(分配的 全體) XXI586, XXI589 ¶ 통일성 XXI345, XXI445, XXI533, XXI541, XXI543, XXI551, XXI558, XXI566, XXI568, XXI572, XXI575, XXI577, XXI580, XXI581, XXI583, XXI592, XXI602, XXI604, XXI605, XXI645 ¶ 통일체 XXI347, XXI575, XXI588 ▶¶ 분석적 통일 XXI541, XXI579 ¶ 종합적 통일 XXI455, XXI457, XXI477, XXI574, XXI579, XXI583, XXI587 ¶ 직관의 잡다의 통각에서의 종합적 통일 XXI455 ¶ 의식의 종합적 통일 XXI457 ¶ 현상들의 종합적 통일 XXI477 ¶ 가능한 경험의 주관적 분석적 통일은 동시에 경험의 대상들의 객관적 종합적 통일이다 XXI574 ▶¶ 분배적 통일〔성〕 XXI552, XXI571, XXI573, XXI574, XXI588 ¶ 집합적 통일〔성〕 XXI552, XXI571, XXI572, XXI573, XXI574, XXI577, XXI581, XXI588 ¶ 집합적//보편적 통일 XXI572 ▶¶ 객관적 통일성 XXI543 ¶ 주관적 통일 XXI585 ¶ 절대적 통일〔성〕 XXI564, XXI569, XXI577, XXI583, XXI586, XXI592, XXI595, XXI596, XXI602 ¶ 필연적 통일 XXI586, XXI595 ¶ 형식적 통일 XXI587

판단(判斷) Urteil

¶ 판단 XXI349, XXI531, XXI570, XXI581 ¶ 경험판단 XXI476, XXI545, XXI583 ¶ 경험적 판단 XXI583, XXI600 ¶ 확장 판단 XXI549, XXI600 ¶ 설명 판단 XXI549, XXI600 ¶ 도덕적 판단 XXI349 ▶¶ 판단력 XXI349 ¶ 판단력의 도식성 XXI363

표면력(表面力) Flächenkraft

¶ 표면력 XXI340, XXI342, XXI344, XXI383, XXI390, XXI406, XXI415, XXI476, XXI623, XXI626 ¶ 내적 또는 외적 표면력 XXI356 ¶ 표면력의 두 가지: 응집과 탄성/팽창 XXI344, XXI387 ¶ 표면력과 침투력 → 침투력

필연성/必然性 Notwendigkeit/necessitas

¶ 필연성 XXI338, XXI361, XXI404, XXI408, XXI458, XXI485, XXI518, XXI520, XXI538, XXI593, XXI615 ¶ 내적 필연성 XXI540 ¶ 기계적 필연성 XXI374 ¶ 자연필연성 XXI416 ¶ 現象體 必然性 XXI518, XXI584, XXI593, XXI626

학문/學問 Wissenschaft/scientia

¶ 학문 XXI360, XXI386, XXI406, XXI408, XXI477, XXI486, XXI487, XXI492,

XXI509, XXI510, XXI524, XXI529, XXI554, XXI556, XXI582, XXI615, XXI635, XXI636, XXI637, XXI640, XXI642 ¶ 학문성 XXI407 ¶ 학문〔과학〕 XXI453, XXI483, XXI487, XXI504 ¶ 학문(知識 世界) XXI615 ▶¶ 이성학문 XXI475, XXI555 ¶ 경험적 학문 XXI587

형식/形式 Form/forma

¶ 형식(形式) XXI337, XXI338, XXI340, XXI351, XXI387, XXI416, XXI358, XXI460, XXI465, XXI474, XXI483, XXI486, XXI501, XXI508, XXI520, XXI526, XXI527, XXI541, XXI542, XXI550, XXI560, XXI563, XXI569, XXI573, XXI574, XXI577, XXI579, XXI580, XXI585, XXI588, XXI595, XXI604, XXI627, XXI630, XXI639, XXI640, XXI641 ¶ 형식적인 것 XXI352, XXI359, XXI360, XXI529, XXI542, XXI589, XXI590, XXI592, XXI594, XXI621, XXI628, XXI629, XXI635, XXI637, XXI639 ¶ 형식적〔의〕 원리 XXI366, XXI485, XXI506, XXI541, XXI543, XXI574, XXI591, XXI604, XXI623, XXI631, XXI636 ¶ 형식과 질료 XXI465, XXI474, XXI510, XXI627, XXI633, XXI637, XXI638, XXI641, XXI643 ▶¶ 形式이 事物에게 本質/存在를 附與한다 XXI544, XXI552, XXI577, XXI632, XXI633, XXI641 ▶¶ 형식(형상과 직조) XXI558, XXI565, XXI608, XXI617, XXI620, XXI622 ¶ 논리적 형식 XXI629

형이상학/形而上學 Metaphysik/metaphysica

¶ 형이상학 XXI363, XXI366, XXI369, XXI404, XXI440, XXI475, XXI476, XXI478, XXI482, XXI484, XXI487, XXI489, XXI505, XXI506, XXI508, XXI512, XXI526, XXI527, XXI528, XXI546, XXI583, XXI588, XXI611, XXI620, XXI623, XXI627, XXI630, XXI631, XXI638, XXI641, XXI642 ¶ 자연〔의〕 형이상학 XXI360, XXI361, XXI367, XXI403, XXI463, XXI465, XXI475, XXI485, XXI492, XXI508, XXI509, XXI510, XXI531, XXI617, XXI618, XXI621, XXI631, XXI636, XXI642 ¶ 자연이론의 형이상학 XXI488 ¶ 자연과학의 형이상학 XXI643 →자연철학

화학〔化學〕 Chemie

¶ 화학 XXI363, XXI369, XXI453, XXI488, XXI610, XXI623, XXI633 ■ =물질의 내적 힘들에 대한 학문〔과학〕 XXI453 ¶ 물리학의 한 부분인 화학 XXI625

활력/活力 lebendige Kraft/vis viva

¶ 살아 있는 힘/활력(活力) XXI357, XXI368, XXI379, XXI390, XXI433, XXI464, XXI467, XXI489, XXI521, XXI598, XXI620, XXI643 ¶ 물질의 모든 운동력은 사

력(→)이거나 활력이다 XXI532　¶ 활력은 충격(衝擊)의 힘이거나 진동(振動)이다 XXI357, XXI368, XXI496, XXI533, XXI619　¶ 사력과 활력 →사력　¶ 활력은 사력에 비해 무한하다 XXI598　¶ 활력과 생명력의 차이 XXI612　→생/생명력

백종현(白琮鉉)

서울대학교 명예교수. 한국포스트휴먼연구소 소장.

서울대학교 철학과에서 학사. 석사 과정 후 독일 프라이부르크 대학에서 철학박사 학위를 받았다. 인하대 · 서울대 철학과 교수, 서울대 철학사상연구소 소장, 서울대 인문학연구원 원장, 한국칸트학회 회장, 한국철학회 『철학』 편집인 · 철학용어정비위원장 · 회장 겸 이사장, 한국포스트휴먼학회 회장을 역임하였다.

주요 논문으로는 "Universality and Relativity of Culture"(*Humanitas Asiatica*, 1, Seoul 2000), "Kant's Theory of Transcendental Truth as Ontology"(*Kant-Studien*, 96, Berlin & New York 2005), "Reality and Knowledge"(*Philosophy and Culture*, 3, Seoul 2008) 등이 있으며, 주요 저서로는 *Phänomenologische Untersuchung zum Gegenstandsbegriff in Kants "Kritik der reinen Vernunft"*(Frankfurt/M. & New York 1985), 『독일철학과 20세기 한국의 철학』(1998/증보판2000), 『존재와 진리-칸트 〈순수이성비판〉의 근본 문제』(2000/2003/전정판2008), 『서양근대철학』(2001/증보판2003), 『현대한국사회의 철학적 문제: 윤리 개념의 형성』(2003), 『현대한국사회의 철학적 문제: 사회 운영 원리』(2004), 『철학의 개념과 주요 문제』(2007), 『시대와의 대화: 칸트와 헤겔의 철학』(2010/개정판 2017), 『칸트 이성철학 9서5제』(2012), 『동아시아의 칸트철학』(편저, 2014), 『한국 칸트철학 소사전』(2015), 『포스트휴먼 시대의 휴먼』(공저, 2016), 『이성의 역사』(2017), 『제4차 산업혁명과 새로운 사회 윤리』(공저, 2017), 『인공지능과 새로운 규범』(공저, 2018), 『인간이란 무엇인가-칸트 3대 비판서 특강』(2018), 『포스트휴먼 사회와 새로운 규범』(공저, 2019), 『한국 칸트사전』(2019) 등이 있고, 역서로는 『칸트 비판철학의 형성과정과 체계』(F. 카울바흐, 1992)//『임마누엘 칸트-생애와 철학 체계』(2019), 『실천이성비판』(칸트, 2002/개정2판 2019), 『윤리형이상학 정초』(칸트, 2005/개정2판 2018), 『순수이성비판 1 · 2』(칸트, 2006), 『판단력비판』(칸트, 2009), 『이성의 한계 안에서의 종교』(칸트, 2011), 『윤리형이상학』(칸트, 2012), 『형이상학 서설』(칸트, 2012), 『영원한 평화』(칸트, 2013), 『실용적 관점에서의 인간학』(칸트, 2014), 『교육학』(칸트, 2018), 『유작 I.1 · I.2』(칸트, 2020) 등이 있다.

한국어 칸트전집 제23.2권

유작 I.2

1판 1쇄 찍음 | 2020년 11월 9일
1판 1쇄 펴냄 | 2020년 11월 20일

지은이 | 임마누엘 칸트
옮긴이 | 백종현
펴낸이 | 김정호
펴낸곳 | 아카넷

출판등록 2000년 1월 24일(제406-2000-000012호)
10881 경기도 파주시 회동길 445-3
전화 031-955-9510(편집) · 031-955-9514(주문) | 팩시밀리 031-955-9519
책임편집 | 김일수
www.acanet.co.kr

ⓒ 백종현, 2020
철학, 서양철학, 독일철학, 칸트 KDC 165.2

Printed in Paju, Korea.

ISBN 978-89-5733-713-4 93110